Walz/Gramlich

Investitions- und Finanzplanung

Eine Einführung in finanzwirtschaftliche Entscheidungen unter Sicherheit

Begründet von
Dr. Thomas Veit / Dipl.-Kfm. Werner Straub

weitergeführt von
Professor Dr. Hartmut Walz, Mannheim
Professor Dr. Dieter Gramlich, Heidenheim/Brenz

4., neubearbeitete Auflage 1993

Mit 69 Abbildungen und Tabellen

Verlag Recht und Wirtschaft GmbH
Heidelberg

1. Auflage 1978 · ISBN 3-8005-6292-8
2. Auflage 1983 · ISBN 3-8005-6296-0
3. Auflage 1990 · ISBN 3-8005-2000-1
4. Auflage 1993 · ISBN 3-8005-2014-1

Die Deutsche Bibliothek – CIP-Einheitsaufnahme

Walz, Hartmut:

Investitions- und Finanzplanung : eine Einführung in finanzwirtschaftliche Entscheidungen unter Sicherheit ; mit Tabellen / Walz ; Gramlich. Begr. von Thomas Veit ; Werner Straub. Weitergef. von Hartmut Walz ; Dieter Gramlich. – 4., neubearb. Aufl. – Heidelberg : Verl. Recht und Wirtschaft, 1993

   (Grundstudium Betriebswirtschaftslehre; Bd. 3)
   Bis 3. Aufl. u. d. T.: Veit, Thomas: Investitions- und Finanzplanung
   ISBN 3-8005-2014-1

NE: Gramlich, Dieter:; Veit, Thomas [Begr.]; GT

ISBN 3-8005-2014-1

© 1993 Verlag Recht und Wirtschaft GmbH, Heidelberg

Das Werk einschließlich aller seiner Teile ist urheberrechtlich geschützt. Jede Verwertung außerhalb der engen Grenzen des Urheberrechtsgesetzes ist ohne Zustimmung des Verlages unzulässig und strafbar. Das gilt insbesondere für Vervielfältigungen, Übersetzungen, Bearbeitungen, Mikroverfilmungen und die Einspeicherung und Verarbeitung in elektronischen Systemen.

Satz: Lichtsatz Michael Glaese GmbH, 6944 Hemsbach

Druck und Verarbeitung: Wilhelm & Adam, Werbe- und Verlagsdruck GmbH, 6056 Heusenstamm

∞ Gedruckt auf säurefreiem, alterungsbeständigem Papier von Nordland

Printed in Germany

Vorwort

Die vorliegende Einführung zur Investitions- und Finanzplanung erscheint nun bereits in der 4. Auflage. Da die völlige Neubearbeitung der dritten Auflage bei Studierenden und Lehrenden ein erfreulich positives Echo fand, wurde die Grundkonzeption des Lehrbuches beibehalten. Die Überarbeitung konzentrierte sich vielmehr auf die Aktualisierung einzelner Kapitel, die Verbesserung der didaktischen Präsentation sowie auf punktuelle Korrekturen und Ergänzungen.

Im Bereich der Investitionsplanungsverfahren wurden speziell die Ausführungen zur Kennziffer „Duration" als Indikator für Zinsänderungsrisiken überarbeitet und dem derzeitigen Stand der Diskussion angepaßt. Auch fand der häufig geäußerte Wunsch nach einem umfangreicheren und detaillierteren Verzeichnis von finanzmathematischen Formeln und Zinsfaktoren Beachtung.

Eine gestrafftere Einführung zum Teil „Finanzplanung" soll den Zugang zu dieser Thematik erleichtern. Sie enthält neue Übersichten zur Konzeption und zu Reserven der Liquiditätsplanung. Unter dem Gesichtspunkt der Aktualisierung erfolgte eine Überarbeitung und Ergänzung der Ausführungen zu Cash Management Systemen sowie die Orientierung von Cash Flow und Liquiditätskennziffern an der geänderten Bilanzierungspraxis. Das Fallbeispiel zur Kapitalbindungsplanung berücksichtigt stärker den Kontext der Gesamtunternehmensplanung.

Die Verfasser sind ganz besonders den Studierenden der Universität Mannheim, der Berufsakademien Heidenheim und Mannheim sowie der Fachhochschule Rheinland-Pfalz, Abteilung Ludwigshafen, für vielfältige Anregungen zu Dank verpflichtet. Wertvolle Hinweise zu thematischer Weiterentwicklung und didaktischer Verbesserung sowohl im Text als auch in den Aufgaben zur Selbstüberprüfung verdanken die Verfasser den Assistentinnen der betriebswirtschaftlichen Fakultät der Universität Mannheim, Frau Dipl.-Kfm. Kathrin Kölbl und Frau Dipl.-Kfm. Andrea Dube.

Für eventuell verbliebene Unzulänglichkeiten zeichnen jedoch die Verfasser allein verantwortlich.

Mannheim/Heidenheim, im April 1993

Die Verfasser

Inhaltsverzeichnis

Teil A: Grundlagen der Investitions- und Finanzierungslehre
von Hartmut Walz und Dieter Gramlich

1.	**Gegenstand der Finanzwirtschaft**	15
1.1.	Analyse von Geldströmen als Ansatzpunkt finanzwirtschaftlicher Fragestellungen	15
1.2.	Ableitung spezieller finanzwirtschaftlicher Fragestellungen	17
1.2.1.	Orientierungsrahmen	17
1.2.2.	Die Fragestellungen im einzelnen	18
1.3.	Betrachtungsgegenstand der vorliegenden Arbeit	20
2.	**Finanzwirtschaftliche Ziele im Zielsystem der Unternehmung**	21
2.1.	Ziele, Zielbeziehungen, Zielsystem	21
2.2.	Denkbare Ziele von Anspruchsgruppen der Unternehmung	22
2.3.	Monetäre Ziele als Teilmenge der Unternehmensziele	24
2.4.	Operationalisierung der monetären Ziele der Eigenkapitalgeber	25
2.5.	Begründung für die Beschränkung finanzwirtschaftlicher Analysen auf die monetären Ziele der Eigenkapitalgeber	26
2.6.	Implikationen für die Interpretation der Ergebnisse finanzwirtschaftlicher Analysen	28

Teil B: Investitionsplanung und Wirtschaftlichkeitsrechnung
von Hartmut Walz

1.	**Entscheidungssituationen der Investitions- und Finanzierungsrechnung**	29
1.1.	Grundlagen	29
1.1.1.	Entscheidung und Entscheidungstheoretischer Ansatz	29
1.1.2.	Projekte in leistungswirtschaftlicher Sicht	29
1.1.3.	Projekte in finanzwirtschaftlicher Sicht	30
1.1.4.	Definition von Investitions- und Finanzierungsprojekten	35
1.2.	Klassifikationsmöglichkeiten investitionsrechnerischer Entscheidungssituationen	36
1.2.1.	Überblick	36
1.2.2.	Einzelprojektentscheidungen versus Programmentscheidungen	37
1.2.3.	Absolute und relative Vorteilhaftigkeitsentscheidungen	37
1.2.4.	Auswahl- und Ersatzentscheidungen	38
1.2.5.	Entscheidungen über einmalige Projekte versus Entscheidungen über Projektketten	38
2.	**Investitionsrechnungen als Entscheidungsmodelle**	40
2.1.	Gründe für die Notwendigkeit zur Bildung finanzwirtschaftlicher Modelle	40

2.2.	Formen finanzwirtschaftlicher Rechenmodelle	43
2.2.1.	Überblick	43
2.2.2.	Totalmodelle	45
2.2.3.	Kombinatorische Partialmodelle	46
2.2.4.	Klassische Partialmodelle	48
2.2.5.	Unterscheidung dynamischer und statischer klassischer Partialmodelle	50
3.	**Dynamische Verfahren der Investitionsrechnung**	**51**
3.1.	Grundlagen der dynamischen Verfahren	51
3.1.1.	Gemeinsame Charakteristika dynamischer klassischer Partialmodelle	51
3.1.2.	Berücksichtigung des zeitlichen Anfalls von Zahlungen	52
3.1.3.	Finanzmathematische Vorgehensweise bei Anwendung dynamischer Verfahren	53
3.2.	Ausgewählte dynamische Rechenverfahren zur Unterstützung absoluter und relativer Vorteilhaftigkeitsentscheidungen bei vorgegebener Nutzungsdauer	55
3.2.1.	Kapitalwertmethode	55
3.2.1.1.	Definition und Errechnung des Kapitalwertes	55
3.2.1.2.	Beispiel zur Ermittlung von Kapitalwert und Ertragswert	57
3.2.1.3.	Interpretation des Kapitalwertes	57
3.2.1.4.	Abhängigkeit des Kapitalwertes vom Kalkulationszinssatz	60
3.2.1.5.	Beziehung zwischen Kapitalwert und Einkommen des Investors	62
3.2.1.6.	Vorteilhaftigkeitsentscheidungen mit der Kapitalwertmethode	66
3.2.1.7.	Abschließende Würdigung	70
3.2.2.	Annuitätenmethode	71
3.2.2.1.	Grundgedanke der Annuitätenmethode	71
3.2.2.2.	Definition der äquivalenten Annuität	72
3.2.2.3.	Rechentechnische Vorgehensweise	72
3.2.2.3.1.	Vorüberlegungen	72
3.2.2.3.2.	Anwendung des Rentenbarwertfaktors	73
3.2.2.3.3.	Anwendung des Annuitätenfaktors	74
3.2.2.4.	Interpretation der äquivalenten Annuität	75
3.2.2.5.	Investitionsentscheidungen unter Verwendung der äquivalenten Annuität	76
3.2.2.5.1.	Beurteilung eines einzelnen Investitionsprojekts	76
3.2.2.5.2.	Vergleich sich ausschließender Alternativen	77
3.2.2.6.	Ermittlung von Teilannuitäten zur Verbesserung der Informationsgrundlage des Investors	78
3.2.3.	Interne-Zinsfuß-Methode	81
3.2.3.1.	Definition des internen Zinsfußes	81
3.2.3.2.	Berechnung des internen Zinsfußes	82
3.2.3.3.	Mehrdeutigkeit und fehlende Existenz des internen Zinsfußes	85
3.2.3.4.	Interpretation des internen Zinsfußes	87
3.2.3.5.	Investitionsentscheidungen anhand der internen Rendite	91

3.2.3.5.1.	Beurteilung eines einzelnen Projektes	91
3.2.3.5.2.	Vergleich mehrerer sich ausschließender Investitions- oder Finanzierungsalternativen	92
3.2.3.6.	Würdigung der Internen-Zinsfuß-Methode	102
3.2.4.	Dynamische Amortisationsrechnung	104
3.2.4.1.	Grundgedanke der Dynamischen Amortisationsrechnung	104
3.2.4.2.	Definition und Berechnung der Amortisationsdauer	104
3.2.4.3.	Investitionsentscheidungen unter Verwendung der dynamischen Amortisationsrechnung	106
3.2.4.4.	Kritische Bewertung der dynamischen Amortisationsrechnung	108
3.2.5.	Ermittlung der durchschnittlichen Kapitalbindungsdauer (Duration) und der Zinselastizität	114
3.2.5.1.	Grundgedanke der Duration	114
3.2.5.2.	Definition der Duration	120
3.2.5.3.	Ermittlung der Duration einer Zahlungsreihe	121
3.2.5.4.	Interpretation der Duration und Erstellung von Vorteilhaftigkeitsempfehlungen	122
3.2.5.5.	Zusammenhang zwischen Duration und Zinselastizitäten	126
3.2.5.6.	Interpretation und praktische Anwendung von Zinselastizitäten	128
3.2.5.7.	Kritische Würdigung der Verwendung von Duration und Zinselastizität als Maß für Zinsänderungsrisiken	129
3.3.	Checkliste zur Anwendung dynamischer klassischer Partialmodelle	133
3.4.	Fallbeispiel zu den klassischen Partialmodellen der dynamischen Investitionsrechnung	135
4.	**Statische Verfahren der Investitionsrechnung**	**140**
4.1.	Gemeinsame Merkmale statischer Rechenverfahren	140
4.2.	Ausgewählte statische Rechenverfahren	141
4.2.1.	Kostenvergleichsrechnung	141
4.2.2.	Gewinnvergleichsrechnung	147
4.2.3.	Rentabilitätsvergleichsrechnung	150
4.2.4.	Statische Amortisationsrechnung	156
4.3.	Kritische Würdigung der statischen Rechenverfahren	161
4.4.	Fallbeispiel zu den statischen Verfahren	164
5.	**Grenzen der klassischen Partialmodelle und Ansätze zu ihrer Überwindung**	**168**
5.1.	Modellgrenzen	168
5.1.1.	Die Nutzungsdauerproblematik	168
5.1.2.	Die Bestimmung des adäquaten Kalkulationszinssatzes	169
5.2.	Ansätze zur Weiterentwicklung der klassischen Partialmodelle	171
5.2.1.	Bestimmung der wirtschaftlich optimalen Nutzungsdauer	171
5.2.2.	Ermittlung eines endogenen Kalkulationszinssatzes – das Modell von Joel Dean	177
5.2.2.1.	Modellaufbau	177
5.2.2.2.	Modellkritik	183

Teil C: Finanzplanung
von Dieter Gramlich

1.	**Zum Erfordernis einer Finanzplanung**	188
1.1.	Unvollkommenheit realer Finanzmärkte	188
1.1.1.	Annahmen der Investitionsplanung	188
1.1.2.	Kritische Betrachtung der Annahmen vor dem Hintergrund realer Finanzmärkte	189
1.2.	Spezielle Zielsetzungen einer Finanzplanung	192
2.	**Struktur der Finanzplanung**	193
2.1.	Einordnung der Finanzplanung in die betriebliche Finanzwirtschaft	193
2.1.1.	Finanzplanung, Finanzlenkung, Finanzmanagement: Alternative Ansätze in der Literatur	193
2.1.2.	Finanzplanung als Teil von Finanzierungsentscheidungen	196
2.2.	Aufgaben der Finanzplanung	200
2.2.1.	Definition relevanter Zielsetzungen	200
2.2.2.	Identifikation relevanter Planungselemente	203
2.2.3.	Prognose planungsrelevanter Größen und Ermittlung des Handlungsbedarfs	204
2.2.4.	Analyse und Auswahl von Maßnahmen	207
2.3.	Liquiditätsplanung als Teil der Finanzplanung	208
3.	**Das Liquiditätsproblem als eigentlicher Anlaß zur Finanzplanung**	212
3.1.	Auffassungen zum Begriff Liquidität	212
3.1.1.	Liquidität und Ebene der Zahlungsmittel	212
3.1.2.	Bezugsobjekt/-subjekt von Liquidität	217
3.1.3.	Inhaltlicher Bezug von Liquidität	221
3.2.	Erscheinungsformen der Liquidität	222
3.2.1.	Perioden-/Momentanliquidität	222
3.2.2.	Vergangene, gegenwärtige und zukünftige Liquidität	226
3.2.3.	Unter-, Über- und optimale Liquidität	228
3.2.4.	Ungefährdete/Gefährdete Liquidität	234
3.2.4.1.	Der Liquiditätssaldo I als vorläufiges Planungsergebnis	234
3.2.4.2.	Ungefährdete Liquidität	237
3.2.4.3.	Gefährdete Liquidität	238
3.3.	Betriebswirtschaftliche Bedeutung der Liquiditätssicherung	242
4.	**Instrumente zur Ermittlung und Gestaltung des Finanzierungsbedarfs (Liquiditätsrechnungen)**	248
4.1.	Ansatzpunkte einer Ausgestaltung von Liquiditätsrechnungen	248
4.1.1.	Grundsätzliche Anforderungen	248

4.1.2.	Gestaltungselemente	252
4.2.	Formen von Liquiditätsrechnungen	254
4.2.1.	Übersicht	254
4.2.2.	Bestimmung der gegenwärtigen Liquidität	256
4.2.2.1.	Der Liquiditätsstatus	256
4.2.2.2.	Cash-Management-Systeme als Weiterentwicklung des Liquiditätsstatus in der Praxis	261
4.2.3.	Bestimmung der kurzfristigen Liquidität	267
4.2.3.1.	Der (kurzfristige) Finanzplan	267
4.2.3.2.	Anwendungsbeispiel	273
4.2.4.	Ermittlung der mittel- und langfristigen Liquidität	281
4.2.4.1.	Der Kapitalbindungsplan	281
4.2.4.2.	Der Kapitalbindungsplan im Rahmen der Gesamtunternehmensplanung: Ein Beispiel	290
4.2.5.	Vergleichende Gegenüberstellung der Liquiditätsrechnungen	296
4.3.	Der Jahresabschluß als Basis einer Liquiditätsplanung	300
4.3.1.	Grundsätzliche Probleme	300
4.3.2.	Ermittlung von Cash Flow und Netto-Liquidität	303
4.3.3.	Bilanzorientierte Liquiditätskennziffern	308

Lösungen der Aufgaben zur Selbstüberprüfung 311

Kurzanleitung zur Verwendung der finanzmathematischen Faktoren 325

Finanzmathematische Tabellen 327

Literaturverzeichnis 341

Sachregister 347

Abbildungsverzeichnis

Abb.	Legende	Seite
A 1	Leistungs- und Zahlungsbereich von Unternehmen	16
A 2	Perspektiven finanzwirtschaftlicher Entscheidungen	17
A 3	Anspruchsgruppen der Unternehmung und ihre Ziele	23
A 4	Monetäre Ziele der Eigenkapitalgeber als Teilmenge der Unternehmensziele	25
B 1	Darstellung möglicher Interdependenzen zwischen Projekten	31
B 2	Auswirkungen von Wechselkursveränderungen auf zwei Projekte	34
B 3	Systematisierung der sich möglicherweise ergebenden Entscheidungssituationen bei Investitions- oder Finanzierungsprojekten	36
B 4	Idealtypische Struktur eines Entscheidungsmodells	42
B 5	Systematisierung der Investitionsrechenmodelle, die mit der Annahme sicherer Erwartungen arbeiten	44
B 6	Verlauf der Kapitalwertfunktion in Abhängigkeit vom Zinsniveau	61
B 7	Kapitalwertkurvenverlauf bei vergröbertem Maßstab	63
B 8	Vergleich der Kapitalwertdifferenz beim Kalkulationszinssatz 10%	68
B 9	Graphische Bestimmung der internen Verzinsung	84
B 10	Kapitalwertkurvenverlauf eines Projektes mit internen Renditen bei 0% und 50%	86
B 11	Kapitalwertfunktionen zweier sich ausschließender Projekte A und B	95
B 12	Zusammenhang zwischen absoluter Vorteilhaftigkeit der Differenzinvestition und relativer Vorteilhaftigkeit der Ursprungsprojekte	101
B 13	Verlauf der Kapitalwertfunktionen zweier Projekte mit extrem unterschiedlicher Duration, jedoch – bewertet mit einem Kalkulationszinssatz von 10% – identischen Einkommen	118
B 14	Verlauf der Ertragswertfunktionen zweier Projekte mit extrem unterschiedlicher Duration, jedoch identischem Einkommen bei einem Kalkulationszinssatz von 10%	119
B 15	Kapitalwertkurvenverläufe der Projekte A bis D in Abhängigkeit vom Marktzinssatz	124
B 16	Zinselastizität als Steigung der Tangente an der Ertragswertkurve eines Investitionsprojektes	125
B 17	Projekte, die bei gegebenem Zinssatz i* gleichzeitig unterschiedliche Zinselastizität und unterschiedlichen Ertragswert besitzen	130
B 18	Übersicht über den Anwendungsbereich der Kostenvergleichsrechnung	143
B 19	Verlauf der Kapitalbindung bei regelmäßiger Abschreibung und Annahme eines Restverkaufserlöses	144

Abb.	Legende	Seite
B 20	Verlauf einer Kapitalwertfunktion in Abhängigkeit von der Nutzungsdauer	173
B 21	Zuordnung von Investitions- und Finanzierungsprojekten nach steigenden Zinssätzen	180
B 22	Optimales Investitions- und Finanzierungsprogramm nach Dean	182
C 1	Einordnung der Finanzplanung nach K. Chmielewicz	194
C 2	Einordnung der Finanzplanung nach L. Größl	194
C 3	Einordnung der Finanzplanung nach J. Süchting	195
C 4	Zeitlicher Ablauf von Finanzentscheidungen	198
C 5	Finanzplanung als Element von Finanzierungsentscheidungen	200
C 6	Prognoseverfahren in der Finanzplanung	205
C 7	Finanzierungsalternativen	209
C 8	Abgrenzung von Liquiditäts- und weiterer Finanzplanung	210
C 9	Momentan- und Periodenliquidität	225
C 10	Zusammenhang von vergangener/gegenwärtiger/zukünftiger Liquidität und Momentan-/Periodenliquidität	228
C 11	Unter-, Über- und optimale Liquidität	229
C 12	Reserven im Rahmen der Finanzplanung	233
C 13	Stufen der Finanzplanung	236
C 14	Gefährdete/Ungefährdete Liquidität	237
C 15	Ungefährdete Liquidität	239
C 16	Liquiditätsengpaß	240
C 17	Gefährdete Liquidität und Planungshorizont	241
C 18	Ertrag und Aufwand des Mitteleinsatzes in Unternehmen	244
C 19	Voraussetzungen, Struktur und Prozeß der Finanzplanung	251
C 20	Staffel- und Kontoform als formale Aufbaumöglichkeiten von Liquiditätsrechnungen	252
C 21	Formen von Liquiditätsrechnungen	254
C 22	Zeitlicher Bezug der Liquiditätsrechnungen	255
C 23	Grundstruktur des Liquiditätsstatus	258
C 24	Netting als Leistungsbestandteil von Cash-Management-Systemen	263
C 25	Struktur von Cash-Management-Systemen	264
C 26	Eignungs-Checkliste für Cash-Management-Systeme	266
C 27	Zeitliche Unterteilung des Finanzplans	270
C 28	Erneuerung von Finanzplänen	271
C 29	Inhaltliche und zeitliche Grundstruktur des Finanzplans	272
C 30	Kurzfristiger Finanzplan – Beispielhafter Aufbau	274
C 31	Finanzplan, Planungsstufe I	278
C 32	Maßnahmen zur Sicherung der Liquidität	279
C 33	Finanzplan, Planungsstufe II	280
C 34	Kapitalbindungsplan – Grundstruktur	286
C 35	Kapitalbindungsplan – erweiterte inhaltliche Struktur	287

Abb.	Legende	Seite
C 36	Gegenüberstellung der Instrumente der Finanzplanung	298
C 37	Grundstruktur der GuV	304
C 38	Formen und Ermittlungsstufen des Cash Flow	306
C 39	Grundstruktur der Bilanz	308

Teil A: Grundlagen der Investitions- und Finanzierungslehre

von Hartmut Walz und Dieter Gramlich

1. Gegenstand der Finanzwirtschaft

1.1. Analyse von Geldströmen als Ansatzpunkt finanzwirtschaftlicher Fragestellungen

Zwischen einem Unternehmen und seiner Umwelt bestehen Beziehungen unterschiedlicher Art[1]. Offensichtlich sind die güter- oder leistungswirtschaftlichen Prozesse, in denen sich das Unternehmen mit der Umwelt austauscht: Zur Erstellung von Leistungen hat das Unternehmen einen Bedarf an Einsatzfaktoren wie z. B. Rohstoffen, Maschinen und menschlicher Arbeitskraft, die es über die Beschaffungsmärkte erhalten kann. Andererseits werden die durch das Unternehmen hergestellten Waren und Dienstleistungen auf den Absatzmärkten veräußert.

Durch den Leistungsbereich allein läßt sich das Beziehungsverhältnis Unternehmen-Umwelt jedoch nicht vollständig abbilden. Insbesondere spielen sich Austauschbeziehungen nicht nur dahingehend ab, daß das Unternehmen Waren und Dienstleistungen von der Umwelt erhält und ebenfalls Waren und Dienstleistungen an die Umwelt abgibt[2]. Dieser rein güterbezogene, sich auf materielle Leistung und Gegenleistung beziehende Tausch (Realtausch)[3] spielt in entwickelten, arbeitsteiligen Wirtschaftssystemen nur eine untergeordnete Rolle[4]. Als Tauschmedium tritt vielmehr Geld im Sinne eines „Zahlungsmittels" zwischen die Güterströme[5].

Man kann folglich davon ausgehen, daß regelmäßig eine Zerlegung der realen Tauschbeziehungen durch die Zwischenschaltung von Geld erfolgt. Daraus ließe sich weiter folgern, daß jeder Güterbewegung eine Zahlungsbewegung oder – anders ausgedrückt – jedem Güterstrom ein Zahlungsstrom in umgekehrter Richtung entspricht (**derivativer** Zahlungsstrom).

Da jedoch Kauf und Verkauf von Sachgütern und Dienstleistungen nicht immer gegen Barzahlung bei Lieferung erfolgen, fließen Güterstrom und Zahlungsstrom häufig zeit-

---

1 Vgl. zu einem Unternehmen als „offenes" Gebilde: Heinen, E. (1976b), S. 186.
2 Z. B.: Ein Unternehmen bezieht Arbeitsleistungen und „bezahlt" mit produzierten Gütern.
3 Vgl. zu Formen ökonomischer Transaktionen: Stobbe, A. (1989), S. 13f.
4 Er besitzt jedoch für den Handel mit devisenarmen Ländern eine Bedeutung. Insbesondere im Geschäft mit den Staaten des Ostblocks ist die Abrechnung „Ware gegen Ware" von Relevanz. Dieser Realtausch wird auch als „Bartergeschäft" oder „Countertrade" bezeichnet.
5 Vgl. zur Tausch-, Rechen- und Wertaufbewahrungsfunktion von Zahlungsmitteln (Geld): Jarchow, H.-J. (1978), S. 13 – 16; Stobbe, A. (1989), S. 12f.

16 Grundlagen der Investitions- und Finanzierungslehre

lich erheblich versetzt. Eine besondere Bedeutung besitzt hier z. B. die zeitliche Verschiebung, die durch Kauf und Verkauf auf Zahlungsziel entsteht. Im Zeitpunkt des Güterstroms fließen in diesem Fall keine Zahlungsmittel, sondern nur Ansprüche auf Zahlungsmittel: Der Lieferant erhält also eine Forderung gegenüber dem Abnehmer. Faßt man Zahlungsmittel und Ansprüche auf Zahlungsmittel unter der Bezeichnung „Nominalgüter" oder „Finanzgüter" zusammen, so kann man generell feststellen, daß jedem Realgüterstrom ein Nominal- beziehungsweise ein Finanzgüterstrom gegenübersteht[6]. Diese Aussage ist allerdings nicht umkehrbar, da es eine Reihe wichtiger Vorgänge in Unternehmen gibt, die nur zur Bewegung von Nominalgütern führen (**originäre** Zahlungsströme). Beispielsweise seien hier die Aufnahme eines Darlehens bei einem Kreditinstitut und die Kapitaleinlage eines Gesellschafters genannt.

Der Bereich des Unternehmens, der sich mit der Steuerung dieser Nominalgüterströme befaßt, wird als **finanzieller Bereich**[7] oder **Zahlungsbereich** bezeichnet. Er steht dem Leistungsbereich mit den Teilen Beschaffung, Produktion und Absatz gegenüber[8]. Dies ist in Abbildung A 1 ausgedrückt.

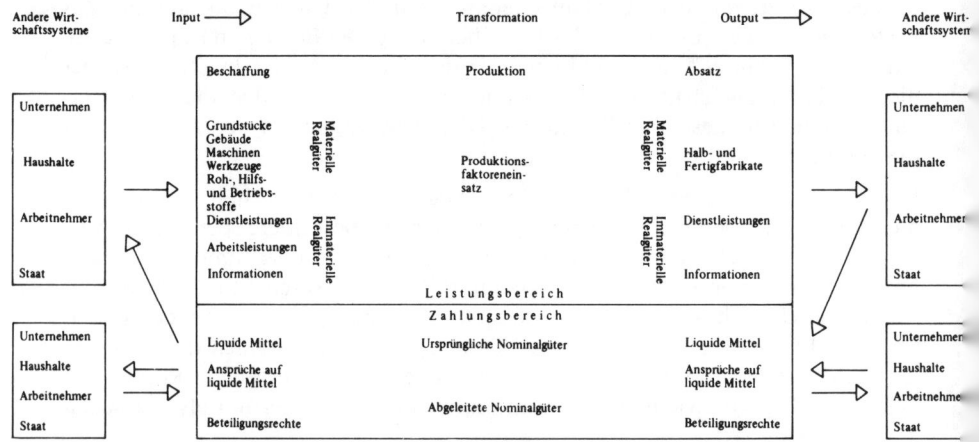

Abbildung A 1: Leistungs- und Zahlungsbereich von Unternehmen

Die betriebliche Finanzwirtschaft beschäftigt sich mit den Vorgängen im Finanzbereich eines Unternehmens. Elemente finanzwirtschaftlicher Analysen sind also Nominalgüter im Sinne von Zahlungsmitteln (Geld) oder Ansprüchen auf Zahlungsmittel. Innerhalb der Nominalgüter richtet sich das besondere Interesse der Finanzwirtschaft **auf die Zahlungsmittel als solche** beziehungsweise auf Veränderungen im Bestand an Zahlungsmitteln. Dies heißt zugleich, daß solche Vorgänge, die sich als reine Veränderung der **Ansprüche auf Zahlungsmittel** (z. B. Forderungszunahme) oder der **Verbindlichkeiten in Zahlungs-**

---

6 Zu dieser generellen Aussage gibt es allerdings auch Ausnahmen, wie z. B. der erwähnte Realtausch, die Schenkung oder die Sacheinlage eines Gesellschafters.
7 Bei E. Gutenberg findet sich der Begriff „finanzielle Sphäre". Vgl. Gutenberg, E. (1969), S. 1.
8 Vgl. auch die Darstellung bei: Eilenberger, G. (1989), S. 59.

mitteln (z. B. Einkauf von Rohstoffen auf Ziel) darstellen, von finanzwirtschaftlichen Fragestellungen zunächst[9] **ausgeklammert** werden.

Finanzwirtschaftliche Fragestellungen richten sich auf den Bestand und die Bewegungen von Zahlungsmitteln.

1.2. Ableitung spezieller finanzwirtschaftlicher Fragestellungen

1.2.1. Orientierungsrahmen

Die vorliegende Arbeit baut auf dem Entscheidungsansatz[10] der Betriebswirtschaftslehre als methodischem Rahmen auf. Hierbei lassen sich eine inhaltliche und eine organisatorische Perspektive unterscheiden.

Die **inhaltliche** Perspektive umfaßt – nachdem grundsätzlich das Bezugsobjekt der Finanzwirtschaft geklärt ist – insbesondere die Frage, unter welchen sachlichen Kriterien (,Entscheidungskriterien') finanzwirtschaftliche Entscheidungen zu analysieren sind. Hierzu zählt primär die Beschäftigung mit der Finanzwirtschaft aus rentabilitäts-, liquiditäts- und sicherheitspolitischer Perspektive[11].

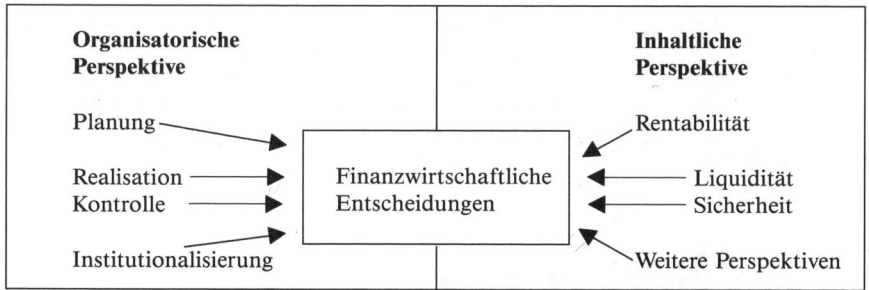

Abbildung A 2: Perspektiven finanzwirtschaftlicher Entscheidungen

Soweit **Rentabilitäts**überlegungen angestellt werden, versucht man, finanzwirtschaftliche Sachverhalte so zu gestalten, daß das Erfolgsziel[12] der Unternehmung erreicht wird. Dies läßt sich zum einen dadurch gewährleisten, daß vorhandene Mittel erfolgsoptimal angelegt werden. Zum anderen soll die Beschaffung von Zahlungsmitteln mit so geringem Aufwand wie möglich gelingen.

---

9 Für die Zwecke der vorliegenden Arbeit, insbesondere im Hinblick auf das im Teil C. behandelte Problem der Liquiditätssicherung, erscheint diese Eingrenzung angemessen. Unter C. 2 wird allerdings versucht, ein umfassenderes Verständnis von Finanzwirtschaft beziehungsweise von Finanzplanung aufzuzeigen.
10 Vgl. zu Entscheidung und Entscheidungsprozeß: B.1.; C.2.1.2.
11 Zum Teil findet sich als vierte Perspektive noch: unternehmerische Unabhängigkeit. Vgl. Hahn, O. (1983), S. 36; Perridon, L. / Steiner, M. (1988), S. 13.
12 Vgl. zu dessen näherer Bestimmung im folgenden: A.2.

18 Grundlagen der Investitions- und Finanzierungslehre

Die Analyse der Mittelanlage unter dem Gesichtspunkt der Rentabilität setzt nicht notwendigerweise voraus, daß solche Mittel auch tatsächlich bereits verfügbar sind oder beschafft werden können. Diese Frage – die Frage nach der ausreichenden Verfügbarkeit über Zahlungsmittel – stellt sich vielmehr aus **liquiditäts**orientierter Perspektive. Hier geht es grundsätzlich darum, den tatsächlich gegebenen Bestand an Zahlungsmitteln dem gewünschten Bestand anzugleichen.

Finanzwirtschaftliche Entscheidungen sind zukunftsbezogen. Daraus resultiert als Problem, daß die Wirkungen dieser Entscheidungen nicht mit vollständiger Sicherheit vorherzusehen sind. Sie hängen von zukünftigen Ereignissen ab, die dem Entscheidungsträger nicht oder nur unzureichend bekannt sind. Im betrachteten Zusammenhang ergibt sich deshalb, daß finanzwirtschaftliche Projekte sich im Grad der Sicherheit unterscheiden können, mit dem ihre Zahlungsreihen vorhergesehen werden können. Die Entscheidung für oder gegen ein solches Projekt hängt dann noch von einem weiteren Kriterium ab: Es muß die individuelle Einstellung des Entscheidungsträgers zur **Sicherheit**[13] der erwarteten Zahlungen, das heißt seine Risikopräferenz[14], bekannt sein. Soweit finanzwirtschaftliche Risiken vermieden werden können, bedeutet dies zugleich, daß auch die mit ihnen verbundenen Risikokosten nicht anfallen.

Soweit der Betrachtung finanzwirtschaftlicher Entscheidungen eine **organisatorische** Perspektive zugrunde liegt, bezieht diese sich einerseits auf die einzelnen Schritte, in denen sich solche Entscheidungen vollziehen, nämlich Planung, Realisation und Kontrolle[15]. Andererseits ist ein wichtiger Betrachtungsgegenstand in der Analyse der institutionellen Voraussetzungen finanzwirtschaftlicher Entscheidungsprozesse zu sehen. Dies betrifft beispielsweise die Frage nach dem Aufbau von Finanzabteilungen, dem ihnen zur Verfügung stehenden Instrumentarium und den Beziehungen der Finanzabteilung zu anderen Unternehmensbereichen aber auch die Untersuchung der verschiedenen Teilbereiche des Geld- und Kapitalmarktes.

1.2.2. Die Fragestellungen im einzelnen

Im folgenden werden die wesentlichen sich aus inhaltlicher Perspektive ergebenden Fragestellungen aufgezeigt:

(1) Wie läßt sich die Vorteilhaftigkeit von Investitions- und Finanzierungsprojekten bestimmen?

Diese Fragestellung resultiert primär aus dem Rentabilitätsgedanken: Ein Unternehmen versucht, verfügbare Mittel rentabel zu verwenden und benötigte Mittel möglichst kostengünstig zu beschaffen. Die Vorteilhaftigkeit der Mittelverwendung hängt dabei zum einen davon ab, ob die geplante Investition einen wirtschaftlichen Vorteil verspricht. Eine zentrale Aufgabe der Finanzwirtschaft

---

13 Vgl. Schmidt, R. (1986), S. 14.
14 Vgl. zum Begriff der Risikopräferenz auch: B.1.1.3.
15 Vgl. näher hierzu: C.2.1.2.

stellt die Analyse dar, ob geplante Investitionsprojekte auch wirtschaftlich tragfähig sind.

Soweit das Unternehmen Mittel einsetzt, die es zuvor noch beschaffen muß, hängt der Unternehmenserfolg auch davon ab, daß die benötigten Mittel mit möglichst geringem Aufwand beschafft werden. Das Unternehmen kann – in Abhängigkeit insbesondere vom gewählten Finanzierungsinstrument – in der Regel die erforderlichen Mittel zu unterschiedlichen Konditionen oder Modalitäten aufnehmen (z. B. fixe/variable Verzinsung, Agio, Laufzeit). Um aus gegebenen Finanzierungsalternativen die geeignetste zu wählen, muß die Finanzwirtschaft Vorteilhaftigkeitskriterien und Methoden zu deren Ermittlung bereithalten.

(2) Wie kann der Ausgleich von Ein- und Auszahlungen gewährleistet werden?

Zentrale Aufgabe der Finanzwirtschaft in dieser Hinsicht ist es, ein Gleichgewicht zwischen Ein- und Auszahlungen zu schaffen (Liquiditätssicherung). Dies heißt zum einen, daß die Einzahlungen (zuzüglich eines eventuell gegebenen Mittelbestandes) ausreichend sein sollen, um die Auszahlungen zu decken[16]. Andererseits sollen die Einzahlungen auch wiederum die für Auszahlungen benötigten Mittel nicht in zu hohem Maß übersteigen[17].

Aus dieser generellen Aufgabe „Ausgleich von Zahlungen" resultiert zunächst die Notwendigkeit, die entsprechenden Zahlungen überhaupt zu **erkennen**. Der Finanzmanager benötigt hierzu Informationen, die sowohl den Finanzbereich direkt als auch den Leistungsbereich betreffen. Die festgestellten Ein- und Auszahlungen sind in einem weiteren Schritt einander **gegenüberzustellen**. Soweit sich ein Überschuß an Einzahlungen ergibt, führt dies zur Prüfung von Möglichkeiten zur Mittelanlage und somit zurück zur Fragestellung (1). Wenn sich dagegen ein Überschuß von Auszahlungen ergibt, muß nach Wegen der Mittelbeschaffung gesucht werden (vgl. Fragestellung (3)[18]). Soweit Mittel nicht in ausreichendem Maß zur Verfügung stehen, ist weiter zu fragen, ob beabsichtigte Auszahlungen aufzuschieben oder zu vermeiden sind[19].

(3) Welche Alternativen zur Mittelbeschaffung sind verfügbar?

Im Hinblick auf die Beschaffung zusätzlicher liquider Mittel beschäftigen sich finanzwirtschaftliche Analysen mit folgenden Einzelaspekten:

- **Formale Finanzwirtschaft**: Welche Finanzierungsformen lassen sich unterscheiden? Hierzu zählt z. B. die Beschäftigung mit Eigen-/Fremdfinanzierung einerseits oder mit Innen-/Außenfinanzierung[20] andererseits.

---

16 Vgl. ausführlicher zum Liquiditätsziel: C.3.1.
17 Vgl. zum angestrebten Verhältnis: C.3.2.3.
18 Fragestellung (3) ergibt sich somit als Unterfrage zu (2).
19 „Ausgleich" von Zahlungen wird hier also in mengenmäßiger, quantitativer Sicht verstanden. Dieser Ausgleich kann aber auch qualitative Komponenten besitzen, z. B. in bezug auf Fristen, Währungen, etc. Vgl. hierzu: C.2.2.
20 Vgl. hierzu: Däumler, K.-D. (1986), S. 19 – 26; Drukarczyk, J. (1983), S. 186 – 193; Gerke, W. / Philipp, F. (1985), S. 80 – 98; Perridon, L. / Steiner, M. (1988), S. 196 – 200; Wöhe, G. / Bilstein, J. (1988), S. 11 – 21. Vgl. auch die Übersicht in C.2.2.4.

20 Grundlagen der Investitions- und Finanzierungslehre

- **Institutionelle Finanzwirtschaft**[21]: Welche Institutionen (z. B. Kreditinstitute, Versicherungen, Kapitalbeteiligungsgesellschaften[22] und Personen sind in der Lage und dazu bereit, dem Unternehmen liquide Mittel zu überlassen? Welche Märkte (im In- und Ausland) kann das Unternehmen zur Mittelbeschaffung in Anspruch nehmen?
- **Instrumentelle Finanzwirtschaft**: Über welche konkreten Finanzierungsinstrumente (z. B. Aktie, Obligation, Kredit) beziehungsweise über welche vertragliche Gestaltungen kann das Unternehmen bei der Mittelbeschaffung verfügen?

1.3. Betrachtungsgegenstand der vorliegenden Arbeit

Die vorliegende Arbeit beschäftigt sich mit der Planung finanzwirtschaftlicher Maßnahmen. Finanzwirtschaftliche Planung[23] umfaßt all die Aspekte, die die praktische Umsetzung finanzbereichsbezogener Maßnahmen **vorbereiten**. Die eigentliche Durchführung dieser Maßnahmen (finanzwirtschaftliche Disposition)[24] sowie die Kontrolle (finanzwirtschaftliche Kontrolle)[25] der durchgeführten Maßnahmen zählen nicht mehr zu ihrem Aufgabenbereich[26].

Die Problematik des in finanzwirtschaftlichen Sachverhalten begründeten Risikos (Sicherheitsaspekt) wird weitgehend ausgeklammert. Dadurch finden auch Fragen der Risiko-Nutzen-Funktion finanzwirtschaftlicher Entscheidungsträger keine Beachtung[27].

Finanzwirtschaftliche Maßnahmen beziehen sich auf den Zahlungsbereich von Unternehmen. Dieser wird durch die Beschaffung und die Verwendung finanzieller Mittel beeinflußt. Ein umfassender Planungsansatz müßte Aspekte der Mittelbeschaffung und -verwendung **zugleich** einbeziehen[28]. Ein solcher ‚verbindender' Ansatz ist im folgenden nicht gewählt. Vielmehr wird aus Gründen der Übersichtlichkeit die finanzwirtschaftliche Planung in Investitions- und Finanzplanung getrennt.

Hierbei ist der Bereich **Investitionsplanung** (Teil B) mit der vorstehend als (1) erörterten Fragestellung nach der Vorteilhaftigkeit von Investitions- und Finan-

---

21 Vgl. zu Aspekten institutioneller und instrumenteller Finanzwirtschaft: Däumler, K.-D. (1986); Eilenberger, G. (1989), insbesondere S. 178 – 239; Glogowski, E. / Münch, M. (1986); Süchting, J. (1989), insbesondere S. 71 – 228; Wöhe, G. / Bilstein, J. (1988). Vgl. auch die Übersicht in C.2.2.4.
22 Vgl. zu Institutionen des deutschen Finanzmarktes: Gerke, W. / Philipp, F. (1985), S. 32 – 35.
23 Vgl. näher zur Finanzplanung: C.2.1.2; C.2.2.
24 Vgl. Witte, E. (1980), S. 120 – 138. Vgl. in diesem Zusammenhang auch: Hauschild, J. / Sachs, G. / Witte, E. (1981), S. 1 – 52.
25 Vgl. hierzu: Hahn, D. (1975); Hauschild, J. / Sachs, G. / Witte, E. (1981), S. 129 – 162; Witte, E. (1980), S. 139 – 154.
26 Die Planung hat allerdings ‚indirekt' diese Schritte insofern zu beachten, als diese auch zu planen sind. Vgl. zu Finanzdisposition und Finanzkontrolle auch: C.2.1.2.
27 Vgl. zur Thematik „Finanzwirtschaft und Unsicherheit": Gerke, W. / Philipp, F. (1985); Perridon, L. / Steiner, M. (1988); Schmidt, R. (1986); Schneider, D. (1980).
28 Vgl. ähnlich: Heinen, E. (1980), S. 141; Schmidt, R. (1986), S. 13.

zierungsprojekten befaßt. Wie noch zu zeigen ist, kann diese Fragestellung für beide Projekttypen weitgehend mit dem gleichen Instrumentarium bewältigt werden. Nicht verfolgt wird das Problem, wie entsprechende Projekte überhaupt gefunden werden können. Nur kurz angesprochen wird hierbei die Problematik, wie die betrachteten Investitions- und Finanzierungsprojekte für die Zwecke der Investitionsplanung in Form von Zahlungsreihen abgebildet werden können. Meist wird davon ausgegangen, daß eine solche Zahlungsreihe bereits vorliegt.

Finanzplanung (Teil C) hat die Fragestellung (2) zum Inhalt. Es geht überwiegend darum, zu analysieren,

- wie die (zukünftigen) Ein- und Auszahlungen eines Unternehmens erfaßt und einander gegenübergestellt werden können und
- welche Maßnahmen in Abhängigkeit vom Ergebnis dieser Gegenüberstellung zu treffen sind.

Auf einzelne Finanzierungsinstrumente, -institutionen und -märkte kann jedoch nicht vertieft eingegangen werden[29].

2. Finanzwirtschaftliche Ziele im Zielsystem der Unternehmung

2.1. Ziele, Zielbeziehungen, Zielsystem

Unter Zielen versteht man „... als erstrebenswert angesehene zukünftige Zustände, die als Ergebnis von bestimmten Verhaltensweisen eintreten sollen."[30] Während die Betriebswirtschaftslehre früher annahm, daß Unternehmen ein oberstes Ziel (meist wurde das Gewinnziel genannt) verfolgen, geht man heute davon aus, daß regelmäßig simultan mehrere unterschiedliche Ziele auf oberster Ebene verfolgt werden[31].

Je nachdem, ob die Verfolgung eines Zieles auf den Zielerreichungsgrad eines anderen eine positive, neutrale oder behindernde Wirkung entfaltet, unterscheidet man zwischen komplementärer, neutraler oder konkurrierender Zielbeziehung. Behindert die Verfolgung eines Zieles die gleichzeitige Verfolgung eines anderen, so liegt ein typischer Fall eines **Zielkonfliktes** (auch **Zielantinomie** genannt) vor[32].

Unter Berücksichtigung der bestehenden Beziehungen können die Ziele zu einem Zielsystem, das heißt einer Ordnung von Zielelementen, zwischen denen

---

29 Vgl. hierzu vorstehend die Literaturangaben unter A.1.2.2.
30 Schmidt, M. (1987), S. 3.
31 Vgl. Schmidt, Matthias (1987), S. 3.
32 Vgl. Kuhlmann, J. (1976), S. 53.

komplementäre, neutrale oder konkurrierende Beziehungen auf horizontaler Ebene und Mittel-Zweck-Beziehungen auf vertikaler Ebene bestehen, zusammengefaßt werden[33]. Zielsysteme werden in der Literatur auch häufig als **Zielpyramiden** oder **Zielhierarchien** bezeichnet[34].

2.2. Denkbare Ziele von Anspruchsgruppen der Unternehmung

Unternehmen im Sinne einer abstrakten wirtschaftlichen oder rechtlichen Einheit verfolgen als solche selbst keine Ziele. Die Ziele von Unternehmen können auch keineswegs mit den Zielen der Unternehmer gleichgesetzt werden[35]. Zum einen ist es beispielsweise ein wesentliches Kennzeichen der modernen Kapitalgesellschaften, daß sie einer Vielzahl von Eigentümern (z. B. Aktionären) mit unter Umständen unterschiedlichsten Zielvorstellungen gehören. Zum anderen sieht die Rechtskonstruktion von Kapitalgesellschaften die Möglichkeit einer Trennung von Eigentümer- und Geschäftsführerfunktionen vor, so daß es durchaus zu Interessenabweichungen zwischen den beiden Parteien kommen kann. Schließlich ist zu berücksichtigen, daß sich Unternehmen heutzutage nicht mehr in einem gesellschaftlich und politisch passivem Umfeld befinden, sondern einer Vielzahl unterschiedlicher Einflüsse ausgesetzt sind. Folglich ergibt sich das Verhalten der Unternehmung als Ergebnis eines unternehmenspolitischen Zielbildungs- beziehungsweise **Zielaushandlungsprozesses**[36]. Da in diesen Prozeß viele unterschiedliche Interessengruppen eingreifen, wird er auch als kollektiver unternehmenspolitischer Zielbildungsprozeß (**"policy making"**)[37] bezeichnet.

Es ist daher realistisch, eine Unternehmung als Zweckgemeinschaft verschiedenster Menschen zu sehen, die mit ihrer kurzfristigen oder dauerhaften Mitwirkung in der Firma (oder derem Umfeld) einen positiven Beitrag zur Erreichung ihrer individuellen Ziele anstreben. Um nun nicht die Ziele eines jeden Organisationsteilnehmers oder Marktpartners analysieren zu müssen, liegt es nahe, Gruppen zu bilden, in denen Wirtschaftssubjekte mit relativ homogenen Interessen gegenüber der Unternehmung gemeinsam betrachtet werden können. Diese Personenmehrheiten werden in der Literatur auch **Anspruchsgruppen**[38] genannt und gemäß dem Grad ihrer Verbundenheit mit der Unternehmung in

---

33 Vgl. Heinen, E. (1966), S. 81f.
34 Vgl. Kuhlmann, J. (1976), S. 50–52.
35 Die weitgehende Gleichsetzung von Unternehmenszielen und den Zielvorstellungen des Unternehmers trifft bestenfalls auf die Situation im Zeitalter der industriellen Revolution zu. Zur damaligen Zeit konnte sich der Eigentümer einer Unternehmung, der regelmäßig auch zugleich die Firma leitete, nahezu ohne Rücksicht auf Wünsche von Arbeitnehmern, Gewerkschaften, dem Staat oder der Gesellschaft seine Vorstellungen durchsetzen.
36 Zu den einzelnen Phasen des Zielbildungsprozesses vgl. Krüger, W. (1983), S. 38 sowie S. 47f.
37 Zur weiterführenden Beschreibung des unternehmenspolitischen Zielbildungsprozesses vgl. Dorow, W. (1982), S. 20–26.
38 Vgl. Ulrich, P. / Fluri, E. (1988), S. 66.

Kern- und Satellitenorgane differenziert[39]. Sie versuchen, im Rahmen ihrer Möglichkeiten (Machtpotentiale) auf alle relevanten Unternehmensentscheidungen und somit auch auf Entscheidungen über Investitions- oder Finanzie-

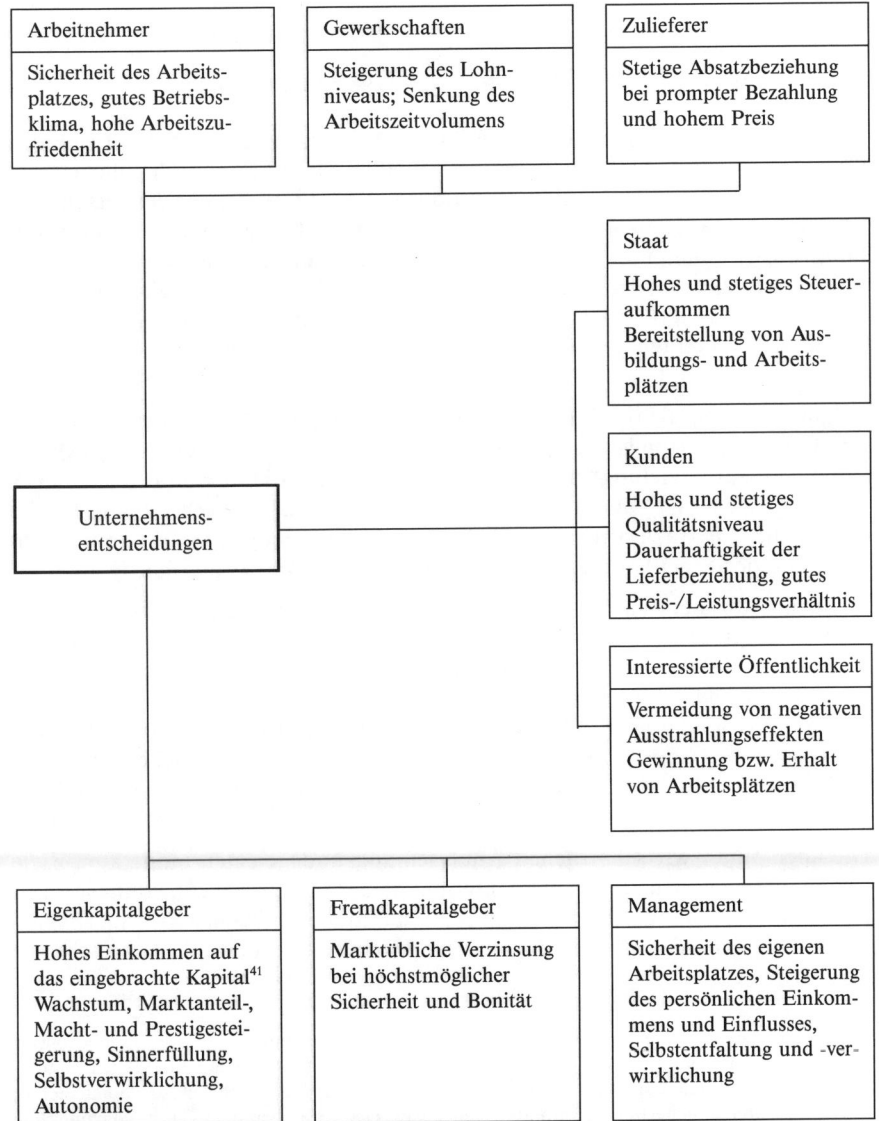

Abbildung A 3: Anspruchsgruppen der Unternehmung und ihre Ziele

---

39 Vgl. Kuhlmann, J. (1976), S. 71–73; Ulrich, P. / Fluri, E. (1988), S. 67.

24 Grundlagen der Investitions- und Finanzierungslehre

rungsprojekte Einfluß zu nehmen. Der Einfluß interner und externer Anspruchsgruppen hat sich in den letzten Jahrzehnten ständig erhöht[40]. Die vorstehende Abbildung A 3 führt einige wichtige Anspruchsgruppen gegenüber Wirtschaftsunternehmen auf und nennt Beispiele für die von ihnen üblicherweise verfolgten Ziele[41].

2.3. Monetäre Ziele als Teilmenge der Unternehmensziele

Wie aus der oben dargestellten Abbildung A 3 erkennbar wird, sieht sich das Unternehmen in Entscheidungsprozessen einer Vielzahl unterschiedlicher und möglicherweise sich gegenseitig beeinträchtigender Ziele seitens der verschiedenen **Anspruchsgruppen** gegenüber. Das tatsächliche Ergebnis des Aushandlungsprozesses hängt in jedem Fall von den individuell bestehenden Machtrelationen zwischen den einzelnen Anspruchsgruppen ab und kann daher nicht pauschal prognostiziert werden[42]. Dies gilt entsprechend auch für den im folgenden näher zu betrachtenden Fall von Investitions- oder Finanzierungsentscheidungen.

Folglich können die oftmals als hauptsächliche **Unternehmensziele** genannten Kriterien, wie beispielsweise „Umsatz- und Gewinnstreben", „Gewinnmaximierung", „Ertragserzielung" das von Unternehmen als Koalition unterschiedlicher Anspruchsgruppen tatsächlich verfolgte Zielbündel nur sehr unvollständig beschreiben. Reduziert man die Ziele eines Unternehmens auf die monetären Wünsche der Eigenkapitalgeber, so vernachlässigt man zwangsläufig

- die **nichtmonetären Zielvorstellungen** der Eigenkapitalgeber, wie Machtstreben, langfristige Unternehmenssicherung, strategische Marktanteilkalküle, Selbständigkeits- und Unabhängigkeitsstreben, Prestige- und Selbstverwirklichungsziele,
- die Zielvorstellungen aller sonstigen Anspruchsgruppen, das heißt aller Anspruchsgruppen, die nicht Eigenkapitalgeber sind, auf welche eine Unternehmung jedoch trotzdem angewiesen ist, um lebensfähig zu sein und deren Interessen und Wünsche daher nicht ignoriert werden können.

Die allen finanzwirtschaftlichen Analysen zugrundegelegten monetären Ziele stellen also lediglich eine kleine Untermenge der in dem Entscheidungsprozeß über Investitions- oder Finanzierungsmaßnahmen möglicherweise zur Diskussion stehenden Zielkriterien dar, wie nachstehende Abbildung A 4 nochmals verdeutlicht.

---

40 Vergleicht man die heutige Situation mit der Lage zur Zeit der industriellen Revolution, so wird erkennbar, daß beispielsweise der Einfluß von Arbeitnehmern und ihren Vertretungen, Gläubigern, der interessierten Öffentlichkeit und nicht zuletzt dem Staat erheblich zugenommen hat.
41 Im Umgangssprachgebrauch wird auch häufig von Gewinnstreben oder Gewinnmaximierung gesprochen. Tatsächlich bezieht sich das monetär ausgerichtete Streben der Eigenkapitalgeber jedoch auf für den Konsum verwendbare Zahlungsmittel und nicht auf buchhalterische Größen wie den Gewinn. Vgl. hierzu unten Punkt A. 2.4.
42 Vgl. Dorow, W. (1982), S. 17.

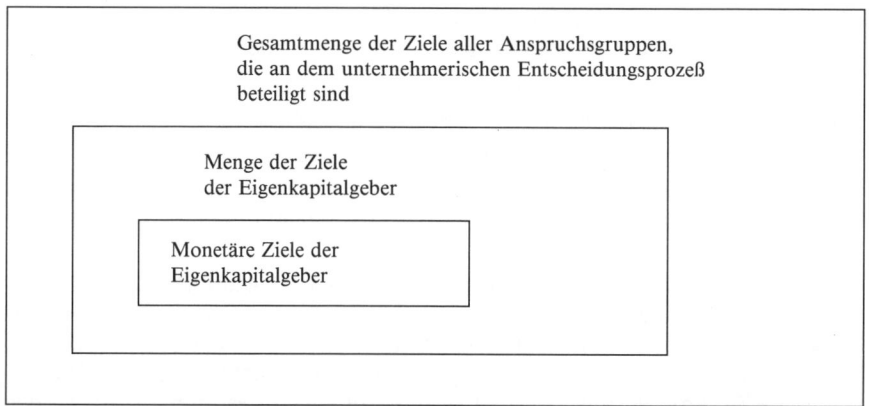

Abbildung A 4: Monetäre Ziele der Eigenkapitalgeber als Teilmenge der Unternehmensziele

2.4. Operationalisierung der monetären Ziele der Eigenkapitalgeber

Häufig wird als monetäres Ziel der Eigenkapitalgeber von Unternehmen Gewinnerzielung oder sogar Gewinnmaximierung genannt. Hierbei wird der **Gewinnbegriff** meist nicht näher erläutert.

Versteht man hierunter einen nach handelsrechtlichen oder steuerrechtlichen Vorschriften ermittelten Saldo zwischen Ertrag und Aufwand einer Periode, so kann kaum angenommen werden, daß Eigenkapitalgeber der Unternehmung eine derartige Gewinngröße als direkt zu verfolgende Zielgröße verwenden. Einer Zunahme des handels- oder steuerrechtlichen Gewinns entspricht nicht unbedingt gleichzeitig eine Steigerung des konsumfähigen Einkommens für den Eigentümer[43]. Ein Eigenkapitalgeber, der durch die Bereitstellung von Mitteln auf Konsum verzichtet, will in der Regel zu einem späteren Zeitpunkt mehr konsumieren. Dies ist dem Kapitalgeber aber nur in dem Maße möglich, in dem er Einkommens**zahlungen** aus der Unternehmung erhält. Während **Totalgewinn** und **Totalentnahmen** über die gesamte Lebensdauer der Unternehmung einander entsprechen, gilt dies für einzelne Perioden und für die Lebensdauer eines Investitions- oder Finanzierungsprojektes nur im Ausnahmefall. Ziel der Eigenkapitalgeber ist es daher nicht, (Buch-)Gewinne zu machen, sondern **konkrete Einkommenszahlungen** zu erhalten. Dies wird unter anderem daraus ersichtlich, daß Gewinne von Personengesellschaften – auch wenn sie nicht mit einem Mittelzufluß verbunden sind – zu Steuerzahlungen bei den Kapitalgebern führen und damit sogar einen Mittelabfluß bewirken. Nur mit dem Erhalt von Zah-

---

[43] Beispiele hierfür bilden alle Steigerungen von Ertragspositionen, die nicht mit zusätzlichen Einzahlungen verbunden sowie alle Senkungen von Aufwendungen, die nicht auszahlungswirksam sind. In diesen Fällen wird zwar der buchmäßige Gewinn, nicht jedoch der Zahlungsmittelbestand der Unternehmung erhöht.

lungsmitteln werden die Kapitalgeber in die Lage versetzt, ihren Lebensunterhalt zu bestreiten, das heißt sich Konsumwünsche zu erfüllen.

In finanzwirtschaftlichen Analysen wird daher überwiegend[44] die **Maximierung des Geldeinkommensstromes aus der Unternehmung**[45] als Kriterium für die Verfolgung monetärer Ziele der Eigenkapitalgeber verwendet.

Das Einkommensstreben der Eigentümer kann hierbei − je nach dem Wunsch des Entscheidungsträgers über den Zeitpunkt/die Zeitpunkte der Entnahme − in unterschiedlichen Formen konkretisiert werden.

Grundsätzlich spielt der Zeitpunkt, zu dem eine Zahlung anfällt, für die Bewertung dieser Zahlung eine Rolle. Dieses Phänomen nennt man „**ökonomische Zeitpräferenz**". Die **Zeitpräferenzrate** ist meist positiv, was bedeutet, daß Zahlungen zum gegenwärtigen Zeitpunkt im Vergleich zu betragsgleichen Zahlungen in der Zukunft als höher wertig beurteilt werden. In bestimmten Situationen ist jedoch auch eine negative Zeitpräferenzrate denkbar. Die Zeitpräferenzraten mehrerer Wirtschaftssubjekte sind prinzipiell unterschiedlich; ihr Ausmaß kann sich beispielsweise aus der Höhe des jeweils erhältlichen Einkommensstromes sowie der subjektiv empfundenen Dringlichkeit von Bedürfnissen nach Wirtschaftsgütern ergeben[46].

Die für alle möglichen Ausgestaltungsformen gültige Zielformulierung lautet demnach: „**Maximierung der Einkommenszahlungen unter Zugrundelegung der jeweiligen individuellen Zeitpräferenz des Entscheidungsträgers.**"

Dies bedeutet, daß eine Empfehlung über die Realisation bestimmter Investitions- oder Finanzierungsprojekte im Normalfall nicht allgemeingültig, sondern nur unter Berücksichtigung der individuellen Zeitpräferenzrate des Entscheiders möglich ist.

2.5. Begründung für die Beschränkung finanzwirtschaftlicher Analysen auf die monetären Ziele der Eigenkapitalgeber

Wie bereits oben dargestellt, muß bei Investitions- und Finanzierungsentscheidungen in der Realität unterstellt werden, daß vielfältige Ziele, die teilweise auch miteinander konkurrieren, von verschiedenen Gruppen in den Zielbildungsprozeß eines Unternehmens eingebracht werden. Welche Ziele in einem konkreten Einzelfall mit welcher Gewichtung im Zielsystem der Unternehmung berücksichtigt werden, hängt insbesondere von gesetzlichen Restriktionen, den aktuellen Machtpositionen der einzelnen Gruppen, dem Durchsetzungsvermögen der jeweiligen Gruppenvertreter und der Art der Kooperation im Unternehmen ab.

Die im Rahmen finanzwirtschaftlicher Analysen zu untersuchenden Investitions- und Finanzierungsentscheidungen können die Erreichung der Ziele aller

---

44 Hierzu gibt es jedoch auch Ausnahmen. So werden beispielsweise bei den statischen klassischen Partialmodellen die monetären Ziele der Eigenkapitalgeber durch Rechenelemente auf der G&V- bzw. Kosten- & Leistungsebene abgebildet und nicht durch Zahlungsmittelgrößen.
45 Vgl. vertiefend Süchting, J. (1989), S. 250−252.
46 Vgl. Süchting, J. (1989), S. 253.

angeführten Anspruchsgruppen in starkem Maße beeinflussen. Würde man dementsprechend auch alle nichtmonetären Ziele der Eigenkapitalgeber sowie die Zielvorstellungen der sonstigen Anspruchsgruppen in Investitionsrechnungen berücksichtigen, so ergäben sich folgende Probleme:

a) Bei einer Reihe von Zielen (z. B. bei Arbeitszufriedenheit, Umweltschutz, Macht und Ansehen) ist das Problem der Operationalisierung und Messung der Zielerreichung bisher nicht gelöst. Somit läßt sich keine Entscheidungsregel für die Abwägung zwischen diesen Zielen definieren und folglich keine wissenschaftlich fundierte Entscheidungsempfehlung aussprechen.

b) Eine allgemeine Regel für die Gewichtung der einzelnen Ziele im Verhältnis zueinander kann es nicht geben. Aus diesem Grund ist die Aufstellung einer einheitlichen, allgemein akzeptierten Zielfunktion für Unternehmen prinzipiell unmöglich.

c) Die Fülle der Daten und die Komplexität der Modelle, die zur Berücksichtigung aller möglichen Ziele nötig wären, spricht für ein stufenweises Vorgehen, wobei Entscheidungen jeweils nur im Hinblick auf ein Ziel untersucht werden.

Die Beschränkung finanzwirtschaftlicher Analysen auf die monetären Ziele der Eigenkapitalgeber läßt sich also bereits damit begründen, daß aus heutiger Sicht keine exakte **Problemlösungstechnik (Algorithmus)** existiert, womit die quantitative Umsetzung der nicht-monetären Zielvorstellungen ermöglicht würde.

Ein weiteres Argument greift das Faktum auf, daß hinsichtlich des Ziels, den Fortbestand des Unternehmens zu sichern, ein ganz überwiegender Konsens zwischen den verschiedenen Interessengruppen besteht. Keine Anspruchsgruppe kann ihre Ziele gegenüber der Unternehmung weiter verfolgen, wenn diese am Markt ausgeschieden ist. Folglich darf grundsätzlich unterstellt werden, daß alle Anspruchsgruppen ein Interesse daran haben, daß die **Wirtschaftlichkeit** der Unternehmung erhalten bleibt.

Da **finanzwirtschaftliche Analysen** sich auf den Zahlungsmittelbereich der Unternehmung beziehen, läßt sich das Wirtschaftlichkeitsziel auch durch die Relation der Auszahlungen zu den Einzahlungen charakterisieren, die aus einer Entscheidung resultiert. Gelingt es, Investitionsprojekte so auszuwählen, daß ihre Einzahlungen die entsprechenden Auszahlungen möglichst stark übersteigen, dann ist damit auch dem Wirtschaftlichkeitsprinzip Rechnung getragen und damit die Voraussetzung für einen positiven Beitrag zur Erhaltung der Unternehmung erfüllt. Das bedeutet beispielsweise, daß aus den Einzahlungen einer Investitionsalternative auch die Auszahlungen für Löhne, Sozialleistungen und Steuern gedeckt werden müssen und nicht nur die Rückgewinnung und Verzinsung des investierten Kapitals.

Insoweit ist ein gewisser Bezug der finanzwirtschaftlichen Zielsetzung zu den Zielsetzungen aller Organisationsteilnehmer gewährleistet. Das Ziel, nur solche Alternativen zu realisieren, deren Einzahlungen die Leistung aller damit verbundenen Auszahlungen übersteigt, ist allerdings nur eine **Mindestanforderung**. Da in der Regel eine größere Anzahl von Alternativen gegeben ist, die dieses Kriterium erfüllt, muß angegeben werden, im Hinblick auf welches Ziel zwischen „wirtschaftlichen Alternativen" zu entscheiden ist.

An dieser Stelle macht es sich nun bemerkbar, daß die Zielsetzungen der verschiedenen Gruppen miteinander konkurrieren können beziehungsweise auf völlig verschiedene Inhalte gerichtet sein können und die Zielerreichung nicht an einem einheitlichen Maßstab abgelesen werden kann. Eine Entscheidung zwischen wirtschaftlichen Investitionsalternativen kann beispielsweise im Hinblick auf die damit erreichbare Versorgung der Bevölkerung mit Gütern, auf die bei einzelnen Alternativen erreichbare Arbeitszufriedenheit der Mitarbeiter oder auf die Höhe der Einzahlungsüberschüsse, die über die notwendige Mindestverzinsung hinaus erzielt werden, getroffen werden.

2.6. Implikationen für die Interpretation der Ergebnisse finanzwirtschaftlicher Analysen

Wenn bei der Investitions- und Finanzplanung davon ausgegangen wird, alle Entscheidungen im Hinblick auf das Ziel „Maximierung der Einzahlungsüberschüsse" zu untersuchen, so wird nur **ein** spezielles Ziel **einer** Gruppe von Organisationsteilnehmern berücksichtigt. Die Finanzwirtschaft als Teilbereich der Betriebswirtschaftslehre wird somit durchaus zu Recht mit dem Adjektiv „**kapitalorientiert**" versehen. Dies ist jedoch nicht problematisch, solange man sich die gesetzten Prämissen klar macht und die Ergebnisse nicht als allgemeingültig für die gesamte Unternehmung betrachtet. Investitions- und Finanzierungsalternativen, die nach einer finanzwirtschaftlichen Analyse mit dem Ziel „Maximierung der Einzahlungsüberschüsse" verwirklicht werden sollen, können im Hinblick auf andere Zielsetzungen (z. B. Unabhängigkeit, Sicherheit, Umweltschutz, Arbeitszufriedenheit, Verbraucherfreundlichkeit) so unerwünscht sein, daß ein Abwägen zum Unterlassen der Maßnahmen führt. **Die finanzwirtschaftliche Analyse allein kann folglich keineswegs ausreichend für die Investitions- und Finanzplanung sein.** Finanzwirtschaftliche Rechenmodelle ermitteln vielmehr lediglich ein vorläufiges Ergebnis, welches die monetären Auswirkungen der zur Diskussion stehenden Alternativen übersichtlich aufzeigt. Es ist jedoch durchaus möglich, daß in einem sich anschließenden **unternehmenspolitischen Aushandlungsprozeß** eine Alternative ausgewählt wird, die unter rein finanzwirtschaftlichen Gesichtspunkten als suboptimal zu bezeichnen wäre.

Somit kann die Anwendung finanzwirtschaftlicher Rechenmodelle als entscheidungsunterstützende oder -vorbereitende Hilfsfunktion verstanden werden, die der Transparenz des gesamten Entscheidungsprozesses zugute kommt.

Weiterführende Literatur:

Krüger, Wilfried (1983); Organisation der Unternehmung, Stuttgart – Berlin – Köln – Mainz 1983, S. 47 – 63.
Ulrich, Peter/Fluri, Edgar (1988); Management, 5. Aufl., Bern – Stuttgart, 1988, S. 65 – 69.
Süchting, Joachim (1988); Finanzmanagement, 5. Aufl., Wiesbaden, 1988, S. 249 – 254.

Teil B: Investitionsplanung und Wirtschaftlichkeitsrechnung

von Hartmut Walz

1. Entscheidungssituationen der Investitions- und Finanzierungsrechnung

1.1. Grundlagen

1.1.1. Entscheidung und Entscheidungstheoretischer Ansatz

Die Analyse von Investitions- und Finanzierungsprojekten erfolgt nahezu immer vor dem Hintergrund einer **konkreten Entscheidungssituation**; das heißt, es geht stets um die **Wahl zwischen mehreren Alternativen**. Daher ist es für eine Monographie, welche sich mit Fragestellungen der Investitions- und Finanzierungslehre beschäftigt, naheliegend, auf den **entscheidungsorientierten Ansatz** aufzubauen[47].

Hierbei ist es einerseits möglich, reale Entscheidungsprozesse zu beschreiben, um das Zustandekommen von Entscheidungen nachzuvollziehen **(deskriptive Entscheidungstheorie)** oder aber zu überprüfen, wie Individuen oder Gruppen idealerweise entscheiden sollten **(normative Entscheidungstheorie)**[48]. Sofern man im letztgenannten Fall von den als gegeben vorausgesetzten Zielen der Entscheidungsträger ausgeht, spricht man von **praktisch-normativer** Entscheidungstheorie[49].

Dem Bereich praktisch-normativer Entscheidungstheorie ist diese Monographie zuzurechnen.

In Form von vereinfachenden Modellrechnungen werden Instrumente zur Bewältigung realer Entscheidungsprobleme vorgestellt. Diese erlauben es, den Entscheidungsträgern – unter Annahme bestimmter Zielsetzungen – die Auswahl einer oder mehrerer Alternativen zu empfehlen beziehungsweise alle Alternativen als unvorteilhaft zu verwerfen.

1.1.2. Projekte in leistungswirtschaftlicher Sicht

Von einem Investitionsprojekt in leistungswirtschaftlicher Sicht soll nur dann gesprochen werden, wenn sich aus der Kombination der betriebswirtschaft-

---

[47] Der entscheidungsorientierte Ansatz der Betriebswirtschaftslehre wird auf Edmund Heinen zurückgeführt. Zur Vertiefung dieses Ansatzes vgl. Heinen (1976a) sowie Heinen (1976b). Vgl. zu den einzelnen Phasen des Entscheidungsprozesses: C.2.1.2.; C.2.2.
[48] Vgl. Heinen (1976a) S. 220.
[49] Vgl. Heinen (1976a) S. 220f.

lichen Produktionsfaktoren Arbeit, Kapital, Betriebsmittel und Werkstoffe Leistungen ergeben, die selbständig bewertbar sind. Dies setzt regelmäßig die **Marktfähigkeit** derartiger Leistungen voraus. Die **kleinstmögliche Kombination von Produktionsfaktoren, die marktfähige Leistungen erstellen kann**, wird auch als **Kapazitätseinheit** bezeichnet. Ein **Investitionsprojekt** ist entweder mit einer Kapazitätseinheit identisch oder besteht aus der Koppelung mehrerer Kapazitätseinheiten.

Die Eigenschaft „**Marktfähigkeit**" wird gefordert, da hieraus überhaupt erst die Möglichkeit der Zurechnung von Einzahlungen resultiert und auch Auszahlungen leichter zuordenbar werden, da der Entscheidungsträger ein Gefühl für Art und Umfang der zur Leistungserstellung notwendigen Auszahlungen erhält. Die Vorteilhaftigkeitsanalyse eines Aggregates, welches keine marktfähigen Leistungen erstellt und somit keine unmittelbar zurechenbaren Zahlungsmittelbewegungen auslöst, macht eine Bewertung des Output erforderlich, wodurch zusätzliche Unsicherheiten und Fehlerquellen entstehen. Bei marktfähigen Leistungen hingegen erfolgt eine objektive und durch den Entscheidungsträger nicht manipulierbare Bewertung durch die Preisbildung auf dem externen Markt.

Beispiel:

Ein Transportunternehmen erwägt den Kauf eines zusätzlichen Lastkraftwagens. Kann dieser LKW allein als Investitionsprojekt im leistungswirtschaftlichen Sinne betrachtet werden?

Nach der oben dargestellten und erläuterten Definition ist dies nicht zulässig, da mit dem LKW allein keine marktfähige Leistung erzeugt wird. Vielmehr werden neben der Anschaffungsauszahlung für den LKW noch Auszahlungserfordernisse für Benzin, Öl, Zulassungsgebühren, Steuern sowie für einen Fahrer zu erfüllen sein, bis eine marktgängige Leistung (z. B. Erbringung von Speditionsdiensten) erstellt werden kann. Erst die Kombination der Gesamtheit an Produktionsfaktoren stellt ein **Investitionsprojekt** (in diesem Falle identisch mit einer Kapazitätseinheit) dar.

1.1.3. Projekte in finanzwirtschaftlicher Sicht

Investitions- und Finanzierungsprojekte werden aus finanzwirtschaftlicher Sicht ausschließlich anhand der durch sie bewirkten Zahlungsströme bewertet. Finanzwirtschaftliche **Vorteilhaftigkeitsanalysen** setzen daher überwiegend[50] auf der Zahlungsmittelebene an. Regelmäßig liegen Ein- und Auszahlungsdaten nicht isoliert für einzelne Projekte vor, sondern fließen in die gesamten Zahlungsmittelbewegungen eines Unternehmens ein. Folglich ist es zunächst erforderlich, aus der Gesamtmenge aller Ein- und Auszahlungen einer Unternehmung diejenigen zu isolieren, welche auf ein bestimmtes zu analysierendes Projekt zurückzuführen sind.

Ein Investitions- oder Finanzierungsprojekt wird somit in finanzwirtschaftlicher Sicht ausschließlich durch die **Darstellung der Struktur der von ihm ausge-**

---

[50] Eine Ausnahme stellen die statischen Verfahren der Investitionsrechnung dar, welche mit Kosten-/Leistungsdaten oder Aufwands-/Ertragsdaten arbeiten.

lösten **Zahlungsströme** abgebildet[51]. Die eindeutige Zuordnung von Zahlungsbewegungen zu bestimmten Projekten wird jedoch durch zwischen ihnen bestehende gegenseitige Abhängigkeiten (**Interdependenzen**) sowie die Unsicherheit der erstellten Prognosen erschwert. Daher soll auf diese beiden Problembereiche nachfolgend kurz eingegangen werden:

a) Das Interdependenzproblem

Interdependenzen, das heißt gegenseitige Beeinflussungen zwischen zwei oder mehreren Projekten, können in drei unterschiedlichen Formen auftreten. Eine Übersicht dieser verschiedenen Formen und der Art der möglichen Beeinflussung gibt nachstehende Abbildung B1:

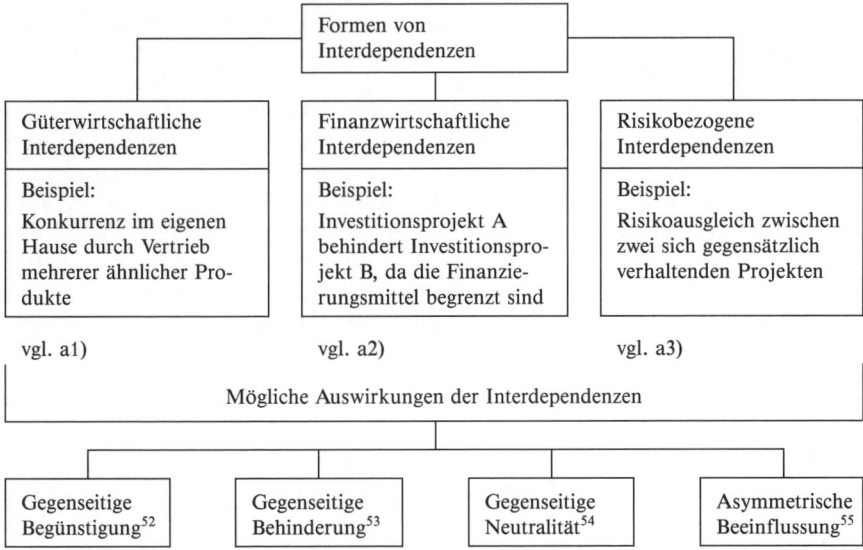

Abbildung B 1: Darstellung möglicher Interdependenzen zwischen Projekten

---

51 Wird beispielsweise bei finanzwirtschaftlichen Vorteilhaftigkeitsrechnungen von einer Wiederanlage in ein identisches Projekt gesprochen, so ist damit nicht gemeint, daß dieses Projekt in jedem Detail dem Ursprungsprojekt entspricht, sondern lediglich, daß es identische Zahlungsreihen bewirkt.
52 Dieser Fall wird auch als Synergie bezeichnet. Beide Projekte profitieren von der Existenz des jeweils anderen. Dies kommt beispielsweise vor, wenn es sich um die Produktion von Erzeugnissen handelt, welche komplementäre Bedürfnisse befriedigen, so daß der Verkauf jeweils eines Produktes den Absatz des anderen unterstützt.
53 Die Behinderung kann im Extremfall auch eine völlige Verhinderung bedeuten.
54 Dieser Extremfall kann auch als vollständige Abwesenheit von Interdependenzen verstanden werden.
55 Hier profitiert ein Projekt von der Existenz des anderen und fügt diesem gleichzeitig einen Nachteil zu.

a 1) Güterwirtschaftliche Interdependenzen bezeichnen die gegenseitigen leistungsmäßigen Einflüsse zwischen verschiedenen Projekten. Diese können beispielsweise durch gemeinsame Nutzung von Verwaltungseinrichtungen und Vertriebswegen, eines bereits vorhandenen Markennamens sowie Werbeerfolges („**Spill over-** bzw. **Carry over-Effekt**")[56] oder der Übertragung von Know-how entstehen. Obwohl sich aus derartigen Interdependenzen massive Auswirkungen auf die Zahlungsströme ergeben, werden sie als güterwirtschaftlich und nicht als finanzwirtschaftlich bezeichnet[57]. Die Berücksichtigung güterwirtschaftlicher Interdependenzen könnte nur dann entfallen, wenn man das gesamte Unternehmen als **ein** Investitionsprojekt betrachten würde, da nur diesem **alle** Zahlungsbewegungen zweifelsfrei zurechenbar sind. Entscheidungen über Einzelprojekte innerhalb der Unternehmung erfordern jedoch eine weitergehende Abgrenzung der Aus- und Einzahlungen. Aus diesem Erfordernis heraus wurde eine Vorgehensweise zur Abschätzung der Zahlungsreihe von Einzelprojekten entwickelt. Grundidee ist hierbei jeweils, daß die gesuchte Zahlungsreihe des Projektes identisch mit den Änderungen der Zahlungsreihe der Gesamtunternehmung ist, die durch dieses Projekt verursacht werden. Dies kann auch als eine **Differenzbetrachtung** im Vergleich der Situationen vor und nach Durchführung des zur Diskussion stehenden Projektes gesehen werden („**with-and-without-principle**"). „Bei der Wahl zwischen zwei einander ausschließenden **Investitionsalternativen** gilt entsprechend, daß die Situation der Unternehmung bei Durchführung der Investitionsalternative A mit der Situation der Unternehmung bei Durchführung der Investitionsalternative B verglichen wird."[58] Dieter Schneider schlägt alternativ hierzu vor, die Änderung des Zahlungsstroms einer Unternehmung durch eine geplante Investition für jeden Zeitpunkt der gesamten Nutzungsdauer des zu untersuchenden Projektes mit folgendem Schema[59] zu ermitteln:

	Einzahlungen der Unternehmung nach Vornahme der Investition
./.	Einzahlungen der Unternehmung ohne Vornahme der Investition
=	Roheinzahlungsänderung
./.	Zusätzliche Auszahlungen aufgrund dieser Investition in anderen Produktionsstufen
=	Leistungseinzahlungen der Investition
./.	Auszahlungen für die Investition in der betreffenden Produktionsstufe
=	Einzahlungsüberschuß (Periodenüberschuß)/Auszahlungsüberschuß
./.	gewinnabhängige Zwangsauszahlungen (Steuern, Gewinnbeteiligungen der Arbeitnehmer)
=	verbleibender Einzahlungsüberschuß/Auszahlungsüberschuß

Schema zur Bestimmung der Zahlungsreihe eines Investitionsprojektes.

---

56 Vgl. Nieschlag, R./Dichtl, E./Hörschgen, H. (1988), S. 513, S. 853, S. 918 sowie S. 1028.
57 Vgl. Altrogge (1988), S. 9f.
58 Blohm, H./Lüder, K. (1988), S. 142.
59 Schneider, D. (1980), S. 220. Das Schema wurde lediglich begrifflich der Definitionsweise dieses Buches angepaßt, jedoch inhaltlich unverändert übernommen.

a 2) Finanzwirtschaftliche Interdependenzen beschreiben die positiven oder negativen Einflüsse, die sich aus der Durchführung oder Nichtdurchführung eines Projektes auf die finanzielle Realisierbarkeit eines anderen Projektes ergeben. Die Durchführung einer Sachinvestition kann beispielsweise die Finanzierbarkeit anderer Projekte negativ beeinflussen, wenn die dem Unternehmen zur Verfügung stehenden finanziellen Mittel nicht für alle Projekte ausreichend sind.

a 3) Unter **Risikointerdependenzen** versteht man den Beitrag der Einzelrisiken verschiedener Investitions- und Finanzierungsprojekte zur **Gesamtrisikoposition** der Unternehmung. Es ist nämlich keineswegs so, daß sich die Einzelrisiken mehrerer Projekte einfach kumulieren. So können die Einzelrisiken verschiedener Projekte – je nach Grad ihres Zusammenwirkens **(Korrelation)** – den Gesamtrisikogehalt der Unternehmung positiv oder negativ beeinflussen. Dies soll anhand eines kleinen **Beispiels** erläutert werden:

Ein deutsches Unternehmen führt ein Investitionsprojekt A durch. Die hiermit erstellten Produkte werden zu einem festen, auf US-$ lautenden Preis an Amerikaner verkauft. Der US-$-Erlös wird anschließend in DM umgetauscht. Das Projekt enthält also ein US-$-Risiko, das heißt die Einzahlungen in DM sinken, wenn der Dollarkurs fällt. Während bei einem Wechselkurs von über 1,65 DM/US-$ Einzahlungsüberschüsse anfallen, entstehen bei einem Wechselkurs unter dieser kritischen Rate Auszahlungsüberschüsse.

Die Unternehmung führt gleichzeitig ein weiteres Investitionsprojekt B durch. Die hiermit erstellten Produkte werden ausschließlich in Deutschland und auf DM-Basis veräußert. Zur Herstellung sind jedoch Importrohstoffe erforderlich, die stets in US-$ abgerechnet werden. Auch Projekt B enthält somit ein US-$-Risiko, aber in umgekehrter Weise wie das Projekt A. Wenn der US-$ steigt, sinken die Einzahlungsüberschüsse. Der kritische Wechselkurs ergibt sich hier bei 2 DM/US-$.

Nimmt man beide Projekte zusammen, so ergibt sich jedoch keineswegs eine Kumulation der jeweiligen Wechselkursrisiken, sondern vielmehr eine teilweise (im Idealfall, das heißt bei identischen Beträgen der Steigung, vollständige) **Risikokompensation.** Während nämlich Projekt A von einem gegenüber der DM steigenden US-$ profitiert (der Betrag in DM, zu dem die $ umgetauscht werden, steigt), wird Projekt B bei einem fallenden US-$ an Vorteilhaftigkeit gewinnen (der Betrag in DM, der für einen $ zur Bezahlung der Rohstoffe aufgewendet werden muß, fällt). Da die **Wechselkursempfindlichkeit** des Projektes B etwas größer als die des Projektes A ist, ergibt sich ein mit steigendem US-$-Kurs leicht fallendes Gesamtergebnis. Zu Auszahlungsüberschüssen kommt es jedoch erst ab einem Kurs von über DM 2,70/US-$.

Die Abbildung B 2 auf S. 32 skizziert diesen Zusammenhang.

Die Erfassung, Bewertung und Handhabung von **Risikointerdependenzen** spielt gleichermaßen in der Finanzierungstheorie wie auch dem praktischen Finanzmanagement eine große Rolle, kann in diesem Grundlagenwerk, welches sich schwerpunktmäßig mit Investitionsrechenverfahren unter Annahme sicherer Erwartungen beschäftigt, jedoch nicht weiterführend diskutiert werden. Lediglich die Zinsempfindlichkeit von Projekten **(Zinsänderungsrisiko)** soll analysiert werden.

34 Investitionsplanung und Wirtschaftlichkeitsrechnung

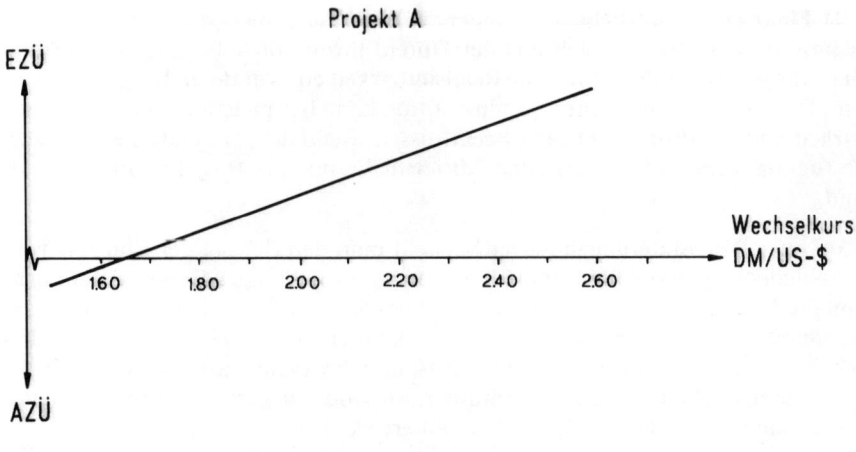

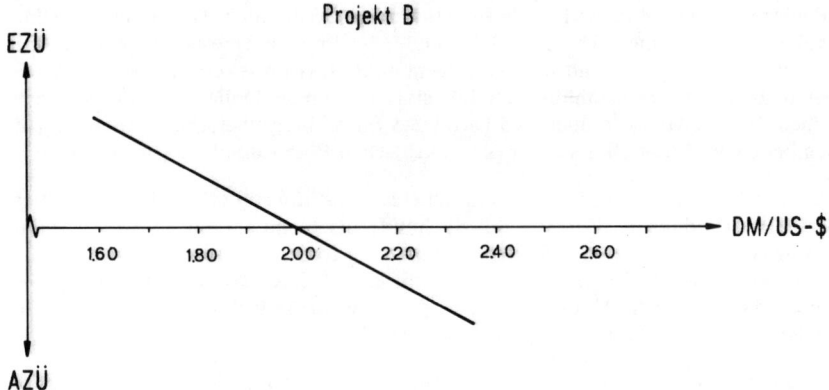

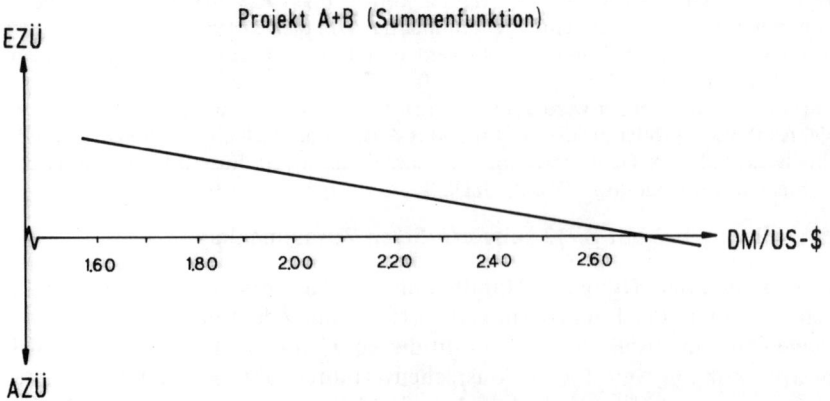

Abbildung B 2: Auswirkungen von Wechselkursveränderungen auf zwei Projekte A und B sowie die Gesamtposition aus (A+B).

Entscheidungssituationen der Investitions- und Finanzierungsrechnung 35

b) Die Problematik der Unsicherheit

Bei der Planung von Investitions- und Finanzierungsprojekten kann nicht von sicheren Prognosen über künftige Zahlungsgrößen ausgegangen werden. Die Mehrwertigkeit zukünftiger Daten und die geschätzten bzw. wahrgenommenen Eintrittswahrscheinlichkeiten ihrer Realisation bestimmen jedoch – zusammen mit der individuellen **Risikoneigung**[60] des Entscheidungsträgers – die Auswahl oder Nichtauswahl eines Projektes.

Einige wenige Gründe, welche bei einer Sachinvestition zu einer Abweichung der tatsächlich realisierbaren Zahlungsströme von den aufgestellten Prognosen führen können, werden im nachfolgenden aufgeführt:

- Verteuerung von Inputfaktoren (Roh- und Betriebsstoffe, Löhne etc.)
- Preisverfall des Absatzproduktes (Auftauchen unerwarteter Konkurrenz, Entstehung eines Substitutionsgutes etc.)
- Unverkäuflichkeit des Absatzproduktes (Veralterung, Entstehung eines neuen technologischen Standards etc.)
- Verteuerung der Finanzierungsmittel durch Zinssteigerungen
- Schwankungen der Umtauschkurse zu anderen Währungen
- Inflation
- Änderungen der gesetzlichen Grundlage (mit Folge der Produktionsverteuerung oder Produktionseinstellung)
- technische Probleme (unerwartet hohe Reparaturanfälligkeit von Aggregaten, Produktionsausfälle, teurer Ersatzteilbedarf).

Bei realen Entscheidungen kann es somit durchaus ökonomisch rational sein, wenn ein Investor ein Projekt trotz geplanter finanzwirtschaftlicher Vorteilhaftigkeit nicht realisiert, da er das Risiko einer ungünstigen Abweichung der tatsächlich erzielbaren Ergebnisse von den Prognosedaten scheut.

1.1.4. Definition von Investitions- und Finanzierungsprojekten

Nachdem gleichermaßen die güterwirtschaftliche als auch die finanzwirtschaftliche Sichtweise von Investitions- und Finanzierungsprojekten dargestellt wurde, steht noch eine grundlegende Abgrenzung beider Projektarten aus, die über das Alltagsverständnis der Begriffe[61] hinausgeht.

Für finanzwirtschaftliche Analysen hat es sich als zweckmäßig erwiesen, die Unterscheidung zwischen Investitionsprojekten einerseits und Finanzierungs-

---

60 Als Risikoneigung bezeichnet man die Einstellung eines Wirtschaftssubjektes zum Risiko. Die meisten Menschen verhalten sich risikoscheu, d. h. sie sind nur bereit, ein Risiko einzugehen, wenn sie hierfür einen Anreiz erhalten. Auch in der Bereitschaft, für die Beseitigung eines Risikos einen Geldbetrag (Prämie) zu leisten – wie zum Beispiel bei der Versicherung von Hausrat kommt Risikoscheu zum Ausdruck. Andererseits ist auch das gegenteilige Phänomen – nämlich Risikofreude – in bestimmten Fällen (z. B. Roulette, Lotto) zu beobachten. Vgl. zum Phänomen der Risikoeinstellung Gerke, W./Philipp, F. (1985), S. 53f.
61 Die Ungenauigkeit des allgemeinen Sprachgebrauchs wird beispielsweise dann erkennbar, wenn der Fall „Abschluß eines Bausparvertrages" zugeordnet werden soll.

projekten andererseits anhand des Vorzeichens der ersten anfallenden Zahlung vorzunehmen.

Folglich soll gelten:

Ein Investitionsprojekt liegt immer dann vor, wenn eine Zahlungsreihe prognostiziert wird, die aus Sicht des Entscheidungsträgers mit einer Auszahlung beginnt[62].

Ein Finanzierungsprojekt ist stets dann gegeben, wenn eine Zahlungsreihe vorliegt, die aus Sicht des Entscheidungsträgers mit einer Einzahlung beginnt.

1.2. Klassifikationsmöglichkeiten investitionsrechnerischer Entscheidungssituationen

1.2.1. Überblick

Im folgenden sollen verschiedenartige Entscheidungssituationen, denen sich eine Unternehmung bei der Analyse von Investitions- oder Finanzierungsprojekten gegenübersieht, unterschieden werden.

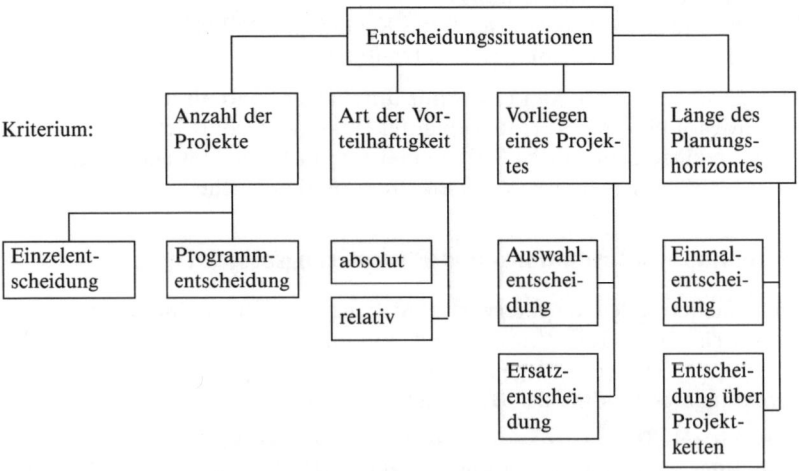

Abbildung B 3: Systematisierung der sich möglicherweise ergebenden Entscheidungssituationen bei Investitions- oder Finanzierungsprojekten

---

62 Natürlich wird der Entscheidungsträger diese Auszahlung nur dann leisten, wenn er spätere Einzahlungen erwarten darf; gleichwohl sind die Vorzeichen der in den Folgejahren anfallenden Zahlungen für das Vorliegen eines Investitionsprojektes unerheblich.

1.2.2. Einzelprojektentscheidungen versus Programmentscheidungen

Einem Unternehmen können sich zwei Arten von Investitions- und Finanzierungsentscheidungen stellen:
- die Beurteilung isolierter Einzelprojekte
- die Beurteilung von Kombinationen unterschiedlicher Investitions- und Finanzierungsprojekte zu einem Gesamtprogramm.

Kann der Entscheidungsträger von unbegrenzten Anlage- und Finanzierungsmöglichkeiten zu einem bestimmten Zinssatz ausgehen (**Vollkommener Kapitalmarkt**)[63] und gelingt es ihm, eventuell bestehende Wechselwirkungen der Projekte untereinander (güterwirtschaftliche Interdependenzen)[64] zu berücksichtigen, so kann das Problem der **Programmentscheidungen** unberücksichtigt bleiben. Dies bedeutet, daß anstelle der Berechnung eines Investitions- oder Finanzierungsprogrammes ebensogut auch die Einzelprojekte jeweils isoliert beurteilt werden können, da Interdependenzen nicht auftreten[65].

Kann von einem Vollkommenen Kapitalmarkt jedoch nicht ausgegangen werden, so müssen Programmentscheidungen getroffen werden[66]. Für diesen Fall stellt Hax fest: „Die Entscheidung über ein Einzelprojekt ist also nur im Rahmen einer Entscheidung über ein Gesamtprogramm möglich, das bei fest vorgegebenem Kapital alle Investitionsprojekte, bei variablem Kapital außerdem noch alle Finanzierungsmaßnahmen umfaßt."[67]

1.2.3. Absolute und relative Vorteilhaftigkeitsentscheidungen

Ein **absoluter Vorteilhaftigkeitsvergleich** stellt auf ein betrachtetes Projekt allein ab. Bei der Analyse der absoluten Vorteilhaftigkeit wird folglich geprüft, ob die finanzwirtschaftlichen Mindestanforderungen erfüllt werden. Was unter finanzwirtschaftlichen Mindestanforderungen genau zu verstehen ist, hängt von der Art des Rechenmodells ab. Bei einem **Totalmodell**[68] beispielsweise lautet die finanzwirtschaftliche Mindestanforderung für ein Investitionsprojekt, daß dieses in der Lage sein muß, alle erforderlichen Auszahlungen (inklusive Zinsen) durch Einzahlungen abzudecken.

---

63 Zum Vollkommenen Kapitalmarkt vgl. Gliederungspunkt B.2.2.4.
64 Zur Definition und Systematisierung von Interdependenzen vgl. Gliederungspunkt 1.1.3.
65 Die von Olfert aufgestellte These, Einzelentscheidungen lägen stets dann vor, wenn es für ein bestimmtes Projekt keine Alternativen gäbe (z. B. Monopolstellung des Verkäufers), kann nicht geteilt werden. Selbst wenn für das konkret betrachtete Investitionsgut keine Ersatzgüter existieren, ist bei Fehlen eines Vollkommenen Kapitalmarktes die Vorteilhaftigkeitsanalyse im Rahmen einer Programmentscheidung durchzuführen. Vgl. Olfert, K. (1988), S. 31.
66 Vgl. hierzu Gliederungspunkt 5.2.2.
67 Hax, Herbert (1985), S. 11.
68 Ein Totalmodell zeichnet sich dadurch aus, daß alle existierenden Alternativen sowie die sich aus der Realisation einer dieser Alternativen ergebenden Folgeprojekte in die Vorteilhaftigkeitsanalyse einbezogen werden. Vgl. hierzu Gliederungspunkt 2.2.2.

Wird hingegen durch das Rechenmodell unterstellt, daß zu einem festgelegten Kalkulationszinsfuß Kredit in beliebiger Höhe erhältlich sei, so kann sich die Analyse darauf beschränken, die Verzinsung des im Projekt gebundenen Kapitals zu ermitteln, um sie dem **Kalkulationszinssatz** gegenüberzustellen. Allgemein kann man sagen:

Ein Projekt ist dann absolut vorteilhaft, wenn seine Realisation dem Entscheidungsträger einen Einkommens- oder Vermögensvorteil gegenüber der Nichtrealisation verschafft.

Relative Vorteilhaftigkeitsentscheidungen beziehen sich auf den **Vergleich zwischen mehreren Investitions-oder Finanzierungsprojekten**. Ziel des relativen Vorteilhaftigkeitsvergleichs ist es, dasjenige Projekt unter mehreren herauszusuchen, welches im Hinblick auf die Einkommens- oder Vermögensziele des Entscheidungsträgers den höchsten Zielerreichungsgrad verspricht. Ökonomisch sinnvoll ist die Frage nach der relativen Vorteilhaftigkeit zwischen unterschiedlichen Vergleichsprojekten nur dann, wenn die absolute Vorteilhaftigkeit der Einzelprojekte vorliegt [69].

1.2.4. Auswahl- und Ersatzentscheidungen

Auswahlentscheidungen sind durch den Umstand gekennzeichnet, daß keine der zur Diskussion stehenden Alternativen beim Entscheidungsträger bereits realisiert ist. Beispielsweise benötigt ein Unternehmen **erstmals** einen Generator zur Stromerzeugung und prüft nun verschiedene Angebote geeigneter Aggregate.

Ersatzentscheidungen liegen vor, wenn zur Diskussion steht, ein **bereits installiertes** und in Betrieb befindliches Aggregat durch ein anderes (vielleicht moderneres, technisch verändertes, energiesparenderes etc.) zu substituieren. Es wird also geprüft, ob ein in Nutzung befindliches, technisch durchaus weiter verwendbares Investitionsprojekt durch ein neues gleichartiges verdrängt werden soll [70]. Die hier aufgeworfene Fragestellung unterscheidet sich von der einer Auswahlentscheidung grundlegend, da für das bereits vorhandene Projekt bestimmte Auszahlungen (wie z. B. für die Anschaffung und Installation) nicht mehr anfallen. In Anlehnung an das obige Beispiel läge eine Ersatzentscheidung also vor, wenn die Unternehmung bereits über einen funktionsfähigen Generator verfügt und jetzt prüft, ob es **ökonomisch sinnvoll** wäre, die Stromerzeugung stattdessen durch ein neu zu beschaffendes Alternativaggregat vornehmen zu lassen.

1.2.5. Entscheidungen über einmalige Projekte versus Entscheidungen über Projektketten

Da sowohl Investitions- als auch Finanzierungsprojekte regelmäßig nur eine **begrenzte Nutzungsdauer** beziehungsweise Laufzeit besitzen, stellt sich die

---
[69] Vgl. Blohm, H. / Lüder, K. (1988), S. 19.
[70] Vgl. Olfert, K. (1988), S. 32.

Frage, ob die finanziellen Ziele des Entscheidungsträgers **nach** Ablauf des Projektes noch weiter verfolgt werden müssen. Folgende zwei Vorgehensweisen sind denkbar:

a) Die Vorteilhaftigkeitsanalyse wird auf die Projektnutzungsdauer begrenzt. Dies bedeutet, daß der **Planhorizont** des Entscheidungsträgers mit der Projektnutzungsdauer übereinstimmt. Was nach dem Projektende geschieht, bleibt völlig unberücksichtigt.

b) Die Vorteilhaftigkeitsanalyse wird über die Projektnutzungsdauer hinweg fortgesetzt, das heißt der Planhorizont des Entscheidungsträgers übersteigt die Nutzungsdauer der im Planungshorizont explizit betrachteten Anlagen oder Finanzierungen.

Für die Vorgehensweise nach a) sprechen insbesondere Praktikabilitätsüberlegungen: Die Beschränkung der Analyse auf die finanziellen Auswirkungen der im Planungszeitpunkt erkennbaren Alternativen erscheint sinnvoll, da über die sich möglicherweise später ergebenden **Folgeinvestitionen** oder -finanzierungen jetzt noch keine hinreichend sichere Information vorliegt. Insofern wird zunächst einmal das aus jetziger Sicht finanzwirtschaftlich vorteilhafteste Projekt realisiert und erst nach Ablauf des Projektes mit der dann vorliegenden Information nach Anschlußalternativen gesucht.

Für die Vorgehensweise nach b) spricht jedoch die Tatsache, daß es unbefriedigend und außerdem rein willkürlich ist, den Planungshorizont des Investors auf das Projektende zu legen und somit die finanziellen Auswirkungen von Folgeprojekten zu vernachlässigen. Dies wird besonders deutlich, wenn man bedenkt, daß verschiedene Projekte auch voneinander abweichende Laufzeiten aufweisen können. Dies bedeutet, daß mit der Entscheidung für ein Projekt I auch automatisch dessen Laufzeit als Planungshorizont festgelegt wird, während mit der Entscheidung für ein Projekt II ein völlig anderer Planungshorizont gewählt würde. Dies ist jedoch höchst unbefriedigend, da der zeitliche Rahmen, über welchen der Entscheidungsträger seine Ziele verfolgt, nicht von der Art der ausgewählten Projekte abhängen kann.

Will man nun die Länge des festgelegten Planungshorizontes von der Wahl des Projektes unabhängig gestalten, so ergeben sich zwei Möglichkeiten:

Bei vielen Rechenverfahren, die auf die Annahme eines **Vollkommenen Restkapitalmarktes** aufbauen, wird die Arbeitshypothese aufgestellt, daß nach Abschluß des Projektes eine Anlage/Kreditaufnahme zum Kapitalmarktzinssatz möglich sei. Folglich kann das Projektergebnis mit dem Kapitalmarktzinssatz bis zum Ende des festgelegten Planhorizontes hochgerechnet oder auch durch Abdiskontieren auf den Entscheidungszeitraum bezogen werden.

Alternativ hierzu kann auch angenommen werden, daß nach Abschluß des Projektes eine **Reinvestition/Refinanzierung** in ein hinsichtlich der Zahlungsreihen identisches Folgeprojekt vorgenommen wird. In diesem Fall werden somit **Projektketten** gebildet und gegenübergestellt[71]. Dies bedeutet, daß nicht mehr

---

71 Vgl. weiterführend Franke, G./Hax, H. (1988), S. 150–155; Perridon, L./Steiner, M. (1988), S. 65f.

40 Investitionsplanung und Wirtschaftlichkeitsrechnung

Projekt I und Projekt II verglichen werden, sondern endliche oder unendliche[72] Projektketten der Art I bzw. II.

Weiterführende Literatur:

Däumler, Klaus-Dieter (1989); Grundlagen der Investitions- und Wirtschaftlichkeitsrechnung, 6. Aufl., Herne-Berlin 1989, S. 11–21.
Franke, Günter/Hax, Herbert (1988); Finanzwirtschaft des Unternehmens und Kapitalmarkt, Berlin-Heidelberg-New York 1988, S. 50–55 und S. 92–100.
Schmidt, Reinhard H. (1986); Grundzüge der Investitions- und Finanzierungstheorie, 2. Aufl., Wiesbaden 1986, S. 54–63.
Schneider, Dieter (1980); Investition und Finanzierung, 5. Aufl., Wiesbaden 1980, S. 109–116 und S. 171–176.

2. Investitionsrechnungen als Entscheidungsmodelle

2.1. Gründe für die Notwendigkeit zur Bildung finanzwirtschaftlicher Modelle

Vorteilhaftigkeitsanalysen werden durchgeführt, um dem Entscheidungsträger eine Empfehlung für **reale** Investitions- oder Finanzierungsentscheidungen zu geben. Folglich könnte man annehmen, daß man bei der Durchführung dieser Analysen exakt von den tatsächlich vorgegebenen Daten ausgeht, um ein realitätsbezogenes Ergebnis zu erzielen. Das Streben nach möglichst großer Realitätsnähe ist zwar auch grundsätzlich richtig, jedoch kann eine Vorteilhaftigkeitsanalyse nur in den wenigsten Fällen ohne **vereinfachende Annahmen** (Prämissen) auskommen.

Hierfür sind insbesondere folgende Gründe verantwortlich:

- Die Erhebung von Daten über **alle** grundsätzlich in Frage kommenden Investitions- und Finanzierungsprojekte ist nicht durchführbar. Insofern ist man gezwungen, früher oder später die Alternativensuche abzubrechen und die Vorteilhaftigkeitsanalyse somit auf einen **Alternativenraum** einzugrenzen, der stets subjektiv und damit willkürlich sein muß. Es besteht also ein Datenerhebungs- und -verarbeitungsproblem unter Berücksichtigung der **Informationsverarbeitungskapazität** des Entscheidungsträgers sowie Einbeziehung von Kostenüberlegungen hinsichtlich des Auswahlprozesses selbst. So wird der Entscheidungsträger seine Alternativensuche dann abbrechen, wenn er erwartet, daß die zusätzlichen Kosten für die Fortsetzung der Suche und Analyse weiterer Alternativen durch die zusätzlich erzielbaren Einkommensverbesserungen nicht überkompensiert werden.

Konsequenz: Finanzwirtschaftliche Rechenmodelle beschäftigen sich meist nur mit einem begrenzten Alternativenraum.

---

72 Unendliche Projektketten werden dann betrachtet, wenn kein begrenzter Planhorizont vorliegt.

- Die monetären Konsequenzen der Entscheidungen können aufgrund der Unsicherheit künftiger Ereignisse prinzipiell nicht garantiert werden. Aufgrund vielfältiger Einflüsse technischer, organisatorischer und wirtschaftlicher Art (**Imponderabilien**)[73] ist die Prognose der Vorteilhaftigkeit stets in ihrer Richtigkeit gefährdet.

Konsequenz: Finanzwirtschaftliche Rechenmodelle versuchen die erwartbaren monetären Auswirkungen einer Investitionsentscheidung bestmöglichst in der Zahlungsreihe abzubilden und gehen dann entweder von der Richtigkeit der einmal getroffenen Prognose aus (= **Annahme sicherer Erwartungen**), oder versuchen mit unterschiedlichsten Verfahren, die Auswirkungen von Datenänderungen auf die Zielsphäre des Entscheidungsträgers sichtbar zu machen[74].

- Die Entscheidung für oder gegen Investitions- und Finanzierungsprojekte bedingt künftige Folgewirkungen und gegenseitige Abhängigkeiten (Interdependenzen)[75], die aufgrund ihres Zukunftsbezugs stets unsicher und außerdem im Planungszeitpunkt teilweise noch überhaupt nicht bekannt sind. Die Zurechnung positiver und negativer Folgewirkungen auf die verantwortlichen Projekte ist regelmäßig nicht exakt möglich.

Konsequenz: Finanzwirtschaftliche Rechenmodelle berücksichtigen die Folgewirkungen und gegenseitigen Abhängigkeiten (zwischen den einzelnen Projekten) nicht, beziehungsweise sie setzen voraus, daß eine Abschätzung dieser Wirkungen bereits erfolgt und in den geschätzten Daten enthalten ist.

- Die Zielvorstellungen von Entscheidungsträgern sind oftmals nicht hinreichend exakt formuliert bzw. operationalisiert, um als Ausgangsbasis für eine Analyse zu dienen. Handelt es sich um einen **kollektiven Entscheidungsprozeß**, das heißt sind mehrere Entscheidungsträger gemeinsam beteiligt, kann es zudem vorkommen, daß voneinander abweichende Zielvorstellungen genannt werden. Außerdem können neben den monetären Zielen noch vielfältige nichtmonetäre Motive mit unterschiedlichster Gewichtung bestehen. Hierbei ist die Existenz von Zielkonflikten durchaus denkbar.

Konsequenz: Finanzwirtschaftliche Rechenmodelle treffen vereinfachende Annahmen über die einer Auswahlentscheidung zugrundeliegenden Ziele. Hierbei werden nur monetäre Ziele berücksichtigt. Die unter Anwendung des Rechenmodells ausgesprochene Empfehlung an den Entscheidungsträger hat folglich einen rein vorläufigen Charakter und kann unter Umständen aufgrund nicht-monetärer Ziele des Entscheidungsträger noch revidiert werden. Der Entscheider erkennt in diesem Fall jedoch klar, welches Mindereinkommen durch die Verfolgung nicht-monetärer Ziele bewirkt wird. Abbildung B 4 soll die Vorgehensweise bei der Anwendung finanzmathematischer Rechenmodelle erläutern:

---

73 Kruschwitz definiert Imponderabilien als „... diejenigen Informationen über die Konsequenzen von Investitionshandlungen, die außerhalb der Investitionsrechnung verarbeitet werden." (Kruschwitz, L. (1987), S. 22). Ursache für dieses Vorgehen ist deren nicht unmittelbare Quantifizierbarkeit (z. B. Prestigezuwachs des Unternehmens durch Realisation bestimmter Investitionen).
74 Zur Einführung in Verfahren zur Erfassung und Bewertung von Unsicherheit vgl. (nach Beschäftigung mit den hier vorgestellten Rechenmodellen) Perridon, L. / Steiner, M. (1988), S. 87–118; Süchting, J. (1989), S. 287–303.
75 Vgl. oben Gliederungspunkt 1.1.3.

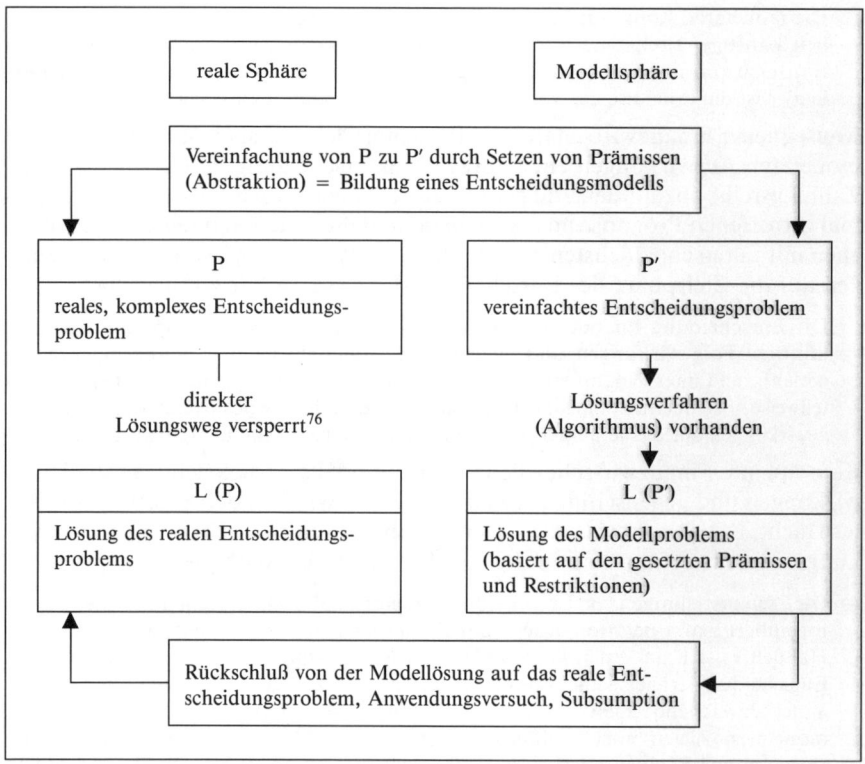

Abbildung B 4: Idealtypische Struktur eines Entscheidungsmodells

Die linke Hälfte der Abbildung stellt die reale Sphäre, die rechte die Modellsphäre dar. Ideal wäre es, wenn man das reale **Entscheidungsproblem** P unverändert einer direkten Lösung L (P) zuführen könnte. Aufgrund der obengenannten Probleme wie Unsicherheit, Datenvielfalt, unklaren Zielvorstellungen etc. ist die **unmittelbare Lösung** des realen Entscheidungsproblems jedoch **unmöglich**. Folglich beschreitet man einen „Umweg", indem man das reale Entscheidungsproblem durch Vereinfachungen sowie die Zuhilfenahme von Prämissen in ein leichter zu bearbeitendes **„Modellproblem"** P' umformt. Somit wird ein **Entscheidungsmodell**[77], das heißt eine vereinfachte Rechnung erstellt, welche

---

76 Ursache: Datenfülle, Imponderabilien, Unsicherheit, Interdependenzen, unklare oder widersprüchliche Zielvorstellungen des Entscheidungsträgers, etc.
77 Der Begriff „Entscheidungsmodell" kennzeichnet den Zweck der Vereinfachung. Im Gegensatz zur Entscheidungsunterstützung könnte die Aufgabe der Modellbildung nämlich auch in der Erklärung oder Verdeutlichung eines Sachverhaltes bestehen (Erklärungsmodell, heuristisches Modell).

zur Unterstützung einer Entscheidung beitragen soll[78]. Hierbei versucht man, zu gewährleisten, „... daß das Modell **isomorph** zur Wirklichkeit ist und versteht unter **Isomorphie** Gleichgestaltigkeit zwischen Abbild (Modell) und Abzubildendem (Gegenstandsbereich)"[79]. Die Gestalt des Modellproblems erlaubt es nun, mit dem vorhandenen Lösungsinstrumentarium (**technologisches Wissen**) eine Lösung zu ermitteln. Somit erhält man L (P'). Dieses Ergebnis darf nun aber nicht als Lösung des Ursprungsproblemes interpretiert werden, da die Problemstellung ja vereinfachende Annahmen enthält. Folglich ist ein Rückschluß von der Modellösung auf die Lösung des ursprünglichen Problems (**Subsumption**) erforderlich.

Entspricht das Rechenmodell weitgehend der Realität, d. h. enthält es nur unwesentliche Einschränkungen und Vereinfachungen, so ist der Rückschluß von der ermittelten **Modellösung** auf die Lösung des realen Problems relativ gut möglich. Aufgrund der **Realitätsnähe** wird das Modell jedoch sehr komplex sein. Folglich ist die Lösung L (P') – wenn überhaupt – nur mit großem Aufwand ermittelbar. Komplexe Rechenmodelle stoßen daher – trotz ihres starken Realitätsbezuges – vor allem bei Praktikern auf wenig Akzeptanz.

Wurde hingegen das Modellproblem sehr stark vereinfacht und weist nur noch in kleinen Teilbereichen Strukturgleichheit mit dem Gegenstandsbereich auf (**partielle Isomorphie**), so ist die Modellösung zwar vergleichsweise leicht ermittelbar, es besteht jedoch die Gefahr, daß keine befriedigenden Rückschlüsse auf das reale Ursprungsproblem mehr möglich sind, weil das Modellbild sich vom realen Entscheidungsgegenstand zu stark unterscheidet.

Die nachfolgend vorgestellten Arten finanzwirtschaftlicher Rechenmodelle können somit als unterschiedliche Kompromißformeln im Hinblick auf das Dilemma zwischen Anwenderfreundlichkeit, Verständlichkeit und leichter Rechenbarkeit einerseits sowie Realitätsnähe andererseits verstanden werden.

2.2. Formen finanzwirtschaftlicher Rechenmodelle

2.2.1. Überblick

Vor der Erklärung einzelner Rechenmodelle zur Analyse der Vorteilhaftigkeit von Investitions- und Finanzierungsprojekten soll ein kurzer Überblick über die unterschiedlichen Arten von Investitionsrechenmodellen gegeben werden, welche auf die Annahme sicherer Erwartungen hinsichtlich der prognostizierten Zahlungsreihe aufbauen[80].

Teil B der vorliegenden Monographie beschäftigt sich insbesondere mit Rechenverfahren, die als **klassische Partialmodelle** zu charakterisieren sind, da diese

---

[78] Zum Modellbegriff in der Betriebswirtschaftslehre vgl. weiterführend Eichhorn, W. (1979), S. 60–104.
[79] Kruschwitz, L. (1987), S. 21 (Hervorhebung im Original).
[80] Zur Annahme sicherer Erwartungen vgl. Punkt B.2.1.

44 Investitionsplanung und Wirtschaftlichkeitsrechnung

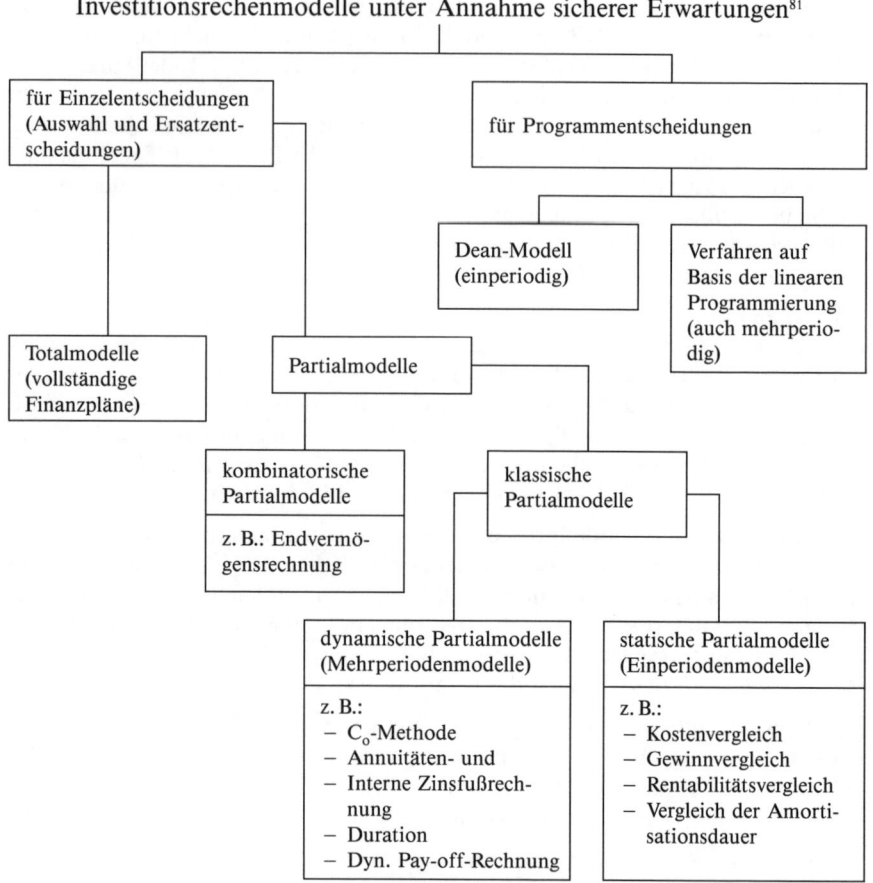

Abbildung B 5: Systematisierung der Investitionsrechenmodelle, die mit der Annahme sicherer Erwartungen arbeiten

Verfahren gleichermaßen in Theorie und Praxis die größte Bedeutung besitzen. Demgegenüber werden **Totalmodelle** nur kurz erläutert und **kombinatorische Partialmodelle** lediglich exemplarisch vorgestellt. Auf eine einfache Methode zur Planung von Investitions- und Finanzierungsprogrammen wird am Ende des Kapitels B eingegangen.

---

81 Abweichende Systematisierungen finden sich beispielsweise bei Blohm, H./Lüder, K. (1988), S. 55, Eilenberger, G. (1985), S. 126 sowie Heinhold, M. (1980), S. 45.

2.2.2. Totalmodelle

Der Grundgedanke entscheidungsunterstützender Rechnungen in Form von Totalmodellen[82] besteht darin, die Wirkung der Realisation eines Investitions- oder Finanzierungsprojektes auf die finanzielle Zielgröße **ohne Vornahme von Vereinfachungen** zu ermitteln. Die Anwendung eines **finanzwirtschaftlichen Totalmodells** wird daher auch als Erstellung eines **vollständigen Finanzplanes** oder Durchführung eines vollständigen Vorteilhaftigkeitsvergleichs bezeichnet. Die finanzielle Vorteilhaftigkeit wird hierbei entweder anhand der entnahmefähigen Einzahlungen zu bestimmten Zeitpunkten (= **Einkommensstreben**) oder aber anhand des erzielbaren Endvermögensbestandes zum Ende des Planungshorizontes (= **Vermögensstreben**) sichtbar gemacht. Ein vollständiger Finanzplan[83], der meist in tabellarischer Form aufgestellt wird[84], berücksichtigt also die individuellen Entnahmewünsche des Entscheidungsträgers.

Da die analysierten Investitions- und Finanzierungsprojekte jedoch nur in zufälligen Ausnahmefällen Zahlungsüberschlüsse in exakt der Höhe und zu exakt den Zeitpunkten aufweisen, die den Einkommenswünschen des Entscheidungsträgers entsprechen, werden erforderliche Zwischenanlagen beziehungsweise Zwischenfinanzierungen durchgeführt. Die Höhe der hierbei in die Rechnung einbezogenen Zinssätze richtet sich nach den tatsächlich jeweils erzielbaren Anlageerträgen oder Kosten bzw. den Prognosen für diese Größen[85]. Besteht beispielsweise für einen kurzfristig verfügbaren Mittelbestand keine Anlagemöglichkeit, so wird für die zinslose Kassenhaltung eine Rendite von Null angenommen. Die Anwendung eines **vollständigen Finanzplanes** dient somit gleichzeitig der Durchführung von Wirtschaftlichkeits- wie auch der Berücksichtigung von Liquiditätszielen des Entscheidungsträgers.

Die Aufgabenstellung finanzwirtschaftlicher Totalmodelle besteht also darin, alle Investitions- und Finanzierungsalternativen mit ihren kompletten Zahlungsströmen zu erfassen und zu Kombinationen zu verbinden, welche der vom Entscheidungsträger gewünschten Ausprägung der Zahlungsreihe entsprechen.

Aufgrund der Tatsache, daß der reale Alternativenraum für Mittelanlagen bzw. Finanzierungen prinzipiell unendlich sein kann, sowie das Problem der gegenseitigen Beeinflussung verschiedener Projekte nur bedingt lösbar ist, ist die Erstellung eines finanzwirtschaftlichen **Totalmodells** im strengen Sinn nicht möglich[86].

---

82 Zu Totalmodellen bzw. vollständigen Finanzplänen vgl. Gans, B. / Looss, W. / Zickler, D. (1977), S. 25–28.
83 Der Begriff „vollständiger Finanzplan", der in der Literatur häufig verwendet wird, ist nicht zu verwechseln mit dem Ausdruck „Finanzplan" wie er in der Liquiditätsplanung (vgl. Teil C dieser Monographie) benutzt wird. Als „vollständiger Finanzplan" wird die Aufzeichnung sämtlicher Zahlungsströme, die mit dem Projekt verbunden sind, verstanden.
84 Vgl. Grob, H. (1989), S. 5.
85 Vgl. Grob, L. (1989), S. 25.
86 Vgl. Schneider, D. (1980), S. 172.

46 Investitionsplanung und Wirtschaftlichkeitsrechnung

Aber selbst, wenn man eine Beschränkung des Alternativenraumes, d. h. einen willkürlichen Abbruch der Suche nach Investitions- und Finanzierungsmöglichkeiten akzeptiert, bringt die Erstellung vollständiger Finanzpläne enorme rechentechnische Probleme mit sich. Beispielsweise sind ökonomisch sinnvolle Lösungen auf ganze Investitionsprojekte beschränkt. Ein halbes Aggregat oder ein Viertel eines Lastwagens zu realisieren, ist unmöglich. Hierdurch ergibt sich die Frage nach der Handhabung von **Rest- bzw. Überschußbeträgen.** Folglich kann die Veränderung eines einzigen Datums die erneute Berechnung des gesamten Planes erforderlich machen [87].

Aufgrund dieser Anwendungsprobleme [88] finden vollständige Finanzpläne kaum Anwendung und sollen auch in diesem Buch nicht weiter verfolgt werden.

2.2.3. Kombinatorische Partialmodelle

Von **finanzwirtschaftlichen Partialmodellen** wird immer dann gesprochen, wenn die Untersuchung auf einen bestimmten Planungszeitraum, der kürzer als die Lebensdauer der Unternehmung ist, beschränkt wird, und auch innerhalb dieses Planungszeitraumes Pauschalannahmen an die Stelle der vollständigen Erfassung aller Investitions- und Finanzierungsalternativen mit ihren Zahlungsströmen treten [89]. Partialmodelle betrachten somit im Vergleich zu Totalmodellen einen verkleinerten Problemausschnitt [90].

Solange trotz der vorgenommenen Vereinfachungen der Zahlungsströme die Vorteilhaftigkeit von Projekten noch direkt an errechneten Einzahlungsüberschüssen (und nicht etwa einer Ersatzzielgröße, wie beispielsweise der Rendite) abgelesen werden kann, spricht man von **kombinatorischen Partialmodellen.** Hier wird also ein Finanzplan aufgestellt, der gewährleistet, daß nach der Entnahme der ausgewiesenen Zielgröße noch alle fälligen Auszahlungen geleistet werden können.

Die Herkunft des Attributes „kombinatorisch" läßt sich nicht eindeutig nachweisen. Ein Hinweis findet sich lediglich bei Schneider, der das Ziel dieser Verfahren darin sieht, alle möglichen Kombinationsmöglichkeiten aus den vorliegenden Alternativen zu bilden, um somit die bestmögliche Kombination ermitteln zu können.

Folglich werden bei den kombinatorischen Partialmodellen die individuellen Liquiditätsziele des Entscheidungsträgers gleichzeitig mit den Einkommens- bzw. Wirtschaftlichkeitszielen verfolgt; es findet quasi eine projektspezifische Planung der Zahlungsmittelbewegungen statt. **Kombinatorische Partialmodelle garantieren jedoch trotz ihres vergleichsweise komplexen Aufbaus keine optimale Lösung realer Entscheidungsprobleme,** da auch bei ihnen die Realität

---

[87] Vgl. Schneider, D. (1980), S. 173.
[88] Zur weiterführenden Bewertung finanzwirtschaftlicher Totalmodelle vgl. Grob, L. (1989), S. 2-4.
[89] Vgl. Schneider, D. (1980), S. 173.
[90] Vgl. Drukarczyk, J. (1980), S. 42.

durch Prämissen vereinfacht abgebildet wurde, um mit vertretbarem Aufwand zu einer Modellösung zu gelangen. Derartige Vereinfachungen liegen beispielsweise vor,

a) wenn nur noch eine begrenzte Anzahl heuristisch ausgewählter Alternativen in die Untersuchung einbezogen wird,

b) wenn die Zahlungen nicht tagesgenau erfaßt, sondern oft auf einen Zeitpunkt am Ende einer Periode (Woche, Monat, Jahr) bezogen werden. Die für kombinatorische Partialmodelle notwendige vollständige Formulierung der Zahlungsmittelbeschaffung und -verwendung sowie der Ausweis von Einzahlungsüberschüssen entsprechend den Entnahmewünschen des Investors ist aber nach wie vor sehr arbeitsaufwendig. Insbesondere ist eine schrittweise von Periode zu Periode fortschreitende Rechentechnik erforderlich, wohingegen bei den **klassischen Partialmodellen** die Daten in einem Rechengang auf den jeweiligen Bezugszeitpunkt umgerechnet werden können. Das nachstehende Rechenbeispiel verdeutlicht die typische Vorgehensweise:

Herr E. hat DM 5000,– geerbt. Da er im Planungszeitpunkt t_0 keine Konsumwünsche hat, sucht er nach einer vorteilhaften Anlagemöglichkeit. Sein Planungszeitraum beträgt 4 Jahre und sein Ziel ist die Maximierung der Entnahmen (Einkommenszahlungen) in t_1, t_2 und t_3. Er will am Ende eines Jahres jeweils einen gleichhohen Betrag erhalten ($E_1:E_2:E_3 = 1:1:1$) und am Ende des Planungszeitraumes in t_4 noch über DM 1000,– verfügen.

Diese Zielformulierung entspricht der „Einkommensmaximierung" da eine Maximierung der Einkommenszahlungen unter Zugrundelegung einer bestimmten zeitlichen Struktur des Entnahmestroms (hier $E_1:E_2:E_3 = 1:1:1$) bei vorgegebenem Endvermögen am Planungshorizont (hier DM 1000,–) gewünscht wird.

Herr E. findet folgende Investitionsalternativen A und B:

	t_0	t_1	t_2	t_3	t_4
A:	−5000	+2000	+1000	0	+4000
B:	−5000	+ 500	+ 500	+500	+6000

Da der zeitliche Anfall der Zahlungen nicht mit seiner Zielvorstellung übereinstimmt, muß er die Zahlungsströme durch Investition (I) zu hoher Einzahlungsüberschüsse und durch Kreditaufnahme (K) zur Erhöhung zu geringer Einzahlungsüberschüsse an den einzelnen Zahlungszeitpunkten umformen. Da Herr E. keine weiteren Investitionsalternativen in die Rechnung einbezieht, bleibt für die Anlage nur Kassenhaltung (Habenzinssatz = 0%). Für die Kreditaufnahme unterstellt Herr E., daß sie in beliebiger Höhe zum Sollzinssatz von 10% möglich sei. Die Umformung der Zahlungsströme ergibt dann:

Zur Umformung der Zahlungsströme ist die Größe $E = E_1 = E_2 = E_3$ zu errechnen. Dies ist für das Projekt A durch Auflösung folgender Gleichungen möglich:

$2000 - I_1 \qquad = E$
$1000 + I_1 + K_2 \qquad = E$
$- 1{,}1 K_2 + K_3 \qquad = E$
$4000 - 1{,}1 K_3 \qquad = 1000.$

Die errechneten Werte für I_1, K_2, K_3 und E wurden zur Vereinfachung der Darstellung auf volle DM auf- bzw. abgerundet. Das entsprechende Gleichungssystem für Projekt B lautet:

$500 + K_1 \qquad = E$
$500 - 1{,}1 K_1 + K_2 \qquad = E$
$500 - 1{,}1 K_2 + K_3 \qquad = E$
$6000 - 1{,}1 K_3 \qquad = 1000.$

	t_0	t_1	t_2	t_3	t_4
Anfangsbestand A:	+5000				
	−5000	+2000	+1000	0	+4000
		0	− 117(I_1)	+ 117(I_1)	
			+1883(E_1)	+ 766(K_2)	− 843(1,1 K_2)
				+1883(E_2)	+2726(K_3)	−2999(1,1 K_3)
					+1883(E_3)
					+1001

	t_0	t_1	t_2	t_3	t_4
Anfangsbestand B:	+5000				
	−5000	+ 500	+ 500	+ 500	+6000
		0	+1373(K_1)	−1510(1,1K_1)	
			+1873(E_1)	+2883(K_2)	−3171(1,1 K_2)
				1873(E_2)	+4544(K_3)	−4999(1,1 K_3)
					+1873(E_3)
					+1001

Aus diesen entsprechend der gegebenen Zielvorschrift umformulierten Zahlungsströmen der beiden Alternativen kann Herr E. erkennen, daß er mit der Investitionsalternative A sein Ziel Einkommensmaximierung besser erreicht als mit der Alternative B. Bei gleicher zeitlicher Struktur ist die Breite des Entnahmestromes bei Alternative A größer als bei B.

2.2.4. Klassische Partialmodelle

Klassische Partialmodelle verzichten darauf, die eigentliche Zielgröße „Einkommenszahlungen mit gegebener zeitlicher Struktur" zur Entscheidungsfindung zu verwenden, da die Umformung der Zahlungsströme entsprechend der individuellen Zielvorstellung des jeweiligen Entscheidungsträgers sehr aufwendig ist. An Stelle der eigentlichen Zahlungsgrößen treten **bei allen klassischen Partialmodellen Ersatzzielkriterien**, wie Kapitalwert, Rendite oder Annuität.

Der Alternativenraum wird bei klassischen Partialmodellen durch die **Prämisse des Vollkommenen Kapitalmarktes**[91] beschränkt, der eine vereinfachende Pauschalannahme über alle alternativen Investitions- und Finanzierungsprojekte darstellt, die nicht explizit untersucht werden sollen[92]. Es wird folglich angenommen, daß zu einem bestimmten Zinsfuß „i", der als **Kalkulationszinsfuß** bezeichnet wird, beliebige Beträge angelegt und auch beschafft werden können. Dieser Kalkulationszinsfuß stellt somit eine Pauschalannahme über die Rendite alternativer, jedoch nicht explizit berücksichtigter Investitions- und Finanzierungsprojekte dar[93]. Die Annahme des **Vollkommenen Restkapitalmarktes** hat weitreichende Folgen für die Handhabbarkeit der klassischen Partialmodelle. So muß beispielsweise für die Entscheidung über die absolute Vorteilhaftigkeit eines bestimmten Investitionsprojektes nicht eine konkrete Finanzierungsalternative ermittelt und gegenübergestellt werden. Vielmehr kann die Vorteilhaftigkeitsentscheidung allein durch den Vergleich mit der **Kapitalmarktrate** gefällt werden, da diese die Finanzierungskosten widerspiegelt. Die Vorteilhaftigkeit des explizit[94] dargestellten Investitionsprojektes wird somit nicht anhand eines ebenfalls explizit vorliegenden Finanzierungsprojektes geprüft. Vielmehr werden die Finanzierungskosten implizit durch die Kapitalmarktrendite angegeben. In gleicher Weise kann auch ein isoliert vorliegendes explizites Finanzierungsprojekt auf seine absolute Vorteilhaftigkeit hin überprüft werden, ohne daß parallel eine explizite Anlagemöglichkeit berücksichtigt wird. In diesem Fall würde über die Kapitalmarktrate implizit eine Information über die aus der Anlage erzielbaren Einkünfte zur Verfügung gestellt.

Wurden verschiedene Alternativen in Hinblick auf Ersatzzielgrößen (z. B. die Rendite) untersucht, so ist hiermit jedoch nur der Rentabilitäts-/Einkommenseffekt finanzwirtschaftlicher Entscheidungen berücksichtigt. Man kann mit diesen Verfahren Aussagen zur relativen Vorteilhaftigkeit oder Rentabilität der einzelnen Projekte machen, sofern die Annahme über die Verzinsung alternativer Investitions- und Finanzierungsmaßnahmen durch den Kalkulationszinsfuß „i" annähernd der Realität entspricht. Dennoch kann durchaus der Fall eintreten, daß eine Unternehmung, die nur in rentable (vorteilhafte) Projekte investiert, in Zahlungsschwierigkeiten gerät, d. h. daß sie zwingend fällige Auszah-

---

[91] Der Vollkommene Kapitalmarkt wird auch als Vollkommener Restkapitalmarkt bezeichnet, da die zu untersuchenden Investitions- oder Finanzierungsalternativen durchaus eine vom Kalkulationszinsfuß „i" abweichende Verzinsung aufweisen können, was bei einem wirklich Vollkommenen Kapitalmarkt nicht möglich wäre. In dieser Monographie werden folglich die Begriffe „Vollkommener Kapitalmarkt" und „Vollkommener Restkapitalmarkt" synonym verwendet. Vgl. Schneider, D. (1980), S. 524.
[92] Vgl. Gans, B./Looss, W./Zickler, D. (1977), S. 35.
[93] Zu den Voraussetzungen für einen Vollkommenen (Rest-) Kapitalmarkt vgl. Teil C. 1.
[94] Ein Investitions- oder Finanzierungsprojekt ist stets dann explizit dargestellt, wenn es durch seine vollständige Zahlungsreihe beschrieben wird.

50 Investitionsplanung und Wirtschaftlichkeitsrechnung

lungen nicht leisten kann, weil die Annahme einer unbeschränkten Möglichkeit zur Beschaffung von Finanzierungsmitteln realitätsfern ist[95]. Diese Gefahr besteht immer dann in besonderem Maße, wenn eine Investition zwar hohe Einzahlungsüberschüsse verspricht, diese jedoch erst gegen Ende der Nutzungsdauer anfallen, während in den ersten Jahren überwiegend Auszahlungen zu leisten sind. Die Fähigkeit einer Unternehmung, fälligen Zahlungsverpflichtungen termingerecht nachzukommen, ist aber eine Voraussetzung für das Weiterbestehen einer Unternehmung am Markt. Bei Anwendung **klassischer Partialmodelle** zum Vorteilhaftigkeitsvergleich muß deshalb ergänzend in einem getrennten Arbeitsgang untersucht werden, ob die Wahrung der **Zahlungsfähigkeit** (Liquidität) zu jedem Zeitpunkt gesichert ist.

2.2.5. Unterscheidung dynamischer und statischer klassischer Partialmodelle

Innerhalb der klassischen Partialmodelle können **dynamische** und **statische Verfahren** der Investitionsrechnung unterschieden werden.

Die wichtigsten Unterschiede zwischen dynamischen und statischen Verfahren der Investitionsrechnung lassen sich anhand folgender Fragen erkennen:

- **Rechenelemente:** Gehen Daten des Rechnungswesens oder Daten der Zahlungsmittelebene in die Rechnung ein[96]?
- **Datenerfassung- und -verarbeitung:** Werden die Daten unter Berücksichtigung des prognostizierten zeitlichen Anfalls ermittelt und bewertet oder werden vom zeitlichen Eintreten der Daten unabhängige Durchschnittsergebnisse gebildet, von denen das Rechenverfahren ausgeht?[97]
- **Berücksichtigung der Kapitalbindung:** Wird die Änderung der Kapitalbindung des Projektes im Zeitablauf berücksichtigt oder wird auch hier von einem Durchschnittswert ausgegangen?

Als Konsequenz aus diesen grundlegenden Unterschieden im Aufbau statischer und dynamischer Verfahren der Investitionsrechnung ergibt sich ein erhebliches Auseinanderklaffen im Modellaufbau beider Gruppen. Die Attribute „statisch" und „dynamisch" hängen also damit zusammen, ob die **Daten der zu bewertenden Projekte im Zeitablauf** berücksichtigt werden oder nicht[98]. Während statische Investitionsrechenverfahren stets **Einperiodenrechnungen** darstellen, handelt es sich bei dynamischen Investitionsrechenverfahren um **Mehrperiodenmodelle**[99]. Die unterschiedliche Modellstruktur bei statischen und dynamischen Rechenverfahren hat beachtenswerte Auswirkungen auf die Genauigkeit und Interpretierbarkeit der erzielbaren Lösungen. Auf diesen Aspekt wird noch bei den jeweiligen Verfahren detailliert eingegangen.

---

95 Vgl. hierzu Teil C. 1.
96 Vgl. Däumler, K.-D. (1989), S. 26.
97 Vgl. Däumler, K.-D. (1989), S. 131.
98 Vgl. Hahn, O. (1983), S. 92; Blohm, H./Lüder, K. (1988), S. 49.
99 Vgl. Perridon, L./ Steiner, M. (1988), S. 29.

Weiterführende Literatur:

Altrogge, Günter (1988); Investition, München 1988, S. 41–53.
Däumler, Klaus-Dieter (1989); Grundlagen der Investitions- und Wirtschaftlichkeitsrechnung, 6. Aufl., Herne-Berlin 1989, S. 20–29.
Kruschwitz, Lutz (1987); Investitionsrechnung, 3. Aufl., Berlin-New York 1987, S. 47–57.
Schneider, Dieter (1980); Investition und Finanzierung, 5. Aufl., Wiesbaden 1980, S. 171–176.

3. Dynamische Verfahren der Investitionsrechnung

3.1. Grundlagen der dynamischen Verfahren

3.1.1. Gemeinsame Charakteristika dynamischer klassischer Partialmodelle

Während die später angesprochenen **statischen Verfahren** der Investitionsrechnung als Ausgangsdaten **Größen des internen oder externen Rechnungswesens**, das heißt Kosten-/Leistungs- beziehungsweise Aufwands-/Ertragsdaten verwenden, wird bei den dynamischen Methoden der Investitionsrechnung mit den Ein- und Auszahlungen eines Investitionsprojektes gerechnet. Eine exakte Erfassung und Darstellung der täglichen Ein- und Auszahlungen würde bei größeren Investitionsprojekten aber zu kaum mehr überschaubaren Zahlungsreihen führen. In der Investitionsplanung ist es daher üblich, zu folgenden Vereinfachungen zu greifen.

- Der gesamte **Planungszeitraum** wird in Perioden unterteilt. Die Länge einer Periode kann je nach Dauer des Projektes sowie Anspruch an die Genauigkeit beliebig definiert werden.
- Zahlungen, die während einer Periode anfallen, werden so behandelt, als ob sie am Periodenende anfallen würden. Folglich müssen Zinsen stets erst ab dem Ende der Periode berücksichtigt werden, in der die Zahlung aufgetreten ist. Dies wird auch als **„nachschüssige" Verzinsung** bezeichnet[100]. **Daher beziehen sich auch alle Formeln und das gesamte Finanzmathematische Tabellenwerk dieses Buches auf die nachschüssige Verzinsung.**

Einzahlungen werden durch positive, Auszahlungen durch negative Werte dargestellt. Es genügt folglich, pro Periode (1, 2, ..., n) nur **einen** Zahlungszeitpunkt ($t_1, t_2, \ldots, t_n$) zu berücksichtigen.

- Abweichend hiervon wird nur die Anschaffungsauszahlung einer Investition oder die Anfangseinzahlung einer Finanzierung behandelt. Diese Daten werden nicht – wie die übrigen Zahlungen der ersten Periode – auf „t_1" bezogen, sondern getrennt zu Beginn der ersten Periode im Planungszeitpunkt „t_0" ausgewiesen. Dies sei an einem einfachen Beispiel verdeutlicht.

---

[100] Es gibt auch Verfahren, welche Zinsen jeweils vom Anfang einer Periode an berechnen, d. h. eine „vorschüssige Verzinsung" durchführen, allerdings ist diese Vorgehensweise mittlerweile sehr ungebräuchlich!

52 Investitionsplanung und Wirtschaftlichkeitsrechnung

Die Pacht für einen Tennisplatz während einer ganzen Saison (16. April bis 15. Oktober) soll DM 6.000,– betragen, zahlbar am 15. April. Ein Sportgeschäft rechnet damit, daß durch Vermietung des Platzes pro Tag DM 50,– Einzahlungen zu erzielen sind. Für die Pflege des Platzes fallen pro Tag DM 5,– Auszahlungen an. Gesucht wird die Zahlungsreihe des Investitionsprojektes „Pachtung eines Tennisplatzes".

Wollte man die Zahlungsreihe des Projekts exakt abbilden, würde man 184 Zahlungszeitpunkte benötigen. Teilt man hingegen den Planungszeitraum von 184 Tagen in 6 Perioden à 30 bzw. 31 Tage ein, wobei jeweils der 15. des Monats der Zahlungszeitpunkt sein soll, so ergibt sich:

15.4.	15.5.	15.6.	15.7.	15.8.	15.9.	15.10.
t_0	t_1	t_2	t_3	t_4	t_5	t_6
–6000	+1500	+1550	+1500	+1550	+1550	+1500
	– 150	– 155	– 150	– 155	– 155	– 150

Eine noch stärkere Abstraktion von der Realität liegt vor, wenn man den gesamten Planungszeitraum von 6 Monaten als eine Periode betrachtet. Die Zahlungsreihe hat dann folgendes Aussehen:

15.4.	15.10.
t_0	t_1
–6000	+9150
	– 915

Die nun durchgeführte Vereinfachung der Realität ist charakteristisch für **finanzwirtschaftliche Partialmodelle** und bewirkt keine unverhältnismäßig großen Ungenauigkeiten. Üblich ist es, als Periodendauer den Zeitraum von einem Jahr zu wählen, wenngleich in Abhängigkeit vom Untersuchungsziel und der Länge des gesamten Planungszeitraumes auch Periodendauern von einer Woche, einem Monat oder einem Quartal sinnvoll sein können.

3.1.2. Berücksichtigung des zeitlichen Anfalls von Zahlungen

Ein wesentliches Grundproblem aller Investitionsrechenverfahren ist es, die zu verschiedenen Zeitpunkten anfallenden Zahlungen verschiedener Projekte vergleichbar zu machen. **Dynamische Verfahren** der Investitionsrechnung erreichen dies, indem sie alle Ein- und Auszahlungen auf einen einheitlichen Bezugszeitpunkt aufzinsen (sofern sie bereits vor dem Bezugszeitpunkt anfallen) oder abzinsen (sofern sie erst nach dem Bezugszeitpunkt anfallen). Dieses Vorgehen läßt sich wie folgt erläutern:

a) Verzichtet ein Wirtschaftssubjekt in einem Zeitpunkt t_x auf die Verwendung der Einkommenszahlungen für den Konsum, dann lassen sich diese Zahlungsmittel anlegen, so daß zu einem späteren Zeitpunkt t_{x+y} eine höhere Einkommenszahlung anfällt und damit höherer Konsum möglich wird[101].

---
101 Zur finanzmathematischen Berechnung vgl. Punkt 3.1.2. und 3.1.3. dieses Kapitels.

b) Will ein Wirtschaftssubjekt bereits im Zeitpunkt t_x konsumieren, obwohl die dafür notwendigen Einkommenszahlungen erst in t_{x+y} anfallen, so kann das durch Kreditaufnahme erreicht werden. Im Zeitpunkt t_x kann allerdings nur der Teil der späteren Einkommenszahlung entnommen werden, der um die auf den Kredit entfallenden Zinsen gemindert wurde [102].

Die Höhe des Kalkulationszinssatzes „i", mit dem die Zahlungen auf einen Zeitpunkt auf- oder abgezinst werden müssen, kann in der Realität nicht allgemein und für alle Entscheidungsträger gültig angegeben werden. Im folgenden soll jedoch in Anlehnung an die bereits dargestellte Prämisse vom **Vollkommenen Restkapitalmarkt**[103] unterstellt werden, daß ein einheitlicher Marktzins existiert, zu dem beliebige Beträge angelegt oder aufgenommen werden können; deshalb wird in allen Beispielen zu **klassischen Partialmodellen** der Zinssatz als einheitliche und exogen vorgegebene Größe angenommen. Der Kalkulationszinsfuß i bildet somit eine Pauschalannahme für die Verzinsung aller Investitions- und Finanzierungsmaßnahmen, die nicht explizit in die Investitionsentscheidung einbezogen werden. Auf das Problem der Auswahl des für einen Entscheidungsträger adäquaten Zinsfußes wird an späterer Stelle noch ausführlich eingegangen [104].

3.1.3. Finanzmathematische Vorgehensweise bei Anwendung dynamischer Verfahren

Wird eine Auszahlung a_0, die im Betrachtungszeitpunkt t_0 anfällt, auf einen beliebigen Zeitpunkt in der Zukunft t_n mit dem Zinsfuß p% pro Jahr (**nachschüssige Verzinsung**) aufgezinst, so spricht man auch von der Ermittlung des **Endwertes** dieser Auszahlung. Der Ausdruck „Endwert" rührt daher, daß die Zahlung auf den Endzeitpunkt des Planungshorizontes (meist identisch mit der letzten Periode eines analysierten Investitions- oder Finanzierungsprojektes) bezogen wird. Die allgemeine Formel zur Bestimmung des Endwertes einer Zahlung lautet:

$$a_n = a_0 \cdot \left(1 + \frac{p}{100}\right)^n = a_0 \cdot (1 + i)^n = a_0 \cdot q^n.$$

Der für unterschiedliche Kalkulationszinssätze und Endzeitpunkte nötige **Aufzinsungsfaktor** $q^n = (1 + i)^n$ kann einer finanzmathematischen Tabelle entnommen werden. [105]

Beispiel:

Es ist der Endwert einer Auszahlung in t_0 von -10000 für den Bezugszeitpunkt t_5 gesucht; der Kalkulationszinssatz sei mit 10% p.a. gegeben:

$$a_5 = -10000{,}- \cdot (1 + 0{,}1)^5 = -10000{,}- \cdot 1{,}6105 = -16105{,}-.$$

---
102 Zur finanzmathematischen Berechnung vgl. Punkt 3.1.2. und 3.1.3. dieses Kapitels.
103 Vgl. oben Gliederungspunkt B.2.2.4.
104 Vgl. Gliederungspunkt B.5.1.2 der vorliegenden Monographie.
105 Vgl. Tabellenwerk im Anhang dieser Monographie.

54 Investitionsplanung und Wirtschaftlichkeitsrechnung

Wird die Auszahlung von DM 10000,– vom Zeitpunkt t_o auf den Zeitpunkt t_5 verschoben, dann beläuft sich die dort zu leistende Auszahlung a_5 auf DM 16105,–.

Die umgekehrte Problemstellung – **Abzinsung einer Zahlung** – ergibt sich, wenn man den Wert einer in t_n anfallenden Zahlung für den Betrachtungszeitpunkt t_o ermitteln will. Man bezeichnet den auf t_o abgezinsten Wert auch als **Gegenwartswert** oder **Barwert** der Zahlung. Die allgemeine Formel zur Bestimmung des Gegenwartswertes e_o einer Zahlung e_n lautet:

$$e_o = e_n \cdot \frac{1}{(1 + i)^n} = e_n \cdot q^{-n}.$$

Den Wert des **Abzinsungsfaktors** $q^{-n} = (1 + i)^{-n}$ kann man wiederum einer finanzmathematischen Tabelle entnehmen[106].

Beispiel:

Gegeben sei eine Zahlung von DM 10000,– im Zeitpunkt t_3; der Kalkulationszinssatz sei i = 0,1. Gesucht ist der Gegenwartswert e_0 der Einzahlung e_3:

$$e_0 = 10000 \cdot 1{,}1^{-3} = 10000 \cdot 0{,}75131 = 7513{,}1.$$

Der auf t_0 abgezinste Wert der Einzahlung e_3 beträgt DM 7513,1.

Der Wert einer Zahlung, die im Zeitpunkt t_m anfällt, kann nicht nur auf den Bezugszeitpunkt t_o oder t_n umgerechnet werden, sondern auf jeden beliebigen Zeitpunkt t_x. Dies soll allgemein als Ermittlung des Wertes e_x bzw. a_x bezeichnet werden. Die allgemeine Formel zur Berechnung des Wertes e_x bzw. a_x einer Zahlung e_m bzw. a_m ermöglicht sowohl ein Abzinsen (x < m) als auch ein Aufzinsen (m < x) der Zahlung auf den gewünschten beliebigen Zeitpunkt t_x:

$$e_x = e_m \cdot q^{x-m} \text{ bzw. } a_x = a_m \cdot q^{x-m}.$$

Die Ermittlung des **Gegenwartswertes** e_o bzw. a_o und des **Endwertes** e_n bzw. a_n stellen lediglich Spezialfälle der obigen allgemeinen Formel dar.

Beispiel:

a) Abzinsen einer Zahlung: $a_5 = -10000$; i = 0,1; gesucht wird a_2.

$$a_2 = a_5 \cdot q^{2-5} = -10000 \cdot (1 + 0{,}1)^{-3} = -7513{,}1.$$

Die auf t_2 vorgezogene Auszahlung beträgt – 7513,1.

b) Aufzinsen einer Zahlung: $e_1 = 10000$; i = 0,1; gesucht wird e_6.

$$e_6 = e_1 \cdot q^{6-1} = 10000 \cdot (1 + 0{,}1)^5 = 16105{,}-.$$

Der Endwert der Einzahlung e_1, bezogen auf den Zeitpunkt t_6, beträgt 16105,–.

---

106 Vgl. Tabellenwerk im Anhang dieser Monographie.

Ausgehend von der oben vorgestellten Technik der Ermittlung von Gegenwarts- oder Endwerten einzelner Zahlungen ergeben sich die entsprechenden Werte für ganze Zahlungsreihen, indem man die auf einen einheitlichen Bezugspunkt auf- oder abgezinsten Zahlungen einfach saldiert.

Weiterführende Literatur:

Blohm, Hans/Lüder, Klaus (1988); Investition, 6. Aufl., München 1988, S. 54–57.
Däumler, Klaus-Dieter (1989); Grundlagen der Investitions- und Wirtschaftlichkeitsrechnung, 6. Aufl., Herne-Berlin 1989, S. 25–29.
Kruschwitz, Lutz (1987); Investitionsrechnung, 3.Aufl., Berlin-New York 1987, S. 43–46.
Perridon, Louis/Steiner, Manfred (1988); Finanzwirtschaft der Unternehmung, 5. Aufl., München 1988, S. 48–50.

3.2. Ausgewählte dynamische Rechenverfahren zur Unterstützung absoluter und relativer Vorteilhaftigkeitsentscheidungen bei vorgegebener Nutzungsdauer

3.2.1. Kapitalwertmethode

3.2.1.1. Definition und Errechnung des Kapitalwertes

Die Klassifikation der **Kapitalwertmethode** als **Partialrechnung** ergibt sich aus der Tatsache, daß zwar die Zahlungsreihen der analysierten Investitionsalternative (Finanzierungsalternative) explizit in die Rechnung eingehen, jedoch die Höhe der Kapitalkosten (Anlageerträge) lediglich pauschal durch Abzinsung zum Ausdruck kommt [107]. Anstatt dem Investitionsprojekt konkret anfallende Finanzierungsauszahlungen (oder einer Finanzierung konkret erzielbare Anlageeinkünfte) zuzurechnen, **fingiert man über den gegebenen Kalkulationszinssatz eine Kapitalmarkttransaktion zu i %** und prüft, ob das zu untersuchende Projekt unter Berücksichtigung dieser Transaktion vorteilhaft ist.

Unter dem Kapitalwert einer Zahlungsreihe wird somit derjenige Betrag verstanden, der sich ergibt, wenn man alle Ein- und Auszahlungen mit einem exogen vorgegebenen Kalkulationszins auf den Anfangszeitpunkt t_0 abzinst [108]. Bildet man also ein Investitions- oder Finanzierungsprojekt – wie bei allen **dynamischen Rechenmodellen** üblich – durch eine Zahlungsreihe ab, so stellt der Kapitalwert die auf t_0 abgezinste Summe aller durch das Projekt ausgelösten Zahlungsmittelbewegungen (**Barwerte**) dar [109].

---

107 Vgl. Franke, G./Hax, H. (1988), S. 116f.
108 Vgl. Kruschwitz, L. (1987), S. 66. Eine ausführliche Gegenüberstellung verschiedener Definitionen des Kapitalwertes findet sich bei Altrogge, G. (1988), S. 354.
109 Daher ist es mißverständlich, wenn Perridon/Steiner den Kapitalwert als „Barwert der Gewinne" eines Projektes definieren, da das Kapitalwertkriterium ganz eindeutig auf der Zahlungsmittelebene und nicht auf der Erfolgsebene ansetzt. Vgl. Perridon, L./Steiner, M. (1988), S. 52.

56 Investitionsplanung und Wirtschaftlichkeitsrechnung

Kapitalwert: Saldo der Barwerte[110] **aller Zahlungen eines Investitions- oder Finanzierungsprojektes (von t_0 bis t_n).**

Da Ein- und Auszahlungen eines Zahlungspunktes t_x mit dem gleichen Faktor abgezinst werden müssen, kann man sie vor der Abzinsung saldieren und nur noch die Ein- bzw. Auszahlungsüberschüsse der einzelnen Zahlungszeitpunkte abzinsen. Die mathematische Schreibweise für die Errechnung des Kapitalwertes einer Investition lautet:

$$C_0 = \frac{-a_0}{q^0} + \frac{e_1 - a_1}{q^1} + \frac{e_2 - a_2}{q^2} + \ldots + \frac{e_n - a_n}{q^n}$$

oder unter Verwendung des Summenzeichens²:

$$C_0 = \sum_{t=0}^{n} (e_t - a_t) \cdot q^{-t},$$

wobei C_0 = Kapitalwert
a_0 = Anschaffungsauszahlung
$a_1, \ldots, a_n$ = laufende Auszahlungen
$e_1, \ldots, e_n$ = laufende Einzahlungen
n = Anzahl der Perioden
$q = (1 + i)$
i = Kalkulationszinssatz.

Bei manchen Problemstellungen ist es sinnvoll, lediglich die Barwerte aller **laufenden Zahlungen** von Projekten zu saldieren, d. h. die Anfangsauszahlung von t_0 zu vernachlässigen. Ein solcher Fall ist beispielsweise gegeben, wenn die Anschaffungsauszahlung verschiedener Finanzanlagen gleich groß ist, weil der Investor einen bestimmten zur Verfügung stehenden Geldbetrag binden will, so daß man die Höhe von a_0 unberücksichtigt lassen kann.

Folglich werden in einem solchen Fall nur die Werte der Zahlungsreihe von t_1 bis t_n auf den Planungszeitpunkt t_0 abdiskontiert und anschließend zusammengefaßt. Den so ermittelten Saldo bezeichnet man als **Ertragswert**[111]

Ertragswert: Saldo der Barwerte aller Zahlungen eines Investitionsprojektes von t_1 bis t_n.

Ertragswert und Kapitalwert einer Zahlungsreihe unterscheiden sich bei gegebenem Kalkulationszinssatz i immer genau um den Betrag der Anfangsaus- oder -einzahlung in t_0. Es gilt also stets:

Ertragswert eines bestimmten Projektes saldiert mit Anfangsaus- oder -einzahlung in t_0 = Kapitalwert des Projektes.

$$C_0 = -a_0 + \sum_{t=1}^{n} (e_t - a_t) \cdot (1 + i)^{-t}$$

---

110 Als Barwert soll der Gegenwartswert einer Zahlungsausprägung im Planungszeitpunkt unter Berücksichtigung des gültigen Kalkulationszinssatzes verstanden werden.
111 Vgl. z. B. Schmidt, R. (1986), S. 66f.

3.2.1.2. Beispiel zur Ermittlung von Kapitalwert und Ertragswert

Die Zahlungsreihe eines Investitionsprojektes wurde wie folgt prognostiziert:

t_0	t_1	t_2	t_3
−250	+100	+100	+100

Unter der Annahme eines Kalkulationszinsfußes von i = 10% ergibt sich folgende Rechnung:

Periode	Zahlungsreihe	Abzinsungsfaktor	Barwert
t_0	−250	$(1,1)^{-0} = 1,0$	−250,00
t_1	+100	$(1,1)^{-1} = 0,90909$	+ 90,91
t_2	+100	$(1,1)^{-2} = 0,82645$	+ 82,65
t_3	+100	$(1,1)^{-3} = 0,75131$	+ 75,13

**Bei einem Kalkulationszinsfuß von i = 10%
ergibt sich somit ein Kapitalwert von**   **− 1,31**

Der entsprechende Ertragswert beträgt +248,69 Geldeinheiten, d. h. die summierten abdiskontierten Einzahlungsüberschüsse sind gerade um 1,31 niedriger als die Anfangsauszahlung in t_0.

Um Kapitalwerte bzw. Ertragswerte errechnen zu können, ist es nicht zwingend erforderlich, daß über die gesamte Planungsperiode hinweg ein konstanter Zinssatz besteht. Variieren die Kalkulationszinssätze in den einzelnen Perioden, so ist es erforderlich, die Variable i durch Indizes in i_1, i_2, bis i_n zu spezifizieren. Hierdurch wird lediglich das Rechenverfahren komplizierter, an der Interpretation des Kapitalwertes ändert dies jedoch nichts[112].

3.2.1.3. Interpretation des Kapitalwertes

Damit stellt sich die Frage, welche Schlüsse aus einem errechneten **Kapitalwert** gezogen werden können. Der in obigem Beispiel errechnete Betrag von 1,31 zeigt offensichtlich an, daß der **Gegenwartswert** (Barwert) der Einzahlungsüberschüsse in den Jahren t_1 bis t_3 geringer ist als die bereits als Barwert vorliegende Anfangsauszahlung von −250 Geldeinheiten.

Der Kapitalwert von −1,31 beinhaltet die Information, daß das betrachtete Investitionsprojekt bezogen auf t_0 einen Einkommensverlust von −1,31 Geldeinheiten erwirtschaftet, wenn man das in jeder Periode gebundene Kapital mit einem Kalkulationszinsfuß von i = 10% belastet. Die durch Ansatz des Kalkulationszinssatzes unterstellte Anlagemöglichkeit auf dem **Vollkommenen Restkapitalmarkt** mit einer Verzinsung von 10% erbringt dem Investor − bezogen auf t_0 − genau 1,31 Geldeinheiten mehr als das explizit untersuchte Investi-

---
112 Vgl. Franke, G./Hax, H. (1988), S. 116.

58 Investitionsplanung und Wirtschaftlichkeitsrechnung

tionsobjekt. Das durch obige Zahlungsreihe abgebildete Investitionsprojekt ist somit absolut unvorteilhaft.

Verallgemeinert man diese Erkenntnis, so ergibt sich folgende **Interpretation des Kapitalwertes:**

Der Kapitalwert eines Investitions- oder Finanzierungsprojektes stellt eine auf Geldeinheiten lautende absolute Größe[113] dar und gibt Auskunft über den Grad der **absoluten Vorteilhaftigkeit** des analysierten Projektes (d. h. die Vorteilhaftigkeit im Vergleich zum Restkapitalmarkt). **Dabei zeigt ein Kapitalwert von größer Null stets die absolute Vorteilhaftigkeit, ein Kapitalwert von kleiner Null stets die absolute Unvorteilhaftigkeit des betrachteten Projektes an**[114].

Darüber hinaus gibt der Kapitalwert an, wie groß die Einkommensdifferenz des betrachteten Projektes bezogen auf t_0 im Vergleich zu einer Kapitalmarkttransaktion ist.

Der positive Kapitalwert eines Projektes zeigt somit, wieviel Geldeinheiten der Investor – bezogen auf den Planungszeitpunkt t_0 – über die Tilgung des eingesetzten Kapitals und die Verzinsung des in jeder Periode gebundenen Kapitals zu i% hinaus erwirtschaftet. Ein positiver Kapitalwert kann folglich – sichere Erwartungen vorausgesetzt – vom Investor bereits im Planungszeitpunkt zu Konsumzwecken entnommen werden, ohne die Verzinsung des gebundenen Kapitals und die Rückzahlung des eingesetzten Kapitals zu gefährden.

Ein negativer Kapitalwert gibt entsprechend an, um wieviele Geldeinheiten sich der Entscheidungsträger bezogen auf t_0 schlechter stellt, als wenn er die vergleichbare Kapitalmarkttransaktion durchführen würde.

Folgendes Rechenbeispiel verdeutlicht nochmals den erwähnten Zusammenhang:

Periode	Zahlungs-reihe	Zinsen $i = 10\%$	Veränderung der Kapitalbindung	Restkapital-bindung
t_0	−250	entfällt*	entfällt**	−250
t_1	+100	−25	+75	−175
t_2	+100	−17,5	+82,5	− 92,5
t_3	+100	− 9,25	+90,75	− 1,75

* Keine Zinslast, da die Anfangsauszahlung definitionsgemäß erst am Ende der Bezugsperiode t_0 anfällt.
** Keine Änderung der Kapitalbindung, da in der Planungsperiode definitionsgemäß neben der Anfangsauszahlung keine weiteren Zahlungen anfallen.

---

113 Vgl. Altrogge, G. (1988), S. 355.
114 Zum Beweis vgl. Hax, H. (1985), S. 33f.

Erläuterung der Tabelle[115]:

Ausgehend von der Zahlungsreihe ermittelt man in einer iterativen Rechnung von t_0 bis zur letzten Periode die Höhe des gebundenen Kapitals. Hierbei unterstellt man, daß Beträge, die nicht zur Verzinsung des Kapitals benötigt werden, zur Verringerung der Kapitalbindung verwendet werden können.

In der Periode t_0 fallen weder Zinszahlungen noch Veränderungen der Kapitalbindung an. Dies liegt an der definitorischen Festlegung der Periode t_0 als derjenigen Bezugsperiode, an deren **Ende** die Anfangsauszahlung stattfindet.

Den annahmegemäß am Ende der Periode t_1 eingehenden Einzahlungsüberschüssen von 100 stehen Auszahlungserfordernisse in Höhe von 10% auf das gebundene Kapital i. H. v. 250, d. h. -25 gegenüber. Die verbleibenden 75 Geldeinheiten können somit dazu verwendet werden, die ursprüngliche Kapitalbindung um 75 Geldeinheiten zu vermindern, so daß sich die Restkapitalbindung am Ende von t_1 von -250 auf -175 Geldeinheiten verändert.

Nur dieser Restbetrag muß während der 2. Periode mit dem Kalkulationszinsfuß von 10% verzinst werden, so daß die Zinslast in t_2 auf 17,5 Geldeinheiten sinkt. Die Differenz zwischen Zinsauszahlungen und den Einzahlungsüberschüssen der Periode t_2 kann wiederum der Verringerung der Kapitalbindung (Tilgung) dienen.

Für t_3, die letzte Periode des betrachteten Investitionsprojektes, besteht somit eine Restkapitalbindung von 92,5 Geldeinheiten, welche noch zurückzuführen bleibt. Vermindert man jedoch die Einzahlungsüberschüsse von 100 Geldeinheiten um die Zinslast von 9,25 Geldeinheiten, so steht lediglich ein Restbetrag von 90,75 zur Tilgung zur Verfügung. Dem Entscheidungsträger verbleibt in t_3 somit ein **Fehlbetrag** von 1,75 Geldeinheiten, den er aus eigenen Mittel decken muß. (Stellt man diese Rechnung für ein absolut vorteilhaftes Projekt an, so erhält man hier einen positiven Saldo, d.h nach Abzug von Zins und Tilgung verbleibt noch ein **Überschußbetrag**, der entnommen werden kann.)

Wenn man diesen Fehlbetrag auf t_0 bezieht, indem man ihn mit dem Abzinsungsfaktor für 10% und für drei Jahre multipliziert, so ergibt sich der Gegenwartswert des Einkommensverlustes mit $-1,75$ Geldeinheiten $\cdot$ 0,7513 = $-1,31$ Geldeinheiten.

Damit ist anhand des Beispiels gezeigt, daß der Kapitalwert genau dem Betrag entspricht, den der Investor im Planungszeitpunkt als Einzahlungsüberschuß oder Einzahlungsdefizit im Vergleich zur Restkapitalmarkttransaktion realisiert.

---

115 Bei der Erläuterung der Tabelle wird von der Annahme ausgegangen, daß der Investor das für das Projekt erforderliche Kapital vollständig als Kredit aufgenommen hat. Man könnte jedoch ebenso von vollständiger oder teilweiser Eigenkapitalfinanzierung ausgehen. Dann müßten lediglich die Fremdkapitalzinszahlungen durch Opportunitätsverluste auf das im Projekt gebundene (und damit nicht mehr anderweitig zinsbringend anlegbare) Eigenkapital interpretiert werden. Es liegen somit kalkulatorische Eigenkapitalzinsen vor.

3.2.1.4. Abhängigkeit des Kapitalwertes vom Kalkulationszinssatz

Bei der Ermittlung des Kapitalwertes werden die abgezinsten Ein- und Auszahlungen der Perioden t_1 bis t_n mit der Anfangszahlung von t_0 saldiert. Während die Anfangszahlung von der Höhe des Kalkulationszinssatzes unabhängig ist, da sie ja bereits als **Barwert** vorliegt, sinkt der **Gegenwartswert** der in t_1 bis t_n anfallenden Zahlungen mit steigendem Zinssatz. Folglich stellt der Kapitalwert einer Zahlungsreihe eine Funktion des Kalkulationszinssatzes dar.

Dieser Zusammenhang läßt sich gleichermaßen mathematisch wie auch ökonomisch verdeutlichen:

Mathematische Erklärung:

Bei der Abzinsung einer Zahlung auf t_0 wird diese mit dem Faktor $q^{-n} = (1 + i)^{-n}$ multipliziert bzw. durch den Faktor $(1+i)^n$ dividiert. Folglich müssen die Barwerte einer gegebenen Zahlung bei fixem n mit steigendem i abnehmen.

Ökonomische Erklärung:

Je höher der Zinssatz i, um so größer ist der aus einer Anlage am Kapitalmarkt resultierende Zinsgewinn bzw. die für eine Verschuldung am Kapitalmarkt zu zahlende Zinslast. Um einen bestimmten Betrag zu einem festgelegten Zeitpunkt t_n zu erhalten, muß folglich in t_0 um so weniger Kapital bereitgestellt werden, je höher der Zinssatz ist, da bei steigendem i die kumulierten Zinsen und Zinseszinsen stärker anwachsen.

Im folgenden soll die Veränderung des Kapitalwertes bei variierendem Zinssatz am Beispiel des obigen Investitionsprojektes errechnet werden. Die Beziehung zwischen Kapitalwert und alternativen Kalkulationszinssätzen wird durch die **Kapitalwertfunktion** wiedergegeben.

Zahlungsreihe:

t_0	t_1	t_2	t_3
−250	+100	+100	+100

Ermittelt man die Kapitalwerte für obiges Investitionsprojekt für unterschiedliche Kalkulationszinssätze, so ergibt sich folgende Tabelle:

Errechnung verschiedener Werte der Kapitalwertfunktion

t	i : 0%	2,5%	$(e_t - a_t) \cdot q^{-t}$ 5%	7,5%	10%	12,5%
0	−250	−250	−250	−250	−250	−250
1	+100	+ 97,56	+ 95,24	+ 93,02	+ 90,91	+ 88,89
2	+100	+ 95,18	+ 90,70	+ 86,53	+ 82,65	+ 79,01
3	+100	+ 92,86	+ 86,38	+ 80,50	+ 75,13	+ 70,23
C_{0A}:	+ 50	+ 35,60	+ 22,32	+ 10,05	− 1,31	− 11,87

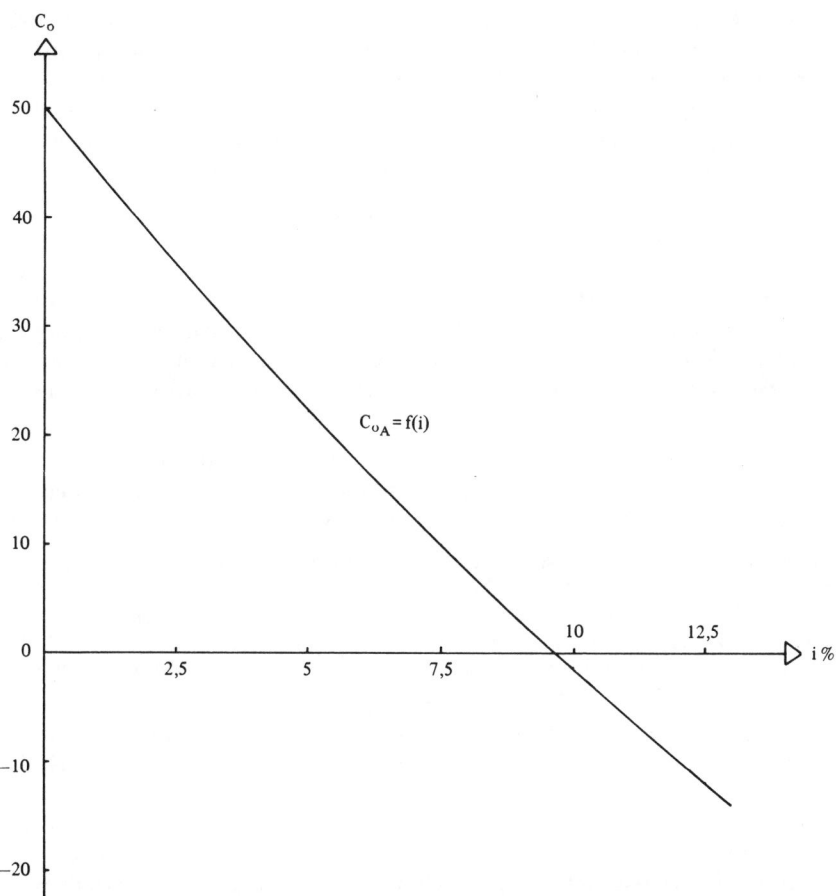

Abbildung B 6: Verlauf der Kapitalwertfunktion in Abhängigkeit vom Zinsniveau

Die Kapitalwertfunktion eines Investitionsprojektes weist regelmäßig einen fallenden Verlauf auf[116]. Dies läßt sich damit erklären, daß die Anschaffungsauszahlung zum Zeitpunkt t_0 von der Höhe des Zinssatzes unabhängig ist, während die in den Jahren t_1 bis t_n anfallenden Einzahlungsüberschüsse mit wachsendem i eine immer stärkere Abzinsung erfahren.

---

116 Die Kapitalwertfunktion muß jedoch nicht unbedingt monoton fallend sein. Ein monotoner Verlauf ist lediglich dann gewährleistet, wenn die Zahlungsreihe des Investitionsprojektes lediglich einen Vorzeichenwechsel aufweist, d. h. der Anfangsauszahlung in t_0 nur noch Einzahlungsüberschüsse folgen. Vgl. hierzu die Ausführungen bei der Internen-Zinsfuß-Methode Gliederungspunkt 3.2.3.

62 Investitionsplanung und Wirtschaftlichkeitsrechnung

Alternativ könnte man auch argumentieren, daß jede Investition ja eine Mittelhingabe bedeutet, und daß diese Mittelhingabe um so unvorteilhafter wird, je höhere **Opportunitätskosten in Form von entgangenen Zinserträgen** bei Verzicht auf die Alternativanlage am Restkapitalmarkt auftreten. Bei wachsenden Zinssätzen wird also unser explizit betrachtetes Investitionsprojekt im Vergleich zum Vollkommenen Restkapitalmarkt immer unattraktiver.

Beträgt das Kapitalmarktzinsniveau 0%, so bedeutet dies, daß für die Kapitalbindung des Investitionsprojektes keinerlei Zinsaufwendungen in Form von Zinszahlungen oder Opportunitätskosten für entgangene Alternativanlagen entstehen. Die Zahlungsausprägungen der Perioden t_1 bis t_n gehen unabgezinst, d. h. in voller Höhe in den Saldo ein. Folglich entspricht der Kapitalwert einer Investition bei $i = 0$ stets dem Saldo der gesamten Zahlungsreihe. Für die Zahlungsreihe des obigen Beispiels ergibt sich somit ein positiver Kapitalwert von 50.

Bei steigendem Kalkulationszinssatz nimmt die Vorteilhaftigkeit des Investitionsprojektes im Vergleich zum Restkapitalmarkt (= **absolute Vorteilhaftigkeit**) immer stärker ab, was in sinkenden Kapitalwerten zum Ausdruck kommt.

Dabei wird ein **kritischer Zinssatz** erreicht, an welchem das Projekt im Vergleich zur Kapitalmarktalternative indifferent wird, d. h. der Investor kann — bei Vergleich mit der Anlage am Restkapitalmarkt kein zusätzliches Einkommen aus dem Projekt entnehmen, erleidet jedoch auch keinen Einkommensverlust. Der Kapitalwert ist in diesem Punkt genau Null. Für obiges Rechenbeispiel beträgt dieser Wert etwa 10%. Die exakte Bestimmung der Nullstelle erfolgt im Kapitel „**Interne-Zinsfuß-Methode**".

Steigen die Zinssätze über diesen Wert an, so ergeben sich negative Kapitalwerte, welche die absolute Unvorteilhaftigkeit des Projektes anzeigen. Für extrem hohe Kalkulationszinssätze ($\lim i \to \infty$) ergeben sich **Kapitalwerte**, die sich asymptotisch dem Wert der Anfangsauszahlung annähern, da die Gegenwartswerte der Zahlungen von t_1 bis t_n gegen 0 streben[117]. Im vorliegenden Beispiel strebt der Kapitalwert für $i \to \infty$ daher gegen den Wert -250. Dieser Sachverhalt wird erkennbar, wenn man einen gröberen Maßstab zur Darstellung der Kapitalwertkurve wählt, wie Abbildung B 7 auf S. 61 zeigt.

Der **Kapitalwertkurvenverlauf** eines Finanzierungsprojektes verhält sich im Vergleich zum Verlauf bei Investitionen gerade **spiegelsymmetrisch zur Abszisse** (Achse des Kapitalmarktzinssatzes), da die Anfangseinzahlung von der Zinshöhe unabhängig ist, während die **Gegenwartswerte** späterer Auszahlungen mit wachsendem i sinken.

3.2.1.5. Beziehung zwischen Kapitalwert und Einkommen des Investors

Der Kapitalwert als Entscheidungskriterium der Kapitalwertmethode stellt eine **Ersatzzielgröße** für die Einkommenswirkung von Investitions- oder Finanzie-

---

117 Bestehen sichere Erwartungen hinsichtlich der Zahlungsreihe einer Investition, so kann der Investor maximal einen Einkommensverlust in Höhe der Anschaffungsauszahlung erleiden; die Kapitalwertkurve fällt daher nicht ins Unendliche.

rungsprojekten dar. Folglich ergibt sich die Frage, wie man von der ermittelten Ersatzzielgröße „Kapitalwert" auf die originär gewünschte Zielgröße „Einkommen" rückschließen kann und ob Kapitalwertmaximierung eine hinreichende Bedingung für Einkommensmaximierung darstellt. Im folgenden soll daher der Zusammenhang zwischen Kapitalwert und Einkommen am Beispiel eines Investitionsprojektes untersucht werden.

Unterschiede zwischen dem Kapitalwert und der Einkommensleistung eines Investitionsprojektes können aus folgenden Ursachen resultieren.

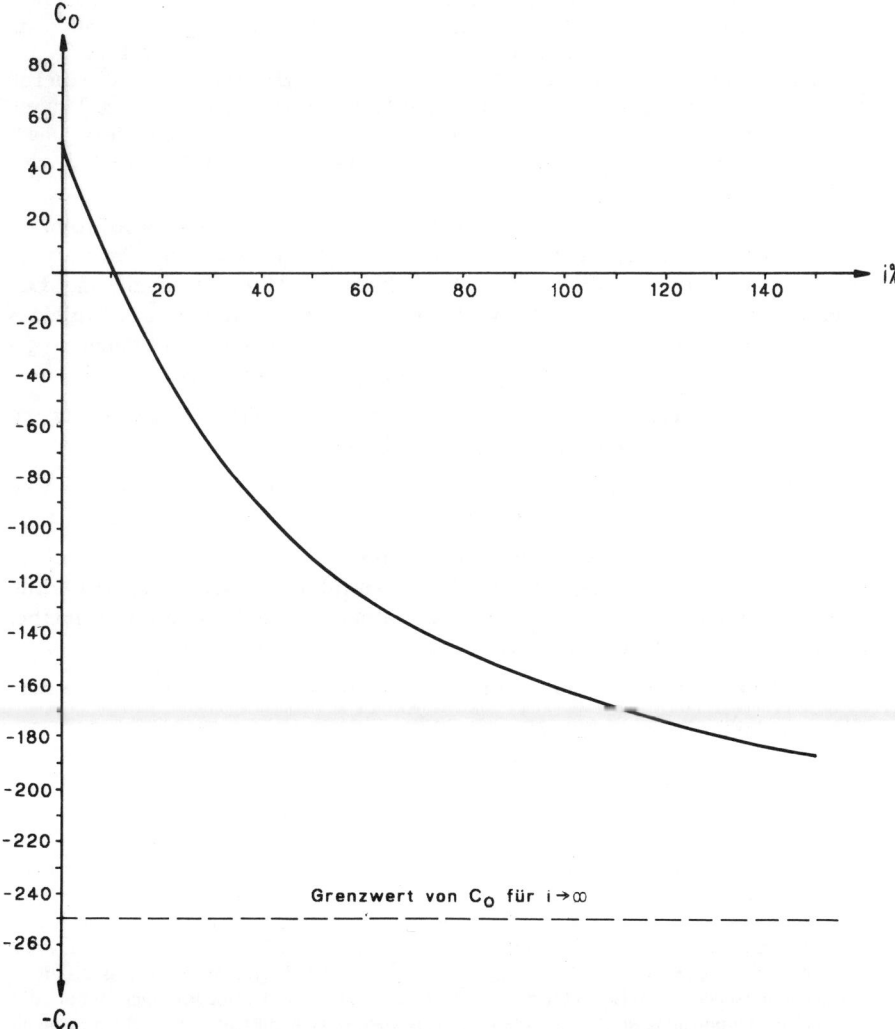

Abbildung B 7: **Kapitalwertkurvenverlauf bei vergröbertem Maßstab**

64 Investitionsplanung und Wirtschaftlichkeitsrechnung

a) Das Einkommen soll nicht im Planungszeitpunkt entnommen werden.

b) Die Zinslast führt nicht oder nicht in voller Höhe zu Zinsauszahlungen, sondern ganz oder teilweise zu nicht zahlungswirksamen Opportunitätskosten.

zu a) Das Kapitalwertkriterium geht stets von der Entnahmemöglichkeit des Investors im Zeitpunkt t_0 aus. Will der Entscheidungsträger das Einkommen (oder einzelne Teilbeträge) in einer anderen Periode entnehmen, so ist entsprechend der Zeitdauer zwischen Planungs- und gewünschtem Entnahmezeitpunkt eine Auf- oder Abzinsung mit der Kapitalmarktrate (= Kalkulationszins) erforderlich.

zu b) Das Kapitalwertkriterium berechnet in jeder Periode eine Zinslast in Höhe des Produktes aus i und der aktuellen Restkapitalbindung. Diese Zinslast führt jedoch nur dann auch vollständig zu einkommenmindernden Zinsauszahlungen, wenn das Projekt ausschließlich mit **Fremdkapital** (d. h. geliehenem Geld) finanziert wird. Nur in diesem Fall entsprechen der errechneten Zinslast in voller Höhe Auszahlungen an einen Dritten. Wird das Investitionsprojekt hingegen vollständig oder teilweise mit **Eigenmitteln** finanziert, so führen die als negatives Rechenelement berücksichtigten Zinsaufwendungen nicht oder zumindest nicht in voller Höhe zu Auszahlungen.

Folglich muß bei vollständiger Eigenfinanzierung eines Investitionsprojektes der vom Entscheidungsträger in t_0 entnehmbare Betrag genau um den Barwert der ersparten Zinslast größer sein als bei vollständiger Fremdfinanzierung. **Das Kapitalwertkriterium ist daher von der Art der Finanzierung[118] des Projektes unabhängig**, da die Methode unabhängig von der tatsächlichen Finanzierungsstruktur stets die Zinslast vom gesamten Restkapital berechnet.

Es gilt somit folgender Zusammenhang zwischen Kapitalwert als Ersatzzielgröße und Einkommen als eigentlicher Zielgröße:

Der Kapitalwert eines Investitionsprojektes entspricht dem Einkommen, welches der Investor in t_0 bei vollständiger Fremdfinanzierung entnehmen kann.

Die Unabhängigkeit des **Kapitalwertkriteriums** von der Finanzierungsstruktur eines Investitionsprojektes ist als Stärke des Verfahrens zu sehen, da bei Gültigkeit der Annahme des Vollkommenen Kapitalmarktes die Vorteilhaftigkeit einer Investition nicht von der Art ihrer Finanzierung abhängen darf[119].

Dies soll am Beispiel des obigen Investitionsprojektes veranschaulicht werden:

Folgende Zahlungsreihe war gegeben:

t_0	t_1	t_2	t_3
-250	$+100$	$+100$	$+100$

---

118 Hiermit ist gemeint, ob Eigen- oder Fremdkapital zur Anwendung kommt und welches Verhältnis zwischen diesen Kapitalkomponenten (= Kapitalstruktur) hergestellt wird.

119 Bei unvollkommenem Kapitalmarkt kann die Vorteilhaftigkeit eines Investitionsprojektes dann von der Finanzierungsstruktur abhängen, wenn für unterschiedliche Kapitalüberlassungsverhältnisse verschieden hohe Kapitalkosten entstehen, also z. B. Fremdkapital teurer ist als Eigenkapital. Ist beispielsweise für Fremdkapital ein Kostensatz von 10% und für Eigenkapital lediglich ein Opportunitätskostensatz von 6% anzusetzen, so ist unmittelbar einleuchtend, daß ein Projekt, welches bei 6% noch einen positiven Kapitalwert ergibt, bei 10% bereits unvorteilhaft sein kann.

Es wird ein Kalkulationszinssatz von 10% angenommen.

Die periodengenaue Betrachtung des Projektverlaufs führte zu folgendem Ergebnis:

Periode	Zahlungs-reihe	Zinsen $i = 10\%$	Veränderung der Kapitalbindung	Restkapital-bindung
t_0	−250	entfällt	entfällt	250
t_1	+100	−25	+75	175
t_2	+100	−17,5	+82,5	92,5
t_3	+100	− 9,25	+90,75	1,75

Zinst man nun die Beträge der Spalte „Zinsen" mit $i = 10\%$ auf t_0 ab, so ergibt sich eine Barwertsumme in Höhe von:

25,00 · 0,90909 = 22,73
17,50 · 0,82645 = 14,46
 9,25 · 0,75131 = 6,95
_____
                 = 44,14 Geldeinheiten.

Somit kann ein Investor, der das obige Projekt vollständig mit Eigenkapital finanziert und folglich lediglich Zinskosten im Sinne von Opportunitätsverlusten hat, jedoch keine tatsächlichen Zinsauszahlungen an einen Dritten (z. B. ein Kreditinstitut) vornehmen muß − zusätzlich zur Erhaltung des ursprünglich eingesetzten Eigenkapitals −, ein entnahmefähiges Einkommen erzielen, obwohl der Kapitalwert mit −1,31 negativ war. Die Höhe des entnahmefähigen Einkommens beträgt 44,14 − 1,31 = 42,83 Geldeinheiten, das heißt es ist gerade um den Kapitalwert geringer als der Betrag, den der Investor auf dem Vollkommenen Restkapitalmarkt erlösen könnte. Hingegen kommt es für den Investor, der obiges Projekt vollständig fremdfinanzierte, im Zeitpunkt t_0 zu einem Einkommensverlust in Höhe des Kapitalwertes.

Es wäre jedoch falsch, von der Abweichung zwischen Einkommen des Investors in t_0 und Höhe des Kapitalwertes bei (teilweiser) Eigenfinanzierung auf die Unzuverlässigkeit des Kapitalwertkriteriums zu schließen.

Würde ein Investor, der das für die obige Investition erforderliche Eigenkapital besitzt, nämlich auf die Durchführung des Projektes verzichten, so könnte er stattdessen eine Anlage zu i % vornehmen. Hierdurch würden ihm − für das ansonsten vom Projekt gebundene Kapital − Zinseinnahmen zufließen[120]. Dieser Zinsertrag entfällt für einen Investor ohne Eigenmittel.

Durch die Verwendung von Eigenmitteln steigt also nicht die tatsächliche Vorteilhaftigkeit eines gegebenen Projektes, sondern lediglich das in t_0 entnahme-

---

[120] Die Höhe dieses Zinsertrages ergibt sich aus dem Verlauf der Kapitalbindung des obigen Investitionsprojektes gemäß der o.a. Rechnung.

fähige Einkommen. Dieses hängt jedoch hier nicht vom Projekt, sondern von der Höhe der vorhandenen Eigenmittel ab. Aufgrund der Fiktion der Kapitalwertmethode, eine kalkulatorische Zinslast vom gesamten gebundenen Kapital zu berechnen, ist das **Vorteilhaftigkeitskriterium** gegenüber Variationen der Finanzierungsstruktur stabil, da die **kapitalstrukturbedingten Einkommenseffekte** neutralisiert werden.

3.2.1.6. Vorteilhaftigkeitsentscheidungen mit der Kapitalwertmethode

a) Absolute Vorteilhaftigkeitsentscheidungen auf Basis der Kapitalwertmethode

Die **absolute Vorteilhaftigkeit** eines Investitions- oder Finanzierungsprojektes wird durch den Vergleich mit der Anlage oder Kreditaufnahme am **Vollkommenen Restkapitalmarkt** erzielt. Der Vollkommene Restkapitalmarkt dient somit als Bewertungsmaßstab für den Grad der Vorteilhaftigkeit eines Projektes. Da eine Kapitalmarktanlage oder -finanzierung stets Zinsen in Höhe von i% auf die aktuelle Restkapitalbindung erzeugt, führt die Abzinsung von Kapitalmarktprojekten stets zu einem Kapitalwert von Null. Die Anlage oder Finanzierung am Vollkommenen Restkapitalmarkt wird daher auch als **Nullalternative** bezeichnet.

Hieraus ergibt sich, daß sowohl Investitions- als auch Finanzierungsprojekte stets dann absolut vorteilhaft sind, wenn ihr Kapitalwert größer ist, als derjenige der Restkapitalmarkttransaktion.

Die Entscheidungsregel für den absoluten Vorteilhaftigkeitsvergleich lautet somit:

Es sind alle Projekte auszuwählen, bei denen der Kapitalwert größer Null ist[121]**!**

Ist der Kapitalwert eines Projektes negativ, so bedeutet dies, daß es im Vergleich zur Kapitalmarkttransaktion schlechtere Einkommenswirkungen erzielt. Folglich wird es als **absolut unvorteilhaft** bezeichnet und seine Realisierung abgelehnt. Die Einzahlungen eines solchen Investitionsprojektes reichen nicht aus, um die Rückgewinnung des investierten Kapitals und die gewünschte Mindestverzinsung des gebundenen Kapitals zu gewährleisten. Folglich ist der Investor besser beraten, wenn er einen zur Verfügung stehenden Kapitalbetrag zum Kalkulationszinsfuß i am Vollkommenen Restkapitalmarkt anlegt.

Bei einem Finanzierungsprojekt mit negativem Kapitalwert ist der Barwert der geleisteten Zins- und Tilgungszahlungen größer als die in t_0 erhaltene Kreditsumme. Hieraus kann der Entscheidungsträger ableiten, daß es besser wäre, einen Kredit zu i% am Restkapitalmarkt aufzunehmen. Die Höhe des negativen Kapitalwertes entspricht hierbei der Summe der abgezinsten Mehrzahlungen, die der Entscheidungsträger in Kauf nehmen müßte, würde er den Mittelbedarf

---

121 Vgl. Schmidt, R. (1986), S. 68.

über das explizit betrachtete Finanzierungsprojekt anstatt über den Kapitalmarkt decken.

b) Relative Vorteilhaftigkeitsentscheidungen auf Basis der Kapitalwertmethode

Bei der **relativen Vorteilhaftigkeitsentscheidung** geht es um die Auswahl des Projektes mit der höchsten Einkommensleistung aus mindestens zwei Alternativen, die jeweils absolut vorteilhaft sind, d. h. die **Nullalternative** übertreffen. Aus den Ausführungen zur Beziehung zwischen Kapitalwert und Einkommensleistung kann man ableiten, daß beim Vergleich mehrerer, sich gegenseitig ausschließender Projekte stets dasjenige auszuwählen ist, welches den größten Kapitalwert erzeugt.

Die Entscheidungsregel zum relativen Vorteilhaftigkeitsvergleich lautet also:

Es ist stets das Projekt mit dem maximalen Kapitalwert auszuwählen[122]!

Im folgenden soll untersucht werden, ob die Auswahl des Projektes mit dem größten Kapitalwert tatsächlich auch zur Bestimmung der einkommensmaximalen Alternative führt, wenn der zeitliche Anfall der Zahlungsströme sehr unterschiedlich ist. Das folgende Beispiel soll diese Problematik verdeutlichen.

Für zwei sich gegenseitig ausschließende Investitionsalternativen seien folgende Zahlungsreihen gegeben:

	t_0	t_1	t_2	t_3
A)	−100	+60	+40	+20
B)	−100	+30	+50	+60

Unter Verwendung der im Anhang dieses Buches abgedruckten Abzinsungstabellen lassen sich folgende Kapitalwerte für unterschiedliche Kalkulationszinssätze ermitteln.

Kalkulationszinssatz	i = 0%	i = 5%	i = 10%	i = 15%	i = 20%
C_0 Projekt A:	+20,–	+10,70	+ 2,64	−4,43	−10,65
C_0 Projekt B:	+40,–	+25,75	+13,67	+3,35	− 5,56

Ist ein relativer Vorteilhaftigkeitsvergleich für einen Restkapitalmarktzinssatz von i = 10% zu treffen, so wird das Projekt B bevorzugt, da es dem Entscheidungsträger ein Mehrkapitalwert von 13,67 minus 2,64 also 11,03 Geldeinheiten verschafft (vgl. Abbildung B 8).

An dieser Stelle ergibt sich nun die Problematik, ob die errechnete Kapitalwertdifferenz von 11,03 Geldeinheiten auch tatsächlich zu einer gleich großen Einkommensdifferenz für den Investor führt. Insbesondere ist folgende Scheinargumentation zu überprüfen:

Scheinargumentation: Aufgrund der vergleichsweise höheren Rückflüsse des Projektes A während des ersten Jahres (vergleiche die Zahlungsreihen), stehen

---
[122] Vgl. Kruschwitz, L (1987), S. 67.

68 Investitionsplanung und Wirtschaftlichkeitsrechnung

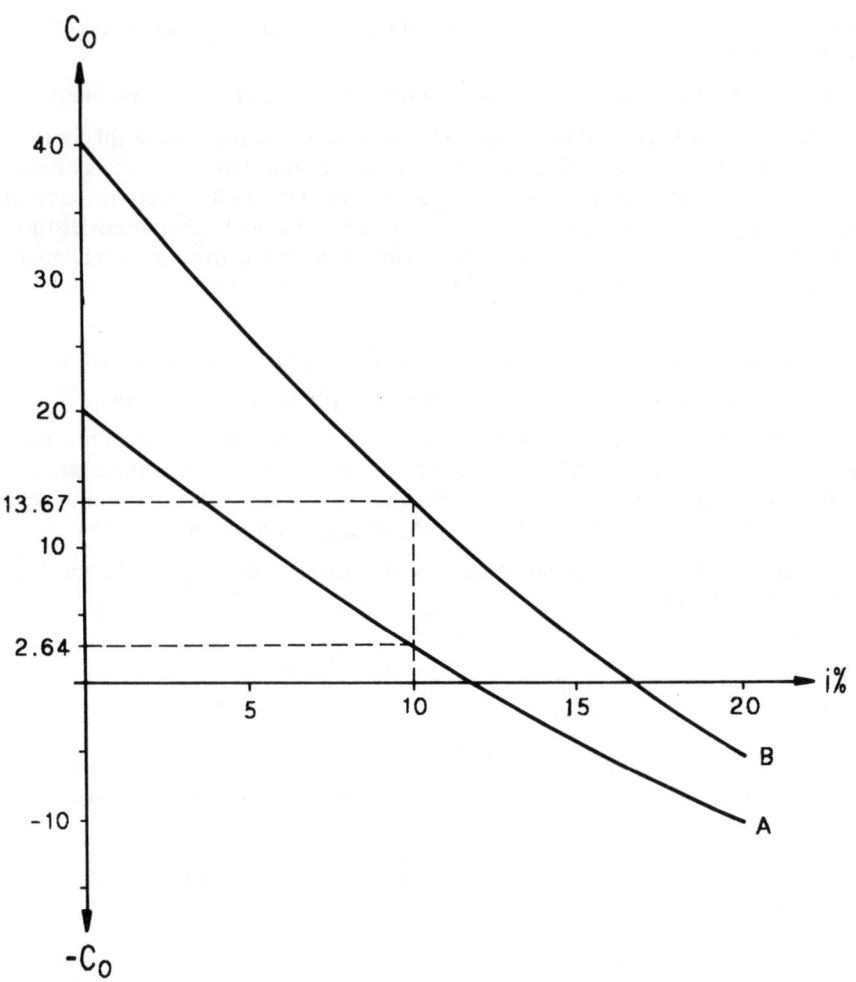

Abbildung B 8: Vergleich der Kapitalwertdifferenz zwischen Projekt A und B beim Kalkulationszinssatz 10%

dem Investor bereits zu einem früheren Zeitpunkt zusätzliche Mittel zur Verfügung, die er wiederum zinsbringend anlegen kann. Die aus dieser Neuanlage resultierenden Einkommenseffekte des Projektes A werden in der Kapitalwertrechnung nicht berücksichtigt. Folglich ist die Kapitalwertmethode nicht dazu geeignet, Projekte mit unterschiedlichen Kapitalbindungsverläufen abschließend zu vergleichen.

Würde dieser Vorwurf gelten, so wäre der Nutzen von **Kapitalwertrechnungen** in der Tat gering, da alternative Investitionsprojekte nur dann die gleichen Kapitalbindungsverläufe aufweisen, wenn sie in allen Perioden die gleichen Zahlungsausprägungen besitzen. Dieser Fall ist jedoch trivial, da es sich ja um Projekte mit identischen Zahlungsströmen handeln müßte, welchen der Investor stets indifferent gegenüberstehen würde.

Im folgenden soll der obige Einwand exemplarisch widerlegt werden[123]. Hierfür wird errechnet, ob durch die Anlage der unterschiedlichen Kapitalrückflüsse zwischen den beiden Investitionsprojekten Veränderungen in der Einkommensdifferenz entstehen. Besitzt Projekt A in einer Periode höhere Rückflüsse, so werden diese bis zum Ende des betrachteten Zeithorizonts am Restkapitalmarkt angelegt. Sind die Rückflüsse des Projektes A geringer, so erfolgt eine entsprechende Kreditaufnahme. Diese Vorgehensweise wird auch als Bildung einer „Komplementinvestition" für das Projekt A bezeichnet.

	t_0	t_1	t_2	t_3
Projekt A)	−100	+60	+40	+20
Projekt B)	−100	+30	+50	+60
Komplementinvestition A':	−	−30 ↓ · 1,21	+10 · 1,1	−11 +36,3 +25,3

Durch Anlage der Mehrrückflüsse des Projektes A in Höhe von 30 Geldeinheiten in t_1 sowie Kreditaufnahme in Höhe von 10 in t_2 erreicht man, daß die Kapitalbindungsverläufe beider Projekte in allen Perioden mit Ausnahme der letzten ausgeglichen sind. Hierbei ist zu beachten, daß die Kapitalmarktanlage von t_1 zu einer Einzahlung in t_3 führt und die Kreditaufnahme von t_2 zu einer entsprechenden Auszahlung in t_3 (Vorzeichenumkehr). Man kann nun die Projekte (A + A') einerseits sowie B andererseits vergleichen, um die Einkommensdifferenz in der Periode t_3 festzustellen.

Das Endergebnis in t_3 beläuft sich auf +20 + 25,3 = 45,3 Geldeinheiten für (A + A') und auf 60 Geldeinheiten für das Projekt B. Die Einkommensdifferenz zwischen den beiden Projekten beläuft sich somit auf 60,− − 45,3 = 14,7 Geldeinheiten.

Bezogen auf die Periode t_3 erbringt das Projekt B also bei einem Kalkulationszinsfuß von i = 10% ein Mehreinkommen von 14,7 Geldeinheiten. Durch einfaches Abzinsen auf die Periode t_0 kann hieraus die Einkommensdifferenz im Planungszeitpunkt bestimmt werden.

Es ergibt sich ein Unterschiedsbetrag von 14,7 : 1,331 = 11,04 Geldeinheiten, der exakt der oben ermittelten Kapitalwertdifferenz entspricht.

---
[123] Hierzu ausführlicher Blohm, H./Lüder, K. (1988), S. 61−64.

Der Ausgleich von Kapitalbindungsunterschieden am Vollkommenen Restkapitalmarkt bewirkte also keine Veränderung der Einkommensdifferenz zwischen den betrachteten Projekten[124]. Der oben vorgetragene Einwand, die Kapitalwertmethode trage den unterschiedlichen Kapitalbindungsverläufen der Projekte nicht Rechnung, hat sich somit als **Scheinargumentation** erwiesen.

3.2.1.7. Abschließende Würdigung

Die **Kapitalwertmethode** berücksichtigt implizit durch die Abdiskontierung der Zahlungsausprägungen der Projekte deren Kapitalbindung. Daher wird die auf t_0 bezogene Einkommensdifferenz zwischen unterschiedlichen Alternativen durch das Rechenverfahren stets korrekt abgebildet; die zusätzliche Durchführung einer **Komplementinvestition** verändert das Ergebnis nicht und ist somit entbehrlich[125].

Etwas anderes würde lediglich gelten, wenn man annimmt, daß die Rückflüsse des Projektes A zu einem Zinssatz angelegt werden, der nicht dem Kalkulationszinssatz entspricht. Dies könnte beispielsweise bei dem Spezialfall gegeben sein, in welchem Kapitalrückflüsse sofort wieder in identische Projekte A_2 und B_2 reinvestiert werden. In diesem Fall wäre die isolierte Gegenüberstellung der Projekte A und B nicht zulässig, sondern es müßten ganze **Investitionsketten** über einen festgelegten Zeithorizont hinweg verglichen werden. Auf diesen Spezialfall soll hier jedoch nicht vertieft eingegangen werden[126].

Weiterführende Literatur:

Altrogge, Günter (1988); Investition, München 1988, S. 352–358.
Blohm, Hans/Lüder, Klaus (1988); Investition, 6. Aufl., München 1988, S. 58–75.
Däumler, Klaus-Dieter (1982); Grundlagen der Investitions- und Wirtschaftlichkeitsrechnung, 6.Aufl., Berlin 1989, S. 30–61.
Hax, Herbert (1985); Investitionstheorie, 5. Aufl., Würzburg – Wien 1985, S. 14f., S. 35f., S. 13f., S. 33–35, S. 39–41.
Kruschwitz, Lutz (1987); Investitionsrechnung, 3. Aufl., Berlin 1987, S. 64–74.
Möser, Hans-Dieter (1988); Finanz- und Investitionswirtschaft in der Unternehmung, Landsberg am Lech 1988, S. 172–176.
Olfert, Klaus (1988); Investition, 4. Aufl., Ludwigshafen 1988, S. 154–163.
Perridon, Louis/Steiner, Manfred (1988); Finanzwirtschaft der Unternehmung, 5. Aufl., München 1988, S. 51–53.

---

124 Eine alternative Vorgehensweise, welche das gleiche Ergebnis erbringt, findet sich bei Hax. Vgl. Hax, H. (1985), S. 39–41.
125 Eine dieser Auffassung widersprechende, jedoch unbewiesene These, die u.E. abzulehnen ist, findet sich innerhalb der aktuellen Fachliteratur lediglich bei Olfert, der die Auffassung vertritt, die Vergleichbarkeit von Projekten unterschiedlicher Nutzungsdauern und/oder Anschaffungswerte mit Hilfe des Kapitalwertkriteriums sei problematisch. Vgl. Olfert, K., (1988), S. 163.
126 Vgl. Blohm, H./Lüder, K. (1988), S. 63f.

Dynamische Verfahren der Investitionsrechnung 71

Aufgaben zur Selbstüberprüfung

1) Ein Finanzierungsprojekt besitzt folgende Zahlungsreihe

t_0	t_1	t_2	t_3	t_4
+90	−30	−30	−30	−30

   a) Bestimmen Sie die Kapitalwerte für i = 0%, i = 10% sowie i → ∞.
   b) Bewerten Sie die Vorteilhaftigkeit des Projektes bei einem Kapitalmarktzins von 10% und interpretieren Sie den Kapitalwert. Begründen Sie, warum die Kapitalwertfunktion mit wachsendem i ansteigt.
   c) Bitte fertigen Sie eine einfache Skizze der Kapitalwertkurve des obigen Finanzierungsprojektes an, und erläutern Sie knapp den Verlauf.

2) Erläutern Sie den Begriff „Nullalternative".

3) Gegeben sei ein Investitionsprojekt, für das folgende Zahlungsreihe prognostiziert wurde:

t_0	t_1	t_2	t_3
−450	+200	+200	+200.

   Errechnen Sie den Kapitalwert bei i = 10% und zeigen Sie anhand einer periodenweisen Abrechnung, daß sich das Projekt auch dann noch trägt, wenn man den Kapitalwert bereits zum Planungszeitpunkt entnimmt.

4) Der Kapitalwert wird als „Ersatzzielgröße" für das Einkommen des Investors bezeichnet. Bitte erläutern Sie, unter welchen Umständen der Kapitalwert eines Projektes exakt mit dem Einkommenszuwachs des Investors übereinstimmt und durch welche Einflußgrößen eine Differenz zwischen Kapitalwert und entnahmefähigem Einkommen des Investors entsteht.

Die Musterlösungen zu diesen Aufgaben befinden sich im Anhang dieses Buches, Seite 311.

3.2.2. Annuitätenmethode

3.2.2.1. Grundgedanke der Annuitätenmethode

Die **Annuitätenmethode**, bei deren Anwendung der Investor seine Entscheidung an der Höhe konstanter Entnahmemöglichkeiten über eine bestimmte Anzahl von Perioden orientiert, kann als spezielle Umformung bzw. Variante der **Kapitalwertrechnung** betrachtet werden[127].

Bei manchen Entscheidungssituationen in der Investitionsplanung ist es wichtig zu wissen, welcher konstante Überschuß (= Rente) während der Nutzungsdauer eines Projektes entnommen werden kann. Außerdem bietet sich die Annuitäten-

---
127 Vgl. Beyer, H.-T./Bestmann, U. (1989), S. 20; Kruschwitz, L. (1987), S. 85.

methode an, sofern **Liquiditätsüberlegungen** im Vordergrund stehen: Wenn beispielsweise ein Anleger wissen möchte, mit welcher konstanten Zahlungsreihe er als Überschuß aus einem Projekt während der erwarteten Laufzeit rechnen kann, oder ein Kreditnehmer erfährt, welcher laufende Betrag für die Tilgung eines Darlehens pro Periode zur Verfügung zu stellen ist [128]. Schließlich ist noch der Spezialfall zu nennen, in dem das Datenmaterial ohnehin bereits in Form von periodischen Zahlungen konstanter Höhe **(Renten)** vorliegt, (z. B. **Leasing, Miete, Pacht, Lohnzahlungen, Schuldendienst** etc.).

Es ist zwar richtig, daß die Ermittlung von Renten in der Regel aufwendiger ist als die Berechnung von Kapitalwerten [129], gleichwohl hat diese Methode ihre Daseinsberechtigung, da gerade für den ökonomisch wenig vorgebildeten Laien die Interpretation einer Rente erheblich leichter fällt [130] als die Interpretation eines Kapitalwertes.

3.2.2.2. Definition der äquivalenten Annuität

Unter einer Annuität oder Rente im finanzmathematischen Sinn versteht man Zahlungen in konstanter Höhe, die − in zeitlich gleichem Abstand − über eine bestimmte Laufzeit zu Beginn (vorschüssige Rente) oder am Ende (nachschüssige Rente) einer Periode erfolgen [131]. Die nachschüssige Rente eines Investitionsprojekts wird auch „**äquivalente Annuität**" genannt. Die äquivalente Annuität eines Projektes besitzt somit − ausgehend von einem gegebenen Kalkulationszinssatz − die gleiche Einkommenswirkung für den Entscheidungsträger wie die unregelmäßige Ursprungszahlungsreihe [132]. Annuitäten können dabei gleichermaßen aus der Anfangsauszahlung, dem Kapitalwert oder dem Ertragswert gebildet werden, je nachdem welche Fragestellung konkret vorliegt.

Grundsätzlich kann sowohl die Bewertung eines einzelnen Projekts als auch die Durchführung eines Alternativenvergleichs unter Verwendung der aus einem Projekt erzielbaren Rentenzahlungen durchgeführt werden.

3.2.2.3. Rechentechnische Vorgehensweise

3.2.2.3.1. Vorüberlegungen

Vor der eigentlichen Erläuterung der Annuitätenmethode werden die zu ihrer Anwendung erforderlichen Rechenschritte isoliert vorgestellt. Mit Hilfe des **Rentenbarwertfaktors** kann der Gegenwartswert jeder endlichen regelmäßigen Zahlungsreihe festgestellt werden und zwar ohne eine umständliche Berechnung jeder einzelnen Zahlung. Der **Annuitätenfaktor** als Kehrwert des Rentenbar-

---

128 So ist einem Bauwilligen mit der Berechnung des Kapitalwertes seiner Finanzierung nicht geholfen, während er anhand der monatlichen Annuität abschätzen kann, ob die Liquiditätsbelastung für ihn tragbar ist.
129 Vgl. Blohm, H./Lüder, K. (1988), S. 77.
130 Vgl. Olfert, K. (1988), S. 179; Altrogge, G. (1988), S. 359.
131 Vgl. Schmidt, R. (1986), S. 69.
132 Vgl. Franke, G./Hax, H. (1988), S. 120.

wertfaktors ermöglicht es, mit geringem Rechenaufwand jedem Einkommenswert von t_0 eine − unter Berücksichtigung des Zinsniveaus und der zeitlichen Erstreckung − entsprechende Rente zuzuweisen.

Mit Hilfe dieser beiden Faktoren ist die Bearbeitung aller Aufgabenstellungen, die im Zusammenhang mit der Annuitätenrechnung auftreten können, unkompliziert möglich.

3.2.2.3.2. Anwendung des Rentenbarwertfaktors

Ist eine Zahlungsreihe bereits in der Form einer endlichen, d. h. zeitlich begrenzten Annuität[133] gegeben, so kann der **Ertragswert**[134] dieser Reihe durch das übliche Abdiskontieren der einzelnen Zahlungen auf t_0 mit Hilfe der Abzinsungsfaktoren ermittelt werden. Da die einzelnen Zahlungen die gleiche Höhe aufweisen, ist jedoch auch eine vereinfachte Art der Ertragswertberechnung unter Verwendung der Summenformel für endliche geometrische Reihen möglich:

$$EW = c \cdot \frac{(1 + i)^n - 1}{i} \cdot \frac{1}{(1 + i)^n} = c \cdot \frac{(1 + i)^n - 1}{i (1 + i)^n}$$

wobei EW = Ertragswert der Rente
c = Höhe der äquivalenten Annuität (nachschüssigen Rente)
i = Kalkulationszinsfuß
n = Laufzeit der Rente

Der Faktor $\frac{(1 + i)^n - 1}{i (1 + i)^n}$ wird als nachschüssiger Rentenbarwertfaktor bezeichnet und ist aus Tabellenwerken entnehmbar[135]. Vereinfacht ausgedrückt kann man sagen, daß der konstante Ein- bzw. Auszahlungsbetrag ausgeklammert und nur *einmal* mit der Summe der entsprechenden Abzinsungsfaktoren multipliziert wird, während beim normalen Abzinsen jede Zahlung mit dem ihr zugehörigen Abzinsungsfaktor vervielfältigt wird und erst anschließend eine Summenbildung erfolgt. Die Anwendung des Rentenbarwertfaktors erleichtert somit den Rechenvorgang erheblich.

Beispiel:

Eine Investition mit der Nutzungsdauer von 5 Jahren weist gleichbleibende Zahlungen von 1000,- DM pro Jahr auf. Gesucht ist der Ertragswert des Projekts bei einem Kalkulationszinsfuß von 8%.

---

133 Den Barwert einer unendlichen, d. h. zeitlich unbegrenzten Annuität kann man einfach ermitteln, indem man den Betrag einer Rentenzahlung durch den Kalkulationszinsfuß in Dezimalschreibweise dividiert. Vgl. vertiefend Franke, G. / Hax, H. (1988), S. 121; Schmidt, R. (1986), S. 70 und S. 72; Kruschwitz, L. (1987), S. 72.
134 Es handelt sich um den Ertragswert, da die Rente in der Periode t_1 beginnt. Der entsprechende Kapitalwert kann einfach durch Saldieren des Ertragswertes mit der Anfangsauszahlung ermittelt werden.
135 Eine Tabelle mit Rentenbarwertfaktoren findet sich im Anhang dieses Buches.

74 Investitionsplanung und Wirtschaftlichkeitsrechnung

Die Zahlungsreihe des Projekts hat folgendes Aussehen:

t_0	t_1	t_2	t_3	t_4	t_5
-3000	$+1000$	$+1000$	$+1000$	$+1000$	$+1000$

Der Ertragswert des Projekts ergibt sich durch die Multiplikation einer einzelnen Zahlung (der Höhe der äquivalenten Annuität) mit dem Rentenbarwertfaktor für i = 8% und n = 5 Jahre:

$$EW = +1000 \cdot \frac{1,08^5 - 1}{0,08 \cdot 1,08^5} = 1000 \cdot 3,9927 = 3.992,70.$$

Der Ertragswert des Projekts beträgt 3.992,70.

Der entsprechende Kapitalwert beträgt 3.992,70 − 3.000,− = 992,70

3.2.2.3.3. Anwendung des Annuitätenfaktors

Die Zahlungsreihe einer Investition ist jedoch meist in der Form gegeben, daß einer Auszahlung eine Reihe von Ein- oder Auszahlungsüberschüssen in **unterschiedlicher** Höhe folgen. Soll diese Zahlungsreihe zu einer Reihe, die am Ende jeder Periode einen gleich hohen Zahlungsüberschuß aufweist, umgeformt werden, so ist folgendermaßen vorzugehen:

a) Man berechnet den Ertragswert beziehungsweise Kapitalwert[136] der gegebenen Zahlungsreihe durch Abzinsung aller Zahlungen auf t_0. Dieser Ertragswert/Kapitalwert der Ursprungsreihe entspricht auch dem Ertragswert/Kapitalwert der umgeformten Reihe (der **äquivalenten Annuität**).

b) Durch einfaches Einsetzen in die Formel zur Berechnung des Rentenbarwertes, und Auflösen der Formel nach der gesuchten Größe c kann man die Höhe der äquivalenten Annuität ermitteln:

$$c = EW \cdot \frac{i(1+i)^n}{(1+i)^n - 1}$$

Die Höhe der äquivalenten Annuität einer Zahlungsreihe ergibt sich somit durch Multiplikation des Ertragswertes/Kapitalwertes der Reihe mit dem Kehrwert des entsprechenden Rentenbarwertfaktors. Der Kehrwert des Rentenbarwertfaktors $\frac{i(1+i)^n}{(1+i)^n - 1}$ wird auch Annuitäten- oder **Wiedergewinnungsfaktor** (w) genannt und ist ebenso wie der Abzinsungs- und der Rentenbarwertfaktor aus Tabellenwerken entnehmbar[137].

---

[136] Je nach Fragestellung kann es gleichermaßen sinnvoll sein, die Rente aus dem Ertragswert (= Periodenüberschußannuität) oder die Rente aus dem Kapitalwert (= Überschußannuität) zu ermitteln.

[137] Eine Tabelle mit Wiedergewinnungsfaktoren findet sich im Anhang dieses Buches.

Dynamische Verfahren der Investitionsrechnung 75

Beispiel:
Gegeben sei ein Investitionsprojekt A mit der folgenden Zahlungsreihe:

t_0	t_1	t_2	t_3
-100,	$+10$,	$+10$,	$+110$.

Gesucht sei die äquivalente Annuität der aus dem Kapitalwert des Projektes ermittelten gesamten Zahlungsreihe bei i = 6%, die auch als **Überschußannuität** bezeichnet wird.

a) Berechnung des Kapitalwertes der Reihe A:

t	$e_t - a_t$	$(1+i)^{-t}$	$(e_t - a_t)(1+i)^{-t}$
0	-100	1,0	-100
1	$+10$	0,94340	$+9,43$
2	$+10$	0,89000	$+8,90$
3	$+110$	0,83962	$+92,36$
Kapitalwert = $(e_t - a_t)(1+i)^{-t}$ =			$+10,69$.

b) Berechnung der Höhe der **äquivalenten Überschußannuität**:

$$10{,}69 \cdot \frac{0{,}06 \cdot 1{,}06^3}{1{,}06^3 - 1} = 10{,}69 \cdot 0{,}37411 = 4.$$

Die aus dem Projekt am Ende jeder Periode beziehbare Zahlung (= Überschußannuität) erreicht die Höhe von 4,– Geldeinheiten. Die umgeformte uniforme Zahlungsreihe A', die auch als äquivalente Überschußannuität bezeichnet wird, hat somit folgendes Aussehen:

	t_0	t_1	t_2	t_3
A':	0	$+4$	$+4$	$+4$.

3.2.2.4. Interpretation der äquivalenten Annuität

Bei der Annuitätenmethode wird die Anfangszahlung der Kapitalwert oder der Ertragswert eines Investitions- oder Finanzierungsprojektes auf die verschiedenen Perioden der geplanten Nutzungsdauer gleichmäßig verteilt. Die aus dem Kapitalwert errechnete **Überschußannuität** einer Investition gibt somit an, **welchen konstanten Betrag der Investor am Ende einer jeden Periode während der Projektlaufzeit entnehmen kann, ohne die Verzinsung des gebundenen Kapitals mit i % und die Rückgewinnung des ursprünglich eingesetzten Kapitals zu beeinträchtigen**[138].

Entsprechend ist die aus dem Ertragswert errechnete **Periodenüberschußannuität** als derjenige Betrag zu verstehen, der als durchschnittlicher laufender Überschuß in jedem Jahr entnommen werden kann, wenn das ursprünglich eingesetzte Kapital nicht wiedergewonnen werden soll.

---
138 Vgl. ergänzend Schmidt, R. (1986), S. 71f.

Die einzelnen Zahlungen der aus dem Kapitalwert hergeleiteten Überschußannuität können selbst dann vollständig zu Konsumzwecken verwendet werden, wenn das Projekt allein mit Fremdkapital zum Zinssatz i finanziert wird, da – wie bei der Kapitalwertmethode – das gesamte Kapital unabhängig von der Aufteilung in Eigenkapital und Fremdkapital mit Zinsen in Höhe von i % belastet wurde. Soweit ein Projekt mit Eigenkapital finanziert wurde, fallen dem Investor zusätzlich die Zinsen auf das gebundene Eigenkapital zu, da den kalkulatorischen Eigenkapitalzinsen keine Auszahlungen entsprechen.

Beispiel:

Einem Investor, dessen Kalkulationszinsfuß 6% beträgt, bietet sich die Anlagemöglichkeit A mit folgender Zahlungsreihe an:

t_0	t_1	t_2	t_3
−100	+10	+10	+110

Formuliert man die Zahlungsreihe, die sich bei einer Finanzierung zu 6% ergibt, und saldiert man sie mit der Zahlungsreihe der Investition A, so verbleibt als Saldo jener Betrag, der nach Verzinsung des jeweils gebundenen und Rückgewinnung des ursprünglich eingesetzten Kapitals zur Verfügung steht:

Investition A:	−100	+10	+10	+110
Finanzierung zu 6%:	+100	−6	−6	−106
Saldo:	0	+4	+4	+4

Man erhält aus dieser Saldierung die **Überschußannuität** des Investitionsprojektes A. Zins und Tilgung sind von den Einzahlungsüberschüssen des Projektes bereits abgezogen, und es wird deutlich, daß der Betrag von 4 auch bei voller Fremdfinanzierung am Ende jeder Periode entnommen werden kann.

In diesem Zusammenhang kann man die im Bankwesen häufig benutzte Formulierung „**Annuität eines Darlehens**" erläutern. Sie bezeichnet den konstanten Betrag, den ein Schuldner in jeder Periode der Kreditlaufzeit an den Kreditgeber entrichtet und wird auch als **Kapitaldienst** bezeichnet. Der konstante Betrag kann gedanklich aufgespalten werden in einen Teil für die Verzinsung und einen Teil für die Rückzahlung (Tilgung) des Darlehens, wobei mit dem Zeitablauf der Anteil der Zinsen ständig abnimmt, während der Tilgungsbetrag ständig wächst. Ein Projekt ist somit absolut vorteilhaft, wenn die Periodenüberschußannuität den Kapitaldienst übersteigt.

3.2.2.5. Investitionsentscheidungen unter Verwendung der äquivalenten Annuität

3.2.2.5.1. Beurteilung eines einzelnen Investitionsprojekts

Soll ein einzelnes Investitionsprojekt daraufhin untersucht werden, ob bei ihm die Mindestanforderung an die Wirtschaftlichkeit – Verzinsung des jeweils gebundenen und Rückgewinnung des ursprünglich eingesetzten Kapitals – erfüllt ist, so führt die Verwendung der Annuitäten- und der Kapitalwertmethode stets unproblematisch zum gleichen Ergebnis, da sich die Verfahren rechentechnisch entsprechen[139]. Die „Verrentung" eines positiven Kapitalwerts muß daher auch stets eine Überschußannuität (c) größer Null ergeben.

Wenn c > 0, dann ist C_0 > 0: Das Projekt ist vorteilhaft.
Wenn c = 0, dann ist C_0 = 0: Die Mindestanforderung wird gerade noch erreicht; der Investor ist indifferent.
Wenn c < 0, dann ist C_0 < 0: Die Investition wird abgelehnt.

3.2.2.5.2. Vergleich sich ausschließender Alternativen

Bei der Kapitalwertmethode führt die Entscheidung im Alternativenvergleich zur Auswahl des Projektes mit dem höheren Kapitalwert. Überträgt man diese Entscheidungsregel auf die **Annuitätenmethode**, so können hieraus Fehlentscheidungen resultieren, sofern die Alternativen eine unterschiedliche Nutzungsdauer aufweisen. Die Höhe der Annuitäten von Investitionsprojekten sind deshalb nur bei gleicher Nutzungsdauer vergleichbar. Ist dies gewährleistet, so wird die Alternative mit der höchsten Annuitätenzahlung ausgewählt. Ist die Nutzungsdauer unterschiedlich, so müssen die Annuitäten auf eine einheitliche Laufzeit bezogen werden.

Folgendes Rechenbeispiel soll dies nochmals verdeutlichen:

Die Zahlungsreihen der sich ausschließenden Investitionsprojekte A, B und C seien in Form von Annuitätenreihen gegeben. Ein Investor (Kalkulationszinsfuß i = 10%) soll die vorteilhafteste Alternative auswählen.

	t_0	t_1	t_2	t_3	t_4	t_5
A:	0	+10	+10	+10	+10	
B:	0	+ 8	+ 8	+ 8	+ 8	+ 8
C:	0	+ 9	+ 9	+ 9	+ 9	+ 9

Da Projekt B und C die gleiche Nutzungsdauer aufweisen, kann sofort festgestellt werden, daß Projekt C mit der höheren Annuität dem Projekt B vorgezogen wird. In diesem Beispiel läßt sich auch beim Vergleich von A und B trotz unterschiedlicher Nutzungsdauer eine Entscheidung treffen. Die Summe der Annuitätenzahlungen ist bei beiden Projekten gleich. Da der Gesamtbetrag bei B über einen größeren Zeitraum verteilt ist, also im Durchschnitt erst später zur Verfügung steht, ist A bei jedem Zinssatz relativ vorteilhafter. Der Vergleich kann somit auf die Wahl zwischen die Projekte A und C beschränkt werden. Da die Höhe der äquivalenten Annuität wegen der unterschiedlichen Nutzungsdauer nicht direkt vergleichbar ist, sind folgende alternative Vorgehensweisen zur Entscheidungsfindung möglich:

---

139 Vgl. Schmidt, R. (1986), S. 73.

78 Investitionsplanung und Wirtschaftlichkeitsrechnung

a) Berechnung und Vergleich der Kapitalwerte der Projekte A und C:

$$C_{0A} = 10 \cdot \frac{1{,}1^4 - 1}{1{,}1^4 (1{,}1 - 1)} = 10 \cdot 3{,}17 = 31{,}7$$

$$C_{0C} = 9 \cdot \frac{1{,}1^5 - 1}{1{,}1^5 (1{,}1 - 1)} = 9 \cdot 3{,}791 = 34{,}12.$$

Projekt C weist den größeren Kapitalwert auf und ist somit relativ vorteilhafter als Projekt A.

b) Umformung der Zahlungsreihen A und C zu Annuitäten mit gleichen Laufzeiten:
Hierzu muß entweder die Annuität des Projekts A so umgeformt werden, daß sie eine Laufzeit von fünf Perioden aufweist, oder die Annuität des Projekts C muß auf eine Laufzeit von vier Perioden bezogen werden. Hier wird Projekt A dem Projekt C angepaßt.

1. Schritt: Berechnung des Kapitalwertes von Projekt A:

$$C_{0A} = 10 \cdot 3{,}17 = 31{,}7.$$

2. Schritt: Berechnung der Höhe der Annuität von Projekt A bei fünf Perioden Laufzeit:

$$c = \frac{1{,}1^5 (1{,}1 - 1)}{1{,}1^5 - 1} \cdot C_{0A} = 0{,}2638 \cdot 31{,}7 = 8{,}36.$$

3. Schritt: Vergleich der äquivalenten Annuitäten:

A:	0	+ 8,36	+ 8,36	+ 8,36	+ 8,36	+ 8,36
C:	0	+ 9	+ 9	+ 9	+ 9	+ 9.

Beide Annuitäten weisen die gleiche Laufzeit auf. Projekt C ist vorzuziehen, da die Höhe der Annuitätenzahlung größer ist.

3.2.2.6. Ermittlung von Teilannuitäten zur Verbesserung der Informationsgrundlage des Investors

Die Annuitätenmethode läßt sich — wie oben dargestellt[140] — als Spezialfall der **Kapitalwertrechnung** verstehen. Folglich besteht die einfachste Möglichkeit zur Ermittlung einer Annuität in der Errechnung des entsprechenden Kapitalwertes und anschließender Multiplikation mit dem **Wiedergewinnungsfaktor**. Bei dieser Berechnungsweise wird jedoch aufgrund der starken Zusammenfassung (Aggregation) der Daten bei der Kapitalwertbildung die Informationsmöglichkeit der Annuitätenmethode nicht vollständig genützt. Dem Entscheidungsträger kann eine umfassendere Entscheidungshilfe gegeben werden, wenn man die Annuität nicht über den Kapitalwert ermittelt, sondern durch eine rechenaufwendigere Gegenüberstellung verschiedener Ein- und Auszahlungsrenten, wodurch das Verhältnis zwischen der Belastung durch Zins- und Tilgungslei-

---
140 Vgl. S. 69.

stungen einerseits sowie den laufenden Einzahlungen und Zahlungsverpflichtungen andererseits ersichtlich wird.

Dies soll am **Beispiel** eines Investitionsprojektes mit folgender Zahlungsreihe vorgestellt werden:

Zeitpunkte:	t_0	t_1	t_2	t_3	t_4
Anfangsauszahlung: laufende Einzahlungen: laufende Auszahlungen:	−1.000,−	+500,− −200,−	+800,− −200,−	+900,− −250,−	+700,− −280,−

Der Kalkulationszinssatz des Investors beträgt 6%.
Vorgehensweise:

1. Schritt: Ermittlung des Kapitaldienstes

Der **Kapitaldienst** − auch Annuität der Investitionsauszahlung genannt [141] − ist derjenige Betrag, den der Investor jährlich bei vollständiger Fremdfinanzierung am Periodenende als Summe von Zins und Tilgung bezahlen müßte, um das eingesetzte Kapital von 1.000,− in der Projektlaufzeit von vier Jahren zu tilgen und die jeweilige Restkapitalbindung mit 6% zu verzinsen.

Der Kapitaldienst ergibt sich durch Multiplikation der Anschaffungsauszahlung mit dem **Wiedergewinnungsfaktor:**

1000,− · 0,2886 = 288,60.

Interpretation:

Der Investor muß während der vierjährigen Nutzungsdauer des Projektes im Durchschnitt jährlich jeweils mindestens 288,60 Geldeinheiten als Überschuß erwirtschaften, damit die absolute Vorteilhaftigkeit des Projektes gewährleistet ist. Würde der Entscheidungsträger nämlich zur Finanzierung der Investition einen sechsprozentigen Annuitätenkredit über 1.000,− Geldeinheiten aufnehmen, der innerhalb von vier Jahren zu tilgen wäre, so müßte er genau die 288,60 Geldeinheiten pro Jahr leisten.

2. Schritt: Ermittlung der Annuität der laufenden Einzahlungen:

Hierzu muß zunächst die Summe der Barwerte der laufenden Einzahlungen ermittelt werden, die anschließend mit dem Wiedergewinnungsfaktor multipliziert wird.

Barwertsumme der laufenden Einzahlungen: 2493,82.
Einzahlungsannuität: 719,72.

Interpretation:

Glättet man die unregelmäßig anfallenden laufenden Einzahlungen des Projektes finanzmathematisch korrekt unter Ansatz von 6% Zinsen, so ergibt sich eine vierjährige Rente von 719,72 p. a.

3. Schritt: Ermittlung der Annuität der laufenden Auszahlungen

Mit der gleichen Vorgehensweise wie beim 2. Schritt ergeben sich folgende Größen:

---

141 Vgl. Blohm, H./Lüder, K. (1988), S. 76.

Barwert der laufenden Auszahlungen: − 798,38.
Auszahlungsannuität: − 230,41.

Die Interpretation entspricht derjenigen der Einzahlungsannuität.

4. Schritt: Ermittlung der Periodenüberschußannuität

Die **Periodenüberschußannuität** ist als die Rente aus den laufenden Einzahlungsüberschüssen definiert. Sie ergibt sich somit durch einfaches Saldieren der Einzahlungsannuität mit der Auszahlungsannuität:

Periodenüberschußannuität = 719,72 − 230,41 = 489,31.

Die absolute Vorteilhaftigkeit des Projektes kann nun durch Gegenüberstellung von **Kapitaldienst** und Periodenüberschußannuität ermittelt werden. Meist wird hierzu noch eine saldierte Größe berechnet, nämlich die **Überschußannuität**.

5. Schritt: Ermittlung der Überschußannuität

Überschußannuität = Saldo von Periodenüberschußannuität und Kapitaldienst = 489,31 − 288,60 = 200,71.
Interpretation:

Der Investor kann − bei Eintritt der prognostizierten Zahlungsreihe − am Ende jeder der vier Perioden die Überschußannuität in Höhe von DM 200,71 entnehmen, ohne die Rückgewinnung der Anfangsauszahlung sowie die Verzinsung des jeweils gebundenen Kapitals mit 6% zu gefährden.

Es ist zwar richtig, daß dieses Ergebnis auch rechentechnisch weniger kompliziert aus dem Kapitalwert hätte ermittelt werden können:

Kapitalwert: 695,45 · 0,2886 = 200,71.

Der **Vorteil** der oben dargestellten − auf den ersten Blick aufwendiger anmutenden Rechenweise − liegt jedoch darin, daß der Investor **nicht nur eine saldierte Größe** als Entscheidungshilfe erhält, sondern aus der **Gegenüberstellung verschiedener Ein- und Auszahlungsrenten** auch eine Information darüber erhält, welche Relation zwischen Kapitaldienst und den laufenden Annuitäten vorliegt. Diese Daten werden insbesondere dann benötigt, wenn aufgrund der in der Realität meist gegebenen Unsicherheit, das Bedürfnis besteht festzustellen, ob die letztendlich entnehmbare Überschußannuität in einem **angemessenen Verhältnis** zum Gesamtvolumen des zu realisierenden Projektes steht. Besonders wertvoll ist das Konzept der Annuität, wenn Projektketten miteinander verglichen werden sollen [142].

Weiterführende Literatur:

Altrogge, Günter (1988); Investition, München 1988, S. 359−362.
Däumler, Klaus-Dieter (1982); Grundlagen der Investitions- und Wirtschaftlichkeitsrechnung, 6. Aufl., Berlin 1989, S. 103−129.
Franke, Günther/Hax, Herbert (1988); Finanzwirtschaft des Unternehmens und Kapitalmarkt, Heidelberg 1988, S. 120−121 und S. 133.
Hax, Herbert (1985); Investitionstheorie, 5. Aufl., Würzburg − Wien 1985, S. 14f., S. 35f., S. 41.

---

142 Vgl. Kruschwitz, L. (1987), S. 162−165, Vgl. Olfert, K. (1988), S. 176−178 sowie Kapitel B.5.2.1.

Kruschwitz, Lutz (1987); Investitionsrechnung, 3. Aufl., Berlin 1987, S. 80–85.
Olfert, Klaus (1988); Investition, 4. Aufl., Ludwigshafen 1988, S. 171–179.
Perridon, Louis/Steiner, Manfred (1988); Finanzwirtschaft der Unternehmung, 5. Aufl., München 1988, S. 55f.
Schmidt, Reinhard (1986); Grundzüge der Investitions- und Finanzierungstheorie, 2. Aufl., Wiesbaden 1986, S. 69–73.

Aufgaben zur Selbstüberprüfung

1) Kann es bei korrekter Rechentechnik vorkommen, daß die Kapitalwertmethode und die Annuitätenmethode zu unterschiedlichen Vorteilhaftigkeitsempfehlungen führen?

2) Weshalb kann es sinnvoll sein, die Überschußannuität durch Gegenüberstellung von Kapitaldienst und Periodenüberschußannuität zu ermitteln, obwohl es einfacher wäre, sie durch Verrentung des Kapitalwertes zu ermitteln?

3) Sie benötigen zur Lösung eines finanzmathematischen Problems den Wiedergewinnungsfaktor, haben jedoch lediglich eine Tabelle mit Aufzinsungsfaktoren zur Verfügung. Wie können Sie aus den Aufzinsungsfaktoren die entsprechenden Wiedergewinnungsfaktoren ermitteln?

4) Ein netter Mensch will Ihnen helfen, Ihr Studium zu finanzieren und bietet Ihnen folgende Unterstützung an:

Entweder er zahlt Ihnen ab übernächstem Jahr drei Jahre lang nachschüssig DM 4.000,– oder er gibt Ihnen bereits am Ende diesen Jahres DM 10.000,–.

Welche Alternative ist Ihnen – bei Zugrundelegung des Einkommensmaximierungsziels – lieber, wenn Sie mit einem Kalkulationszinsfuß von a) 5% bzw. b) 10% rechnen?

Die Musterlösungen zu diesen Aufgaben befinden sich im Anhang des Buches, Seite 312.

3.2.3. Interne-Zinsfuß-Methode

3.2.3.1. Definition des internen Zinsfußes

Als **internen Zinsfuß** „r", „**Rendite**", „**Effektivzinssatz**" oder „internen Zinssatz"[143] bezeichnet man denjenigen Zinsfuß, der die Rentabilität des im Projekt gebundenen Kapitals angibt. Das bedeutet, daß bei diesem Zinssatz die Ein-

---

[143] Vgl. Altrogge, G. (1988), S. 310. Eine umfassende Aufstellung der gebräuchlichen Synonyme für die interne Verzinsung findet sich ebenfalls bei Altrogge, G. (1988), S. 313.

zahlungen des Projektes genau dazu ausreichen, um die Wiedergewinnung des ursprünglichen Kapitaleinsatzes und die Verzinsung des in jeder Periode gebundenen Kapitals zu gewährleisten. Stimmen Kalkulationszinssatz und interne Rendite eines Projektes überein, so beträgt der Kapitalwert folglich stets Null[144]). Der Investor steht einem solchen Projekt vor dem Hintergrund gleich guter Kapitalmarktalternativen also indifferent gegenüber, da er aus dem explizit betrachteten Projekt kein Mehreinkommen gegenüber der Anlage am Kapitalmarkt entnehmen kann. Die interne Verzinsung gibt somit „... die über die gesamte Investitionsdauer als gleichhoch unterstellte Verzinsung bzw. Wachstumsrate ..."[145] des in einem Projekt gebundenen Kapitals an.

3.2.3.2. Berechnung des internen Zinsfußes

Der Zusammenhang, daß der Kapitalwert bei Identität zwischen interner Rendite und Kalkulationszins stets Null sein muß, läßt sich zur Berechnung des internen Zinsfußes von Investitions- und Finanzierungsprojekten verwenden. Folglich greift man bei der Ermittlung interner Renditen auf die Formel zur Errechnung des Kapitalwertes zurück:

$$C_0 = \sum_{t=0}^{n} (e_t - a_t)(1 + i)^{-t}.$$

Setzt man den Kapitalwert gleich Null und löst die Gleichung nach i auf, so erhält man genau den **kritischen Zins**, bei dem das Projekt an der Grenze zwischen Vorteilhaftigkeit und Unvorteilhaftigkeit steht. Dieser kritische Zins wird zur Unterscheidung vom Kalkulationszinssatz im folgenden als „r" bezeichnet.

$$0 = \sum_{t=0}^{n} (e_t - a_t)(1 + r)^{-t}.$$

Diese Gleichung muß noch nach der gesuchten Größe r aufgelöst werden. Daß die rechnerische Ermittlung der Rendite unter Umständen problematisch werden kann, wird jedoch erst bei der ausführlicheren Darstellungsform der Gleichung deutlich:

$$0 = -a_0 + \frac{e_1 - a_1}{1 + r} + \frac{e_2 - a_2}{(1 + r)^2} + \frac{e_3 - a_3}{(1 + r)^3} + \ldots + \frac{e_n - a_n}{(1 + r)^n}.$$

Je mehr Perioden die Nutzungsdauer umfaßt, desto schwieriger wird das mathematische Problem. Mathematisch gesehen, handelt es sich nämlich um die **Nullstellenanalyse** eines Polynoms n-ten Grades, wobei n die Anzahl der Nutzungsdauerjahre darstellt. Da exakte analytische Lösungen sehr aufwendig sind, bietet es sich bei Projekten mit mehr als zweijähriger Nutzungsdauer an, ein grafisches Näherungsverfahren auf Basis des **Strahlensatzes** anzuwenden.

---

144 Vgl. Franke, G./Hax, H. (1988), S. 122.
145 Altrogge, G. (1988), S. 310.

a) Grafische Bestimmung des internen Zinsfußes

Zur grafischen Bestimmung des internen Zinsfußes eines Investitionsprojekts ist zunächst dessen **Kapitalwertkurve** darzustellen. Der Schnittpunkt der Kurve mit der Abszisse gibt den Zinssatz an, bei dem der Kapitalwert des Projektes Null beträgt. Dieser Zinssatz entspricht der gesuchten **internen Rendite** des Projektes. Für das Finden einer Näherungslösung ist es nicht erforderlich, den gesamten Verlauf der Kapitalwertkurve abzubilden. Es genügt, lediglich den Bereich der Kurve in der Nähe des Achsenschnittpunktes festzustellen. Im günstigsten Fall reicht es aus, zwei Werte der Kapitalwertfunktion (C_{o_1} und C_{o_2}) – von denen einer positiv und einer negativ ist – durch Einsetzen von Kalkulationszinssätzen i_1 und i_2 zu ermitteln. Verbindet man die beiden Punkte (C_{o_1} und C_{o_2}) durch eine Gerade, die die Abszisse schneidet, dann ist mit dem Schnittpunkt zur Abszisse ein Näherungswert für die interne Verzinsung gefunden.

Es handelt sich nur um einen Näherungswert und nicht um den exakten Wert, da die Kapitalwertfunktion regelmäßig keinen linearen Verlauf besitzt. Die durch **lineare Approximation** in Kauf zu nehmende Ungenauigkeit wird folglich um so größer, je größer der Abstand zwischen den als Bezugsgrößen gewählten Punkten (C_{o_1} und C_{o_2}) ist. Aus diesem Grund darf das Intervall zwischen i_1 und i_2 nicht zu groß gewählt werden. Bei den meisten Problemstellungen führt eine Intervallgröße von 1 bis 2 Prozentpunkten zu einem hinreichend genauen Ergebnis.

Eine Prüfung der Abweichung der näherungsweise ermittelten Rendite vom wahren Wert kann durch Abzinsen der Zahlungsreihe mit dem geschätzten r erfolgen. Je größer die Abweichung des Kapitalwertes von Null, desto schlechter ist der Näherungswert der internen Rendite. Nachfolgende Tabelle mit anschließender Abbildung B 9 verdeutlicht die Vorgehensweise am Beispiel eines Investitionsprojektes.

t_0	t_1	t_2	t_3	t_4
−5000	+2000	+2000	+2000	+2000

Gesucht ist die interne Verzinsung des Projekts.

t	$e_t - a_t$	i = 15% q^{-t}	$(e_t - a_t)q^{-t}$	i = 20% q^{-t}	$(e_t - a_t)q^{-t}$	i = 22% q^{-t}	$(e_t - a_t)q^{-t}$
0	−5000	1	−5000	1	−5000	1	−5000
1	+2000	0,86957	+1739	0,83333	+1667	0,81967	+1639
2	+2000	0,75614	+1512	0,69444	+1389	0,67186	+1344
3	+2000	0,65752	+1315	0,57870	+1157	0,55071	+1101
4	+2000	0,57175	+1144	0,48225	+ 964	0,45140	+ 903
Kapitalwert:		$C_{o_{15}} =$	+ 710	$C_{o_{20}} =$	+ 177	$C_{o_{22}} =$	− 12

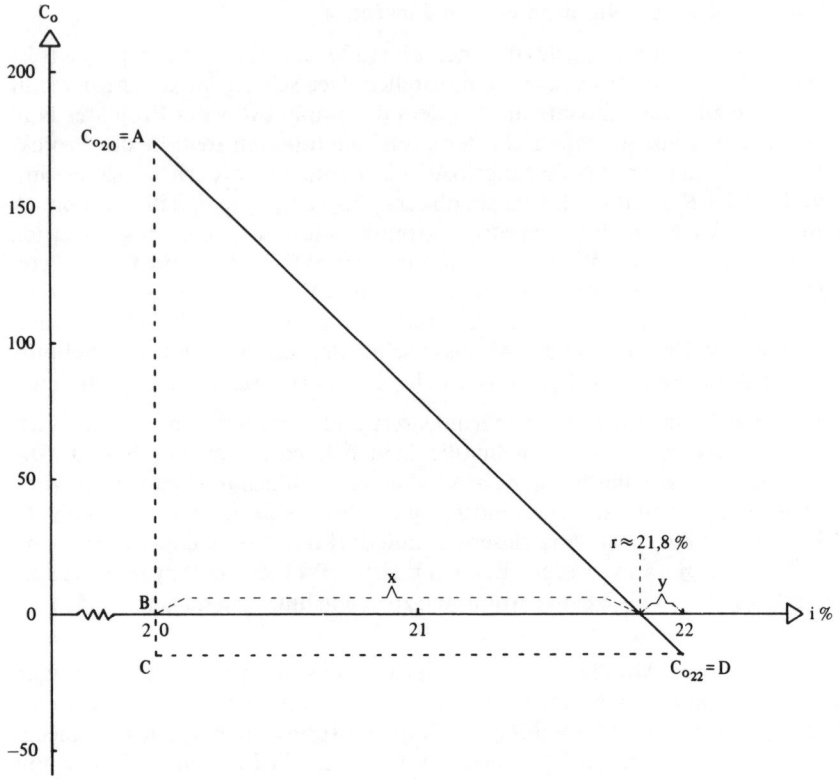

Abbildung B 9: Graphische Bestimmung der internen Verzinsung

b) Gemischt graphisch-rechnerische Bestimmung des internen Zinsfußes

Die oben dargestellte lineare Interpolation kann auch rechnerisch erfolgen. Aus der obenstehenden Zeichnung läßt sich folgender Ansatz zur Bestimmung der internen Rendite r des Projekts aus vorstehend genanntem Beispiel ableiten:

(I): $r = 20 + x$
(II): $AB \div x = AC \div CD$

$$x = \frac{AB \cdot CD}{AC} = \frac{177 \cdot 2}{189} = 1{,}87.$$

(II) eingesetzt in (I):

$r = 20 + 1{,}87 = 21{,}87\%$.

Die interne Rendite des Projekts beträgt 21,87%.

Dynamische Verfahren der Investitionsrechnung 85

Zinst man zur Kontrolle die Zahlungen des Projektes mit 21,87% auf den Zeitpunkt t_0 ab, so ergibt sich:

$C_o = + 0,72$

Somit liegt der interne Zinsfuß geringfügig über dem errechneten Satz von 21,87%.

Durch mehrfaches Wiederholen der oben beschriebenen Vorgehensweise, d. h. Einsetzen des errechneten Ergebnisses als Schätzwert und Durchführung einer erneuten Interpolation, kann eine beliebige Genauigkeit der Näherungslösung erzielt werden.

3.2.3.3. Mehrdeutigkeit und fehlende Existenz des internen Zinsfußes

Die **interne Rendite** eines Investitions- oder Finanzierungsprojektes muß weder eindeutig noch überhaupt existent sein[146]. Die Möglichkeit, daß ein Projekt beispielsweise zwei unterschiedliche Renditen aufweist, stößt vielfach auf Unverständnis. Macht man sich jedoch bewußt, daß die Problemstellung der Internen-Zinsfuß-Rechnung darin besteht, die Nullstellen eines Polynoms n-ten Grades zu ermitteln, so wird der Sachverhalt leichter verständlich. Ein Polynom n-ten Grades kann nämlich (muß aber nicht) bis zu n Nullstellen aufweisen[147]. Umgekehrt ist es jedoch auch möglich, daß keine reelle Zahl als Lösung existiert. Zur exemplarischen Überprüfung der Funktionenverläufe von Kapitalwertkurven kann man einige Kapitalwerte für unterschiedliche, dicht beieinanderliegende Kalkulationszinssätze ermitteln und hierauf aufbauend den Kapitalwertkurvenverlauf skizzieren.

Beispiele:
a) Gegeben sei die Zahlungsreihe A: $+4$; -10; $+6,25$. Die Bestimmungsgleichung für die interne Rendite des Projekts lautet dann:

$4 - 10 (1 + r)^{-1} + 6,25 (1 + r)^{-2} = 0$.

Daraus ergibt sich durch Umformung:

$4 (1 + r)^2 - 10 (1 + r) + 6,25 = 0$
$[2 (1 + r) - 2,5]^2 = 0$
$r = 0,25$

Die Zahlungsreihe A weist somit nur **eine** interne Rendite von 25% auf.

---

146 Vgl. Hax, H. (1985), S. 16–20.
147 Vgl. vertiefend Altrogge, G. (1988), S. 314–316; Kruschwitz, L. (1987), S. 89–91.

b) Gegeben sei die Zahlungsreihe B: +16; −40; +24. Es ist folgende Gleichung nach r aufzulösen:

$$16 - 40(1 + r)^{-1} + 24(1 + r)^{-2} = 0$$
$$[4(1 + r) - 5]^2 = 1$$
$$4(1 + r) - 5 = \pm 1$$
$$r_1 = 0{,}5$$
$$r_2 = 0$$

Die Gleichung hat zwei reelle Lösungen und die Zahlungsreihe B weist zwei verschiedene interne Renditen auf, und zwar $r_1 = 50\%$ und $r_2 = 0\%$.

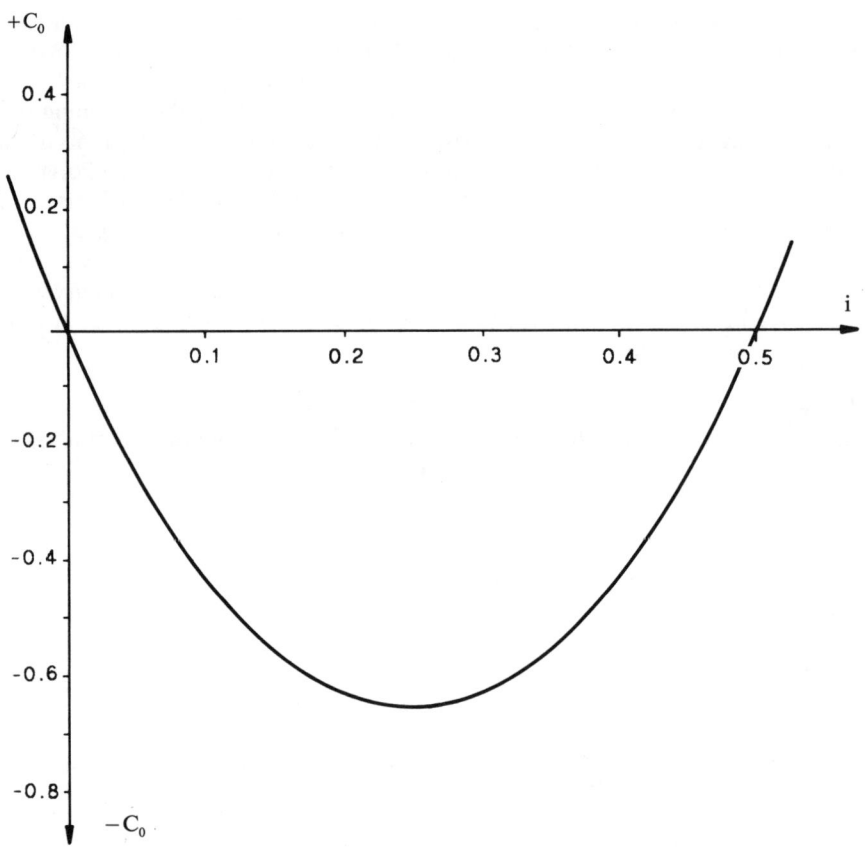

Abbildung B 10: Kapitalwertkurvenverlauf eines Projektes mit internen Renditen bei 0% und 50%.

c) Gegeben sei die Zahlungsreihe C: +4; −8; +6. Daraus ergibt sich folgende Bestimmungsgleichung für die interne Rendite:

$$4 - 8(1+r)^{-1} + 6(1+r)^{-2} = 0$$
$$4 + 8r + 4r^2 - 8 - 8r + 6 = 0$$
$$4r^2 = -2$$

$$r = \sqrt{-\frac{2}{4}}$$

Die Gleichung hat keine reelle Lösung und Zahlungsreihe C somit auch keinen internen Zinsfuß.

Probleme der fehlenden Existenz oder Mehrdeutigkeit sind zwar prinzipiell gesehen sehr interessant, haben jedoch für die praktische Anwendung der Internen-Zinsfuß-Methode eine relativ geringe Bedeutung[148].

Erstens können ermittelte Renditeergebnisse mit negativem Vorzeichen nach kurzer Überprüfung der Zahlungsreihe[149] oftmals unproblematisch als ökonomisch nicht sinnvoll ausgesondert werden. Zweitens ergeben sich mehrdeutige Ergebnisse nur bei bestimmten Konstellationen von mehrfachen Vorzeichenwechseln und Betragsausprägungen der Zahlungsreihe. Projekte, deren Zahlungsreihe durch mehrfachen Vorzeichenwechsel gekennzeichnet ist, werden **„gemischte Projekte"** genannt.

Betrachtet man Projekte mit nur einem Vorzeichenwechsel, so ist Existenz und Eindeutigkeit des Ergebnisses stets gewährleistet[150] und die Rendite liegt im ökonomisch sinnvollen Bereich[151] von größer minus 100%[152]. Projekte mit nur einem Vorzeichenwechsel werden als **„reine Projekte"** bezeichnet. Im folgenden werden die Probleme, die sich aus der Berechnung interner Zinsfüße gemischter Projekte ergeben können, nicht weiter verfolgt, da Zahlungsreihen mit nur einem Vorzeichenwechsel vergleichsweise bedeutsamer sind und auch bei gemischten Projekten die o.a. Schwierigkeiten relativ selten auftreten.

3.2.3.4. Interpretation des internen Zinsfußes

Die **interne Rendite** eines Projekts gibt an, in welcher Höhe sich das gebundene Kapital verzinst. Man könnte sie deshalb auch als Gesamtkapitalrendite be-

---

148 Vgl. Hax, H. (1985), S. 17. Ein studierenswertes praktisches Beispiel für Mehrdeutigkeit des internen Zinssatzes stellt Franke / Hax mit dem klassischen Bausparvertrag vor. Vgl. Franke, G./Hax, H. (1988), S. 124.
149 Das Vorliegen einer negativen Rendite kann beispielsweise verworfen werden, wenn bei einem Investitionsprojekt trotz mehrfachem Vorzeichenwechsels die anfallenden Einzahlungsüberschüsse den Betrag der Anschaffungsauszahlung sowie der Auszahlungsüberschüsse bei weitem übersteigen.
150 Vgl. zum Nachweis Hax, H. (1985), S. 17–19.
151 Eine Rendite von minus 100% ist als Totalverlust zu verstehen.
152 Vgl. Kruschwitz, L. (1987), S. 90.

88 Investitionsplanung und Wirtschaftlichkeitsrechnung

zeichnen. Dieses Verständnis bereitet kaum Schwierigkeiten, solange man ein Projekt mit einperiodiger Nutzungsdauer betrachtet. Hier läßt sich die interne Rendite auch auf folgende einfache Art ermitteln:

$$\text{interne Rendite } r = \frac{\text{entnahmefähiger Betrag bei Nominalkapitalerhaltung}}{\text{gebundenes Kapital}} = \frac{(e_1 - a_1) - a_0}{a_0}$$

Die interne Rendite gibt somit an, wieviel Prozent des **gebundenen Kapitals** in dieser einen Periode hinzugewonnen wird. Um den Betrag „gebundenes Kapital · r%" wachsen in dieser Periode die Konsummöglichkeiten des Investors, falls das Projekt vollständig mit Eigenkapital finanziert wurde.

Beispiel:
Gegeben sei ein Investitionsprojekt A: −100; +120; gesucht ist die interne Rendite.

$$r = \frac{120 - 100}{100} = 0,20$$

Die interne Rendite von Projekt A beträgt 20%. Bei Durchführung dieses Projekts wachsen die Konsummöglichkeiten des eigenfinanzierenden Anlegers in dieser einen Periode um den Betrag $100 \cdot 0,20 = 20$.

Im Mehrperiodenfall ist die Verwendung dieser Einperiodenrendite nur möglich, wenn der Betrag der Kapitalbindung über alle Perioden konstant bleibt. Dies würde bedeuten, daß die Höhe der Kapitalbindung auf dem Niveau der Anfangsauszahlung bleibt, die Einzahlungsüberschüsse ($e_t - a_t$) von t_1 bis t_{n-1} müssen stets die gleiche Höhe aufweisen und am Periodenende entnommen werden. Schließlich muß am Ende der Nutzungsdauer der Einzahlungsüberschuß der letzten Periode sowie die gesamte Anschaffungsauszahlung vollständig desinvestiert werden.

Dieser Spezialfall – eine konstante Kapitalbindung über die gesamte Projektlaufzeit – ist nicht unbedingt realitätsfremd. Eine derartige Zahlungsreihe eines realen Investitionsprojektes kann bei **Finanzinvestitionen**[153] – zum Beispiel bei einer **Festgeldanlage** oder bei einer klassischen **Kuponanleihe** – durchaus gegeben sein. Bei Finanzierungsprojekten liegt die konstante Kapitalbindung stets dann vor, wenn der Schuldner in einem Betrag am Laufzeitende tilgt und die anfallenden Zinszahlungen in voller Höhe am Ende jeder Periode leistet.

Der aus einem Investitionsprojekt konstanter Kapitalbindung entnehmbare Betrag wird in diesen Fällen am Ende jeder Periode gleich hoch sein; die interne Rendite ergibt sich somit auf folgende Art:

---

153 Als Finanzinvestition oder Finanzanlage bezeichnet man eine Mittelbindung, bei welcher der Investor sein Kapital einem Dritten gegen Überlassung von Eigentümer- oder Gläubigerrechten zur Verfügung stellt. Eine Aufzählung von Finanzanlagen enthält der § 266 HGB. Kennzeichnend für Finanzanlagen ist somit gerade der Umstand, daß die Mittelbindung nicht unmittelbar mit der Anschaffung von Sachvermögenspositionen verbunden ist. Vgl. weiterführend Beyer, H. / Bestmann, U. (1989), S. 96 sowie Altrogge, G. (1988), S. 87–97.

interne Rendite r: = $\dfrac{\text{konstanter entnahmefähiger Betrag}^{154}}{\text{gebundenes Kapital } (= a_0)}$

Beispiel:
Gegeben sei die Investitionsalternative „Bundesschatzbrief" mit: Ausgabekurs 100%, Nominalzins 7%, Laufzeit 5 Jahre, Rückzahlung am Ende der Laufzeit zu 100%. Für einen Anlagebetrag von DM 10.000,- ergibt sich folgende Zahlungsreihe:

t_0	t_1	t_2	t_3	t_4	t_5
−10 000	+ 700	+ 700	+ 700	+ 700	+10 700

Die interne Rendite dieser Zahlungsreihe beträgt

$$r = \frac{700}{10\,000} = 0{,}07$$

Der Betrag „konstantes gebundenes Kapital · r%" ist am Ende jeder Periode entnehmbar und steht bei voller Eigenfinanzierung für Konsumzwecke zur Verfügung. Bei Fremdfinanzierung sind die Zinszahlungen auf das gebundene Fremdkapital zu berücksichtigen und nur der verbleibende Rest kann konsumiert werden.

Die bisher an die Struktur der Zahlungsreihe geknüpften Forderungen, welche zum Spezialfall einer über die gesamte Nutzungsdauer des Projektes konstanten Kapitalbindung führen, sind bei **Sachinvestitionen** jedoch **in der Regel nicht gegeben**. So weisen die Einzahlungsüberschüsse einzelner Perioden meist eine unterschiedliche Höhe auf, und die Kapitalfreisetzung erfolgt nicht erst am Ende der Nutzungsdauer, sondern ist über die Perioden verteilt. Demnach schwankt die Höhe des gebundenen Kapitals von Periode zu Periode. Auch ein konstanter entnahmefähiger Einkommensbetrag kommt nun nicht mehr zustande. Folglich müssen sowohl die Kapitalbindung als auch die Höhe des entnahmefähigen Einkommens in einer allgemeinen Formel für die internen Rendite periodenbezogen definiert werden.

Die interne Rendite kann man somit als Gesamtkapitalrendite interpretieren, die angibt, wieviel Prozent des in einer Periode jeweils gebundenen Kapitals am Ende dieser Periode aus dem Projekt entnommen werden können, ohne die Rückgewinnung der Anschaffungsauszahlung zu gefährden. Aus dieser Entnahme sind Fremdkapitalzinsen (in Höhe von i% des in t_{x-1} gebundenen Fremdkapitals) zu zahlen, soweit das Projekt mit Fremdkapital finanziert wird. Der Restbetrag steht dem Investor zur Verfügung.

Abweichungen zwischen Einzahlungsüberschüssen einer Periode und dem Produkt aus Kapitalbindung · interner Rendite dieser Periode sind dafür verantwortlich, daß die Kapitalbindung von Periode zu Periode schwankt.

---

154 Die Zahlungsreihe der Rückflüsse weist in der letzten Periode ein erheblich höheres Gesamtvolumen auf, da hier das eingesetzte Anfangskapital zurückfließt.

Beispiel:

a) Die Einzahlungsüberschüsse der Zahlungsreihe D sollen in das Produkt aus aktueller Restkapitalbindung · interner Rendite und die jeweilige Änderung der Kapitalbindung aufgespalten werden; die interne Rendite des Investitionsprojekts D beträgt 30%.

	t_0	t_1	t_2	t_3	t_4	t_5
D:	−100	+70	+48	+29	+8	+6,5
Produkt aus Rendite und Betrag der Restkapitalbindung des Vorjahres		0	+30	+18	+9	+3	+1,5
Änderung der Kapitalbindung in t_x gegenüber t_{x-1}		0	+40	+30	+20	+5	+5
Restliche Kapitalbindung in t_x	−100	−60	−30	−10	−5	0

wobei:

$$\text{Interne Rendite eines Projekts} = \frac{\text{Investitionsgewinn in } t_x}{\text{gebundenes Kapital in } t_{x-1}}$$

wobei t_x = Ende der x-ten Periode der Nutzungsdauer des Investitionsprojekts
t_{x-1} = Beginn der x-ten Periode der Nutzungsdauer
$x = 1, 2, 3 \ldots, n$
n = Nutzungsdauer des Projekts.

b) Gegeben sei die Zahlungsreihe C, deren interne Rendite 25% beträgt. Die Einzahlungsüberschüsse dieser Reihe sollen in das Produkt aus aktueller Restkapitalbindung · interner Rendite und die jeweilige Änderung der Kapitalbindung aufgespalten werden.

	t_0	t_1	t_2	t_3	t_4	t_5
C:	−100	+5	+10	+35	+75	+125
Produkt aus Rendite und Betrag der Restkapitalbindung des Vorjahres	0	+25	+30	+35	+35	+25
Änderung der Kapitalbindung in t_x	0	−20	−20	0	+40	+100
Restliche Kapitalbindung in t_x	−100	−120	−140	−140	−100	0

In beiden Fällen des Beispiels bestätigt sich:

1. Die interne Verzinsung eines Investitionsprojekts bezieht sich immer nur auf das in den verschiedenen Perioden jeweils gebundene Kapital.

2. Eine interne Verzinsung von r% bedeutet für den Investor, daß das untersuchte Projekt im Zeitpunkt t_x eine Entnahme in Höhe des Produktes zwischen interner Rendite des Projekts (r%) · Kapitalbindung der Vorperiode ermöglicht:
3. Die interne Rendite eines Projekts ist unabhängig davon, welcher weiteren Verwendung die Einzahlungsüberschüsse zugeführt werden.

Da sich die interne Rendite auf die jeweilige Kapitalbindung bezieht, stellt sie kein **absolutes** (d. h. auf Einkommensgrößen lautendes), sondern lediglich ein **relatives** (nämlich auf Prozent der Bezugsbasis „Kapitalbindung" lautendes) **Vorteilhaftigkeitskriterium** dar. Dies kann bei der Auswahlentscheidung zwischen mehreren Projekten zu Problemen führen, die im folgenden noch angesprochen werden[155].

3.2.3.5. Investitionsentscheidungen anhand der internen Rendite

3.2.3.5.1. Beurteilung eines einzelnen Projektes

Zur Prüfung der absoluten Vorteilhaftigkeit von Investitions- oder Finanzierungsprojekten ist der Vergleich der ermittelten internen Verzinsung mit einer geforderten Mindestverzinsung (bei Anlagen) oder einer gerade noch tolerierten Höchstverzinsung (bei Krediten) erforderlich. Unter der Annahme eines Vollkommenen Restkapitalmarktes kann hierfür die Kapitalmarktrendite dienen. Ansonsten können marktübliche Werte oder unternehmensintern definierte Daten herangezogen werden. Die Bewertung der absoluten Vorteilhaftigkeit erfolgt dann durch Gegenüberstellung von interner Rendite und Kalkulationszinsfuß, wobei für Investitionsprojekte folgende Entscheidungsregel gilt:

Für die Beurteilung einer Investition gilt:

a) **r > i: Die gewünschte Mindestverzinsung wird im untersuchten Projekt übertroffen. Das Projekt ist vorteilhaft.**
b) **r = i: Die gewünschte Mindestverzinsung wird im untersuchten Projekt gerade noch erreicht. Das Projekt kann als gleich gut wie eine Anlage/Finanzierung am Kapitalmarkt betrachtet werden.**
c) **r < i: Die gewünschte Mindestverzinsung wird im untersuchten Projekt nicht erreicht. Das Projekt wird abgelehnt.**

Bei der Kapitalwertmethode konnten Investitions- und eine Finanzierungsalternativen mit dem gleichen Vorteilhaftigkeitskriterium ($C_o > 0$) beurteilt werden. Bei der Internen-Zinsfuß-Methode unterscheiden sich hingegen die Vorteilhaftigkeitskriterien für Investitions- und Finanzierungsmaßnahmen. Während der Kalkulationszinsfuß für die Beurteilung einer Investition eine **Mindestrendite** kennzeichnet, die von der internen Rendite eines Projekts möglichst übertroffen werden sollte, stellt dieser für eine Finanzierungsmaßnahme die **maximal** tragbare Effektivverzinsung dar. Für die Beurteilung einer Finanzierung gilt folglich:

---
[155] Vgl. unten S. 92 ff.

92 Investitionsplanung und Wirtschaftlichkeitsrechnung

a) r > i: **Die Effektivverzinsung der Finanzierung ist höher als die maximal tragbare Verzinsung. Das Projekt wird abgelehnt.**
b) r = i: **Die Effektivverzinsung der Finanzierungsalternative entspricht dem Kalkulationszinsfuß. Das Projekt kann realisiert oder abgelehnt werden.**
c) r < i: **Die Finanzierung mit dieser Alternative ist günstiger als die Finanzierung zum Kalkulationszinsfuß i. Das Projekt ist vorteilhaft.**

Bei der Entscheidung über ein einziges Projekt ist der interne Zinsfuß als Entscheidungskriterium ebenso gut geeignet wie der Kapitalwert. Beide Methoden führen immer zum gleichen Ergebnis. Voraussetzung für die Anwendbarkeit der Internen-Zinsfuß-Methode ist jedoch, daß Zahlungsreihen untersucht werden, die nur einen einzigen positiven internen Zinsfuß aufweisen (reine Projekte).

3.2.3.5.2. Vergleich mehrerer sich ausschließender Investitions- oder Finanzierungsalternativen

Der relative Vorteilhaftigkeitsvergleich unter Verwendung der **Internen-Zinsfuß-Methode** bringt einige Zusatzprobleme mit sich. Bei oberflächlicher Betrachtung erscheint es zunächst logisch, daß die Alternative mit der höheren Rendite auch stets die relativ vorteilhaftere sei. Dabei wird jedoch übersehen, daß die Rendite lediglich eine Relation zwischen den Einzahlungsüberschüssen eines Projektes und dessen Kapitalbindung – also eine reine Verhältniszahl ohne unmittelbaren Bezug zu Einkommensgrößen – darstellt. Strebt der Investor nach Einkommen, wählt jedoch aufgrund der Orientierung am Renditekriterium das Projekt mit der größten internen Verzinsung aus, so können bei unterschiedlicher Höhe und Dauer der Kapitalbindung verschiedener Alternativen Schwierigkeiten entstehen[156] (= **Basiseffekt**). Diese Problematik soll mit Hilfe eines Beispiels erläutert werden.

Beispiel:
Es seien die Projekte A und B gegeben, die durch folgende Zahlungsreihen gekennzeichnet sind:

A: −100; +120
B: −150; +177

Beide Projekte sollen unter Verwendung eines Kalkulationszinsfußes von 10% mit der Kapitalwert- und der Internen-Zinsfuß-Methode verglichen werden.

$C_{oA/10\%} = -100 + 120 \cdot 0{,}90909 = +9{,}1$
$C_{oB/10\%} = -150 + 177 \cdot 0{,}90909 = +10{,}9$

Mit der Kapitalwertmethode trifft der Investor seine Entscheidung zugunsten des Projektes B.

---
156 Vgl. Altrogge, G. (1988), S. 334f.

Es zeigt sich jedoch, daß Projekt A die größere interne Rendite aufweist.

$$r_A = \frac{20}{100} = 20\%$$

$$r_B = \frac{27}{150} = 18\%$$

Wählt ein Investor den höchsten internen Zinsfuß als Vorteilhaftigkeitskriterium, dann entscheidet er sich in diesem Beispiel anders als bei Verwendung der Kapitalwertmethode. Da der Vergleich der Projekte anhand der Kapitalwerte stets zur Auswahl des Projektes mit der höheren Einkommensleistung führt, kann der Vergleich der internen Zinsfüße in diesem Fall nicht zulässig sein. Der gleiche Sachverhalt – Widerspruch zwischen Empfehlung der Kapitalwertmethode und der Internen-Zinsfuß-Methode, sei an den Zahlungsreihen C und D nochmals demonstriert.

Beispiel:

| C: | −100 | + 5 | +10 | +35 | +75 | +125 |
| D: | −100 | +70 | +48 | +29 | + 8 | + 6,5 |

Kapitalwert bei i = 10%:

$C_{oC} = 67{,}97;\ \ C_{oD} = 34{,}60;\ \ \mathbf{C_{oC} > C_{oD}}$

interner Zinsfuß:

$r_C = 25\%;\ \ r_D = 30\%;\ \ r_C < r_D$

Unterschiedliche **Kapitalbindungsverläufe** der Projekte sind eine notwendige, aber nicht hinreichende Voraussetzung dafür, daß der Vergleich der Kapitalwerte und der internen Zinsfüße zweier Alternativen wie hier zu unterschiedlicher Reihenfolge der Vorteilhaftigkeit führt. Der unterschiedliche Verlauf der Kapitalbindung kann hierbei aus unterschiedlichem Kapitaleinsatz, unterschiedlichem Verlauf der Kapitalfreisetzung und/oder unterschiedlicher Nutzungsdauer der Projekte resultieren.

Für die Kapitalwertmethode läßt sich nachweisen, daß die unterschiedliche Kapitalbindung bei den zugrundeliegenden Prämissen keinen Einfluß auf die Entscheidung ausübt. Der Ausgleich der unterschiedlichen Kapitalbindung durch Anlagen zum Kalkulationszinsfuß läßt die ursprünglichen **Kapitalwerte** der Projekte unverändert, da die durchgeführten **Ausgleichsinvestitionen** zum Kalkulationszinsfuß stets einen zusätzlichen Kapitalwert von Null aufweisen.

Hingegen kann man unterschiedliche Kapitalbindungsverläufe von Projekten nur dann ohne Auswirkung auf die interne Rendite ausgleichen, wenn man eine Investition oder Finanzierung der Unterschiedsbeträge zum Satz der „internen

Rendite" des Ursprungsprojektes unterstellt (= **Wiederanlageprämisse**[157]). Die Wiederanlageprämisse ist jedoch sehr unrealistisch und widerspricht zudem der Vorgehensweise der Kapitalwertmethode[158], da diese den Ausgleich der Kapitalbindungsunterschiede ja implizit zum Kapitalmarktzins durchführt. Bei Gültigkeit der Wiederanlageprämisse wären somit die ermittelten Kapitalwerte falsch[159]. Jeder Entscheidungsträger ist zwar grundsätzlich in der Auswahl seiner Prämissen frei, doch sollte er trotzdem versuchen, eine weitestmögliche Übereinstimmung zwischen den Annahmen und den in der Wirklichkeit vorfindbaren Bedingungen herzustellen. Warum aber sollte gerade im Zeitpunkt, in dem eine Minderkapitalbindung auftritt, ein Investitionsprojekt mit genau dem gewünschten Volumen und exakt der Rendite des Ursprungsprojektes existieren?

Die Wiederanlageprämisse wird daher in dieser Monographie aufgrund mangelnden Realitätsbezuges verworfen und eine andere Lösung des Problems gesucht.

Hierzu soll zunächst anhand der einfachen Zahlungsreihen A und B des obigen Beispiels ein Ausgleich der Kapitalbindungsverläufe zu i% durchgeführt werden.

A:	−100	+120;	$r_A = 20\%$;	$C_{oA} = +9,1$
B:	−150	+177;	$r_B = 18\%$;	$C_{oB} = +10,9$

Projekt A zeigt eine um 50 Einheiten geringere Kapitalbindung als Projekt B. Ergänzt man Alternative A durch die Anlage A' zum Kalkulationszinsfuß i = 10%, so ergibt sich:

A:	−100	+120;	$r_A = 20\%$;	$C_{oA} = +9,1$
+A':	−50	+55;	$r_{A'} = i = 10\%$;	$C_{oA'} = 0$
(A + A'):	−150	+175;		$C_{o(A+A')} = +9,1$

Nach der Ergänzung eines Projektes um die Kapitalmarktanlage kann somit an den Reihen selbst abgelesen werden, daß Alternative B (Einzahlungsüberschuß in t_1 von +177) bei Kapitaleinsatz (−150) vorteilhafter ist als Alternative (A+A') (Einzahlungsüberschuß in t_1 von +175 bei identischem Kapitaleinsatz). Da man bei Anwendung der **Internen-Zinsfuß-Methode** jedoch davon ausgehen kann, daß der Entscheidungsträger ein Ergebnis auf Renditebasis wünscht, werden später[160] zwei Ergänzungsrechnungen (**Komplement- und Differenzinvestition**) vorgestellt, welche die korrekte Entscheidung anhand von **Renditekennziffern** ermöglichen.

Am obigen Beispiel ist auch zu sehen, daß das Ergebnis des relativen Vorteilhaftigkeitsvergleiches entscheidend von der Höhe des Kalkulationszinsfußes

---

157 Die Wiederanlageprämisse ist eine Arbeitshypothese, welche unterstellt, daß Kapitalbindungsdifferenzen, die aufgrund unterschiedlicher Anfangsauszahlungen oder verschieden hoher Rückflüsse der betrachteten Projekte auftreten, stets wieder zur Rendite des Projektes mit der höheren Rendite angelegt weden können.
158 Vgl. Blohm, H. / Lüder, K. (1988), S. 100.
159 Vgl. Gans, B. / Looss, W. / Zickler, D. (1977), S. 48.
160 Vgl. weiter unten in diesem Gliederungspunkt.

abhängt. Bei i = 14% sind die Alternativen B und (A+A') gleichwertig, während es es bei i > 14% vorteilhafter ist, Projekt A zu wählen und die 50 Einheiten (A') zum Kalkulationszinsfuß anzulegen. Die Skizze der beiden Kapitalwertkurven zeigt, daß der „**kritische Zinssatz**" ($i_K = 14\%$) dem Schnittpunkt der beiden Kurven ($C_{oA} = C_{oB}$) entspricht.

Die nachfolgende Abbildung B 11 zeigt dies nochmals graphisch.

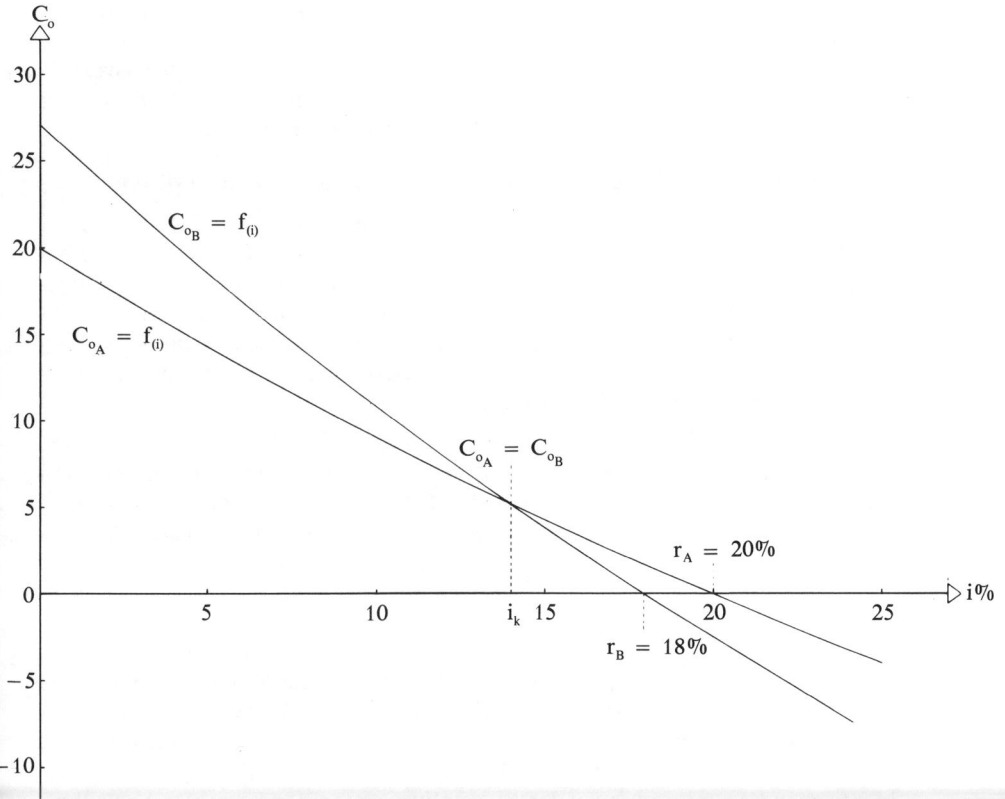

Abbildung B 11: Kapitalwertfunktionen zweier sich ausschließender Projekte A und B

Aus den bisherigen Überlegungen läßt sich auch allgemein schließen, in welchen Situationen ein Vergleich der internen Zinsfüße zweier vorteilhafter Alternativen zu **Fehlentscheidungen** führt. Die Voraussetzungen sind:

a) **Die Alternativen weisen einen unterschiedlichen Verlauf der Kapitalbindung auf.**

b) **Das Projekt mit der höheren bzw. länger andauernden Kapitalbindung weist eine geringere interne Rendite auf, als das Konkurrenzprojekt mit der geringeren oder kürzer andauernden Kapitalbindung. Nur dann schneiden sich**

96 Investitionsplanung und Wirtschaftlichkeitsrechnung

die **Kapitalwertkurven bei positiven Zinssätzen und positiven Kapitalwerten**[161].

c) **Der Kalkulationszinsfuß, bei dem der Investor den C_o mißt, muß geringer sein als der „kritische Zinsfuß i_K".**

Eine derartige Datenkonstellation war in den beiden obigen Beispielen gegeben. In diesen Fällen kann die Entscheidung zwischen Investitionsprojekten nicht unmittelbar durch einen Vergleich der internen Zinsfüße getroffen werden. Wenn man die Interne-Zinsfuß-Methode anwendet und die Bedingungen a) und b) vorliegen, so muß die Interne-Zinsfuß-Rechnung durch ein **Ausgleichsverfahren** ergänzt werden, welches die **Kapitalbindungsdifferenzen** berücksichtigt und das Entscheidungskriterium „interne Rendite" somit korrigiert.

a) Alternativenvergleich unter Verwendung der Komplementinvestition

Will man zwei sich gegenseitig ausschließende Investitionsprojekte anhand der Internen-Zinsfuß-Methode bewerten und muß dabei aufgrund der Kapitalbindungsverläufe befürchten, daß das renditestärkere Projekt **nicht** zur Maximierung des Einkommens des Investors führt, so kann über den Ausgleich der Kapitalbindungen durch Vornahme einer sogenannten **Komplementinvestition** ein verläßliches Renditeergebnis erzielt werden. Diese Rechnung wird auch als „**vollständiger Renditevergleich**" bezeichnet.

Der Grundgedanke der Komplementinvestition besteht in der Überlegung, daß die Problematik der Internen-Zinsfuß-Methode auf **unterschiedliche Kapitalbindungsverläufe** zurückgeht. Beständen bis auf die letzte Periode identische Kapitalbindungsverläufe bei den zu bewertenden Projekten, so würde die Auswahl des renditestärksten Projektes stets mit der Kapitalwertmaximierung und somit der Einkommensmaximierung zusammenfallen. Dieser Zustand wird durch die Komplementinvestition sozusagen „künstlich" hergestellt. Durch Anlage der (in betragsmäßiger oder zeitlicher Hinsicht) minder gebundenen Mittel eines Projektes zum Kalkulationszins am Restkapitalmarkt wird dieses in der Kapitalbindung dem Vergleichsprojekt angeglichen. Der vollständige Renditevergleich stellt somit das um eine Kapitalmarkttransaktion ergänzte Projekt renditemäßig seinem Vergleichsprojekt gegenüber und stellt aufgrund der nun identischen Kapitalbindungen der Alternativen stets einen korrekten Vorteilhaftigkeitsindikator dar.

Beispiel:

		t_0	t_1	t_2	t_3	t_4	t_5
Projekt	I	−100	+ 5	+10	+35	+75	+125
Projekt	II	−100	+70	+48	+29	+ 8	+ 6,5
Komplementanlage	II_K	0	−65	−38	+ 6	+67	(bleibt frei!)

---

[161] Kommt es bei negativen Renditen oder im Bereich negativer Kapitalwerte zu Schnittpunkten zwischen den Kapitalwertfunktionen, so ist dies ökonomisch irrelevant, da in diesen Fällen die Projekte ohnehin absolut unvorteilhaft wären.

Nimmt man nun Projekt II und Projekt II$_K$ zusammen, so weisen diese in allen Perioden bis auf die letzte exakt eine zum Vergleichsprojekt I identische Kapitalbindung auf. Der Ausgleich der unterschiedlichen Zahlungsausprägungen in t$_5$ unterbleibt, da die Differenzen dieser Periode später implizit in die Renditen eingeht.

Im nächsten Schritt wird ermittelt, welchen auf t$_5$ bezogenen Saldo die Anlage bzw. Finanzierung der in der Komplementinvestition durchgeführten Kapitalmarkttransaktionen bei i = 10% ergeben:

	t$_0$	t$_1$	t$_2$	t$_3$	t$_4$	t$_5$
Projekt IIK	0	−65	−38	+6	+67	

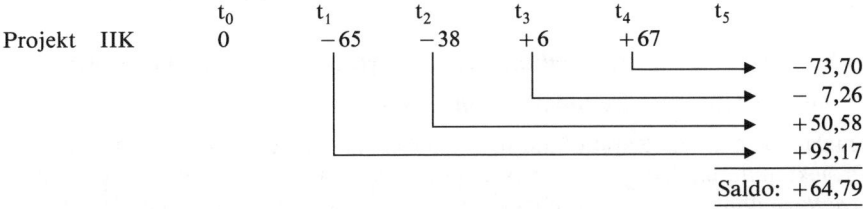

$$\begin{aligned} &-73{,}70\\ &-7{,}26\\ &+50{,}58\\ &+95{,}17\end{aligned}$$

Saldo: +64,79

Dieses Zwischenergebnis läßt sich wie folgt interpretieren: Gleicht man die Kapitalbindungsunterschiede zwischen den betrachteten Projekten I und II derart aus, daß man höhere Rückzahlungen von Projekt II durch Kapitalmarktanlagen und geringere Rückzahlungen durch Kapitalmarktfinanzierungen zu jeweils 10% neutralisiert, so erhält man aus den Kapitalmarkttransaktionen in t$_5$ einen Saldo in Höhe von + 64,79.

Somit kann Projekt II und die Komplementinvestition II$_K$ zu folgender Zahlungsreihe zusammengefaßt werden:

	t$_0$	t$_1$	t$_2$	t$_3$	t$_4$	t$_5$
II + IIK:	−100	+5	+10	+35	+75	+71,29

In einem letzten Schritt muß nun lediglich noch die Rendite der ergänzten Alternative (II+II$_K$) ausgerechnet und der internen Verzinsung des Vergleichsprojektes A gegenübergestellt werden. Unter Verwendung des o.a. Verfahrens ergibt sich für (II+II$_K$) eine interne Verzinsung von 18,8%.

Ergebnis: **Projekt II ist relativ unvorteilhaft**, da nach Ausgleich der Kapitalbindung durch Restkapitalmarkttransaktionen zum Kalkulationszinssatz die Rendite von 30% auf nur noch 18,8% und damit unter die 25%ige Verzinsung des Projektes I fiel[162].

Grundsätzlich gilt immer, daß im Rahmen des relativen Vorteilhaftigkeitsvergleiches die Rendite eines Investitionsprojektes durch Kapitalmarktanlagen zu i% absinkt: **Die Mischverzinsung nach Einschluß der Komplementinvestition muß also stets unter der Rendite des Ursprungsprojektes liegen.** Das läßt sich bereits dadurch erklären, daß sich die Problematik des relativen Vorteilhaftigkeitsvergleichs erst dann stellt, wenn die rivalisierenden Projekte jeweils absolut vorteilhaft sind. Dies wiederum bedeutet, daß die Rendite der Projekte über

---

162 Dieses Ergebnis wäre bereits anhand der Zahlungsreihe von (II+II$_K$) ersichtlich gewesen, da in den Perioden t$_0$ bis t$_4$ alle Ausprägungen mit denen von Projekt I übereinstimmten, während in t$_5$ das Projekt I eine höhere Einzahlung aufwies. Die Ermittlung der internen Rendite des um die Komplementinvestition ergänzten Projektes ist jedoch trotzdem sinnvoll, da dem Entscheidungsträger ja ein Ergebnis auf Renditebasis zur Verfügung gestellt werden soll.

dem Kapitalmarktzins i liegt, wodurch eine „**Renditeverwässerung**" aufgrund der Komplementbildung unumgänglich ist.

Das zentrale Problem besteht jedoch in der Frage, ob der „Renditeverwässerungseffekt" der Komplementinvestition so stark wirkt, daß das ursprünglich renditestärkere Projekt unter die interne Verzinsung des Vergleichsprojektes fällt. Dies war im obigen Beispiel der Fall.

Grundsätzlich hängt das Ausmaß der Renditeverschlechterung von zwei Daten ab:

1) Von der Höhe der Kapitalbindungsunterschiede zwischen den Projekten

2) Von der Höhe des Kalkulationszinssatzes

Da das Ausmaß der Kapitalbindungsunterschiede zwischen den zu bewertenden Projekten durch deren Ursprungszahlungsreihen determiniert wird, ist die relative Vorteilhaftigkeit bei gegebenen Projekten lediglich noch von der Höhe des Kalkulationszinssatzes abhängig.

Würde im obigen Beispiel etwa der Kalkulationszinssatz auf 20% ansteigen, so ergäbe sich folgende Rechnung:

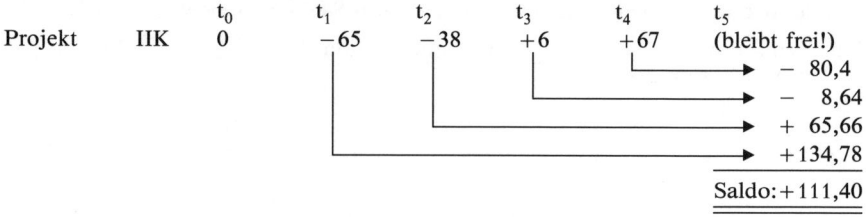

		t_0	t_1	t_2	t_3	t_4	t_5
Projekt	IIK	0	−65	−38	+6	+67	(bleibt frei!)
							− 80,4
							− 8,64
							+ 65,66
							+134,78

Saldo: +111,40

Die Zahlungsreihe (II + IIK) hätte somit folgendes Aussehen:

		t_0	t_1	t_2	t_3	t_4	t_5
Projekt	II	−100	+70	+48	+29	+ 8	+ 6,5
Projekt	II_K	0	−65	−38	+ 6	+67	+111,40
Projekt	$(II+II_k)$	−100	+ 5	+10	+35	+75	+117,90

Die Rendite von $(II+II_K)$ würde bei i = 20% somit auf 24,26% ansteigen, d. h. Projekt $(II+II_K)$ ist bei dem gestiegenen Kalkulationszinssatz nunmehr nahezu gleich vorteilhaft wie Projekt I[163].

b) Alternativenvergleich unter Verwendung der Differenzinvestition

Der Grundgedanke der **Differenzinvestition** besteht in folgender Überlegung: Von zwei absolut vorteilhaften Investitionsprojekten unterschiedlicher Kapital-

---

[163] Der Kalkulationszins, bei dem die beiden Projekte gleich vorteilhaft sind, läßt sich durch eine Differenzinvestition bestimmen.

bindung kann das relativ überlegene dadurch herausgefunden werden, indem man feststellt, welche Rentabilität auf die Unterschiedsbeträge der Kapitalbindungen entfällt. Dabei wird auf die Erkenntnis zurückgegriffen, daß das Projekt mit der größeren oder länger andauernden Kapitalbindung dann relativ vorteilhaft sein muß, wenn die zusätzlich oder länger eingegangene Kapitalbindung besser als bei einer Restkapitalmarktanlage verzinst wird.

Folglich wird also der „Sprung" (= **Grenzübergang**) vom Projekt mit der kleineren bzw. kürzer dauernden Kapitalbindung auf das Projekt mit der größeren bzw. länger andauernden Kapitalbindung analysiert und anschließend festgestellt, ob die bei diesem Übergang erzielte Rendite besser oder schlechter ist, als die Rendite des Kapitalmarktes.

Hieraus lassen sich folgende grundsätzliche Entscheidungsregeln für die Bestimmung zweier, jeweils absolut vorteilhafter Projekte A und B ableiten:

Aus $r_{(B-A)} > i$ folgt: Die Differenzinvestition (B − A) ist vorteilhaft. Es lohnt sich, zusätzlich zu Projekt A die Differenzinvestition (B − A) zu verwirklichen. Demnach wird Projekt B ausgewählt, denn:
A + (B − A) = B.

Aus $r_{(B-A)} < i$ folgt: Die Differenzinvestition (B − A) wird abgelehnt. Es lohnt sich nicht, zusätzlich zu Projekt A die Differenzinvestition (B − A) zu realisieren, da die Anlage zum Kalkulationszinsfuß vorteilhafter ist. Es wird Projekt A ausgewählt.

Existiert **keine positive Rendite der Differenzinvestition**, so bedeutet dies, daß das Projekt mit der kleineren Kapitalbindung eine erheblich größere Rendite als das Projekt mit der größeren Kapitalbindung besitzt, so daß es bei allen Zinssätzen größer Null höhere Kapitalwerte bewirkt[164]. Die **Kapitalwertfunktionen** der beiden Projekte schneiden sich daher nicht im Bereich positiver Kalkulationszinssätze und positiver Kapitalwerte. Folglich führt die Auswahl des Projektes mit der höheren Rendite auch stets zur Entscheidung für das einkommensstärkere Projekt.

Die Anwendung der Differenzinvestition führt bei den Projekten des obigen Beispiels zu folgender Rechnung:

	t_0	t_1	t_2	t_3	t_4	t_5
Projekt 1	−100	+ 5	+10	+35	+75	+125
Projekt 2	−100	+70	+48	+29	+ 8	+ 6,5
Differenzinvestition: (1 minus 2)	0	−65	−38	+ 6	+67	+118,5

---

164 Vgl. Blohm, H./Lüder, K. (1988), S. 98.

Die Differenzzahlungsreihe gibt also **alle** Kapitalbindungsunterschiede zwischen den analysierten Projekten wieder (inklusive derjenigen der letzten Periode). Damit die **Differenzzahlungsreihe** als Investition interpretiert werden kann, muß man darauf achten, daß sie – wie jede Investition – mit einer Auszahlung beginnt. Es wäre zwar auch möglich, einen Ausgleich der Kapitalbindungsverläufe über **Differenzfinanzierungen** durchzuführen, jedoch würde hierdurch das gleiche Ergebnis entstehen und keinerlei zusätzliche Information oder Erkenntnis gewonnen. Außerdem müßten bei der Verwendung von **Differenzfinanzierungen** die o.a. Entscheidungsregeln auf Basis der Differenzinvestition umgekehrt werden. Daher wird auf die Erläuterung von Differenzfinanzierungen vollständig verzichtet.

Damit die Differenzzahlungsreihe eine Investition darstellt, wird folglich das Projekt mit der kleineren Anfangsauszahlung oder den höheren Rückzahlungen in der ersten auf t_0 folgenden Periode von dem anderen Projekt abgezogen, so daß sich stets als erstes Vorzeichen der Differenz ein Minuszeichen ergibt.

Probleme mit der Differenzinvestition können sich dann ergeben, wenn sich aufgrund der Kapitalbindungsverläufe der Ursprungsprojekte ein **mehrfacher Vorzeichenwechsel der Differenzinvestition** und damit ein gemischtes Projekt ergibt. Läßt sich keine eindeutige Lösung ermitteln, so muß auf die Durchführung einer **Komplementinvestition** ausgewichen werden.

Die **ökonomische Interpretation** der Differenzzahlungsreihe ergibt sich wie folgt: Es handelt sich nicht um ein neues Investitionsprojekt, sondern genau die Ein- oder Auszahlungen, die sich ergeben, wenn man anstelle des Projektes 2 das Projekt 1 durchführt. Durch den Übergang von 2 auf 1 würden sich für den Investor in den Jahren t_1 und t_2 zusätzliche Auszahlungen ergeben, denen jedoch in den Jahren t_3, t_4 und t_5 zusätzliche Einzahlungen entsprechen.

Folglich ist Projekt 1 gegenüber Projekt 2 genau dann überlegen, wenn die Rendite, die sich aus der mit dem Grenzübergang verbundenen Differenzanlage ergibt, größer ist, als die Rendite alternativer Anlagen, d.h. der Investition am Kapitalmarkt zu i %.

Zur Lösung des Entscheidungsproblems muß nunmehr lediglich die **interne Rendite** der Differenzinvestition (1 minus 2) ermittelt werden.

Bei einem i von 21% ergibt sich ein Kapitalwert der Differenzinvestition von + 0,67, bei einem i von 22% beträgt der entsprechende Wert − 1,42. Anhand der gemischt grafisch-mathematischen Vorgehensweise ergibt sich somit eine interne Verzinsung der Differenzinvestition in Höhe von

$r_{(1\ minus\ 2)} = 21,32\%$

Dieses Ergebnis ist wie folgt zu interpretieren:

Wählt der Investor das Projekt mit der größeren bzw. längerdauernden Kapitalbindung, nämlich Projekt 1 anstelle des ebenfalls absolut vorteilhaften Projektes 2, so erzielt er neben dem Einkommen, das ihm Projekt 2 gewährt hätte, ein Mehreinkommen auf das **zusätzlich eingesetzte Kapital**, welches einer Rendite

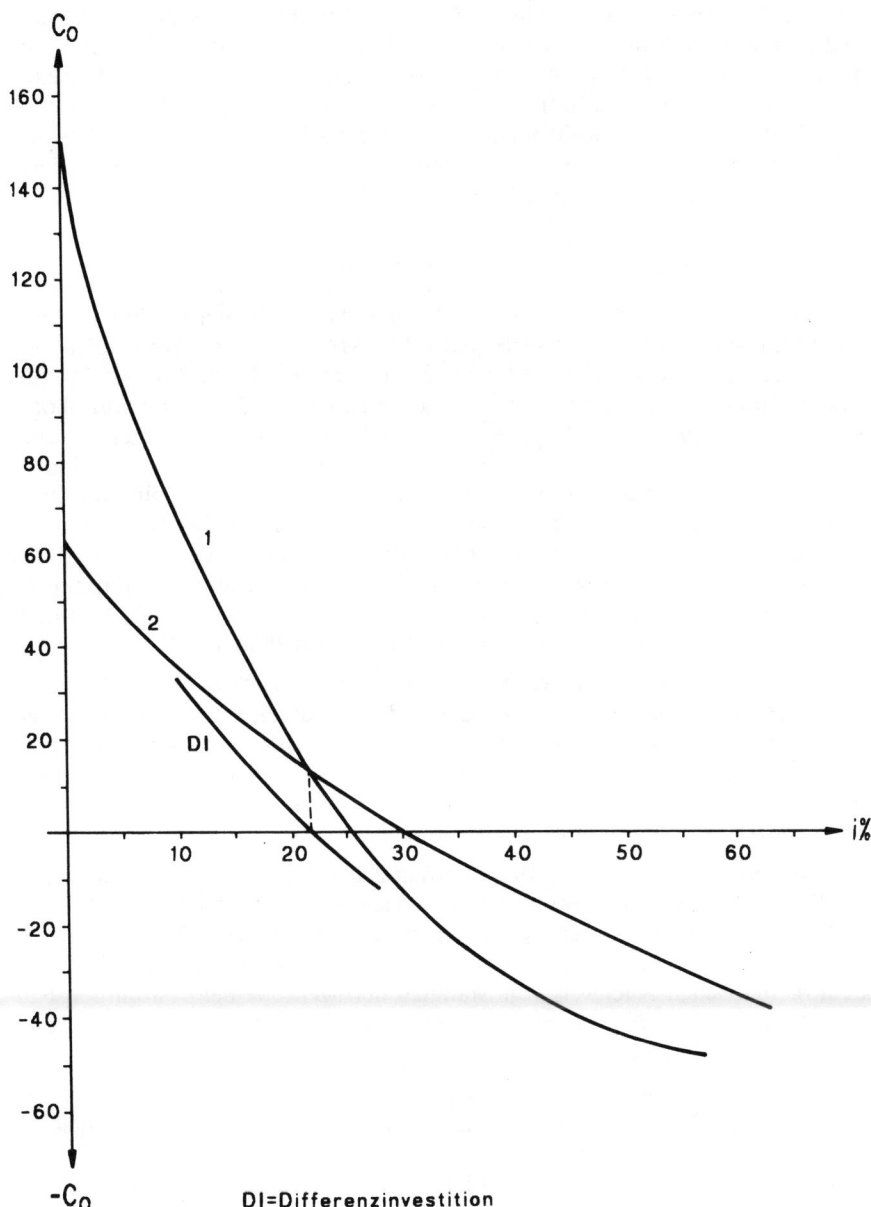

Abbildung B 12: Zusammenhang zwischen absoluter Vorteilhaftigkeit der Differenzinvestition und relativer Vorteilhaftigkeit der Ursprungsprojekte

102 Investitionsplanung und Wirtschaftlichkeitsrechnung

von 21,32 % entspricht. Würde er diese Mehrkapitalbindung am Restkapitalmarkt anlegen, so würde er lediglich den Kalkulationszinssatz in Höhe von 10% erhalten. Folglich ist die Differenzinvestition, d. h. das Eingehen der Mehrkapitalbindung absolut vorteilhaft und das Projekt 1, welches diese Mehrkapitalbindung implizit enthält, relativ besser als das Vergleichsprojekt 2 mit der geringeren bzw. kürzer dauernden Kapitalbindung. Abbildung B 12 zeigt diesen Zusammenhang nochmals graphisch.

3.2.3.6. Würdigung der Internen-Zinsfuß-Methode

Die interne Verzinsung stellt auch heute noch das mit Sicherheit in der Praxis am häufigsten verwendete Vorteilhaftigkeitskriterium bei Investitions- und Finanzierungsentscheidungen dar. Die Rendite als Maßgröße ist weithin bekannt und kann aufgrund der leichten Verständlichkeit[165] auch von ökonomischen Laien interpretiert werden. Als wichtiger Vorteil der Internen-Zinsfuß-Methode ist die Tatsache zu nennen, daß die Ermittlung des Vorteilhaftigkeitskriteriums „Rendite" ohne eine Information über den Kapitalmarktzins auskommt[166]. Erst zur Durchführung einer Vorteilhaftigkeitsentscheidung wird eine Information über den adäquaten Kalkulationszins benötigt. Die Kennziffer „interne Rendite" ist somit auch − im Gegensatz zum Kapitalwert − von Änderungen des Kalkulationszinssatzes unabhängig, was in Situationen schwankender Marktzinsen für den Anwender vorteilhaft ist[167].

Außerdem kann die interne Rendite als „**kritischer Wert**" im Hinblick auf das **Zinsänderungsrisiko** verstanden werden, d. h. sie gibt an, ab welcher Zinssteigerung die absolute Vorteilhaftigkeit eines Investitionsprojektes und ab welcher Zinssenkung die absoulute Vorteilhaftigkeit eines Finanzierungsprojektes gefährdet ist[168]. Dies ermöglicht dem Entscheidungsträger eine **erste Abschätzung der Zinsempfindlichkeit** eines Projektes.

Die konzeptionellen Grenzen der Internen-Zinsfuß-Methode erweisen sich in der Praxis oftmals als irrelevant, da die kritischen Datenkonstellationen, welche z. B. zu Mehrdeutigkeit der Renditeergebnisse bzw. fehlender Existenz einer Lösung führen, bei praktischen Anwendungen nur selten vorkommen[169]. Aus dem theoretischen Nachweis von Mängeln der Methode bei bestimmten Fallkonstellationen auf die generelle Unbrauchbarkeit des Verfahrens[170] zu schließen, ist daher unangebracht.

Gleichwohl besteht die Gefahr, daß Entscheidungsträger bei ausschließlicher Orientierung an der internen Verzinsung von Alternativen zu falschen Ergebnissen kommen. So besteht die Gefahr, daß es aufgrund des oben geschilderten Konfliktes zwischen Renditemaximierung und Einkommensmaximierung zu

---

165 Vgl. Altrogge, G. (1988), S. 179.
166 Vgl. Gans, B./Looss, W./Zickler, D. (1977), S. 41.
167 Vgl. Franke, G./Hax, H. (1988), S. 121f.
168 Vgl. Blohm, H./Lüder, K. (1988), S. 100.
169 Vgl. Blohm, H./Lüder, K. (1988), S. 100.
170 Kruschwitz, L. (1987), S. 85.

Fehlentscheidungen kommen kann, falls bestehende Kapitalbindungsunterschiede zwischen den betrachteten Projekten nicht ausgeglichen werden.

Der im Vergleich zu anderen Methoden höhere Rechenaufwand zur Ermittlung interner Renditen verliert vor dem Hintergrund möglicher EDV-Unterstützung an Bedeutung[171].

Aufgaben zur Selbstüberprüfung

1) Aus welchem Grund besitzt die interne Rendite einen geringeren Bezug zum Einkommensziel als die Kapitalwertmethode?

2) Worin besteht der Vorteil der Internen-Zinsfuß-Methode gegenüber der Kapitalwertmethode in einer Situation stark schwankender Zinssätze?

3) Was versteht man unter dem Begriff „reines Projekt" oder „reine Zahlungsreihe"?

4) Folgende Investitionsprojekte sollen im Rahmen eines relativen Vorteilhaftigkeitsvergleichs gegenübergestellt werden:

	t_0	t_1	t_2	t_3	t_4
A)	−500	+100	+100	+100	+600
B)	−250	+ 25	+ 25	+ 25	+275

Fällen Sie eine relative Vorteilhaftigkeitsentscheidung. Führen Sie hierzu – falls erforderlich – eine Differenzinvestition durch.

5) Kommt es bei der Ermittlung der Renditen von Projekt A oder B mit Hilfe der Strahlensatzmethode zu einer Unterschätzung oder Überschätzung der Renditen? Begründen sie Ihr Ergebnis, und zeigen Sie, wie man den Umfang des Schätzfehlers sichtbar machen kann.

6) Warum führt die Entscheidung für das Projekt mit der größten Rendite nicht unbedingt immer zur Auswahl der einkommensmaximalen Alternative?

Die Musterlösungen zu diesen Aufgaben befinden sich im Anhang des Buches, Seite 313.

Weiterführende Literatur:

Altrogge, Günter (1988); Investition, München 1988, S. 310−334.
Blohm, Hans/Lüder, Klaus (1988); Investition, 6. Aufl., München 1988, S. 90−99.
Däumler, Klaus-Dieter (1989); Grundlagen der Investitions- und Wirtschaftlichkeitsrechnung, 6. Aufl., Berlin 1989 S. 62−102.
Franke, Günther/Hax, Herbert (1988); Finanzwirtschaft des Unternehmens und Kapitalmarkt, Heidelberg 1988, S. 121−142.

---

171 Vgl. Altrogge, G. (1988), S. 334.

104 Investitionsplanung und Wirtschaftlichkeitsrechnung

Gans, Bernd / Looss, Wolfgang / Zickler, Dieter (1977); Investitions- und Finanzierungstheorie, 3. Aufl., München 1977, S. 41–49.
Hax, Herbert (1985); Investitionstheorie, 5. Aufl., Würzburg – Wien 1985, S. 15–24, S. 36–37 sowie S. 41–43.
Kruschwitz, Lutz (1987); Investitionsrechnung, 3. Aufl., Berlin 1987, S. 85–93.
Möser, Heinz-Dieter (1988); Finanz- und Investitionswirtschaft in der Unternehmung, Landsberg am Lech 1988, S. 177–181.
Olfert, Klaus (1988); Investition, 4. Aufl., Ludwigshafen 1988, S. 163–171.
Perridon, Louis / Steiner, Manfred (1988); Finanzwirtschaft der Unternehmung, 5. Aufl., München 1988, S. 53–54.
Schmidt, Reinhard (1986); Grundzüge der Investitions- und Finanzierungstheorie, 2. Aufl., Wiesbaden 1986, S. 73–78.

3.2.4. Dynamische Amortisationsrechnung

3.2.4.1. Grundgedanke der Dynamischen Amortisationsrechnung

Die **dynamische Amortisationsrechnung** – auch **Pay-off-Methode, Pay-out-Methode** oder **Wiedergewinnungsrechnung** genannt [172] – geht nicht von Rentabilitätsüberlegungen, sondern von Sicherheitserwägungen des Entscheidungsträgers aus. Dem Verfahren liegt die einfache Überlegung zugrunde, daß das mit einer Investition verbundene Risiko um so größer sei, je länger der Investor auf die Rückgewinnung des von ihm zur Verfügung gestellten Kapitals warten müsse. Je schneller das investierte Kapital zurückfließe, um so früher könne der Investor auf Datenänderungen des ökonomischen Umfeldes reagieren, d. h. eine kurze Wiedergewinnungszeit bedeute größere Flexibilität. Diese Überlegung berücksichtigt, daß die Annahme sicherer Erwartungen nicht der Realität entspricht. Das Verfahren verwendet folglich den Zeitraum, der verstreicht, bis der Investitionsbetrag wieder zum Unternehmen zurückgeflossen ist, als **Vorteilhaftigkeitsindikator** [173] und versucht, über die Auswahl von Projekten mit möglichst kurzer Rückgewinnungsdauer eine Begrenzung von Investitionsrisiken zu erreichen.

3.2.4.2. Definition und Berechnung der Amortisationsdauer

Als **Amortisationsdauer** wird bei der dynamischen Pay-off-Rechnung derjenige Zeitraum verstanden, in dem sich ein Projekt unter Berücksichtigung von Zinsen und Zinseszinsen amortisiert [174].

Die Amortisationsdauer stellt somit die kritische Nutzungsdauer dar, welche mindestens erreicht werden muß, damit sich ein nicht-negatives Einkommen für ein Investitionsprojekt ergibt [175].

---

172 Vgl. Troßmann, E. (1987), S. 13; Eisele, W. (1985), S. 375.
173 Vgl. Schmidt, R. (1986), S. 56; Kruschwitz, L. (1987), S. 37.
174 Vgl. Altrogge, G. (1988), S. 294; Schneider, D. (1980), S. 244f.
175 Vgl. Kruschwitz, L. (1987), S. 41.

Man kann dies auch folgendermaßen ausdrücken:

Gesucht ist der Zeitraum t_1 bis t_x, für den der Barwert der Einzahlungsüberschüsse der Anschaffungsauszahlung a_o entspricht. Mathematisch formuliert ergibt das:

$$\sum_{t=1}^{x} (e_t - a_t) q^{-t} = |a_o|$$

wobei x = gesuchte Pay-off-Periode in Jahren.

Eine Näherungslösung dieser Gleichung kann durch einfaches Probieren gefunden werden, indem man für x verschiedene Werte einsetzt. Eine systematischere Vorgehensweise besteht darin, die Barwerte der Einzahlungsüberschüsse solange zu addieren, bis die Summe die Anschaffungsauszahlung erreicht oder übertrifft. Da die Höhe der kumulierten Barwerte vom zugrundegelegten Kalkulationszinssatz abhängt, ist die Existenz bzw. Nichtexistenz der Lösung ebenfalls ein Resultat, das von der Höhe des Kalkulationszinssatzes abhängt. Dies gilt jedoch lediglich, sofern die Summe der Nominalbeträge der Einzahlungsüberschüsse den Wert der Anfangsauszahlungen übersteigt, da ansonsten keine Lösung existieren kann[176]. Erreicht ein Projekt während seiner ganzen Nutzungsdauer die dynamisch errechnete Wiedergewinnung nicht, so läßt dies den zwingenden Schluß zu, daß die Rendite des Projektes unter dem der Rechnung zugrunde gelegten Kalkulationszins liegt[177].

Rechentechnisch einfacher ist die Pay-off-Periode zu ermitteln, wenn die jährlichen Einzahlungsüberschüsse, die nach der Anschaffungsauszahlung anfallen, konstant sind ($e_t - a_t = E$); wenn sie also den Charakter einer **Rente** haben. In diesem Falle kann man die linke Seite der Gleichung unter Verwendung des Rentenbarwertfaktors vereinfachen:

$$E \cdot \frac{q^x - 1}{q^x (q - 1)} = a_0$$

$$\frac{q^x - 1}{q^x (q - 1)} = \frac{a_0}{E},$$

wobei: E = gleichbleibender Einzahlungsüberschuß von t_1 bis t_n

$\dfrac{q^x - 1}{q^x (q - 1)}$ = Rentenbarwertfaktor für eine Rente über x Perioden

x = gesuchte Amortisationsdauer
a_0 = Anschaffungsauszahlung in t_0.

---

176 Vgl. Altrogge, G. (1988), S. 295.
177 Vgl. Altrogge, G. (1988), S. 302.

Da a_o und E bekannt sind, kann man unter Annahme eines adäquaten Zinsfußes den entsprechenden Wert des Rentenbarwertfaktors ermitteln. Mit Hilfe einer finanzmathematischen Tabelle läßt sich dann auch der gesuchte Zeitraum t_o bis t_x bestimmen: Man sucht in der Rentenbarwerttabelle den Faktor, der bei entsprechendem Kalkulationszinsfuß i dem Quotienten a_o/E entspricht bzw. ihn gerade übersteigt. Das diesem Rentenbarwert zugehörige n entspricht der gesuchten Größe x und gibt die Amortisationsdauer unter Berücksichtigung des gebundenen Kapitals an.

Setzt man die ermittelte absolute Amortisationsdauer in Relation zur gesamten Nutzungsdauer eines Projekts, dann ergibt sich die **prozentuale** oder **relative Pay-off-Periode**.

$$\text{Relative Pay-off-Dauer (in \%)} = \frac{\text{Absolute Pay-off-Dauer in Jahren} \cdot 100}{\text{Erwartete technische Lebensdauer in Jahren}}$$

Mit der Kennziffer der relativen Pay-off-Dauer trägt man der Tatsache Rechnung, daß bestimmte Risiken (z. B. die Gefahr des Ausfalls eines Aggregates) auch vom Zeitraum der technischen Lebenserwartung abhängen. Die Ermittlung dieser Kennziffer ist jedoch problematisch, da die zu erwartende **technische Lebensdauer** im Planungszeitpunkt nicht eindeutig festgelegt werden kann, zumal ihre Verlängerung durch verstärkte **Instandhaltungsmaßnahmen** meist möglich ist.

3.2.4.3. Investitionsentscheidungen unter Verwendung der dynamischen Amortisationsrechnung

In die Berechnung der Amortisationsdauer gehen alle Zahlungen ein, die bis zum Ende der Pay-off-Periode anfallen. Ein Projekt gilt als absolut vorteilhaft, wenn gilt

Amortisationsdauer ≤ Nutzungsdauer.

In diesem Fall ist es möglich, die Anschaffungsauszahlung sowie eine Verzinsung des gebundenen Kapitals aus den Einzahlungsüberschüssen zu decken. Der Kapitalwert eines derartigen Projekts ist größer/gleich Null, wenn nach dem Ende der Pay-off-Periode keine Auszahlungsüberschüsse anfallen. Treten nach dem Ende der Amortisationsdauer Auszahlungsüberschüsse auf, so kann der Kapitalwert des Projekts größer, gleich oder kleiner als Null sein.

Soweit erbringt die Anwendung der Amortisationsrechnung also keinen Vorteil gegenüber der Kapitalwertmethode, die zudem einfacher anzuwenden ist. In der Praxis werden deshalb häufig Maximalwerte (im Sinne von Vorgaben) für die absolute und relative Pay-off-Periode festgelegt, die bei einer Investition nicht überschritten werden sollten. Es handelt sich hierbei meist um **Erfahrungswerte** der jeweiligen Branche, die auch stark von der individuellen Risikopräferenz des Investors beeinflußt werden. Für die Festlegung dieser Maximalwerte gibt es keine objektiven Ansatzpunkte.

Beispiel:

Gegeben seien die sich ausschließenden Projekte A und B. Ein Investor, dessen Kalkulationszinsfuß i = 6% beträgt, vergleicht beide Projekte mit Hilfe der Amortisationsrechnung. Die im Planungszeitpunkt t_0 erwarteten Zahlungsreihen haben folgendes Aussehen:

A: −100 +20 +20 +20 +20 +20 +20 +20 +120
B: −100 +60 +50 +5,5

a) Berechnung der Amortisationsdauer und des Kapitalwerts bei Projekt A:

t	$e_t - a_t$	q^{-t}	$(e_t - a_t) q^{-t}$	$\sum_{t=0}^{n} (e_t - a_t) q^{-t}$
0	−100	1,0	−100	n = 0: C_0 = −100
1	+20	0,94339	+18,87	n = 1: C_0 = −81,13
2	+20	0,88999	+17,80	n = 2: C_0 = −63,33
3	+20	0,83961	+16,79	n = 3: C_0 = −46,54
4	+20	0,79209	+15,84	n = 4: C_0 = −30,70
5	+20	0,74725	+14,94	n = 5: C_0 = 15,76
6	+20	0,70495	+14,10	n = 6: C_0 = − 1,66
7	+20	0,66505	+13,30	**n = 7: C_0 = +11,64**
8	+120	0,62741	+75,29	n = 8: C_0 = +86,93

| Kapitalwert = | | | +86,93 | |

Projekt A amortisiert sich am Ende der 7. Periode oder nach 87,5% der geplanten Nutzungsdauer. Der hohe Einzahlungsüberschuß am Ende der 8. Periode hat auf die Amortisationsdauer keinen Einfluß, während er in die Berechnung des Kapitalwerts eingeht. Der hohe Kapitalwert von 86,93 zeigt, daß es sich um eine sehr vorteilhafte Investition − bezogen auf das Ziel „Erhalt von Einkommenszahlungen" − handelt.

b) Berechnung der Amortisationsdauer und des Kapitalwerts von Projekt B:

t	$e_t - a_t$	q^{-t}	$(e_t - a_t) q^{-t}$	$\sum_{t=1}^{n} (e_t - a_t) q^{-t}$
0	−100	1,0	−100	
1	+60	0,94339	+56,60	n = 1: 56,60 < a_0
2	+50	0,88999	+44,50	**n = 2: 101,10 > a_0**
3	+5,5	0,83961	+4,62	n = 3: 105,72 > a_0

| Kapitalwert = | | | +5,72 | |

108 Investitionsplanung und Wirtschaftlichkeitsrechnung

Projekt B amortisiert sich am Ende der 2. Periode oder nach 66,67% der geplanten Nutzungsdauer; der Kapitalwert beträgt 5,72.

Obwohl sowohl die absolute als auch die relative Amortisationsdauer zugunsten von Projekt B sprechen, ergibt ein Vergleich der Kapitalwerte, daß Projekt A im Hinblick auf das Einkommensziel deutlich überlegen ist. Dieses Beispiel zeigt, daß die Verwendung der Amortisationsrechnung zu ganz anderen Ergebnissen führen kann als die Verwendung der Kapitalwert-, der Internen-Zinsfuß- oder der Annuitäten-Methode. Das ist nicht verwunderlich, da der Amortisationsrechnung eine völlig andere Zielsetzung zugrunde liegt als den vorher behandelten Verfahren.

3.2.4.4. Kritische Bewertung der dynamischen Amortisationsrechnung

Die dynamisch ermittelte Amortisationsdauer erfreut sich – insbesondere wegen ihrer im Vergleich zu anderen auf Risikobegrenzung abzielenden Investitionsrechenverfahren relativ einfachen Anwendung – in der Praxis einer großen Beliebtheit, obwohl sie erhebliche konzeptionelle und technische Mängel aufweist. Im folgenden sollen daher die Schwächen dieses Verfahrens ausführlich dargestellt werden.

a) Datenverlust nach Pay-off:

Während bei der **statischen Amortisationsrechnung** alle innerhalb der Nutzungsdauer anfallenden Daten in die Rechnung einbezogen werden[178], führt die **dynamische Pay-off-Rechnung** in ihrer traditionellen Anwendungsweise zur Vernachlässigung von Zahlungen, die nach dem Ende der Pay-off-Periode anfallen. **Es wird nicht untersucht, ob nach dem Wiedergewinnungszeitpunkt Ein- oder Auszahlungsüberschüsse auftreten**[179]. Dies führt dazu, daß bestimmte Projekte, welche regelmäßig am Ende der Nutzungsdauer hohe Abbruch-, Entsorgungs- oder Wiederinstandsetzungsauszahlungen bewirken (z. B. Kiesgruben, Atomreaktoren etc.) bei ausschließlicher Anwendung der dynamischen Pay-off-Rechnung systematisch falsch (nämlich zu gut) eingeschätzt werden. Außerdem ist denkbar, daß ein Projekt mehrere **Pay-off-Zeitpunkte** besitzt, wenn nach Erreichen der erstmaligen Wiedergewinnung Auszahlungsüberschüsse entstehen (z. B. durch Reparaturen), die erneut amortisiert werden müssen.

Dieser Mangel der dynamischen Amortisationsrechnung läßt sich jedoch dadurch ausräumen, daß die Gegenüberstellung der kumulierten und abgezinsten Ein-/Auszahlungsüberschüsse über den Pay-off-Zeitpunkt hinaus bis zum Ende der geplanten Nutzungsdauer durchgeführt wird, um somit das **Auftreten erneuter Kapitalbindung** zu erkennen.

---

178 Vgl. Gliederungspunkt B. 4.2.4.
179 Vgl. Schmidt, R. (1986), S. 56.

b) Betrachtung des Risikos eines Projektes als pauschale Größe

Die Amortisationsrechnung geht von der Annahme aus, der **Risikogehalt** eines Projektes steige mit zunehmender Wiedergewinnungsdauer an. Der Zeitablauf selbst stellt jedoch keine eigenständige Risikodeterminante dar. Nicht das Phänomen der Wiedergewinnungszeit bewirkt **Investitionsrisiken**. Die Existenz von Risiken – verstanden als Abweichungen der tatsächlich erzielten Ergebnisse von den geplanten beziehungsweise erwarteten Größen[180] – resultiert aus einer Vielzahl von unterschiedlichen Ursachen, welche manchmal, jedoch nicht zwangsläufig eine Beziehung zur Zeit aufweisen.

Ein Beispiel soll diese Überlegung verdeutlichen: Der Risikogehalt einer achtjährigen Anlage in Bundesschuldverschreibungen (Pay-off-Dauer = 8 Jahre) soll dem einer fünfjährigen **Direktinvestition** in einem politisch unsicheren und in kriegerische Auseinandersetzungen verwickelten Land (Pay-off-Dauer = 5 Jahre) gegenübergestellt werden. Würde man sich an den **Wiedergewinnungszeiträumen** orientieren, so wäre eine Empfehlung für die ausländische Direktinvestition die Folge.

Unberücksichtigt bliebe hierbei, daß mit der Alternative „Direktinvestition" einige Risikoarten verbunden sind, welche bei der inländischen Wertpapieranlage entweder völlig ausgeschlossen sind, oder deren Eintrittswahrscheinlichkeit und Ausmaß als erheblich geringer eingeschätzt werden muß. Zum Beispiel beinhaltet die Direktinvestition im Ausland eine Vielzahl unterschiedlicher politisch bedingter Risiken (Verstaatlichung bzw. Enteignung, Verbot der Ausfuhr von Zahlungsmitteln, unvorhersehbare Auflagen und Einschränkungen), die Gefahr der Abwertung der ausländischen Währung vor Rückerhalt des Kapitals (Währungsrisiko) sowie ein höheres Betrugsrisiko, da sich der Anleger mit fremden Gesetzen und Gepflogenheiten nicht auskennt. Eine Erfassung und Bewertung dieser Einzelrisiken wird in der Amortisationsrechnung nicht durchgeführt. Hingegen fingiert die Methode, daß der **Risikogehalt pro Zeiteinheit bei allen Alternativen gleich** ist, womit der Realität widersprochen wird.

Der einfache und pauschale Versuch, **Investitionsrisiken** über die Minimierung der Wiedergewinnungszeiträume zu begrenzen, scheitert somit an der Problematik, daß verschiedene Anlagealternativen unterschiedlichen Risikoquellen in verschieden großer Intensität ausgesetzt sein können.

Mit dieser Problematik hängen auch mögliche Widersprüche beim Vergleich von **absoluter und relativer Wiedergewinnungszeit** der betrachteten Investitionsalternativen zusammen: Während sich das Kriterium der absoluten Pay-off-Dauer nämlich implizit auf Risikoursachen bezieht, welche **außerhalb** des Projektes liegen (z. B. das Zinsänderungsrisiko) und damit von der technischen Nutzungsdauer unabhängig sind, stellt die relative Pay-off-Dauer einen auf **projektimmanente Risiken** abzielenden Parameter dar, der von den Determinanten der technischen Lebenserwartung der Investition abhängt.

Beispiel:

Eine Unternehmung benötigt ein Botenfahrzeug. Alternativ kann ein Mittelklassefahrzeug mit Benzinmotor oder mit Dieselmotor angeschafft werden, wobei die Alternative mit Dieselmotor zwar einerseits um 15% teurer ist, jedoch aufgrund der erheblich höhe-

---

[180] Vgl. Gerke, W. / Philipp, F. (1985), S. 47.

110 Investitionsplanung und Wirtschaftlichkeitsrechnung

ren Robustheit auch eine um 40% größere technische Lebenserwartung besitzt. Die geplante Nutzungsintensität sei für beide Alternativen identisch.

Exogene Risikoursachen, d. h. solche, die von der technischen Nutzungsdauer unabhängig sind, wären beispielsweise Diebstahl des Autos, unverschuldeter Zusammenstoß mit einem nicht ermittelbaren Unfallflüchtigen oder Untergang des Autos infolge einer Naturkatastrophe. Bei beiden Fahrzeugen ist der Eintritt dieser Risiken pro Zeiteinheit (z. B. pro Nutzungsjahr) gleich wahrscheinlich. Der Risikogehalt ist jedoch insgesamt bei dem Projekt höher, bei dem die absolute Pay-off-Periode länger ist. **Betrachtet man exogene Risikoursachen, so müßten also absolute Wiedergewinnungszeiträume (in Jahren) gegenübergestellt werden.**

Hingegen ist das Risiko eines Motordefektes in Bezug zur technischen Lebenserwartung der unterschiedlichen Aggregate zu setzen, d. h. die Wahrscheinlichkeit eines solchen Defektes ist beim Dieselmotor pro Nutzungsperiode geringer, da er eine durchschnittlich höhere technische Lebenserwartung besitzt. **Als Indikator für die im Projekt selbst angelegten (= endogenen) Risikoarten kann also lediglich die relative Wiedergewinnungsdauer herangezogen werden.**

Im obigen Beispiel sind **exogene und endogene Risikoarten** bei den zu vergleichenden Projekten derart verteilt, daß eine Alternative bei der absoluten, die andere Alternative jedoch bei der relativen Wiedergewinnungszeit als relativ vorteilhaft einzuschätzen ist. In solchen Fällen wäre eine Bewertung der Wichtigkeit bzw. Intensität der einzelnen Risikoarten erforderlich, um eine Abwägung vornehmen zu können. Eine solche Bewertung kann die Amortisationsrechnung jedoch nicht leisten. Lediglich der Vollständigkeit halber soll noch erwähnt werden, daß die Pay-off-Rechnung die **Relativität des Risikos** nicht berücksichtigen kann. Ob nämlich bestimmte Datenveränderungen aus Sicht des Entscheidungsträgers überhaupt ein Risiko darstellen, kann nicht objektiv, sondern nur bei Kenntnis des vom Investor verwendeten **Maßgutes** festgestellt werden [181].

c) Mangelnde Verbindung zwischen Risikozielen und Einkommenszielen

Das Ziel der Pay-off-Methode besteht darin, den Investor bei der Auswahl von Investitionsprojekten unter Risikogesichtspunkten zu unterstützen. Problematisch hierbei ist jedoch schon allein die Tatsache, daß es keine objektiv gültigen Kriterien im Sinne von **Soll-Amortisationsdauern** gibt [182]. Man kann also nicht sagen, daß ein Investitionsprojekt beispielsweise nach mindestens drei Jahren oder 60% der technischen Nutzungsdauer den Pay-off erreicht haben muß, um absolut vorteilhaft zu sein [183].

Außerdem kann es – wie oben aufgezeigt – vorkommen, daß nach der Pay-off-Methode ausgewählte Projekte in Hinblick auf das Einkommensziel des Investors relativ unvorteilhaft sind [184]. Eine kurze Amortisationszeit garantiert keineswegs die Vorteilhaftigkeit einer Anlage [185].

---
181 Vgl. Gerke, W. / Philipp, F. (1985), S. 47–49.
182 Vgl. Schmidt, R. (1986), S. 57; Schneider, D. (1980), S. 245.
183 Vgl. Hax, H. (1985), S. 37.
184 Vgl. Kruschwitz, L. (1987), S. 41.
185 Vgl. Däumler, K.-D. (1982), S. 144.

Es wäre in solchen Fällen erforderlich, eine **Abwägung zwischen dem Mehreinkommen und dem zusätzlichen Risiko des einkommenstärkeren Projektes durchzuführen**, d.h. Risikoziele und Einkommensziele des Investors müßten verbunden werden. Die ausschließliche Orientierung an Risikozielen führt zu keiner akzeptablen Entscheidungshilfe, da sich kein Investor in der Realität ausschließlich durch Risikoziele leiten läßt.

Auch durch kombinierte Anwendung der Pay-off-Methode mit Investitionsrechenverfahren, welche das Einkommensziel des Investors abbilden, läßt sich diese Problematik nicht vollständig lösen. Um konkrete Investitionsentscheidungen unter Unsicherheit fällen zu können, müßte nämlich die für jeden Entscheidungsträger spezifische Risikoeinstellung festgestellt werden. Hierfür ist ein erheblich größerer Aufwand erforderlich[186].

d) Fehlende innere Stimmigkeit der Prämissen

Hinterfragt man die **Annahmen** der **dynamischen Amortisationsrechnung** kritisch, so stößt man auf eine überraschende Prämissenkonstellation: **Einerseits** ist es das erklärte Ziel des Verfahrens, einen **Risikoindikator** zu ermitteln. **Andererseits** wird jedoch die **Annahme sicherer Erwartungen** für die prognostizierte Zahlungsreihe aufrecht erhalten, da man ja mit diesen Größen rechnet. Die Kombination dieser Annahmen ist widersinnig.

Lediglich das Risiko einer Verkürzung der Zahlungsreihe, d.h. die Frage nach den **finanziellen Folgen eines vorzeitigen Abbruchs bzw. einer vorzeitigen Stillegung des Projektes** wird berücksichtigt. Hingegen bleibt das Risiko unbeachtet, daß sich die prognostizierten Daten der Zahlungsreihe im nachhinein als falsch herausstellen können.

Geht man beispielsweise von einem durch folgende Zahlungsreihe abgebildeten Investitionsprojekt aus, so besteht gemäß der Pay-off-Methode das größtmögliche Risiko im Verlust der Anfangsauszahlung in Höhe von DM 1.000,– in t_0. Dieser Verlust würde bei Abbruch des Projekts direkt nach dem Planungszeitpunkt eintreten.

Prognostizierte Zahlungsreihe eines geplanten Projektes

t_0	t_1	t_2	t_3	t_4	t_5
–1000,–	+200,–	+250,–	+300,–	+450,–	+250,–

Tatsächlich kann der Investor jedoch bei den meisten Investitionsprojekten erheblich mehr als lediglich die Anfangsauszahlung verlieren.

So könnte sich aufgrund verschärfter Konkurrenz, technischer Probleme, Rohstoffpreis- oder Lohnerhöhungen tatsächlich eine Zahlungsreihe ergeben, die in den Perioden t_1, t_2 und t_3 anstelle der prognostizierten Einzahlungsüber-

---

186 Zur Einführung in die Investitionsrechnung unter Unsicherheit vgl. z. B. Perridon, L. / Steiner, M. (1988), S. 87–132 oder Schmidt, R. (1986), S. 121–142.

112 Investitionsplanung und Wirtschaftlichkeitsrechnung

schüsse stets Auszahlungsüberschüsse bewirkt. Will der Investor das Projekt dann abbrechen, so ist es sehr wahrscheinlich, daß aufgrund bestehender vertraglicher Verpflichtungen (z. B. Arbeitsverträge, langfristiger Miet-, Pacht-, Leasing- oder Lieferverträge) noch zusätzliche Auszahlungen entstehen. Das Risiko des Entscheidungsträgers ist folglich nicht unbedingt auf das eingesetzte Anfangskapital begrenzt, wie die nachfolgende tatsächliche Zahlungsreihe des obigen Projektes zeigt.

Tatsächliche Zahlungsreihe des obigen Projektes, wie sie sich bei ungünstigem Verlauf des obigen Projektes am Ende von t_3, d. h. nach dreijähriger Laufzeit darstellt:

t_0	t_1	t_2	t_3	t_4	t_5
−1000,−	−300,−	−450,−	−950,−	evtl. noch Auszahlungen für Abbruch	

Das tatsächliche finanzielle Risiko ist also keineswegs auf den Totalverlust der Anschaffungsauszahlung beschränkt.

Faßt man die Kritik an der dynamischen Amortisationsrechnung zusammen, so kann man sagen, daß die Verwendung der Wiedergewinnungszeit als alleiniges Entscheidungskriterium zum Alternativenvergleich ebenso fragwürdig ist wie zur Beurteilung eines einzelnen Projektes[187]. Deshalb verwundert es nicht, wenn Schmidt die Pay-off-Methode als „abschreckendes Beispiel"[188] für ein Investitionsrechenverfahren bezeichnet. Die dynamisch ermittelte Wiedergewinnungsdauer sollte daher − wenn überhaupt − bestenfalls ergänzend zu den Ergebnissen anderer **Investitionsrechenverfahren** ermittelt und interpretiert werden[189].

Die hohe Beliebtheit der **Wiedergewinnungsrechnung** in der Praxis[190] könnte jedoch einen anderen Hintergrund haben. Man kann auf Zeit verpflichteten Managern von Unternehmen, die nicht Eigentümer sind (z. B. Vorständen von Aktiengesellschaften oder GmbH-Geschäftsführern), ein starkes Interesse daran unterstellen, daß sich die von ihnen initiierten Projekte möglichst kurzfristig auf die Umsatz- und Gewinnentwicklung des Unternehmens positiv auswirken. Wenn ein Projekt bereits nach wenigen Jahren hohe Überschüsse erwirtschaftet, so kann der Initiator dies nach außen als Erfolg darstellen und somit seine Position sichern. Die Anreizwirkung zur Bevorzugung von Projekten mit kurzer Rückgewinnungsdauer kann auch von **umsatz- oder ertragsabhängigen Vergütungskomponenten für Führungskräfte** ausgehen, wenn diese Regelungen nicht langfristig orientiert sind. Aus der ganz persönlichen Sicht eines Managers, der nicht zugleich Eigentümer ist, kann die Orientierung an der Wiederge-

---

187 Vgl. Altrogge, G. (1988), S. 303; Hax, H. (1985), S. 44; Schneider, D. (1980), S. 245.
188 Schmidt, R. (1986), S. 56.
189 Vgl. Däumler, K.-D. (1982), S. 143.
190 Vgl. Eisele, W. (1985), S. 373.

winnungsdauer eines Projektes somit durchaus sinnvoll sein, obwohl hiermit (langfristige) Einkommensziele der Eigentümer nur suboptimal verfolgt werden.

Der in diesen Überlegungen angesprochene mögliche **Zielkonflikt** zwischen Kapitaleigentümern und Auftragsmanagement wird in der Literatur durch die **„Neo-Institutionalistische Finanzierungstheorie"** bzw. die sogenannte **„Agency-Theorie"** [191] erklärt.

Aufgaben zur Selbstüberprüfung

1) Erläutern Sie die Grundüberlegung, die zur Berechnung von Amortisationsdauern führt.

2) Weshalb kann man die Pay-off-Zeit als „kritischen Wert" interpretieren?

3) Warum können absolute und relative Pay-off-Zeit zu unterschiedlichen relativen Vorteilhaftigkeitsentscheidungen führen?

4) Weshalb ist die Wiedergewinnungszeit als alleiniges Entscheidungskriterium für den Investor nicht geeignet?

5) Weshalb wird gerade bei der Dynamischen Amortisationsrechnung Kritik daran geübt, daß von sicher gegebenen Zahlungsreihen ausgegangen wird, obwohl doch alle dynamischen Verfahren der Investitionsrechnung auf sicheren Zahlungsreihen aufbauen?

6) Ermitteln Sie auf der Basis eines Kalkulationszinssatzes von 12% die absoluten und relativen Pay-off-Zeiträume für die durch folgende Zahlungsreihen gekennzeichneten Projekte, und interpretieren Sie die Ergebnisse. Stellen Sie die Resultate denen eines Kapitalwertvergleiches gegenüber.

A)	t_0	t_1	t_2	t_3	t_4	t_5	t_6
	-50000	$+20000$	$+15000$	$+10000$	$+15000$	$+10000$	$+8000$

B)	t_0	t_1	t_2	t_3	t_4
	-57000	$+25000$	$+25000$	$+20000$	$+20000$

Die Musterlösungen zu diesen Aufgaben befinden sich im Anhang dieses Buches, Seite 314.

---

[191] Für eine erste Beschäftigung mit der Agency-Theorie wird die folgende Literaturstelle empfohlen: Neus, W., Ökonomische Agency-Theorie und Kapitalmarktgleichgewicht, Wiesbaden 1989, S. 7–24.

114 Investitionsplanung und Wirtschaftlichkeitsrechnung

Weiterführende Literatur:

Altrogge, Günter (1988); Investition, München 1988, S. 294–303.
Blohm, Hans / Lüder, Klaus (1988); Investition, 6. Aufl., München 1988, S. 77–82.
Eisele, Wolfgang (1985); Die Amortisationsdauer als Entscheidungskriterium für Investitionsmaßnahmen, in: WiSt, 14. Jg. (1985), S. 373–381.
Gerke, Wolfgang / Philipp, Fritz (1985); Finanzierung, Stuttgart, Berlin, Köln, Mainz 1985, S. 47–49.
Hax, Herbert (1985); Investitionstheorie, 5. Aufl., Würzburg – Wien 1985, S. 37f und S. 43f.
Kruschwitz, Lutz (1987); Investitionsrechnung, 3. Aufl., Berlin 1987, S. 37–41.
Schmidt, Reinhard (1986); Grundzüge der Investitions- und Finanzierungstheorie, 2. Aufl., Wiesbaden 1986, S. 56–58.
Troßmann, Ernst (1987); Pay-off-Methode, in: WISU, 16. Jg (1987), S. 13–15.

3.2.5. Ermittlung der durchschnittlichen Kapitalbindungsdauer (Duration) und der Zinselastizität

3.2.5.1. Grundgedanke der Duration [192]

Nachdem anhand der Kritik an der dynamischen Amortisationsrechnung deutlich wurde, daß eine **einfache pauschale** Messung des Risikogehalts von Investitions- oder Finanzierungsprojekten nicht möglich ist, soll mit der **Duration** im folgenden ein unkompliziertes Konzept vorgestellt werden, mit dessen Hilfe man **eine besonders wichtige Risikoart**, nämlich das **Zinsänderungsrisiko**, abschätzen und darstellen kann. Die Duration ist „eine Maßzahl, die geeignet ist, Zinsänderungsrisiken exakt zu beschreiben und planbar zu machen."[193] Auf Basis der Duration läßt sich die **Zinselastizität**[194] ermitteln, die als praktisches und anwendungsfreundliches **Risikomaß** gilt[195]. Auch dieses Verfahren baut auf der Analyse der zeitlichen Struktur der Zahlungsströme eines Projektes auf[196] und geht von sicheren Erwartungen hinsichtlich der Zahlungsreihe aus.

Hierzu soll zunächst der Begriff des Zinsänderungsrisikos sowie ihre Ursachen und Wirkungen i. w. S. geklärt werden.

Als Zinsänderungsrisiko i. w. S. wird die Möglichkeit bezeichnet, daß ein Investor oder Schuldner aufgrund einer Variation des Marktzinssatzes eine im Hinblick auf seine Ziele als negativ zu bewertende Vermögens- oder Einkommensveränderung erzielt.

Die verschiedenen Facetten des Zinsänderungsrisikos i. w. S. werden in folgender Unterscheidung deutlich:

---

192 Die folgenden Ausführungen beziehen sich auf den Grundtypus des Durationskonzeptes. Zu einer Übersicht der Variationen vgl. Bußmann, J. (1989), S. 747–765.
193 Rudolph, B. (1979), S. 195.
194 Zur Definition der Zinselastizität vgl. Punkt B.3.2.5.5.
195 Vgl. Rolfes, Bernd (1989), S. 198.
196 Vgl. Rudolph, B. (1981), S. 137.

Dynamische Verfahren der Investitionsrechnung 115

- **absolutes versus relatives Zinsänderungsrisiko:**

Als **absolutes** Zinsänderungsrisiko bezeichnet man die Folgen einer Veränderung des Anlage- oder Schuldzinssatzes in die aus Sicht des Betroffenen ungünstige Richtung, d. h. eine Zinssenkung bei einer Anlage oder eine Zinsanhebung bei einem Kredit. In diesen Fällen werden die **absoluten Erträge des Betroffenen sinken** oder aber **die absoluten Kreditkosten** ansteigen. Das absolute Zinsänderungsrisiko wird oftmals auch Zinsänderungsrisiko im engeren Sinne (i. e. S.) genannt.

Als **relatives Zinsänderungsrisiko** bezeichnet man den Nachteil im Sinne von **Opportunitätskosten**, der dadurch entsteht, daß sich die Marktzinssätze zwar zugunsten eines Anlegers oder Schuldners ändern, dieser jedoch **an der Veränderung nicht teilhaben kann**, da er einen Festzinsvertrag geschlossen hat.

Beispiel

Ein Anleger hat einen zehnjährigen Sparvertrag zu 6% abgeschlossen. Wenige Monate nach Abschluß ist der Anlagezins für zehnjähriges Kapital auf 7,5% gestiegen. Der Anleger hat keinen absoluten Schaden (denn er erhält ja die versprochenen 6% p. a.), aber es entgeht ihm der Mehrertrag von jährlich 1,5 Prozentpunkten.

In gleicher Weise unterliegt ein Kreditnehmer dem relativen Zinsänderungsrisiko, wenn er einen Festzinskredit vereinbart hat und nach Abschluß des Kreditvertrages die Zinssätze sinken. Während beispielsweise die Konkurrenz nun zu günstigeren Kreditkosten finanzieren kann, ist der o. a. Kreditnehmer für die Restlaufzeit der Vereinbarung an die Erfüllung seines (vergleichsweise teuren) Kreditvertrages gebunden.

Das **relative Zinsänderungsrisiko** bewirkt Wertänderungen von Anlage- oder Kreditverträgen, in denen marktunabhängige Festzinssätze vereinbart sind. Beispielsweise wird eine langfristige Festzinsanleihe durch eine Steigerung der Marktzinsrate unattraktiver, was z. B. im Fall einer Börsennotierung durch einen entsprechenden **Kursverlust** zum Ausdruck kommt. Aus diesem Grunde wird die Auswirkung relativer Zinsänderungen auch als **Wertänderungsrisiko** (oder **Kursrisiko**) bezeichnet[197].

Abgesehen von spezifischen Kapitalanlage- bzw. Finanzierungsvereinbarungen, bei denen der Investor bzw. Schuldner gegen Gebühr ein **Konditionenwahlrecht** (= **Optionsrecht** auf den Wechsel zwischen garantiertem Festzins oder variablem Marktzins) eingeräumt erhält, muß sich der Entscheidungsträger bei jeder Investition oder Mittelaufnahme dem **Dilemma** zwischen absoluten oder relativem Zinsänderungsrisiko stellen. Der Ausschluß des absoluten Zinsänderungsrisikos bewirkt dabei zwangsläufig das relative Zinsänderungsrisiko und umgekehrt.

---
[197] Vgl. Uhlir, H./Steiner, P. (1986), S. 66.

- **barwertbezogenes versus endwertbezogenes Zinsänderungsrisiko:**

Will ein Investor ein in Geldeinheiten definiertes Anlageziel an einem bestimmten zukünftigen Anlagehorizont erreichen, so muß sich die Analyse des Zinsänderungsrisikos auf den entsprechenden Zeitpunkt richten. Von Interesse ist hier also das **endwertbezogene Zinsänderungsrisiko.**

Eine völlig andere Fragestellung ergäbe sich, wenn die Auswirkungen von Marktzinsänderungen auf den **Gegenwartswert (= Kurswert)** einer Anlageposition sichtbar gemacht werden sollen. Oftmals wollen beispielsweise bilanzierungspflichtige Investoren die Gefahr von (durch Steigerungen des Marktzinssatzes ausgelösten) Sonderabschreibungen auf festverzinsliche Wertpapiere minimieren. Sie werden sich folglich für das gegenwartsbezogene (= barwertbezogene) Zinsänderungsrisiko interessieren.

Auch hier steht der Entscheidungsträger wiederum in einem **Dilemma zwischen endwertorientiertem und barwertorientiertem Zinsänderungsrisiko.** Er muß entscheiden, welche Risikoart seine konkreten Ziele stärker gefährdet, da er nicht beide Risiken simultan ausschließen kann.

Das Konzept der Duration bietet gleichermaßen für das Management des barwertorientierten als auch des endwertorientierten Zinsänderungsrisikos sehr interessante Lösungsansätze[198]. Im folgenden soll lediglich auf die Möglichkeit zur Abschätzung des relativen Zinsänderungsrisikos in Form von Barwertveränderungen eingegangen werden.

Bereits im Zusammenhang mit der Kapitalwertmethode sowie der Errechnung interner Zinsfüße wurde angesprochen, daß das Ausmaß der Vorteilhaftigkeit von Projekten bei gegebener Zahlungsreihe eine Funktion des Kalkulationszinssatzes darstellt. Aus der Angabe eines Kapitalwertes oder einer Internen Verzinsung allein lassen sich daher hinsichtlich der Entwicklung der Einkommenswirkung des Projektes in Abhängigkeit vom Kalkulationszinsfuß keine Schlüsse ziehen. Dies wird an folgendem (extremen) Beispiel zweier Investitionsprojekte deutlich.

	t_0	t_1	t_2	t_3 ...	t_{10}
Projekt A:	−100	+121	−	−	−
Projekt B:	−100	−	−	...	+285,31

Beide Projekte erzielen bei einem Kalkulationszinsfuß von 10% einen Kapitalwert von + 10, d.h. sind in Hinblick auf das Einkommensziel gleich vorteilhaft.

---

198 Vgl. z.B. Herget, V. (1992) sowie Walz, H./Gramlich, D. (1991 a) und (1991 b).

Dynamische Verfahren der Investitionsrechnung 117

Durch Ermittlung von Kapitalwerten, die auf unterschiedlichen Zinssätzen basieren, kann der Grad der Zinsempfindlichkeit von Projekten, d. h. das Ausmaß der Einkommensveränderung in Abhängigkeit vom Kalkulationszinssatz festgestellt werden.

Bei Anwendung dieser Vorgehensweise ergibt sich folgende Tabelle:

i =	0%	2,5%	5%	7,5%	10%
$C_{o(A)} =$	+ 21	+ 18,05	+15,24	+12,56	+10
$C_{o(B)} =$	+185,31	+122,88	+75,16	+38,43	+10

i =	15%	20%	25%	30%	50%	$\rightarrow \infty$ [199]
$C_{o(A)} =$	+ 5,22	+ 0,83	− 3,2	− 6,92	−19,33	−100
$C_{o(B)} =$	−29,48	−53,92	−69,37	−79,30	−95,05	−100

Die extrem abweichende **Zinsempfindlichkeit** der Projekte wird anhand des unterschiedlich steilen Verlaufs der Kapitalwertkurven in Abbildung B 13 deutlich, wäre jedoch für den Entscheidungsträger, der lediglich die Vorteilhaftigkeit bei i = 10% prüft, nicht erkennbar gewesen.

Trägt man bei der Darstellung der beiden Projekte nicht den Kapitalwert, sondern den Ertragswert auf der Ordinate ab, so ergibt sich jeweils eine Parallelverschiebung der beiden Funktionen um den Betrag der Anfangsauszahlungen nach oben; die entsprechenden Ertragswerte streben bei steigenden Kalkulationszinssätzen − jedoch unterschiedlich schnell − gegen den Wert Null[200]. Somit erhält man folgende modifizierte Abbildung B 14.

Einen rechentechnisch einfacheren Indikator für die Zinsempfindlichkeit von Projekten, welcher die Ermittlung einer Vielzahl von Barwerten überflüssig macht, bietet das nachfolgend vorgestellte Konzept der Duration, das seit einigen Jahren auch in Deutschland verstärkt Beachtung gewinnt.

---

199 Theoretischer Grenzwert, den der Kapitalwert erreicht, wenn das Zinsniveau gegen unendlich strebt.
200 Die Überführung von Kapitalwertfunktionen in Ertragswertfunktionen erfolgt, weil das Durationskonzept sowie die Ermittlung der Zinselastizität am Steigungsmaß der Ertragswertkurve anknüpft.

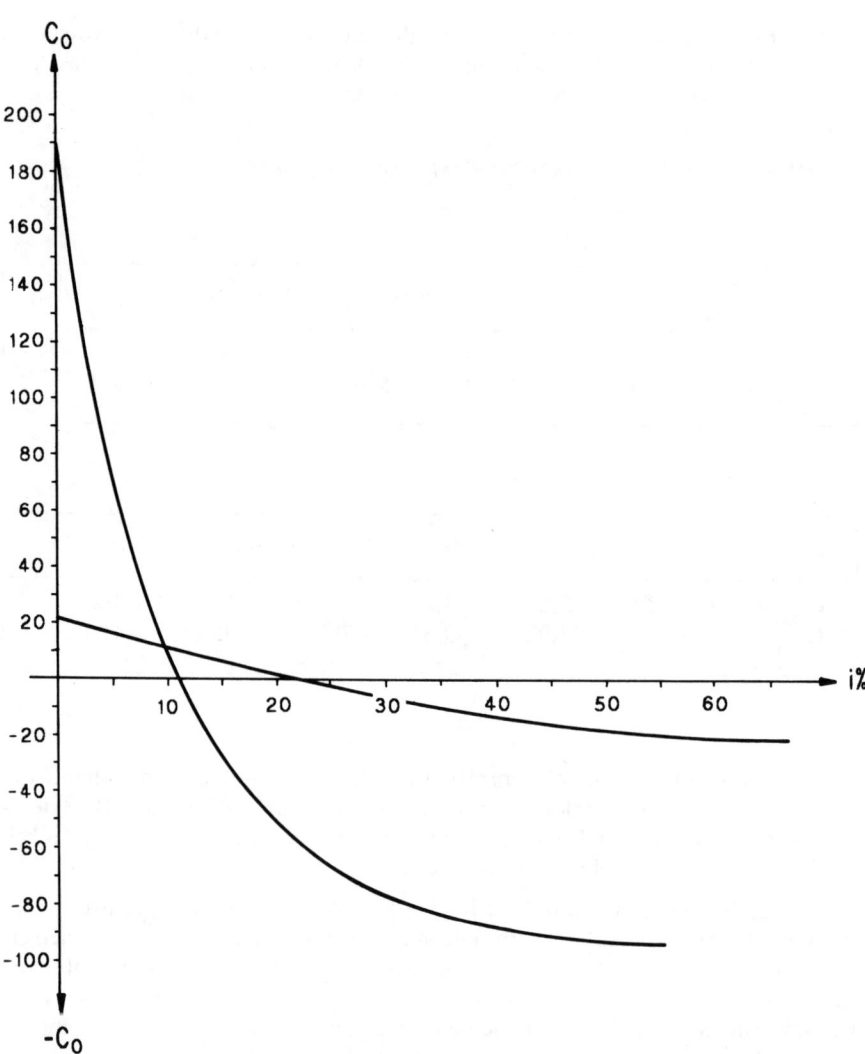

Abbildung B 13: Verlauf der Kapitalwertfunktionen zweier Projekte mit extrem unterschiedlicher Duration, jedoch – bewertet mit einem Kalkulationszins von 10% – identischen Einkommen

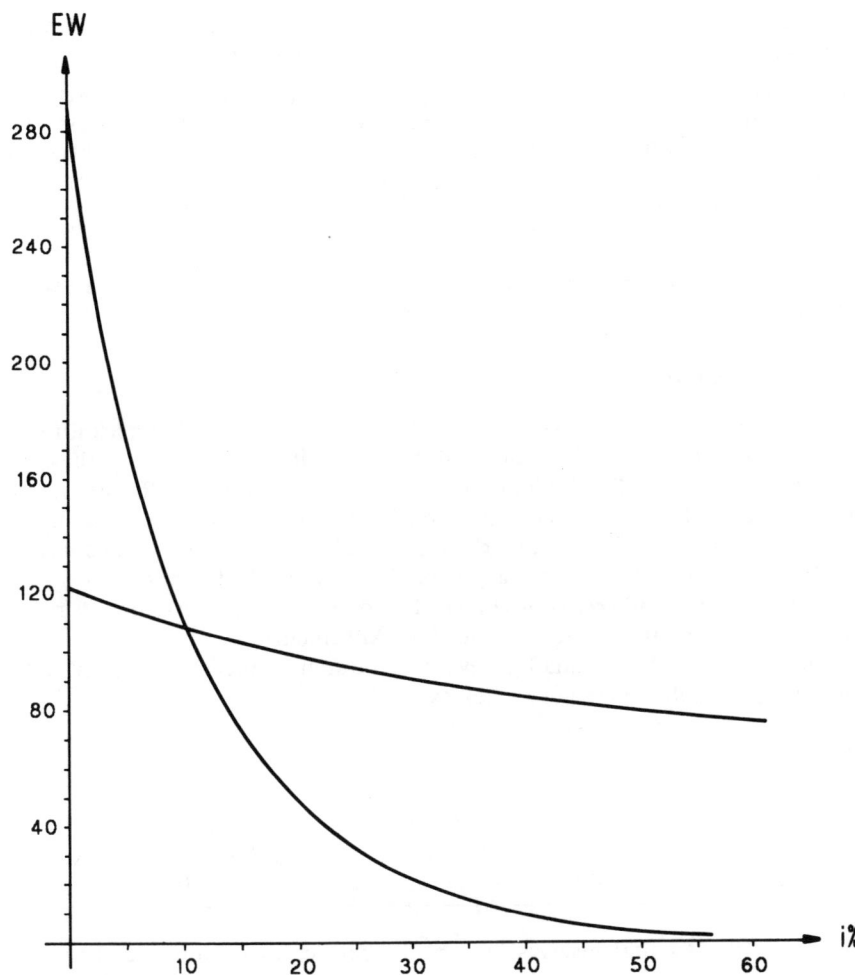

Abbildung B 14: **Verlauf der Ertragswertfunktionen zweier Projekte mit extrem unterschiedlicher Duration, jedoch identischem Einkommen bei einem Kalkulationszinssatz von 10%**

Der Errechnung der **Duration** liegt die zuerst von Macaulay[201] gewonnene Erkenntnis zugrunde, daß die Zinsempfindlichkeit von Investitions- und Finan-

---

201 Die Bezeichnung „Duration" wird auf Macaulay zurückgeführt, der bereits 1938 theoretische Überlegungen über den Zusammenhang zwischen Zinssätzen und der Vorteilhaftigkeit von Anlagen anstellte und die Kennziffer der durchschnittlichen Kapitalbindungsdauer errechnete. Vgl. Macaulay, F. (1938).

120 Investitionsplanung und Wirtschaftlichkeitsrechnung

zierungsalternativen davon abhängt, wie lange die vom Projekt ausgelösten Zahlungen im Durchschnitt bis zu ihrem Zufluß benötigen.

Obwohl die Idee der Duration bereits alt ist, finden sich in der deutschsprachigen Grundlagenliteratur zur Investitionsrechnung kaum Hinweise auf dieses **Vorteilhaftigkeitskriterium.** Erst in den achtziger Jahren wurde die Duration „wiederentdeckt" und hat sich seither insbesondere bei der Analyse von Finanzinvestitionen durchgesetzt, wo sie beispielsweise bei der **Anlageberatung** für festverzinsliche Wertpapiere konsequente Anwendung findet. Hingegen scheint die Anwendung der Methode für die Planung von **Sachinvestitionen** derzeit noch weitgehend unüblich; das Phänomen unterschiedlicher Zinsempfindlichkeit von Projekten bleibt in vielen Lehrbüchern unbeachtet oder wird unzureichend erklärt [202].

3.2.5.2. Definition der Duration

Als Duration, auch „**durchschnittliche Bindungsdauer**" [203], „**durchschnittliche Kapitalbindungsdauer**" [204], „**ökonomische Laufzeit**" [205], „**mittlere Fälligkeit**", „**durchschnittliche Selbstliquidationsperiode**" [206] oder „**mittlere Restbindungsdauer**" [207] einer Investition genannt, bezeichnet man denjenigen Zeitraum, den der Investor im Mittel bis zum Erhalt der Rückflüsse aus der Anlage warten muß [208]. Bei einem Finanzierungsprojekt kann man die Duration als durchschnittliche **Kapitalüberlassungsdauer**, d. h. diejenige Frist verstehen, für welche man das Kapital im Mittel erhalten hat. Allgemein gesagt bedeutet dies: Die Duration ist die betragsmäßig gewichtete durchschnittliche Laufzeit aller **zukünftigen** Zahlungen eines Projektes.

Beispiel:
Eine Investition bewirkt folgende Zahlungsreihe:

t_0	t_1	t_2	t_3
−800	+500	−	+500

Die Höhe des **Kapitaleinsatzes** in t_0 bleibt bei der Ermittlung der Duration unbeachtet. Es geht lediglich darum festzustellen, wie lange die **künftigen** Zahlungsausprägungen, d. h. die Werte von t_1 bis t_3 im gewogenen Mittel auf sich

---

202 So gehen beispielsweise Gans / Looss / Zickler auf das Phänomen der unterschiedlichen Zinsabhängigkeit von Kapitalwertfunktionen ein, erklären dies jedoch nur vage mit der „unterschiedlichen Struktur von Zahlungsreihen". Vgl. Gans, B. / Looss, W. / Zickler, D. (1977), S. 36.
203 Rudolph, B. (1981), S. 137.
204 Lucke, B. (1987), S. 1079, Walz, H. (1987), S. 11.
205 Uhlir, H. /Steiner, P. (1986), S. 73.
206 Rudolph, B. (1979), S. 190, sowie Uhlir, H. / Steiner, P. (1986), S. 73.
207 Vgl. Bühler, W. (1983), S. 91.
208 „Duration is a measure of the average maturity of an income stream; it is a weighted average of the dates at which the income payments are received, where the weights add to unity and are related to the present value of the income stream." Bierwag, G.O. (1977), S. 725.

warten lassen. Bereits ohne genau zu rechnen, kann man im obigen einfachen Beispiel abschätzen, daß die durchschnittliche Kapitalbindungsdauer bei zirka zwei Jahren liegt, da die in t_1 sowie in t_3 anfallenden Zahlungen nominell gleich groß sind. Bei exakter Rechenweise müßte ein etwas unter zwei Jahren liegendes Ergebnis erzielt werden, da der Gegenwartswert der in t_3 eintretenden Zahlung aufgrund der Abzinsung unter dem Gegenwartswert der in t_1 anfallenden Zahlungen liegt.

Somit werden bereits einige wichtige Eigenschaften der Duration erkennbar:

1) **Die Duration hängt vom Kapitalmarktzins ab,** da die Höhe der Abzinsungsfaktoren das relative Gewicht bestimmt, mit dem die Zahlungsausprägungen in die Kennziffer eingehen. Da das Ausmaß der Abzinsung mit steigendem Zinsniveau zu- und folglich der Barwert der Zahlungsreihe abnimmt, muß die Duration einer Zahlungsreihe zu einem bestimmten Zeitpunkt um so kleiner sein, je höher der Kalkulationszinsfuß ist, da der mit der Laufzeit gewichtete Zähler relativ stärker abnimmt als der ungewichtete Nenner der **Durationsformel**[209].

2) **Die Duration sinkt bei sonst konstanten Daten allein durch den Zeitablauf ständig**[210], da der Zeitpunkt des Erhalts der Zahlungen mit jedem Tag näher rückt. Berechnet man die Duration eines bestimmten Projektes nach einer gewissen Zeit erneut, so hat sie sich verringert. **Die Duration ist somit keine zeitstabile Größe**[211].

3) **Die Duration ist immer kürzer als die Restlaufzeit eines Projektes,** sofern dieses neben der Zahlung in t_0 mindestens zwei Zahlungsausprägungen besitzt[212]. Enthält ein Projekt nur eine Zahlungsausprägung, so entspricht die Duration stets der Restlaufzeit und ist unabhängig vom Zinsniveau.

3.2.5.3. Ermittlung der Duration einer Zahlungsreihe

Um die durchschnittliche betragsmäßig und zeitlich gewichtete Wartedauer („**weighted average time period of payments**"[213]) einer Investition zu erhalten[214], werden zunächst – ausgehend von einem situationsadäquaten Zinssatz – die Barwerte der einzelnen Zahlungsausprägungen ermittelt[215]. Dann wird jeder Barwert mit der Anzahl vom Perioden (z. B. Tagen, Monaten, Jahren)

---

209 Vgl. Walz, H. (1987), S. 11. Eine Ausnahme bildet lediglich der Sonderfall, bei dem die Zahlungsreihe neben der Anfangszahlung nur aus einer einzigen Ausprägung besteht. Vgl. unten Punkt B.3.5.2.4.
210 Vgl. Lucke, B. (1987), S. 1079.
211 Eine weiterführende Analyse der Eigenschaften der Duration findet sich bei Rosenberg, J. (1986), S. 63f.
212 Vgl. Bühler, W. (1983), S. 91.
213 Weil, R. (1973), S. 590.
214 Die Ermittlung der Duration ist nur bei reinen Projekten sinnvoll, da es unlogisch wäre, die durchschnittliche Wartefrist auf Auszahlungen und auf Einzahlungen zu saldieren.
215 Für Projekte, die regelmäßige Zahlungsreihen bewirken, wie z. B. Kuponanleihen, ergeben sich vereinfachte Berechnungsmöglichkeiten. Gleiches gilt für Spezialfälle wie beispielsweise Projekte unendlicher Laufzeit. Vgl. weiterführend Kruschwitz, L. (1986), S. 552–554.

gewichtet, die noch vergeht, bis die Zahlung eintritt. Beispielsweise wird eine in drei Jahren eintretende Zahlung mit dem Faktor „drei" multipliziert, wenn die Duration in der Einheit „Jahre" bestimmt werden soll. Das Ergebnis ist ein zeitlich gewichteter Barwert, der auf die Einheit DM · Jahre lautet. Dieser Arbeitsgang wird für alle Ausprägungen einer Zahlungsreihe wiederholt. Anschließend bildet man die Summe der multiplizierten Barwerte und erhält somit den mit den Wartezeiten gewichteten Ertragswert der Zahlungsreihe[216]. Teilt man diese Größe durch den einfachen Ertragswert der Zahlungsreihe (Summe aller Barwerte), so ergibt sich die durchschnittliche Kapitalbindungsdauer, die auf das der Rechnung zugrundegelegte Zeitmaß (z. B. Jahre) lautet.[217]

Entsprechend kann man folgende **Formel zur Errechnung der Duration** verwenden, in deren Zähler der mit der jeweiligen Zeit gewichtete Ertragswert und in deren Nenner der konventionelle Ertragswert der Zahlungsreihe ermittelt wird[218]:

$$D = \frac{\sum_{t=1}^{n} \cdot t \cdot R_t \cdot (1+i)^{-t}}{\sum_{t=1}^{n} \cdot R_t \cdot (1+i)^{-t}}$$

wobei R_t = Rückfluß im Zeitpunkt t
t = Zeitindex ($1 \leq t \leq n$)
n = letztes Jahr, in dem das Projekt Zahlungen verursacht
i = Kalkulationszins / Marktzins
D = Duration

3.2.5.4. Interpretation der Duration und Erstellung von Vorteilhaftigkeitsempfehlungen

Um die Anschaulichkeit der Interpretation der **durchschnittlichen Kapitalbindungsdauer** zu erhöhen, soll auf ein konkretes Zahlenbeispiel zurückgegriffen werden:

	t_0	t_1	t_2	t_3	t_4	t_5
A	-10000	-	-	+8000	+8000	-
B	-10000	+3620	+3620	+3620	+3620	-
C	-10000	+7000	+6183	-	-	-
D	-10000	-	-	-	-	+18479

---

216 Vgl. Gushee, C. (1981), S. 45.
217 Vgl. Weil, R. (1973), S. 590.
218 Vgl. Ingersoll, E. / Skelton, J. / Weil, R. (1978), S. 627 sowie Weil, R. (1973), S. 589.

Bei einem Kalkulationszinssatz von i = 10% gilt:

$C_{oA} = C_{oB} = C_{oC} = C_{oD} = +1474$

Die nach obiger Formel ermittelten Werte für die Duration lauten wie folgt[219]:

$D_A = \dfrac{39887{,}76}{11474} = 3{,}476$ Jahre

$D_B = \dfrac{27323{,}62}{11474} = 2{,}381$ Jahre

$D_C = \dfrac{16583{,}51}{11474} = 1{,}445$ Jahre

$D_D = \dfrac{57370{,}-}{11474} = 5{,}000$ Jahre

Anhand des Projektes D läßt sich ein **trivialer Sonderfall** zeigen. Bewirkt ein Projekt nur eine einzige Zahlung, so entspricht die Duration stets der Zeit bis zum Zufluß dieser Zahlung und ist vom Kalkulationszinsfuß unabhängig[220].

Je größer die Duration eines Projektes ist, desto steiler verläuft seine Ertragswertfunktion. Es besteht somit ein **positiver Zusammenhang zwischen durchschnittlicher Kapitalbindungsdauer und dem Zinsänderungsrisiko eines Projektes**. Es läßt sich sogar nachweisen, daß dieser Zusammenhang für kleine Zinssatzänderungen proportional ist[221].

Aus dieser Erkenntnis lassen sich – ausgehend von gegebenen Einkommen eines Investitionsprojektes auf Basis des aktuellen Zinsniveaus – folgende einfache Entscheidungsregeln ableiten[222]:

- **Das Projekt mit der größten Duration ist auszuwählen, wenn man erwartet, daß das Zinsniveau fallen wird, und eine möglichst effiziente Spekulation**[223] **auf den Zinstrend gewünscht ist.**
- **Das Projekt mit der geringsten Duration ist auszuwählen, wenn man erwartet, daß das Zinsniveau steigen wird, oder die Einwirkung möglicher Zinsänderungen auf den Ertragswert des Projektes begrenzt werden soll.**

Bei einem Finanzierungsprojekt ergeben sich gerade entgegengesetzte Vorteilhaftigkeitsempfehlungen, nämlich:

---

219 Zur Ermittlung wurden die im Anhang befindlichen Abzinsungstabellen verwendet.
220 Vgl. Walz, H. (1987), S. 12.
221 Vgl. Ingersoll, J. (1978), S. 631.
222 Vgl. Walz, H. (1987), S. 13.
223 Unter effizienter Spekulation versteht man, daß mit gegebenem Kapitalbetrag eine möglichst große Wertänderung realisiert werden soll.

- **Maximierung der Duration bei Erwartung steigender Zinssätze**
- **Minimierung der Duration bei Erwartung fallender Zinssätze oder bei dem Bestreben, den Ertragswert möglichst zinsstabil zu halten.**

Die nachfolgende Abbildung B15 verdeutlicht den positiven Zusammenhang zwischen Duration und Zinsempfindlichkeit nochmals graphisch anhand der

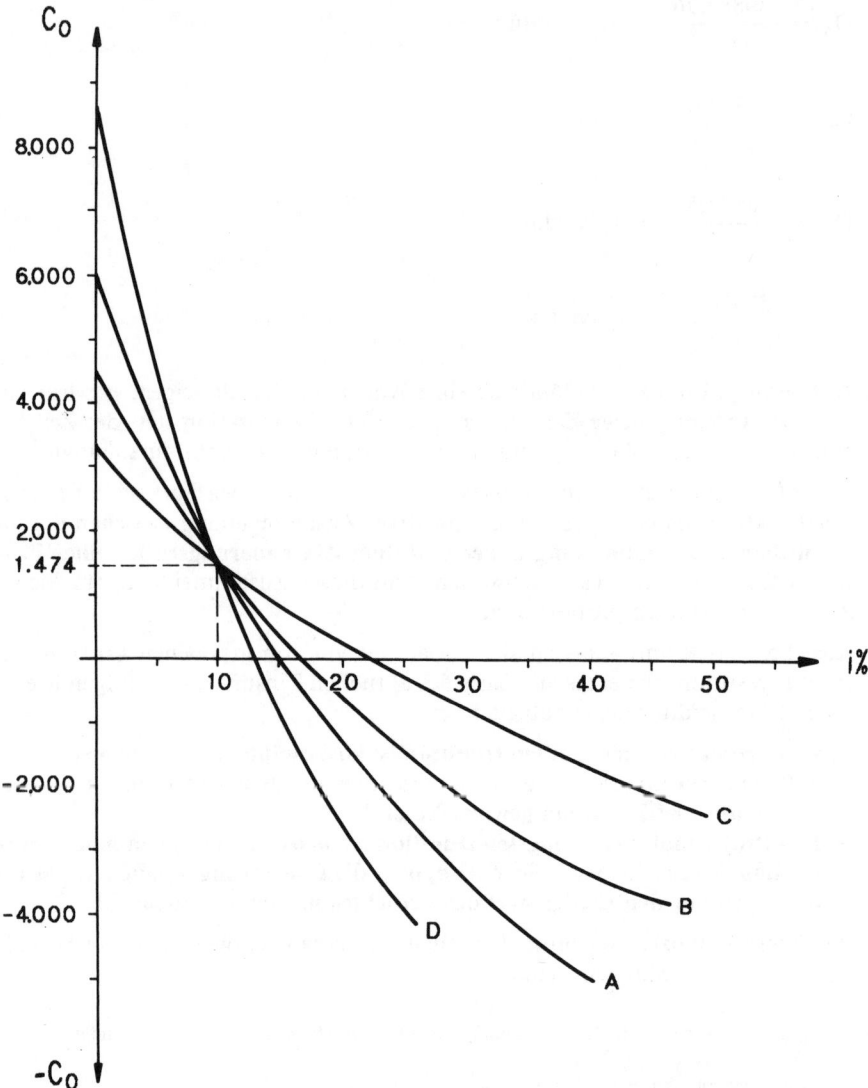

Abbildung B 15: Kapitalwertkurvenverläufe der Projekte A bis D in Abhängigkeit vom Marktzinssatz

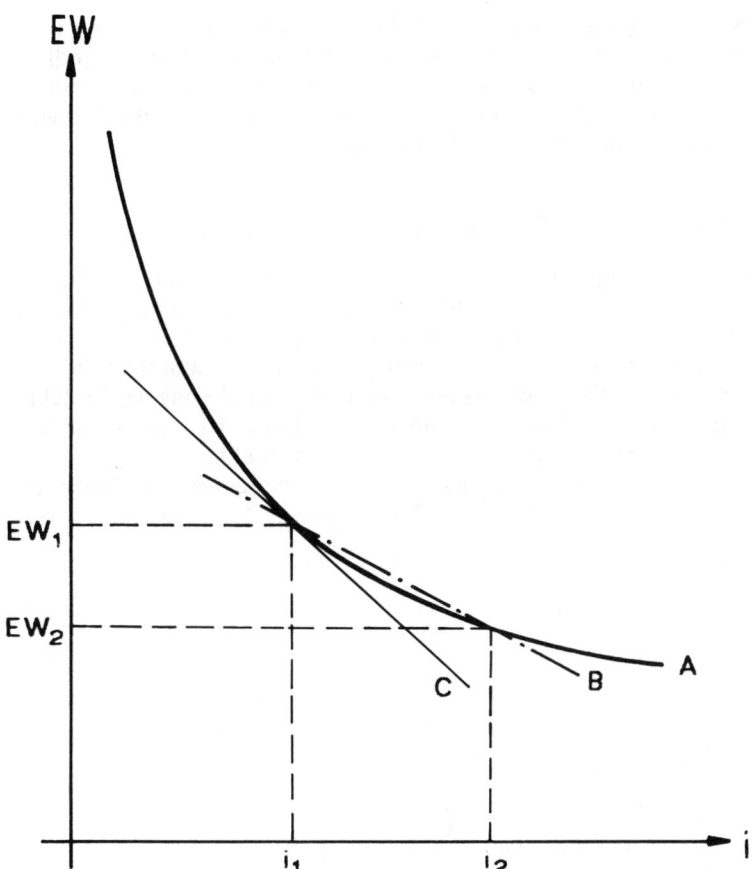

A: tatsächlicher Kurvenverlauf

B: Sekantenwert bei endlicher Zinsänderung $\dfrac{\Delta EW}{\Delta i}$

C: Punktelastizität (Tangente) $\dfrac{d\,EW}{d\,i} = \lim\limits_{\Delta i \to 0} \dfrac{\Delta EW}{\Delta i}$

Abbildung B 16: Zinselastizität als Steigung der Tangente an der Ertragswertkurve eines Investitionsprojektes

oben dargestellten Projekte A bis D. Hierbei läßt sich auch das häufig unter Praktikern anzutreffende Mißverständnis ausräumen, daß die Zinsempfindlichkeit von Projekten auf deren Gesamtlaufzeit oder Restlaufzeit zurückzuführen sei, da Projekt A eine erheblich höhere Duration aufweist als Projekt B, obwohl die Gesamtlaufzeit beider Anlagen identisch ist.

3.2.5.5. Zusammenhang zwischen Duration und Zinselastizitäten

Das Ausmaß der Zinsempfindlichkeit eines Projektes läßt sich – wie oben gezeigt – anhand des Steigungsverlaufs der Kapitalwertkurve beziehungsweise der entsprechenden Ertragswertkurve feststellen. Geht man von endlichen (aber trotzdem kleinen) Veränderungen des Zinsniveaus aus, so kann man die Steigung durch das Verhältnis aus der relativen Ertragswertänderung des Projektes in Abhängigkeit von der relativen Zinsänderung (= Elastizität) darstellen. Dies entspräche dem Bilden einer Sekante zwischen zwei Punkten auf der Ertragswertfunktion eines Projektes (vgl. Sekante B auf Ertragswertfunktion A der Abbildung B 16, siehe S. 125). Formelmäßig sieht dieser Zusammenhang so aus:

$$E = \frac{\frac{\Delta EW}{EW}}{\frac{\Delta i}{i}}$$

oder: $E = \frac{\Delta EW}{\Delta i} \cdot \frac{i}{EW}$

wobei: EW = Ertragswert
Δ = endliche (aber kleine) Veränderung
i = Kalkulationszins/Marktzins
E = Zinselastizität des Ertragswertes

Eine exakte Angabe der Elastizität ist jedoch lediglich bei infinitesimal kleinen Änderungen des Zinsniveaus möglich, da es sich regelmäßig nicht um **isoelastische Funktionen** handelt, sondern die Elastizität in jedem Punkt der Funktion unterschiedlich groß ist. Es liegen also **Punktelastizitäten** vor. Um von einem bestimmten i ausgehend eine Punktelastizität zu ermitteln, muß man folglich die obige Formel auf marginale Änderungen beziehen. Graphisch entspricht dies dem Anlegen einer Tangente an die Ertragswertkurvenfunktion beim Zinssatz i (Vgl. Funktion C bei Abbildung B 16, siehe S. 125). Man läßt also die Zinsänderung gegen Null streben und erhält folgenden Ausdruck.

$$E = \frac{\frac{d\,EW}{EW}}{\frac{d\,i}{i}}$$

oder: $E = \dfrac{d\,EW}{d\,i} \cdot \dfrac{i}{EW}$

wobei: EW = Ertragswert
 i = Kalkulationszins /Marktzins
 d = marginale Änderung

Um das Steigungsmaß der Ertragswertfunktion zu ermitteln, bildet man die erste Ableitung des Ertragswertes nach dem Zinssatz i.

Ersetzt man das Kürzel EW durch die übliche Ertragswertformel, so ergibt sich:

A) $E = \dfrac{\dfrac{d\,EW}{EW}}{\dfrac{d\,i}{i}}$ oder B) $E = \dfrac{d\,EW}{d\,i} \cdot \dfrac{i}{EW}$

Ausgehend von der bereits oben mehrfach verwendeten Ertragswertformel

C) $EW = \sum\limits_{t=1}^{n} \cdot R_t \cdot (1 + i)^{-t}$

ergibt sich folgende 1. Ableitung nach dem Zins:

D) $\dfrac{d\,EW}{d\,i} = - \sum\limits_{t=1}^{n} \cdot t \cdot R_t \,(1 + i)^{-t-1}$

Setzt man die Ableitung D) in den Ausdruck B) ein, so ergibt dies:

E) $E = \dfrac{-\sum\limits_{t=1}^{n} \cdot t \cdot R_t \cdot (1 + i)^{-t-1}}{1} \cdot \dfrac{i}{\sum\limits_{t=1}^{n} \cdot R_t (1 + i)^{-t}}$

Stellt man den Ausdruck E) leicht um, so erhält man:

F) $E = \dfrac{-\sum\limits_{t=1}^{n} \cdot t \cdot R_t \cdot (1 + i)^{-t}}{(1 + i)} \cdot \dfrac{i}{\sum\limits_{t=1}^{n} \cdot R_t \cdot (1 + i)^{-t}}$

oder, indem man die Nenner austauscht:

G) $E = \dfrac{-\sum\limits_{t=1}^{n} \cdot t \cdot R_t \cdot (1 + i)^{-t}}{\sum\limits_{t=1}^{n} \cdot R_t \cdot (1 + i)^{-t}} \cdot \dfrac{i}{(1 + i)}$

Der linke Teil des letzten Terms ist mit der Formel zur Ermittlung der Duration identisch, während der rechte Teil den Faktor i/(1+i) darstellt.

128 Investitionsplanung und Wirtschaftlichkeitsrechnung

In der Literatur wird meist die Duration lediglich als Betragsgröße festgestellt und interpretiert, da der gegenläufige Effekt zwischen Zinsveränderung einerseits und Kursveränderung andererseits als bekannt vorausgesetzt wird.

Die **Zinselastizität** und die **Duration** sind also stets durch den exogen bestimmten Faktor[224] $i/(1+i)$ miteinander verbunden. Die Zinselastizität eines Projektes läßt sich somit aus der Duration einfach herleiten, indem diese mit dem Faktor $i/(1+i)$ multipliziert wird.

3.2.5.6. Interpretation und praktische Anwendung von Zinselastizitäten

Für die Projekte A, B, C und D aus obigem Beispiel ergeben sich somit bei einem Kalkulationszinssatz von $i = 10\%$ folgende Zinselastizitäten[225]:

Projekt A: $E = 3{,}476 \cdot (0{,}1/1{,}1) = 0{,}316$
Projekt B: $E = 2{,}381 \cdot (0{,}1/1{,}1) = 0{,}217$
Projekt C: $E = 1{,}445 \cdot (0{,}1/1{,}1) = 0{,}131$
Projekt D: $E = 5{,}000 \cdot (0{,}1/1{,}1) = 0{,}455$.

Wie ist nun die Zinselastizität zu interpretieren? Sie gibt für marginale Änderungen von i die Stärke der zugehörigen Ertragswertänderung an[226]. Die Elastizität von 0,316 bei Projekt A besagt somit, daß die Stärke der relativen Ertragswertänderung zirka ein Drittel der relativen Stärke der zugrundeliegenden Zinsänderung beträgt (siehe unten).

Grundsätzlich gilt für ein Investitionsprojekt folgender Zusammenhang: **Je größer die Zinselastizität um so stärker der Einkommensgewinn bei Zinssenkungen und umso stärker der Einkommensverlust bei Zinssteigerungen.**

Bei einem Finanzierungsprojekt gilt: **Je größer die Zinselastizität, um so stärker der Einkommensgewinn bei Steigerungen des Marktzinssatzes und um so stärker der Einkommensverlust bei Marktzinssenkungen.**

Kennt man den Ertragswert eines Projektes auf Basis eines bestimmten Kalkulationszinssatzes, so kann man mit Hilfe der **Elastizitätskennziffer** die durch eine angenommene Zinsvariation verursachte Ertragswertänderung abschätzen.

Diese Rechnung wird im folgenden für die Projekte C und D aus obigem Beispiel dargestellt.

---

224 Der Faktor ist exogen bestimmt, da der Entscheidungsträger keinen Einfluß auf die Höhe des Kapitalmarktzinses hat, sondern dessen Höhe – und damit auch die Größe des Faktors – als Anpasser hinnehmen muß.
225 Die Zinselastizität ist wie alle Elastizitätsgrößen einheitslos, da sie das Verhältnis von zwei auf jeweils gleiche Maßeinheiten lautende Größen (DM/DM: %/%) angibt, so daß sich die Maßeinheiten herauskürzen.
226 Da es sich bei den Projekten A bis D jeweils um Investitionen handelt, weisen die Kapitalwertkurven einen mit steigendem Zins fallenden Verlauf auf, d. h. die Steigungsmaße sind negativ. Trotzdem ist es üblich, lediglich die Betragswerte der Elastizitäten anzugeben, da der Anwender weiß, daß steigende Zinssätze zu fallenden Ertragswerten und umgekehrt führen.

Es soll ermittelt werden, wie stark sich eine angenommene Zinssteigerung von 10% auf 10,25%, d. h. um 0,25 Prozentpunkte auf den Ertragswert der Investitionen auswirkt.

Für das Projekt C mit einer Elastizität von 0,131 ergibt sich eine Senkung des ökonomischen Wertes in Höhe von −37,58[227].

Das Projekt D mit der vergleichsweise höheren Elastizität erleidet eine rechnerische Werteinbuße in Höhe von −130,52[228].

3.2.5.7. Kritische Würdigung der Verwendung von Duration und Zinselastizität als Maß für Zinsänderungsrisiken

Mit Hilfe der Duration bzw. der aus ihr ableitbaren Zinselastizität ist es möglich, die **Zinsempfindlichkeit** von Projekten darzustellen. Darüber hinaus kann für kleine Änderungen des Marktzinssatzes eine hinreichend genaue Abschätzung des auf den Planungszeitpunkt bezogenen zinsinduzierten Einkommenszuwachses oder -verlustes vorgenommen werden. Mit der Ermittlung der durchschnittlichen Kapitalbindungsdauer wird also ein einfaches und in einer Vielzahl unterschiedlichster Fälle gleichermaßen anwendbares **Risikomaß** für die Zinsempfindlichkeit von Investitions- und Finanzierungsprojekten gebildet, welches gleichermaßen zur Verringerung bis hin zur vollständigen Vermeidung[229] von **zinsinduzierten Risiken** wie auch zur ganz bewußten Spekulation auf Zinsänderungen dienen kann.

Die praktische Anwendbarkeit dieses Konzeptes wird durch folgende Probleme eingegrenzt:

- **Die Genauigkeit der Schätzung sinkt mit wachsender Stärke der Zinsvariation, da es sich bei den Kapitalwertkurven nicht um isoelastische Funktionen handelt und die Zinselastizität somit lediglich eine punktuell exakte Größe darstellt**[230].

---

227 Hier ist es wichtig, exakt zwischen Angaben in Prozent und Prozentpunkten zu unterscheiden. Die Elastizität von 0,131 bedeutet, daß wenn der Zins um 1 Prozent steigt, der Ertragswert um 0,131 Prozent fällt. Bezieht man diese Angabe auf den alten Ertragswert von DM 11 474,− so ergibt sich ein Betrag von 15,03 DM. Im vorliegenden Beispiel erhöht sich jedoch der Zins um 0,25 Prozentpunkte von 10% auf 10,25%. Drückt man diese Steigerung in Prozent des alten Zinsniveaus aus, so bedeutet die Anhebung um 0,25 Prozentpunkte eine Veränderung um 2,5%. Folglich ist die zu erwartende Wertsenkung zweieinhalb mal stärker als oben angegeben, d. h. sie beträgt 2,5 · 15,03 DM = 37,58 DM. Kurz kann man dies errechnen, indem man folgende Gleichung nach dEW auflöst:
(dEW · 10%) : 11474 · 0,25% = 0,131.
228 Errechnet aus: (dEW · 10%) : 11474 · 0,25% = 0,455.
229 Mit Hilfe der Duration kann man Investitionen derart zu einem Portefeuille zusammenfassen, daß dieses unabhängig von der Zinsentwicklung am Ende des festgelegten Planhorizontes einen geplanten Wert erreicht. Dieser Vorgang, der inbesondere bei festverzinslichen Finanzanlagen Anwendung findet, wird auch Zinsimmunisierung genannt. Allerdings ist eine vollständige Zinsimmunisierung unter realistischen Bedingungen − insbesondere bei Berücksichtigung von Transaktionskosten − kaum möglich. Vgl. weiterführend Bierwag, G. / Kaufmann, G. / Toevs, A. (1983), S. 19−30, Bierwag, G. (1977), S. 730−741 sowie Gushee, C. (1981), S. 46−50.
230 Vgl. Bierwag, G. / Kaufmann, G. / Toevs, A. (1983), S. 19.

- Da die Duration jeder Finanzierung oder Investition ständig durch Zeitablauf sinkt, muß in bestimmten Intervallen – je nach gewünschter Genauigkeit – eine Neuberechnung dieser Kennzahl und eine hierauf aufbauende Neubewertung der Projekte erfolgen.

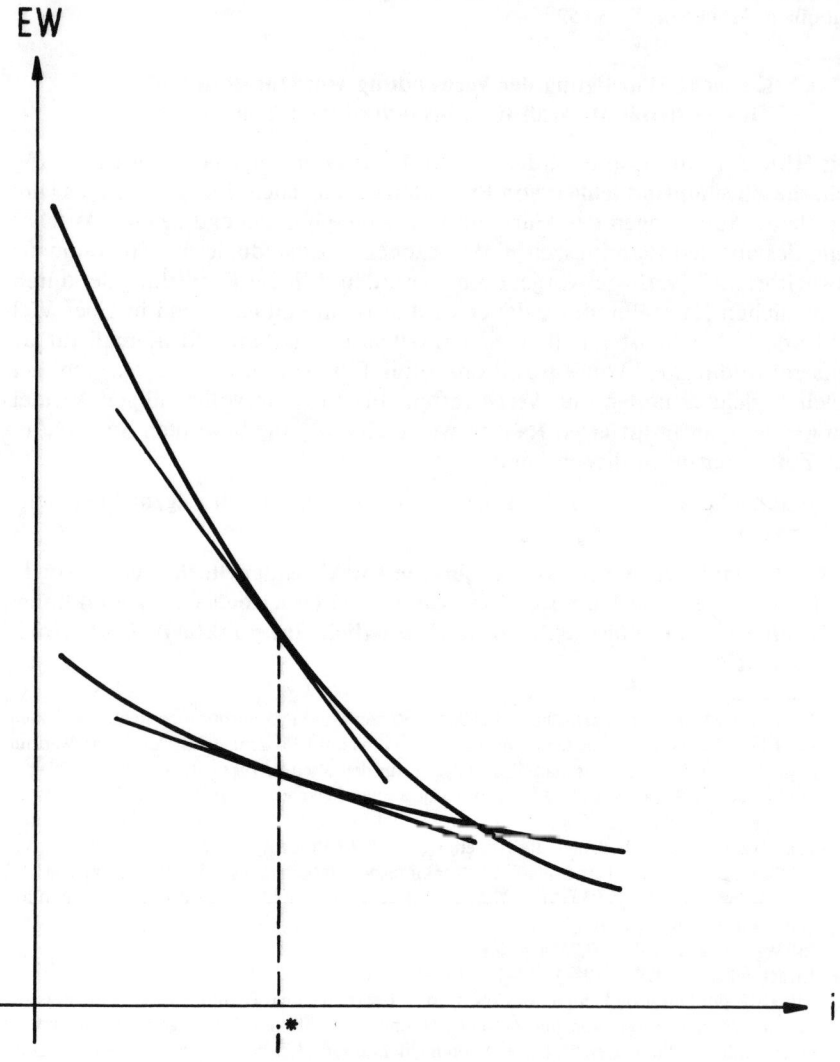

Abbildung B 17: Projekte, die bei gegebenem Zinssatz i* gleichzeitig unterschiedliche Zinselastizität und unterschiedlichen Ertragswert besitzen

- **Die Kennziffern Duration und Zinselastizität sind relative Größen, d. h. sie berücksichtigen das Volumen des Projektes nicht. Die absolute Höhe des Zinsänderungsrisikos kann erst bestimmt werden, wenn eine Multiplikation der Elastizitätsgröße mit dem Ertragswert des Projektes erfolgt. Der direkte Schluß, eine höhere Duration bedinge ein betragsmäßig absolut höheres Zinsänderungsrisiko, ist daher nur bei Projekten mit in der Ursprungssituation gleicher Einkommenswirkung möglich**[231].

Bei Auswahlentscheidungen über Finanzanlagen kann man unproblematisch davon ausgehen, daß diese Prämisse gegeben ist, da der Investor meist ein bestimmtes Kapitalvolumen anlegen möchte. Gleiches gilt für Finanzierungsprojekte, da die Höhe der benötigten Mittel bekannt ist. Bei Auswahlentscheidungen über Sachinvestitionen kann es jedoch durchaus vorkommen, daß die Alternative mit der höheren Duration – ausgehend vom aktuell gültigen Kalkulationszinssatz – auch das höhere Einkommen verspricht. In diesem Fall kann auf Basis der Duration keine eindeutige Entscheidung getroffen werden, da man nicht feststellen kann, bis zu welcher Zinssteigerung der Einkommensvorsprung eines Projektes das höhere Zinsänderungsrisiko auffängt. In diesem Fall muß folglich zur Abschätzung des Zinsänderungsrisikos mit Hilfe der Abzinsung der Zahlungsreihe bei alternativen Kalkulationszinssätzen eine Analyse des Ertragswertkurvenverlaufs (oder Kapitalwertkurvenverlaufs) erfolgen. Die vorstehende Abbildung B 17 bringt diesen Zusammenhang zum Ausdruck.

Weiterführende Literatur:

Bierwag, G./Kaufmann, G./Toevs, A. (1983); Duration: Its Development and Use in Bond Portfolio Management, in: Financial Analysts Journal, 39. Jg. (1983), S. 15–35.
Ingersoll, Jonathan / Skelton, Jeffrey / Weil, Roman (1978); Duration Forty Years Later, in: Journal of Financial and Quantitative Analysis, 13. Jg. (1978), S. 627–652.
Herget, Volker (1992): Einsatzmöglichkeiten der Duration, in: Der langfristige Kredit, Heft 9/1992, S. 305–310.
Kruschwitz, Lutz/Schöbel, Rainer (1986); Duration – Grundlagen und Anwendungen eines einfachen Risikomaßes zur Beurteilung festverzinslicher Wertpapiere, in: Das Wirtschaftsstudium 15. Jg. (1986) Teil I, S. 550–554, Teil II, S. 603–608.
Lucke, Bernd (1987); Die Duration – ein Anlagekriterium, in: Zeitschrift für das gesamte Kreditwesen, 40. Jg. (1987), S. 1079–1080.
Rolfes Bernd (1989); Risikosteuerung mit Zinselastizitäten, in: Zeitschrift für das Gesamte Kreditwesen, 42. Jg. (1989), S. 196–201.
Rudolph, Bernd (1981); Duration: Eine Kennzahl zur Beurteilung der Zinsempfindlichkeit von Vermögensanlagen, in: Zeitschrift für das gesamte Kreditwesen, 34. Jg. (1981), S. 137–140.
Walz, Hartmut (1987); Begrenzen Sie Ihre Risiken bei der Kapitalanlage in festverzinslichen Wertpapieren, in: Theunissen, Axel (Hrsg.), Geldtips – Handbuch der günstigen Geldanlage, Bd. I, Gruppe 5a, S. 1–20.
Walz, Hartmut / Gramlich, Dieter (1991a): Duration und Zinselastizität im Rentenmanagement, in: Die Bank, 31. Jg. (1991), S. 208–213.
Walz, Hartmut / Gramlich, Dieter (1991b): Zinsrisiko-Management von Rentenportefeuilles, in: Anlagepraxis, o. J. (1991), Nr. 3, S. 28–31 und Nr. 4, S. 22–26.
Weil, Roman (1973); Macaulay's Duration: An Appreciation, in: The Journal of Business, 46. Jg. (1973), S. 589–592.

---

231 Diese Bedingung war bei den oben verwendeten Beispielen stets erfüllt.

Aufgaben zur Selbstüberprüfung

1) Warum kann man aufgrund der Duration beziehungsweise der Zinselastizität allein keine Vorteilhaftigkeitsentscheidung im Hinblick auf das Einkommensziel des Investors treffen?
2) Ist es richtig, daß die Duration aufgrund der Ermittlung der durchschnittlichen Selbstliquidationsdauer eine Auskunft über den Pay-off des Projektes gibt?
3) Weshalb darf die Zinselastizität lediglich zur Bestimmung der Ertragswertschwankungen bei kleinen Zinsänderungen angewandt werden?
4) Anwendungsfall:

Ein Anleger möchte DM 2000,– in festverzinslichen börsenfähigen Wertpapieren anlegen. Der heutige Kapitalmarktzins beträgt 7%, dem entspricht auch etwa die Rendite der zur Diskussion stehenden Wertpapieranlagen. Der Anleger rechnet damit, daß er bereits nach einjähriger Anlagedauer auf das Kapital zugreifen muß. In diesem Fall würde er die Wertpapiere an der Börse zum Tageskurs verkaufen. Der zu erlösende Verkaufspreis entspricht dem Ertragswert des jeweiligen Wertpapiers unter Zugrundelegung des im Verkaufszeitpunkt gültigen Kapitalmarktzinsniveaus. Der Kundenberater bietet zwei konkrete Wertpapiere mit den unten aufgeführten Zahlungsreihen an.

Aufgabe:

Sprechen Sie für den Kunden eine Anlageempfehlung aus, wenn dieser sein Zinsänderungsrisiko minimieren will. Ermitteln Sie hierfür die Duration, die Zinselastizität und den ungefähren Wertverlust bei einer angenommenen Zinssteigerung von 0,25 Prozentpunkten bei einem **Verkauf nach einjähriger Anlagedauer.**

Zahlungsreihen der Finanzanlagen:

	t_0	t_1	t_2	t_3	t_4	t_5	t_6
I:	−2000	–	–	–	–	–	+3000
II:	−2000	+140	+140	+140	+140	+2140	

Die Musterlösungen zu diesen Aufgaben befinden sich im Anhang dieses Buches, Seite 316.

3.3. Checkliste zur Anwendung dynamischer klassischer Partialmodelle

1. **Dateninput:** Geplante Nutzungsdauer des Projektes
   Auszahlungen für das Projekt während der Nutzungsdauer
   Einzahlungen aus dem Projekt während der Nutzungsdauer
   Kalkulationszinsfuß des Investors „i"

2. **Kapitalwertmethode**

   Kapitalwert (C_o) = Summe aller auf den Betrachtungszeitpunkt t_0 abgezinsten Ein- und Auszahlungen eines Investitionsprojekts

   Errechnung: $C_o = \sum_{t=0}^{n} (e_t - a_t)(1 + i)^{-t}$;

   mit i = Kalkulationszinssatz
   $e_t - a_t$ = Saldo der Ein- u. Auszahlungen im Zeitpunkt t

   Entscheidungsregel: $C_o > 0$: Projekt ist absolut vorteilhaft
   $C_o < 0$: Projekt ist nicht absolut vorteilhaft
   $C_{oA} > C_{oB} > 0$: Projekt A ist Projekt B vorzuziehen

   Schwächen:

   Zur Ermittlung eines Kapitalwertes ist die Kenntnis eines Kalkulationszinssatzes zwingend erforderlich. Bei Änderungen des Zinssatzes muß stets eine neue Rechnung erfolgen.

3. **Interne-Zinsfuß-Methode**

   Interne Rendite (r) = die effektive Verzinsung des in einem Investitionsprojekt gebundenen Kapitals; entspricht dem Zinssatz, bei dem der Kapitalwert „Null" wird.

   Exakte Berechnung: Auflösung der Gleichung

   $$0 = \sum_{t=0}^{n} (e_t - a_t)(1 + r)^{-t} \text{ nach „r"}$$

   Näherungslösung: Lineare Interpolation zwischen zwei Zinssätzen, wobei der Kapitalwert des Projekts beim ersten gerade noch positiv, beim zweiten bereits negativ ist.

   Entscheidungsregeln bei Investitionsprojekten:

   r > i Projekt ist absolut vorteilhaft
   r < i Projekt ist nicht absolut vorteilhaft. Bei Finanzierungsprojekten kehren sich die Entscheidungsregeln gerade um.

Zum relativen Vorteilhaftigkeitsvergleich ist die Durchführung einer Komplement- oder einer Differenzinvestition erforderlich, sofern nicht offensichtlich erkennbar ist, daß das renditestärkere Projekt aufgrund höherer Kapitalbindung und längerer Kapitalbindungsdauer ein größeres Einkommen erzielt.

Schwächen:

– Vergleichsweise höherer Rechenaufwand als bei der Kapitalwertmethode
– Gegebenenfalls Korrekturrechnung (= Komplement/Differenzinvestition) erforderlich
– Problematik der Mehrdeutigkeit bzw. fehlender Existenz interner Zinsfüße bei gemischten Projekten

4. Annuitätenmethode

Annuität (c) = Betrag, den der Investor am Ende jeder Periode (in gleichbleibender Höhe) entnehmen kann, ohne die Verzinsung (mit i%) und die Rückgewinnung des gebundenen Kapitals zu beeinträchtigen; entspricht dem Durchschnittseinkommen pro Periode.

Errechnung: Annuität = Kapitalwert × Annuitätenfaktor

$$c = C_o \cdot \frac{i(1 + i)^n}{(1 + i)^n - 1}$$

Entscheidungsregel: $c > 0$ Projekt ist absolut vorteilhaft
$c < 0$ Projekt ist nicht absolut vorteilhaft
$c_A > c_B > 0$ nur vergleichbar bei gleicher Laufzeit der Annuitätenzahlungen; Projekt mit höherer Rente ist vorzuziehen.

Schwächen: wie bei Kapitalwertmethode

5. Dynamische Amortisationsrechnung

Amortisationsdauer oder Pay-off-Periode = Zeitraum „x", in dem der Barwert anfallender Einzahlungsüberschüsse die Höhe der Anschaffungsauszahlung „a_o" erreicht.

Exakte Berechnung: Auflösung der Gleichung

$$\sum_{t=1}^{x} (e_t - a_t)(1 + i)^{-t} = a_o \quad \text{nach „x"}$$

Entscheidungsregel: Amortisationsdauer „x" ≤ Nutzungsdauer → Projekt ist absolut vorteilhaft

Dynamische Verfahren der Investitionsrechnung 135

Schwächen:

Aufgrund der erheblichen Mängel dieser Methode wird von der alleinigen Orientierung von Investitionsentscheidungen an Pay-off-Zeiträumen dringend abgeraten.

6. Methode zur Ermittlung der Duration

Duration (D) = Zeitraum der im Durchschnitt verstreicht, bis die aus einem Projekt zu erhaltenden (Investition) oder zu zahlenden (Finanzierung), Zahlungsausprägungen der Perioden t_1 bis t_n erfolgen = mittlere Fälligkeit einer Zahlungsreihe.

Errechnung: Division des zeitlich gewichteten Ertragswertes eines Projektes durch den einfachen Ertragswert. Dies ergibt ein Ergebnis, welches auf Zeiteinheiten lautet.

Formel:
$$D = \frac{\sum_{t=1}^{n} \cdot R_t \cdot t \cdot (1 + i)^{-t}}{\sum_{t=1}^{n} \cdot R_t \cdot (1 + i)^{-t}}$$

Interpretation: Die Höhe der Duration kann als Indikator für die Zinsempfindlichkeit eines Projektes verstanden werden.

Entscheidungsregeln: Zur Minimierung (Maximierung) der Auswirkungen von Zinsänderungen auf Ertragswert ist das Projekt mit der geringsten (größten) Duration auszuwählen.

Schwächen:

Die ausschließliche Orientierung an der durchschnittlichen Kapitalbindungsdauer ist nur bei Alternativen zulässig, die in der Ausgangssituation vergleichbare Ertragswerte (Einkommensleistungen) versprechen.

3.4. Fallbeispiel zu den klassischen Partialmodellen der dynamischen Investitionsrechnung

Dateninput

Eine Druckerei-GmbH, die auf Grund der sehr guten Auftragslage und der Vollauslastung der bisherigen Kapazität expandieren will, prüft folgende Angebote „A" (Kauf einer Anlage) und „B" (Leasing einer Anlage) und erstellt dazu folgende Zahlungsreihen für die vorgesehene Nutzungsdauer von 5 Jahren:

136 Investitionsplanung und Wirtschaftlichkeitsrechnung

Projekt A:

Zahlungszeitpunkt	t_0	t_1	t_2	t_3	t_4	t_5
Zahlungen für Anschaffung	−180					
Löhne/Sozialbeitr.		− 70	− 74	− 78	− 83	− 88
RHB/AVK		− 30	− 31	− 32	− 34	− 36
Gewerbe-/Vermögensteuer		− 5	− 5	− 6	− 6	− 7
Einz. aus Umsatzerlösen		+140	+150	+160	+170	+180
Restverkaufserlös am Ende der gepl. Nutzungsdauer						+ 50
Saldo der Zahlungen	−180	+ 35	+ 40	+ 44	+ 47	+ 99

Projekt B:

Zahlungszeitpunkt	t_0	t_1	t_2	t_3	t_4	t_5
Zahlungen für Anzahlungen	− 30					
Leasingrate		− 45	− 45	− 45	− 45	− 45
Löhne/Sozialbeitr.		− 70	− 74	− 78	− 83	− 88
RHB/AVK		− 28	− 29	− 30	− 32	− 34
Gewerbe-/Vermögensteuer		−	− 1	− 1	− 2	− 2
Einz. aus Umsatzerlösen		+140	+150	+160	+170	+180
Operationspreis für Erwerb der Anlage nach 5 Jahren						− 10
Restverkaufserlös (Marktwert der Anlage)						+ 50
Saldo der Zahlungen	− 30	− 3	+ 1	+ 6	+ 8	+ 51

Beide Projekte wurden hälftig mit Eigenkapital und hälftig mit einem langfristigen Kredit finanziert. Während der Kredit einen Effektivzins von 9% kostet, entgehen bei den Eigenmitteln Anlagemöglichkeiten mit einer Rendite von 7%. Diese Finanzierungsstruktur soll während der gesamten Laufzeit aufrecht erhalten werden. Folglich wird von einer Kalkulationsbasis in Höhe von 8% ausgegangen.

1) Kapitalwertmethode

Der Kapitalwert ist auf Basis eines Kalkulationszinssatzes von 8% zu ermitteln.

	A	B
Kapitalwert C_0:	23,55	13,43

Beide Projekte sind für sich gesehen vorteilhaft, Projekt A ist vorzuziehen.

2) Interne-Zinsfuß-Methode

Die Berechnung der Kapitalwerte bei unterschiedlichem Kalkulationszinsfuß ergibt:

Dynamische Verfahren der Investitionsrechnung

i =	8	12	13	16	17
C_{oA} =	23,55	0,50	−4,65	−18,82	−23,16
C_{oB} =	13,43	6,41	+4,87	+ 0,70	− 0,56

Mit linearer Interpolation lassen sich folgende Näherungswerte ermitteln:
$r_A = 12,1\%$ $r_B = 16,56\%$

Projekt A weist zwar eine geringere Rendite auf als Projekt B, jedoch ist bei A ein wesentlich höheres Kapital für eine durchschnittlich längere Dauer gebunden. Eine Entscheidung für das Projekt mit der höheren Rendite (B) wäre für einen Investor mit einem Kalkulationszinsfuß i = 8% − wie aus dem Ergebnis der vorstehenden Berechnung auf Basis der Kapitalwertmethode erkennbar − eine Fehlentscheidung.

Dies läßt sich **alternativ** mit Hife einer **Differenz-** oder einer **Komplementinvestition** belegen. Der Vollständigkeit halber werden hier beide Ergänzungsrechnungen durchgeführt.

Differenzinvestition:

Zahlungsreihe	t_0	t_1	t_2	t_3	t_4	t_5
(A−B)	−150	+38	+39	+38	+39	+48

Ermittlung der internen Rendite der Differenzinvestition:

Kalkulationszinsfuß	8%	10%	12%
$C_{o (A-B)}$ =	+10,12	+1,77	−5,91

Hieraus ergibt sich als interne Rendite
$r_{A-B} = 10,46\%$

Da die interne Rendite der Differenzinvestition über dem Kalkulationszinsfuß liegt, ist die Differenzinvestition zu realisieren, d.h. Projekt A, welches die Differenzinvestition ja enthält, ist Projekt B vorzuziehen, womit sich das gleiche Ergebnis wie bei der Kapitalwertmethode ergibt. Die über dem Kalkulationszinssatz liegende Rendite zeigt nämlich an, daß sich die Mehrbindung von Kapital beim Übergang von Projekt B zu Projekt A besser verzinst, als bei Anlage der Mittel am Restkapitalmarkt. Die interne Rendite der Differenzinvestition gibt gleichzeitig den kritischen Wert für den Kalkulationszinsfuß an, bei dem die Vorteilhaftigkeit von Projekt A nach Projekt B umschlägt. Übersteigt die Restkapitalmarktrendite also 10,45%, so ist der Entscheidungsträger mit Projekt B besser beraten.

Komplementinvestition:

	t_0	t_1	t_2	t_3	t_4	t_5
Zahlungsreihe A	−180	+35	+40	+44	+47	+99
Zahlungsreihe B	− 30	− 3	+ 1	+ 6	+ 8	+51
Zahlungsreihe B $_k$	−150	+38	+39	+38	+39	bleibt offen

138 Investitionsplanung und Wirtschaftlichkeitsrechnung

Ermittlung des durch B_k erzielten Anlageerfolges in t_5

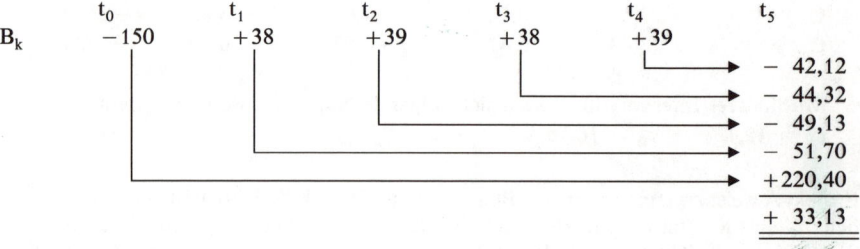

Zusammengefaßte Zahlungsreihe von B + B_k:

t_0	t_1	t_2	t_3	t_4	t_5
−180	+35	+40	+44	+47	+84,13

Ermittlung der internen Verzinsung von B + B_k

C_o von B + B_k / 11% = −2,94
C_o von B + B_k / 10% = +2,27

Durch lineare Approximation ergibt sich eine interne Verzinsung von B + B_k in Höhe von 10,44%.

Da Projekt A bei einem identischen Kapitalbindungsverlauf 12,1% Rendite erwirtschaftet, wird auch beim vollständigen Renditevergleich das Projekt A bevorzugt.

Obwohl in dem hier gewählten Beispiel beim Leasing eine höhere Rendite als beim Kauf zu erzielen ist, verspricht der Kauf infolge des höheren Kapitaleinsatzes höhere Entnahmemöglichkeiten als das Anlagenleasing. Dieses Ergebnis gilt allerdings nur bei isolierter Betrachtung der hier diskutierten Investitionsentscheidung. Sieht der Unternehmer weitere interessante Investitionsmöglichkeiten (Rendite über dem Kalkulationszinssatz von 8%), und bedeutet die Entscheidung zum Anlagenkauf, infolge des begrenzten Kapitals und der begrenzten Kreditaufnahmemöglichkeiten, einen Verzicht auf diese anderen Investitionen, so erfordert der dann durchzuführende Wirtschaftlichkeitsvergleich eine Einbeziehung aller in Frage kommenden Investitionen. Es sind in diesem Fall alle möglichen Kombinationen der einzelnen Investitionsvorhaben zu bilden und zu vergleichen, wobei der Vergleich selbst wiederum mit der Kapitalwertmethode oder der internen Zinsfußmethode durchgeführt werden kann.

3) Annuitätenmethode

Annuität $c = C_o \cdot w$; wobei w den Wiedergewinnungsfaktor darstellt.

Die Überschußannuitäten der Projekte betragen:

A = 23,55 · 0,2505 = 5,9
B = 13,43 · 0,2505 = 3,36

Dynamische Verfahren der Investitionsrechnung

Aufgrund der identischen Nutzungsdauer der beiden Projekte sind die Annuitäten direkt vergleichbar. Das Ergebnis der Annuitätenmethode bestätigt somit das Ergebnis der Kapitalwertmethode, nämlich die relative Überlegenheit des Projektes A gegenüber der Alternative B.

Macht man sich jedoch die Mühe, die **Überschußannuität** nicht direkt aus dem Kapitalwert der Projekte, sondern aus den verrenteten Ursprungszahlungsreihen herzuleiten, so ergibt sich aufgrund der schwächer aggregierten Daten eine weitergehende und detailliertere Information über die Unterschiede zwischen den Projekten. Daher werden im folgenden noch die Werte für **Kapitaldienst** und Periodenüberschußannuität gegenübergestellt.

Kapitaldienst Projekt A = $-180 \cdot 0,2505 = -45,09$
Kapitaldienst Projekt B = $-30 \cdot 0,2505 = -7,52$

Periodenüberschußannuität:

1. Schritt: Ermittlung des Ertragswertes der laufenden EZÜ/AZÜ.
Projekt A: Ertragswert 8% = +203,55
Projekt B: Ertragswert 8% = + 43,43

2. Schritt: Umformung des EW in eine Rente 5jähriger Laufzeit bei 8% Zins.
Projekt A: $203,55 \cdot 0,2505 = +50,99$
Projekt B: $43,43 \cdot 0,2505 = +10,88$

3. Schritt: Ermittlung der Überschußannuität durch Gegenüberstellung von Kapitaldienst und Periodenüberschußannuität:

	PÜA		KD		
A: =	+50,99	−	45,09	=	5,9
B: =	+10,88	−	7,52	=	3,36

Die rechenaufwendigere Ermittlung der Überschußannuität gibt dem Entscheidungsträger eine zusätzliche Information über das Verhältnis zwischen durchschnittlichen laufenden Ein- und Auszahlungen einerseits sowie dem Kapitaldienst andererseits. Die Analyse dieser Relationen liefert dem Investor zusätzliche Informationen über den Risikogehalt eines Projektes, indem sie die entnahmefähige Rente in ein Verhältnis zum Gesamtvolumen setzt.

4) Dynamische Amortisationsrechnung

Die Aufaddierung der abgezinsten Einzahlungsüberschüsse erreicht bei beiden Projekten erst im 5. Jahr die Höhe der Anschaffungsauszahlung. Aus der Amortisationsdauer läßt sich, wie sich an diesem Ergebnis zeigt, in vielen Fällen keine Entscheidung zwischen verschiedenen Projekten ableiten und auch keine zusätzliche Information gewinnen.

Das vorliegende Beispiel macht außerdem deutlich, wie heikel die isolierte Interpretation von Wiedergewinnungszeiträumen ist. Bei realistischer Betrachtung muß man davon ausgehen, daß die Unternehmung sich bei der Entscheidung für Alternative B nicht ohne finanzielle Nachteile vorzeitig aus dem Leasingvertrag lösen kann, da sie sich vertraglich für eine bestimmte Nutzungszeit gebunden hat. Die bei der Alternative B verringerten Anfangsauszahlungen sind somit lediglich auf die Nutzungsdauerperioden umverteilt. Selbst wenn Projekt B also eine kürzere Nutzungsdauer haben würde, wäre dies kein

140 Investitionsplanung und Wirtschaftlichkeitsrechnung

Beweis dafür, daß das Risiko dieser Alternative im Vergleich zu Projekt A geringer ist, da bei vorzeitigem Abbruch noch Auszahlungen für die Leasingraten oder eine Konventionalstrafe anfallen würden.

5) Duration

Die Ermittlung der durchschnittlichen Kapitalbindungsdauer zur Abschätzung von Zinsänderungsrisiken ist im vorliegenden Fall ganz offensichtlich nicht angebracht, da es sich um Projekte handelt, deren Einkommenswerte bereits beim Ursprungszins von i = 8% erheblich voneinander abweichen. Die Anwendung des Durationskonzeptes zur Messung von Zinsänderungsrisiken ist aufgrund des Fehlens der hierzu erforderlichen Voraussetzungen[232] also sinnlos[233].

4. Statische Verfahren der Investitionsrechnung

4.1. Gemeinsame Merkmale statischer Rechenverfahren

Die Vereinfachungen, die bei den **statischen kombinatorischen Rechenverfahren** getroffen werden, gehen noch weiter über die der klassischen Partialmodelle hinaus als dies bei den dynamischen kombinatorischen Partialmodellen der Fall ist. Dies bedeutet eine größere Entfernung des Rechenmodells von der Realität. Durch die stärkeren Vereinfachungen wird jedoch gleichzeitig die Anwendbarkeit der Verfahren erleichtert.

Die zentrale Vereinfachung der statischen Verfahren betrifft die verwendeten Rechenelemente. Statische Verfahren arbeiten stets mit Größen, die im Rechnungswesen erfaßt werden, d. h. mit Kosten, Erlösen, Aufwendungen und Erträgen und nicht mit Ein- und Auszahlungen, obwohl sich die finanziellen Ziele des Investors auf die Zahlungsmittelebene richten.

Eine weitere Vereinfachung besteht in der Tatsache, daß der zeitliche Anfall der Rechenelemente keinen Einfluß auf das Ergebnis der Rechnung nimmt. Die Größen gehen in absoluter Höhe in die Rechnung ein, gleichgültig ob sie zu Beginn oder am Ende der Nutzungsdauer des Projektes anfallen.

Somit werden die zu bewertenden Alternativen auch nicht periodenweise und periodengenau durchgerechnet, sondern die Analyse wird auf eine Periode beschränkt. Hierbei wird jedoch nicht ein bestimmtes Jahr der Nutzungsdauer willkürlich herausgegriffen, sondern eine rein fiktive Durchschnittsperiode gebildet und anschließend analysiert.

Die verschiedenen statischen Verfahren werden jeweils nach dem zugrunde gelegten **Vorteilhaftigkeitskriterium** benannt.

---

232 Zu den Voraussetzungen für die Anwendung des Durationskonzeptes vgl. den Anwendungsfall bei den Aufgaben zur Selbstüberprüfung in Gliederungspunkt 3.2.5.7.
233 Wegen eines praxisnahen Anwendungsbeispiels zur Duration vgl. die entsprechenden Aufgaben zur Selbstüberprüfung.

4.2. Ausgewählte statische Rechenverfahren

4.2.1. Kostenvergleichsrechnung

Das einfachste Verfahren der Investitionsplanung stellt die Kosten der einzelnen, zur Diskussion stehenden Anlagealternativen gegenüber und empfiehlt die Auswahl des kostengünstigsten Projektes.

Bei einer ausschließlichen Orientierung an den Kosten als Vorteilhaftigkeitsindikator ist folglich ein **absoluter Vorteilhaftigkeitsvergleich** nicht möglich, da die Information fehlt, ob die ermittelten Kosten durch die erzielbaren Erlöse übertroffen werden können. Die Kostenvergleichsrechnung eignet sich somit grundsätzlich nur für relative Vorteilhaftigkeitsentscheidungen[234].

Beim Vergleich mehrerer Projekte können zwei Arten von Problemstellungen gegeben sein, die auch als **Auswahl- und Ersatzproblem** bezeichnet werden[235]. Beim Auswahlproblem geht es darum, die Kosten alternativer **neuer** Projekte zu vergleichen, um ein kostenminimales Investitionsprojekt zu errichten oder zu erwerben. Kennzeichnend für diese Entscheidungssituation ist, daß zum Zeitpunkt der **Vorteilhaftigkeitsanalyse** noch keine der zur Diskussion stehenden Alternativen beim Entscheidungsträger installiert ist.

Hingegen stellt sich beim Ersatzproblem die Frage, ob und gegebenenfalls zu welchem Zeitpunkt eine bereits vorhandene und in Betrieb befindliche Anlage durch eine Neuinvestition unter Kostengesichtspunkten zu substituieren ist[236].

Sofern bei der Kostenvergleichsrechnung nur eine Gegenüberstellung der Gesamtkosten verschiedener Investitionsprojekte pro Periode vorgenommen wird, muß gewährleistet sein, daß die Investitionsalternativen die gleiche quantitative und qualitative Leistung abgeben. Ist die Qualität bei den zur Auswahl stehenden Projekten identisch und die geplante Leistungserstellung unterschiedlich, so ist ein Vergleich der Gesamtkosten pro Periode unzulässig und muß durch eine Gegenüberstellung der Stückkosten ersetzt werden.

Doch auch die Minimierung der Stückkosten ist als Vorteilhaftigkeitskriterium nur dann mit Sicherheit korrekt, wenn lediglich quantitative Leistungsunterschiede auftreten und die Alternative mit der höheren Auslastung auch die geringeren Stückkosten aufweist. Besitzt die Alternative mit dem größeren Output jedoch auch die höheren Stückkosten, so kann die Wahl des Projektes mit den niedrigeren Stückkosten eine Fehlentscheidung darstellen. In Abhängigkeit von der Höhe des Verkaufspreises und dem mengenmäßigen Output kann sich nämlich die relative Vorteilhaftigkeit der Alternativen umkehren, d.h. eine Alternative kann trotz höherer Stückkosten einen größeren Gewinn oder ein grö-

---

234 Vgl. Kruschwitz, L. (1987), S. 36.
235 Vgl. Däumler, K.-D. (1982), S. 120f.
236 Zur weiterführenden Darstellung des Auswahl- und Ersatzproblems vgl. Perridon, L. / Steiner, M. (1988), S. 33–38.

ßeres Einkommen bewirken. Da man die „richtige" Alternative in dieser Fallkonstellation erst durch einen Gewinnvergleich erkennen kann, ist eine Stückkostenrechnung stets dann nutzlos, wenn das Projekt mit den höheren Stückkosten auch den größeren Output besitzt.

Dies soll an einem Beispiel mit folgenden Daten kurz gezeigt werden:

Projekt A: Stückkosten DM 13,50; jährlicher Output 20000 Stk.
Projekt B: Stückkosten DM 13,75; jährlicher Output 23000 Stk.

Bei einem Verkaufspreis von DM 15,00 erbringt Projekt A mit DM 30000,– (1,50 DM/Stk. · 20000 Stk.) gegenüber Projekt B mit DM 28750,– (1,25 DM/Stk. · 23000 Stk.) den höheren Gesamtgewinn und ist somit relativ vorteilhaft. Steigt der Verkaufspreis jedoch auf DM 15,50, so erbringt Projekt B mit DM 40250,– (1,75 DM/Stk. · 23000 Stk.) einen höheren Gesamtgewinn als Projekt A mit 40000,– (2,– DM/Stk. · 20000 Stk.). Die relative Vorteilhaftigkeit hängt bei dieser Fallkonstellation also gleichermaßen von der Outputdifferenz der beiden Projekte wie von der jeweiligen Differenz zwischen Verkaufspreis und Stückkosten ab und kann nur mit Hilfe eines Gewinnvergleichs bestimmt werden.

Außerdem muß berücksichtigt werden, daß die Stückkosten oftmals in Abhängigkeit von der **Kapazitätsauslastung** variieren, so daß in diesem Fall der Wechsel der relativen Vorteilhaftigkeit in Abhängigkeit vom Auslastungsgrad festgestellt werden müßte[237].

Weisen die Leistungen der zu vergleichenden Investitionsprojekte qualitative Leistungsunterschiede auf, so ist die Anwendung einer reinen **Kostenvergleichsrechnung** grundsätzlich nicht nützlich, da man den ermittelten Kostengrößen erst noch positive Rechenelemente (Erträge, Erlöse) gegenüberstellen müßte, die in Abhängigkeit von der unterschiedlichen Qualität des Output verschieden hoch sind.

Der Anwendungsbereich der Kostenvergleichsrechnung ist also stark eingeschränkt[238]. Diese Tatsache verdeutlicht die nachstehende Abbildung B 18 nochmals im Überblick.

In den Kostenvergleich sollten möglichst alle auftretenden Kostenarten einbezogen werden. Von wesentlicher Bedeutung sind hierbei insbesondere Kosten der Anlagennutzung (z. B. Löhne und Gehälter inklusive den entsprechenden Nebenkosten, Energie-, Raum-, Material-, Werkzeug- und Instandhaltungs-/Reparaturkosten), die Wertminderung der Anlage (Abschreibungen) sowie die Zinsen auf das eingesetzte Kapital[239]. Eine Ausklammerung von Kosten, die für alle Alternativen die gleiche Höhe haben, ist insofern problematisch, als hierdurch die feststellbaren Kostenunterschiede der Alternativen in ihrer relativen Bedeutung verzerrt wiedergegeben werden. Da es sich in der Regel um Investitionsprojekte mit mehrperiodischer Nutzungsdauer handelt, werden der Entscheidungsfindung nicht die Kosten der ersten oder einer beliebigen anderen

---
237 Vgl. Blohm, H./Lüder, K. (1988), S. 159f. und S. 164.
238 Vgl. Möser, H.-D. (1988), S. 162.
239 Vgl. Blohm, H./Lüder, K. (1988), S. 156.

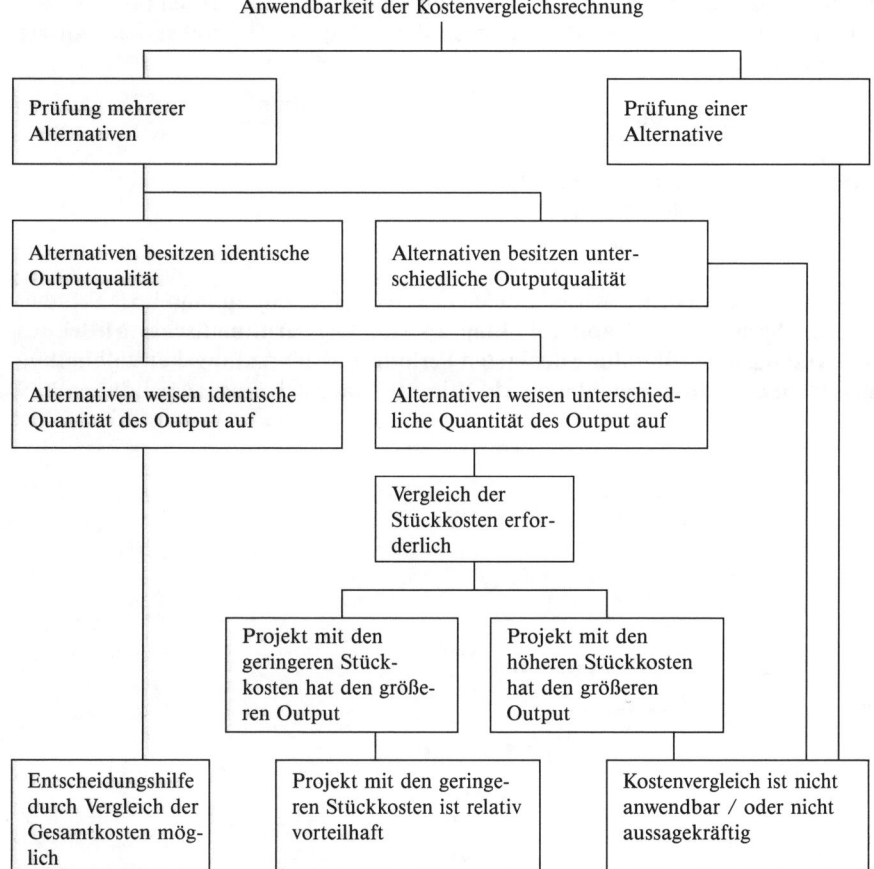

Abbildung B 18: Übersicht über den Anwendungsbereich der Kostenvergleichsrechnung

Periode zugrunde gelegt, sondern die **Durchschnittskosten pro Periode**. Die Ermittlung dieser Durchschnittskosten soll für Abschreibungen und Zinsen kurz erläutert werden.

Die **durchschnittliche Abschreibung pro Periode** entspricht der durchschnittlichen jährlichen Wertminderung und ergibt sich nach folgendem Ansatz:

$$\varnothing \text{ Abschreibung pro Periode} = \frac{\text{Anschaffungspreis} - \text{Restverkaufserlös}}{\text{Anzahl der Nutzungsperioden (n)}}$$

Der **Restverkaufserlös** wird vom Anschaffungspreis in Abzug gebracht, da er der Unternehmung nach Nutzung des Projektes wieder zufließt und somit keinen Werteverzehr darstellt.

144 Investitionsplanung und Wirtschaftlichkeitsrechnung

Die **durchschnittlichen Zinskosten pro Periode** werden als Zinsen pro Jahr auf das im Mittel durch das Projekt gebundene Kapital mit folgendem Ansatz berechnet[240]:

$$\varnothing \text{ Zinsen pro Periode} = \frac{A_0 + (RW + 1 \text{ Abschreibung})}{2} \cdot \frac{p}{100},$$

wobei p = Kalkulationszinsfuß
A_0 = Anschaffungspreis
RW = Restverkaufserlös.

Der Aufbau der Formel wird dann leicht verständlich, wenn man bedenkt, daß die **durchschnittliche Kapitalbindung** als einfaches **arithmetisches Mittel aus der Anfangskapitalbindung der ersten Periode und der Anfangskapitalbindung der letzten Periode gebildet** wird. Wie aus nachstehender Abbildung B 19

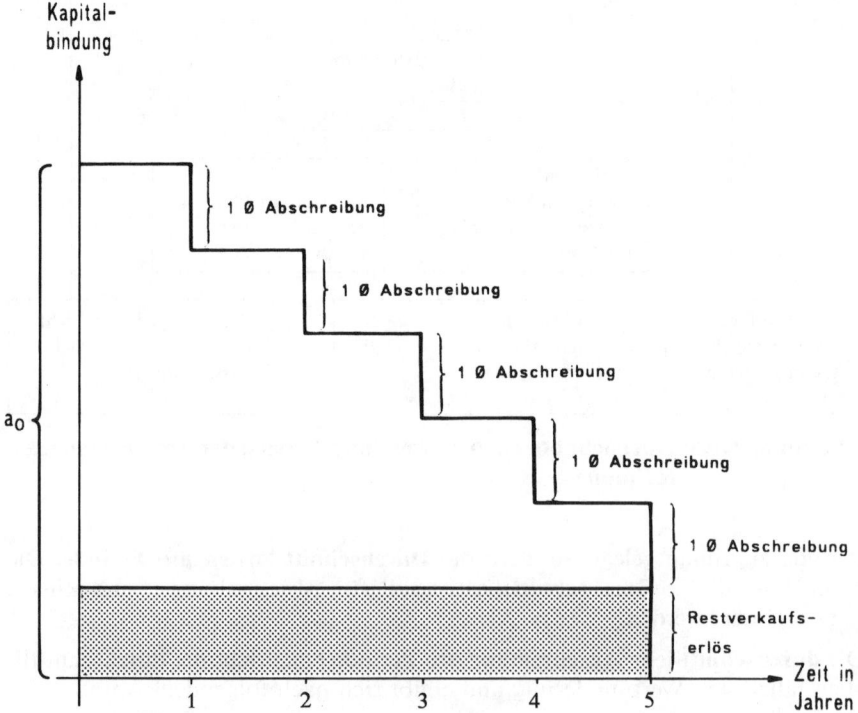

Abbildung B 19: **Verlauf der Kapitalbindung bei regelmäßiger Abschreibung und Annahme eines Restverkaufserlöses**

---

[240] Der Ansatz von Zinskosten ist unabhängig davon, ob das Projekt mit Eigen- oder mit Fremdkapital finanziert wird. Bei der Finanzierung mit Eigenkapital werden kalkulatorische Zinsen im Sinne von Opportunitätskosten angesetzt.

ersichtlich ist, entspricht die Kapitalbindung zu Beginn der ersten Periode exakt der Anschaffungsauszahlung, während sich die Kapitalbindung zu Beginn der letzten Periode aus dem Restverkaufserlös und der durchschnittlichen Abschreibung zusammensetzt[241].

Man geht also stets von der Anfangskapitalbindung zu Beginn der entsprechenden Periode aus. Dem liegt die Annahme zugrunde, daß **kapitalrückführende Einzahlungen** in Form von Abschreibungsgegenwerten jeweils erst am Periodenende anfallen. Dies ist auch realistisch, da zwischen der Produktion, ihrer Veräußerung und dem einzahlungswirksamen Zugang des Verkaufserlöses stets eine zeitliche Verschiebung besteht.

In der Literatur findet sich jedoch auch die Annahme, daß sich die **Amortisation** des gebundenen Kapitals kontinuierlich über die gesamte Periode verteilt[242], wodurch die durchschnittliche Kapitalbindung um eine halbe jährliche Abschreibung geringer angesetzt wird[243].

Das nachfolgende Beispiel verdeutlicht die Anwendung der Kostenvergleichsrechnung[244].

Beispiel:
Ein neugegründetes Taxiunternehmen plant den Kauf eines Personenwagens. Es stehen Typ A und Typ B zur Auswahl, die sich gegenseitig ausschließen. Unter Verwendung folgender Daten soll ein Kostenvergleich die Entscheidung zwischen Typ A und Typ B erleichtern.

	Typ A:	Typ B:
Anschaffungspreis des PKW	DM 20 000,–	DM 25 000,–
Feste Betriebskosten pro Jahr ohne Abschreibung und Zinsen	DM 14 000,–	DM 14 000,–
Variable Betriebskosten pro km	DM 0,20	DM 0,25
Voraussichtliche Fahrleistung pro Jahr	30 000 km	32 000 km
Geplante Nutzungsdauer	2 Jahre	3 Jahre
Restverkaufserlös am Ende der geplanten Nutzungsdauer	DM 6 000,–	DM 5 500,–

Beide Projekte werden zu 60% mit Fremdkapital und zu 40% mit Eigenkapital finanziert. Für beide Kapitalarten wird ein Zinssatz von 10% kalkuliert.

---

241 Vgl. vertiefend Rolfes, B. (1986), S. 412f.
242 Vgl. Perridon, L./Steiner, M. (1988), S. 32.
243 Die Formel zur Ermittlung der durchschnittlichen Zinsen lautet dann:

$$\varnothing \text{ Zinsen} = \frac{\text{Anschaffungspreis} + \text{Restverkaufserlös}}{2} \cdot \frac{P}{100}$$

244 Ein weiterführendes Fallbeispiel zum Kostenvergleich findet sich bei Adelberger, O./Günther, H. (1982) S. 4f. sowie S. 20.

Ermittlung der durchschnittlichen Gesamtkosten pro Periode:

Typ A: | | DM
Feste Kosten: | | 14000,-
   Betriebskosten
   ⌀ Abschreibung p.a. =

$$\frac{20000 - 6000}{2} = \text{DM } 7000{,}- \text{ p.a.} \qquad 7000{,}-$$

   ⌀ Zinsen p.a. =

$$\frac{(20000 + 7000{,}- + 6000{,}-) \cdot 10}{2 \cdot 100} = \text{DM } 1650{,}- \text{ p.a.} \qquad 1650{,}-$$

Variable Kosten:
   Betriebskosten p.a. = 30000 km · 0,20 DM =   6000,-

⌀ Gesamtkosten p.a.   28650,-

Typ B:
Feste Kosten:
   Betriebskosten   14000,-
   ⌀ Abschreibung p.a. =

$$\frac{25000 - 5500}{3} = \text{DM } 6500{,}- \text{ p.a.} \qquad 6500{,}-$$

   ⌀ Zinsen p.a. =

$$\frac{(25000 + 6500{,}- + 5500{,}-) \cdot 10}{2 \cdot 100} = \text{DM } 1850{,}- \text{ p.a.} \qquad 1850{,}-$$

Variable Kosten:
   Betriebskosten p.a. = 32000 km · 0,25 DM =   8000,-

⌀ Gesamtkosten p.a.   30350,-

Würde man aus diesem Ergebnis schließen, daß nach der Methode des Kostenvergleichs Typ A vorzuziehen ist, so beginge man einen Fehler. Der obigen Kostenvergleichsrechnung lag eine unterschiedliche quantitative Leistungsabgabe zugrunde, so daß die Kosten pro Periode nicht vergleichbar sind. Berechnen wir die Kosten pro Leistungseinheit (km), so ergibt sich:

Typ A: 28650,- DM : 30000 km = 0,955 DM/km
Typ B: 30350,- DM : 32000 km = 0,948 DM/km.

Demnach ist gemäß der Kostenvergleichsmethode Typ B vorzuziehen. Die Bedingung „niedrigere Stückkosten und höhere Auslastung" ist bei Typ B erfüllt, so daß eine Entscheidung mit Hilfe der Kostenvergleichsmethode zum gleichen Ergebnis führen muß, wie bei der Verwendung der Gewinnvergleichsmethode. Außerdem muß sichergestellt sein, daß der Erlös pro Kilometer bei beiden Taxen identisch ist, d. h. **keine qualitativen Unterschiede** des Output bestehen, da ansonsten der Stückkostenvergleich nicht zulässig wäre.

4.2.2. Gewinnvergleichsrechnung

Das Entscheidungskriterium der **Gewinnvergleichsrechnung** bildet der „**durchschnittliche Gewinn pro Periode**", definiert als Saldo zwischen den durchschnittlichen Kosten pro Periode und den durchschnittlichen Erlösen pro Periode. Ausgewählt wird die Alternative, die den maximalen durchschnittlichen Gewinn pro Periode verspricht. Bei diesem Verfahren wird der Entscheidung eine breitere Informationsbasis als bei der Kostenvergleichsrechnung zugrunde gelegt. Allerdings werden dadurch auch die Probleme der Datengewinnung größer, da insbesondere die Zurechnung von Erlösen zu einzelnen Investitionsprojekten oft Schwierigkeiten bereitet [245]. Da die Entscheidungsregel am Gewinn pro Periode ansetzt, können zudem Fehlentscheidungen durch **Unterschiede in der Nutzungsdauer** der zu vergleichenden Projekte bewirkt werden [246], es sei denn nach Ablauf der Nutzungsdauer wäre stets die Reinvestition in ein identisches Projekt gewährleistet. Zu einer sinnvollen Interpretation des Ergebnisses ist also eine Annahme darüber erforderlich, wie gewinnbringend das Kapital nach Ablauf des Projektes eingesetzt werden kann.

Aufgrund der Verbreiterung der Datenbasis verfügt die Gewinnvergleichsmethode über einen größeren Anwendungsbereich als die Kostenvergleichsmethode. So muß z. B. weder qualitativ noch quantitativ eine identische Leistungsabgabe der zu bewertenden Projekte vorliegen. Das Entscheidungskriterium „Gewinn" weist zudem eine engere Beziehung zum eigentlichen Ziel des Entscheidungsträgers „**Maximierung der Einkommenszahlungen**" auf, als das zuvor verwendete Kriterium der Gesamt- oder Stückkosten. So ist z. B. der Fall denkbar, daß sich mit keiner der untersuchten Alternativen Gewinn erzielen läßt und die Gewinnvergleichsmethode folglich zu einer Ablehnung aller Projekte führt. Verwendet man hingegen die Kostenvergleichsmethode, so würde in diesem Fall die Alternative mit den geringsten Kosten realisiert, obwohl sie unwirtschaftlich, d. h. absolut unvorteilhaft, wäre. Die Möglichkeit, die absolute Vorteilhaftigkeitsentscheidung bei Vorliegen nur eines Projektes zu fällen und dieses somit isoliert zu überprüfen, stellt somit einen wichtigen Vorteil des Gewinnvergleichs im Vergleich zur Kostenvergleichsrechnung dar.

Nachstehend wird die Gewinnvergleichsrechnung auf das obige Beispiel angewandt, wobei angenommen werden soll, daß der erzielbare Erlös pro km Fahrleistung bei beiden Alternativen DM 1,– beträgt [247]. Somit ergibt sich folgender kalkulatorischer Gewinn pro Jahr:

---

[245] Durch Vergleich von Gesamterlösen und -kosten einer Unternehmung vor und nach Durchführung des Projektes kann bei sonst unveränderten Gegebenheiten ein indirekter Gewinnvergleich versucht werden. Vgl. Däumler, K-D. (1982), S. 40f.
[246] Vgl. Kruschwitz, L. (1987), S. 34f.
[247] Weiterführende Fallstudien zum Gewinn- und Renditevergleich finden sich bei Adelberger, O. / Günther, H. (1982) S. 4–6 sowie S. 20–24.

Typ A: DM

	⌀ Erlös pro Periode = 30 000 km · 1,00 DM/km	30 000,–
./.	⌀ Gesamtkosten p. a.	28 650,–

	⌀ Gewinn p. a.	1 350,–

Typ B: DM

	⌀ Erlös pro Periode = 32 000 km · 1,00 DM/km	32 000,–
./.	⌀ Gesamtkosten p. a.	30 350,–

	⌀ Gewinn p. a.	1 650,–

Mit Typ B wird also pro Periode ein um DM 300,– höherer kalkulatorischer Durchschnittsgewinn erzielt als mit Typ A. Typ B ist daher nach der Gewinnvergleichsmethode eindeutig vorzuziehen[248].

Bei den ermittelten Vergleichsgrößen handelt es sich jeweils um den durchschnittlichen **kalkulatorischen Gewinn** pro Periode. Der kalkulatorische Gewinn ist diejenige Erfolgsgröße, bei der **alle** Kostenarten als negative Erfolgskomponenten berücksichtigt werden.

Dies bedeutet insbesondere, daß auch **kalkulatorische Kosten** gewinnschmälernd einbezogen sind. Ihre wichtigste Komponente stellen die **kalkulatorischen Zinsen** auf das gebundene Eigenkapital dar. Soweit die vorstehend analysierten Projekte ganz oder teilweise mit Eigenkapital finanziert werden, fallen hierfür keine Zinszahlungen an Gläubiger an. Da den Eigenkapitalgebern jedoch die Möglichkeit einer anderweitigen ertragbringenden Anlage ihrer Mittel entgeht, erwarten sie eine angemessene Verzinsung des überlassenen Kapitals. Folglich wird bei der Ermittlung des kalkulatorischen Gewinnes auch die geforderte Mindestverzinsung des Eigenkapitals im Sinne von **Opportunitätskosten** als negatives Rechenelement einbezogen.

Damit kann der **kalkulatorische Gewinn** als diejenige Größe interpretiert werden, die dem Entscheidungsträger durchschnittlich pro Jahr zusätzlich zur von ihm geforderten Mindestverzinsung aus dem Projekt zur Verfügung steht.

Auf den kalkulatorischen Gewinn bezogen lautet die Entscheidungsregel für den **absoluten Vorteilhaftigkeitsvergleich**, daß das Projekt dann realisiert werden sollte, wenn gilt: **Kalkulatorischer Gewinn größer oder gleich Null.**

Sofern das Investitionsprojekt Eigenkapital enthält und somit bei der Ermittlung des kalkulatorischen Gewinns Eigenkapitalzinsen im Sinne von Opportunitätskosten berücksichtigt wurden, übersteigt der **pagatorische Gewinn** den kalkulatorischen um den Betrag dieser **kalkulatorischen Kapitalkosten**[249]. Der

---

248 Somit ergibt sich das gleiche Ergebnis wie bei der Kostenvergleichsmethode.
249 Um ganz exakt zu sein, müßten beim Übergang zwischen kalkulatorischem zu pagatorischem Gewinn nicht nur die kalkulatorischen Zinsen, sondern alle kalkulatorischen Kosten berücksichtigt werden. Die übrigen kalkulatorischen Kostenarten werden bei den statischen Verfahren jedoch üblicherweise vernachlässigt.

Statische Verfahren der Investitionsrechnung

pagatorische Gewinn – oft auch als **bilanzieller Gewinn** bezeichnet – stellt somit die Größe dar, die vom Fiskus als **Besteuerungsgrundlage** gewählt wird, denn der Unternehmer kann wohl die an Dritte geleisteten Schuldzinsen, nicht jedoch **kalkulatorische Eigenkapitalzinsen** gewinnmindernd geltend machen.

Für das obige Beispiel ergibt sich folgender pagatorischer Gewinn, wenn man die zehnprozentigen kalkulatorischen Zinskosten auf den vierzigprozentigen Eigenkapitalanteil wieder addiert[250]:

	Typ A DM	Typ B DM
∅ kalkulatorischer Gewinn	1350,–	1650,–
+ ∅ kalkulatorische Zinsen (40% der oben errechneten Gesamtzinskosten)	660,–	740,–
= ∅ pagatorischer Gewinn:	2010,–	2390,–

Setzt die Gewinnvergleichsrechnung am pagatorischen Gewinn als Entscheidungskriterium an, so ist für die absolute Vorteilhaftigkeit zu fordern, daß die Höhe des pagatorischen Gewinns den Betrag der kalkulatorischen Eigenkapitalverzinsung – also diejenigen Erträge, die der Investor bei anderweitiger Anlage hätte erzielen können – übersteigt.

Oftmals wird noch eine dritte Gewinngröße – der **Kapitalgewinn** – errechnet. Der Kapitalgewinn stellt denjenigen Betrag dar, den ein Projekt vor Abzug aller Kapitalkosten pro Jahr als Überschuß erbringt. Aus Sicht eines Entscheidungsträgers, der noch nicht weiß, wie groß die Eigen- und Fremdfinanzierungsanteile und wie hoch die jeweiligen Kapitalkostensätze sind, kann es nämlich sinnvoll sein, die Kapitalgewinne unterschiedlicher Projekte zu vergleichen. Die Nützlichkeit dieser Gewinngröße wird beispielsweise deutlich, wenn man überlegt, daß zwei identische Investitionsprojekte allein aufgrund unterschiedlicher Finanzierungsstruktur und/oder abweichender Kapitalkostensätze verschieden hohe kalkulatorische und pagatorische Gewinnsätze erbringen können, während der Kapitalgewinn dieser Alternativen gleich wäre.

Ausgehend vom oben ermittelten pagatorischen Gewinn läßt sich der Kapitalgewinn errechnen, indem man die bereits als negatives Rechenelement berücksichtigten Fremdkapitalzinsen jetzt wieder addiert. Somit ergibt sich:

	Typ A DM	Typ B DM
∅ pagatorischer Gewinn:	2010,–	2390,–
+ ∅ Fremdkapitalzinsen (60 % der oben errechneten Gesamtzinskosten)	990,–	1110,–
= ∅ Kapitalgewinn	3000,–	3500,–

---

[250] Bei der Kostenvergleichsrechnung wurden Zinskosten in Höhe von 10% auf Eigen- und Fremdkapital berechnet. Um vom kalkulatorischen auf den pagatorischen Gewinn zu kommen, müssen nunmehr die auf den Eigenkapitalanteil entfallenden Kosten, die bereits gewinnmindernd berücksichtigt worden waren, wieder addiert werden.

150 Investitionsplanung und Wirtschaftlichkeitsrechnung

Absolute Vorteilhaftigkeit ist für ein Projekt dann gegeben, wenn der **Kapitalgewinn** die Summe der geforderten Eigen- und Fremdkapitalzinsen übersteigt.

Eine absolute Gewinngröße, gleichgültig nach welcher Definition, ist jedoch unter Umständen ein problematisches Vorteilhaftigkeitskriterium, wenn die zu vergleichenden Gewinnausprägungen mit stark abweichenden Kapitaleinsätzen erzielt wurden[251]. Die von unterschiedlichen Kapitalbindungsvolumina ausgehende Verzerrung der Ergebnisse würde nämlich nur dann unterbleiben, wenn der Entscheidungsträger **mit den Kapitalbindungsdifferenzen zinslose Kassenhaltung betriebe**[252]. Eine Möglichkeit, dieses Problem zu lösen, besteht darin, die unterschiedlichen Alternativen mit **Ergänzungsinvestitionen** derart zu vervollständigen, daß alle den gleichen Kapitaleinsatz aufweisen. Da die gleiche Kapitalbindung aber für jeden Zeitpunkt der Nutzungsdauer gewährleistet sein müßte, würde dies die Rechnung sehr komplizieren und eine periodengenaue Abbildung der Projekte erfordern, die bei den statischen Verfahren der Investitionsrechnung aus Vereinfachungsgründen gerade vermieden wird. Aus diesem Grund wird bei statischen Verfahren auf die Durchführung von **Ausgleichsrechnungen** zur Berücksichtigung von Kapitalbindungsunterschieden verzichtet. Man kann die absolute Höhe des Gewinnes jedoch dadurch relativieren, daß man ihn ins Verhältnis zum eingesetzten Kapital setzt[253]. Die verschiedenen Möglichkeiten hierzu werden im Rahmen der **Rentabilitätsvergleichsrechnung** vorgestellt.

4.2.3. Rentabilitätsvergleichsrechnung

Vorteilhaftigkeitskriterium bei diesem Rechenverfahren ist die **Rentabilität** der analysierten Projekte. Als Rentabilität oder Verzinsung des eingesetzten Kapitals wird in der Betriebswirtschaftslehre das Verhältnis von Periodengewinn zu eingesetztem Kapital bezeichnet:

$$\text{Rentabilität (\%)} = \frac{\text{Periodengewinn} \cdot 100}{\text{Kapitaleinsatz}}$$

---

[251] Vgl. Möser, H-D. (1977), S. 165 sowie Perridon, L. / Steiner, M. (1988), S. 41.
[252] Vgl. Kruschwitz, L. (1987), S. 34.
[253] Grundsätzlich stellt der durchschnittliche Gewinn pro Periode für den Investor eine aussagekräftigere Information dar als eine durchschnittliche Rendite pro Periode, da beim Gewinnkriterium der Bezug zum Einkommensziel des Entscheidungsträgers vergleichsweise enger ist. Eine hohe Rendite auf ein sehr geringes eingesetztes Kapital kann den Einkommenswünschen des Investors unter Umständen nur weniger entsprechen als eine geringere Rendite, die auf ein höheres Volumen erzielt wird. Trotzdem erscheint es nützlich, den durchschnittlichen Gewinn eines Projektes auf seinen Kapitaleinsatz zu beziehen, beispielsweise weil mit wachsendem Volumen eines Projektes auch bestimmte Risiken ansteigen. So mag ein ermittelter kalkulatorischer Gewinn von 20.000,– p. A. für ein Kleinprojekt als ausreichend erscheinen, würde jedoch bei einem Großprojekt als unbefriedigender Anreiz für die Übernahme der zwangsläufig zu tragenden Risiken empfunden. Das Kriterium „Rentabilität" ist somit als Ergänzung und nicht als Ersatz für das Gewinnkriterium zu verstehen.

Die Einfachheit dieser Formel täuscht über die Vielfalt der Inhalte hinweg, die die **Rentabilitätskennziffer** durch unterschiedliche Definitionen des Periodengewinns und des Kapitaleinsatzes erhält. Blohm / Lüder illustrieren das mit einer Feststellung von G. Terborgh: „Auf einer Arbeitstagung, an der sachverständige Mitarbeiter aus 14 Unternehmungen teilnahmen, ergab sich, daß von allen 14 Unternehmungen eine andere Variante der statischen Rentabilität zur Beurteilung der Investitionsprojekte verwendet wurde[254]." Da es keine grundsätzlich überlegene Rentabilitätskennziffer gibt, muß sich der Verwender jeweils darüber im klaren sein, welche Art von **Rendite** er verwendet und wie das entsprechende Vorteilhaftigkeitskriterium lautet. Deshalb sollen verschiedene Ausprägungsformen von Renditekennziffern vorgestellt und diskutiert werden.

Die oben dargestellte Fassung der Renditeformel ist nur bei Projekten mit einperiodiger Nutzungsdauer anwendbar. Setzt man Gewinn und Kapitaleinsatz dieser einen Periode zueinander ins Verhältnis, so erhält man die **Kapitalrentabilität**, die ein Projekt für die betreffende Periode verspricht.

Folgende Bedingungen müssen erfüllt sein, wenn diese Renditeformel auch für Projekte mit **mehrperiodiger** Nutzungsdauer verwendet wird:

a) **Gleichbleibender Gewinn pro Periode über die gesamte Laufzeit**

b) **Gleichbleibende Kapitalbindung über die gesamte Laufzeit**

c) **Desinvestition in Höhe des ursprünglichen Kapitaleinsatzes am Ende der letzten Periode.**

Diese Bedingungen sind regelmäßig bei bestimmten Finanzanlagen, z. B. festverzinslichen Wertpapieren oder Bankeinlagen gegeben. Für **Realinvestitionen** in Unternehmungen sind diese Annahmen jedoch realitätsfremd.

Aus pragmatischen Gesichtspunkten wird deshalb auch hier das bisher bei den statischen Verfahren praktizierte Vorgehen − Rechnung mit Durchschnittswerten pro Periode − angewendet. Die Rendite im Mehrperiodenfall ist dann auf folgende Art zu ermitteln:

$$\varnothing \text{ Rendite p.a.} = \frac{\varnothing \text{ Periodengewinn} \cdot 100}{\varnothing \text{ Gesamtkapitalbindung}}$$

Übernimmt man diese Renditeformel und setzt den **„durchschnittlichen kalkulatorischen Gewinn"** aus der Gewinnvergleichsrechnung in den Zähler, dann läßt sich ermitteln, welche Rendite das durchschnittlich gebundene Gesamtkapital **über die Verzinsung des Fremdkapitals und die kalkulatorische Verzinsung des Eigenkapitals** hinaus erzielt. Diese Kennziffer wird daher als **„durchschnittliche Überrendite"** des im Mittel gebundenen Kapitals bezeichnet. Dies bedeutet bei der Beurteilung eines einzelnen Projektes: **Das Projekt ist dann vorteilhaft, wenn die durchschnittliche Überrendite größer als Null ist.** Beim Vergleich mehrerer Projekte wird dasjenige mit der höchsten Überrendite ausgewählt.

---

254 Vgl. Blohm, H. / Lüder, K. (1988), S. 165.

Gegenüber der Einperiodenrendite wurde jedoch nicht nur der Zähler, sondern auch der Nenner verändert. Somit stellt sich die Frage, ob durch den Ansatz der durchschnittlichen Kapitalbindung anstelle des ursprünglichen Kapitaleinsatzes die Reihenfolge der relativen Vorteilhaftigkeit mehrerer Projekte nicht verändert wird. Die für ein Projekt errechnete Rendite kommt bei Verwendung des durchschnittlich gebundenen Kapitals in ihrer absoluten Höhe der „**internen Rendite**" sicherlich näher als bei Verwendung des ursprünglichen Kapitaleinsatzes, da es ja tatsächlich während der Nutzungsdauer des Projektes zu einem Abbau der Kapitalbindung kommt. Eine unveränderte Präferenzordnung ist bei beiden Varianten der Renditeformel jedoch nur gesichert, wenn der Restverkaufserlös am Ende der geplanten Nutzungsdauer bei allen Alternativen „Null" beträgt. So zeigt sich auch bei dem hier zugrundegelegten Beispiel, daß die Verwendung der **durchschnittlichen Kapitalbindung** zu einer anderen Reihenfolge der Vorteilhaftigkeit führt als die Verwendung des ursprünglichen Kapitaleinsatzes.

Berechnung der durchschnittlichen Überrendite

a) unter Verwendung des ursprünglichen Kapitaleinsatzes:

$$\text{Typ A: } \frac{1350 \cdot 100}{20\,000} = 6{,}75\%; \text{ Typ B: } \frac{1650 \cdot 100}{25\,000} = 6{,}6\%;$$

b) unter Verwendung des durchschnittlich gebundenen Kapitals

$$\text{Typ A: } \frac{1350 \cdot 100}{16\,500} = 8{,}18\%; \text{ Typ B: } \frac{1650 \cdot 100}{18\,500} = 8{,}92\%.$$

Bei isolierter Betrachtung sind Projekt A und B bei beiden Arten von Renditekennziffern absolut vorteilhaft. Beim Vergleich der Renditen ergibt sich aber eine unterschiedliche Reihenfolge der Vorteilhaftigkeit, je nachdem welche Art von Renditekennziffer verwendet wird. Im Mehrperiodenfall und bei einem Projekt mit variierender Kapitalbindung ist der ursprüngliche Kapitaleinsatz eine ungeeignete Bezugsgröße. Das gilt sowohl für die Ermittlung der absoluten Höhe der Rendite eines Projektes, wie auch zur Ermittlung der Reihenfolge mehrerer zu vergleichender Projekte. Bei der Ermittlung von Renditekennziffern ist folglich stets von der durchschnittlichen Kapitalbindung der Projekte und nicht von deren Anfangskapitalbindung auszugehen.

Neben der Überrendite werden in der Praxis häufig Kennziffern für die **Eigenkapital**- sowie **Gesamtkapitalverzinsung** ermittelt. Diese Renditekennziffern werden deshalb im folgenden vorgestellt. Anschließend soll geprüft werden, wie die Investitionsentscheidung im vorstehend aufgeführten Beispiel bei Verwendung von Eigenkapital- und Gesamtkapitalrendite ausfällt. Anhand der verschiedenen Renditebegriffe ist es schließlich auch möglich, die Problematik der Verwendung von Renditevergleichsrechnungen für Investitionsentscheidungen aufzuzeigen.

Die **durchschnittliche Eigenkapitalrendite** (%) ergibt sich aus der Relation:

$$\frac{\varnothing \text{ pagatorischer Gewinn} \cdot 100}{\varnothing \text{ gebundenes Eigenkapital}}$$

Die **durchschnittliche Gesamtkapitalrendite** (%) ergibt sich aus der Relation:

$$\frac{\varnothing \text{ Kapitalgewinn} \cdot 100}{\varnothing \text{ gebundenes Gesamtkapital (EK + FK)}}$$

Hierbei wird das durchschnittliche gebundene Gesamtkapital nach der oben angegebenen Formel als einfaches arithmetisches Mittel zwischen Kapitalbindung am Anfang der ersten und Kapitalbindung am Anfang der letzten Nutzungsdauerperiode ermittelt. Das durchschnittlich gebundene Eigen- oder Fremdkapital wird als prozentualer Anteil am Gesamtkapital definiert, wobei aus Vereinfachungsgründen die Annahme getroffen wird, daß die **Finanzierungsstruktur des betrachteten Projektes über die Nutzungsdauer gleich bleibt.** Diese Annahme ist jedoch nicht unbedingt realistisch. So ist beispielsweise zu erwarten, daß der Entscheidungsträger zunächst das Fremdkapital zurückführt, wenn die Kapitalkosten der geliehenen Mittel diejenigen des Eigenkapitals übersteigen.

Die Eigen- und Gesamtkapitalrenditen der Projekte werden nun – auf die Daten des obengenannten Beispiels aufbauend – errechnet. Um einen Unterschied zwischen beiden Renditekennziffern zu erhalten, soll auch weiterhin unterstellt werden, daß die Projekte jeweils zu 40% mit Eigen- und zu 60% mit Fremdkapital finanziert werden. Würde ein Projekt nämlich beispielsweise vollständig mit Eigenkapital finanziert, so würden **Eigenkapitalrentabilität** und **Gesamtkapitalrentabilität** zusammenfallen. Unter den gesetzten Prämissen ergibt sich folgende Rechnung:

Typ A   DM/p. a.
$\varnothing$ kalkulatorischer Gewinn   1 350,–
$\varnothing$ Fremdkapitalzinsen   990,–
$\varnothing$ kalkulatorische Eigenkapitalzinsen   660,–
$\varnothing$ Gesamtkapitalbindung   16 500,–
$\varnothing$ Eigenkapitalbindung (40% von 16 500)   6 600,–

$$\varnothing \text{ Eigenkapitalrendite p. a.} = \frac{(1\,350 + 660) \cdot 100}{6\,600} = 30{,}45\%$$

$$\varnothing \text{ Gesamtkapitalrendite p. a.} \frac{(1\,350 + 990 + 660) \cdot 100}{16\,500} = 18{,}18\%;$$

Typ B   DM/p. a.
$\varnothing$ kalkulatorischer Gewinn   1 650,–
$\varnothing$ Fremdkapitalzinsen   1 110,–
$\varnothing$ kalkulatorische Eigenkapitalzinsen   740,–
$\varnothing$ Gesamtkapitalbindung   18 500,–
$\varnothing$ Eigenkapitalbindung   7 400,–

$$\varnothing \text{ Eigenkapitalrendite p. a.} = \frac{(1\,650 + 740) \cdot 100}{7\,400} = 32{,}39\%$$

$$\varnothing \text{ Gesamtkapitalrendite p. a.} = \frac{(1\,650 + 740 + 1\,110) \cdot 100}{18\,500} = 18{,}92\%.$$

Die Verwendung sowohl der Eigenkapital- als auch der Gesamtkapitalrendite führt im vorliegenden Beispiel zur gleichen Entscheidung wie die Verwendung der „Überrendite": Der PKW vom Typ B wird vorgezogen.

Während beim Kriterium „**Überrendite**" ein Projekt dann als absolut vorteilhaft betrachtet wird, wenn die Rendite größer oder gleich Null ist, gilt bei der Eigen- und Gesamtkapitalrendite folgende gemeinsame Entscheidungsregel: Eine Alternative gilt als wirtschaftlich, wenn ihre Rendite über der gewünschten Mindestverzinsung − hier also 10% − liegt.

Außerdem kann man sagen, daß bei Vorteilhaftigkeit des Projektes die Eigenkapitalrendite stets über der Gesamtkapitalrendite liegen muß. Dies läßt sich damit erklären, daß der Investor selbst eine Gesamtkapitalrendite von über 10% erzielt, dem Fremdkapitalgeber auf dessen Mittelanteil jedoch nur die als Schuldzins vereinbarten 10% weitergeben muß. Die Differenz zwischen Gesamtkapitalrentabilität und Schuldzins kann folglich auf das eingesetzte Eigenkapital umgerechnet werden und dessen Rentabilität noch weiter steigern. Dieser Zusammenhang, der in der Finanzierungslehre eine wichtige Rolle spielt, wird in der Literatur als „**Leverage-Effekt**"[255] bezeichnet.

Bei **Rationalisierungsinvestitionen** findet die Gesamtkapitalrendite in der Praxis häufig in abgewandelter Form Anwendung. Hier ist die Zurechnung von Erträgen bzw. die Ermittlung von Gewinnen oftmals schwer möglich. Insbesondere bei der Überlegung, ob eine bestehende Anlage weiter betrieben werden soll oder ob sich der Ersatz durch ein kostengünstigeres Verfahren lohnt, wird folgende Rentabilitätsziffer errechnet:

$\varnothing$ **Gesamtkapitalrendite der Ersatzinvestition** =

$$\frac{\varnothing \text{ Kostenersparnis des neuen Verfahrens p. a.}^{256} \cdot 100}{\varnothing \text{ zusätzliche Kapitalbindung des neuen Verfahrens}}$$

Die hier errechnete Gesamtkapitalrendite ist inhaltlich eindeutig anders definiert als die vorstehend beschriebene. Die Kombination unterschiedlich definierter Gewinnbegriffe bzw. unterschiedlich definierter Kostenersparnisgrößen[257] mit voneinander abweichenden Kapitalbindungsversionen erhöht die

---

255 Vgl. Möser, H.-D. (1988), S. 310f.
256 Wenn Zinskosten auf die beim neuen Verfahren zusätzlich benötigte Kapitalbindung bei der Berechnung der Kostenersparnis bereits mindernd berücksichtigt wurden, ist eine Kostenersparnis größer Null und eine Rendite größer Null bereits vorteilhaft. Werden die Zinskosten auf die zusätzliche Kapitalbindung jedoch nicht berücksichtigt, so muß die Rendite größer oder gleich der Mindestverzinsung sein, die für das zusätzlich benötigte Kapital gefordert wird.
257 Bei Gesprächen mit Praktikern ergab sich, daß die Kostenersparnis sowohl für die kalkulatorische Nutzungsdauer als auch für die technisch-wirtschaftliche Nutzungsdauer errechnet wird. Bei beiden Versionen ist gleichermaßen die Einbeziehung und auch die Nichtberücksichtigung von Zinskosten auf die zusätzlich erforderliche Kapitalbindung üblich.

Vielfalt der **Rentabilitätskennziffern** weiter. Daher können Rentabilitätskennziffern bei Entscheidungen nur dann eine Hilfe bieten, wenn die Art der Errechnung dem Anwender bekannt ist und das entsprechende Vorteilskriterium jeweils kritisch überprüft wurde.

Sieht man von den grundsätzlichen Mängeln der statischen Methoden ab, welche die statisch ermittelte Rentabilität nur als grobe Schätzung für die interne Verzinsung eines Projektes erscheinen lassen[258], so rührt die Problematik von Investitionsentscheidungen unter Verwendung der Renditevergleichsrechnung daher, daß die Rendite nur die Relation zweier Größen wiedergibt. Die absolute Höhe der Beträge bleibt dabei unberücksichtigt. Da die finanziellen Ziele des Investors sich jedoch nur durch Einkommen erfüllen lassen, ist es möglich, daß Renditemaximierung den Entscheidungsträger zur falschen Wahl führt, wenn nämlich das renditestärkere Projekt aufgrund des minderen Volumens den geringeren Gewinn (exakter: das geringere entnahmefähige Einkommen) erbringt[259].

Beispiel
Es ist eine Investitionsentscheidung über die Anlage von DM 200 000,– Eigenkapital zu treffen. Gegeben seien drei Investitionsalternativen C, D und E mit folgenden Daten:

	Typ C	Typ D	Typ E
∅ pagatorischer Gewinn p. a.	DM 3 600	4 000	36 000
∅ EK-Bindung p. a.	DM 20 000	20 000	200 000
∅ Eigenkapitalrendite p. a.	18%	20%	18%

Außerdem ist eine Anlage in festverzinslichen Wertpapieren mit einem Effektivzins von 8% p.a. in beliebiger Höhe möglich.

Die Alternativen sollen nun bewertet werden. Typ C und Typ E weisen zwar die gleiche Eigenkapitalrendite von 18% auf, sie besitzen jedoch stark abweichende durchschnittliche Kapitalbindungen. Es ist fraglich, ob man beide Alternativen wirklich als gleichwertig betrachten kann. Dies würde nur dann uneingeschränkt gelten, wenn eine weitere Anlagemöglichkeit „X" existierte, die bei einer durchschnittlichen Kapitalbindung von DM 180.000,– eine Rendite von 18% aufweist. Dann wäre es gleichgültig, ob man sich für Typ C + X oder für Typ E entscheidet, da in beiden Fällen ein durchschnittlicher Gewinn von 36.000,– p.a. erzielbar wäre.

Nach dem bisher angewandten Entscheidungskriterium – maximale Rentabilität – müßte man sich im obigen Beispiel eindeutig für Typ D entscheiden, da dieser die höchste Rendite aufweist. Allerdings könnte dies eine Fehlentscheidung sein, wie sich am vorliegenden Beispiel leicht nachweisen läßt. Hierzu werden die Alternativen durch Einbeziehung der Effektenanlage ergänzt:

---

258 Vgl. Blohm, H. / Lüder, K. (1988), S. 170.
259 Insofern kann nicht pauschal behauptet werden, daß die Rentabilitätsrechnung eine verbesserte Form der Gewinnvergleichsrechnung darstelle. Vgl. Perridon, L. / Steiner, M. (1988), S. 41.

156 Investitionsplanung und Wirtschaftlichkeitsrechnung

	⌀ EK-Bindung	⌀ pag. Gewinn	⌀ EK-Rendite
1. Effektenanlage zu 8% p.a.	200000,–	16000,–	8%
2. Typ C	20000,–	3600,–	18%
+ Effektenanlage	180000,–	14400,–	8%
= Typ C'	200000,–	18000,–	9%
3. Typ D	20000,–	4000,–	20%
+ Effektenanlage	180000,–	14400,–	8%
= Typ D'	200000,–	18400,–	9,2%
4. Typ E	200000,–	36000,–	18%

Typ D ist somit nach wie vor besser ist als Typ C. Dies konnte von Anfang an richtig beurteilt werden, da C und D die gleiche Kapitalbindung aufweisen. Typ E erweist sich jedoch als die bei weitem günstigste Alternative.

Hieraus wird deutlich, daß ein korrekter Vergleich der Vorteilhaftigkeit von Investitions- oder Finanzierungsprojekten mit Hilfe der **Renditevergleichsrechnung** nur bei gleicher Kapitalbindung der Alternativen möglich ist. Sich ausschließende Alternativen mit unterschiedlicher Kapitalbindung müßten vor Anwendung dieses Verfahrens so vervollständigt werden, daß sie diese Bedingung erfüllen. Unter Annahme eines Vollkommenen Restkapitalmarktes wäre es zwar möglich, für die notwendigen Ergänzungsinvestitionen eine pauschale Rendite von „i%" zu unterstellen, doch würde dadurch dieses statische Verfahren (Praktikerverfahren) bereits relativ kompliziert werden. Somit würde der wichtigste Vorteil der statischen Verfahren – nämlich ihre einfache Anwendbarkeit – verlorengehen. Folglich sollte die Rendite lediglich als ergänzendes Entscheidungskriterium zum Gewinn verwendet werden oder aber dann zur Anwendung kommen, wenn die betrachteten Alternativen offensichtlich erkennbar ähnliche Kapitalbindungen aufweisen.

4.2.4. Statische Amortisationsrechnung

Das Vorteilhaftigkeitskriterium, an dem sich bei der **statischen Amortisationsrechnung** (auch **Pay-off-, Pay-out-, Pay-back-Methode** oder **Wiedergewinnungsrechnung** genannt[260]) die Entscheidung orientiert, ist die Zeitdauer, die bis zur Wiedergewinnung der Anschaffungsausgabe aus den Einnahmeüberschüssen des Projektes verstreicht. Dieser Zeitraum wird auch als **Amortisationsdauer** bezeichnet. Die statische Amortisationsrechnung ist das am häufigsten verwendete Verfahren der statischen Investitionsrechnung[261]. Als zentrales Problem

---

260 Vgl. Eisele, W. (1985), S. 375.
261 Vgl. Olfert, K. (1988), S. 141.

dieses **Investitionsrechenverfahrens** stellt sich die Frage nach der Ermittlung der Höhe und Zusammensetzung derjenigen Einnahmeüberschüsse, die zur Rückgewinnung des eingesetzten Kapitals verwendet werden können.

Meist werden die Einnahmeüberschüsse als Summe aus pagatorischem Gewinn und den kalkulatorischen Abschreibungen des Projektes errechnet[262]. Dem liegt die Überlegung zugrunde, daß sowohl der pagatorische Gewinn (bei dessen Ermittlung die an den Fremdkapitalgeber zu leistenden Zinsen bereits berücksichtigt sind) wie die kalkulatorischen Abschreibungsgegenwerte bei Verkauf der Güter zu einem die Selbstkosten[263] übersteigenden Preis als Teil der Umsatzerlöse zur Unternehmung zurückfließen[264]. Diese Größen können somit zum Abbau der Kapitalbindung bzw. des eingesetzten Kapitals verwendet werden.

Bei der nach herrschender Meinung üblichen Verwendung des pagatorischen Gewinnes als Bestandteil der Einzahlungsüberschüsse wird das gebundene Eigenkapital jedoch bis zum **Pay-off-Zeitpunkt** nicht verzinst, da **kalkulatorische Eigenkapitalzinsen** nicht abgesetzt sind[265]. Würde man dem Eigenkapitalgeber die Verzinsung seiner eingesetzten Mittel erlauben, so müßte man davon ausgehen, daß die kalkulatorischen Eigenkapitalzinsen dem Projekt jährlich entnommen würden. Sie könnten folglich nicht mehr zur Rückgewinnung des eingesetzten Kapitals zur Verfügung stehen und dürften demnach auch nicht in die Einnahmeüberschüsse einbezogen werden. Im Ergebnis dürfte bei dieser Betrachtung anstelle des pagatorischen lediglich der **kalkulatorische Gewinn** zu den Abschreibungen addiert werden, da nur er zur Rückgewinnung des eingesetzten Kapitals dienen kann[266]. Zum gleichen Resultat − nämlich Ansatz des kalkulatorischen Gewinns − führt auch die Überlegung, daß der Investor nach Ablauf der statischen Amortisationszeit nicht schlechter gestellt werden soll, als er dies c.p. ohne Durchführung der Investition sein würde[267].

Bezieht man die kalkulatorischen Eigenkapitalzinsen im Sinne von zu berücksichtigenden **Opportunitätskosten** in die Pay-off-Rechnung ein, so ergibt sich

---

262 Kruschwitz, L. (1987), S. 40, Blohm, H. / Lüder, K. (1988), S. 173, Kern, W. (1974), S. 130. Teilweise wird eine genaue Bezeichnung der verwendeten Gewinnkennzahl nicht vorgenommen, implizit jedoch trotzdem vom bilanziellen (= pagatorischen) Gewinn ausgegangen. Vgl. Olfert, K. (1988), S. 136 sowie Perridon, L. / Steiner, M. (1988), S. 44.
263 Unter den Selbstkosten versteht man die bei Vollkostenkalkulation ermittelte Summe aller Kostenarten, die bis zur marktlichen Verwendung eines Gutes anfallen. Vgl. vertiefend Jost, H. (1988), S. 82−85.
264 Die bilanziellen Abschreibungen sind in diesem Zusammenhang nicht relevant, weil ihnen im Gegensatz zu den kalkulatorischen Abschreibungen nicht in gleicher Höhe Einzahlungen gegenüberstehen.
265 Vgl. Altrogge, G. (1988), S. 285.
266 In der Literatur zur statischen Amortisationsrechnung wird vielfach auch eine Cash-Flow-Kennziffer der Anschaffungsauszahlung gegenübergestellt, so z. B. der projektbezogene Cash- Flow. Hierbei bleibt jedoch ungeklärt, welche Komponenten in die Errechnung des Cash-Flows einbezogen werden. Vgl. Troßmann, E. (1987), S. 13 sowie Möser, H-D. (1988), S. 168.
267 Vgl. Blohm, H. / Lüder, K. (1988), S. 172.

folglich eine längere Wiedergewinnungszeit als bei Zugrundelegung des pagatorischen Gewinns.

Geht man bei einer statischen Amortisationsrechnung vom pagatorischen Gewinn aus, so muß außerdem bedacht werden, daß die Art der Finanzierung – mit Eigen- oder Fremdkapital – die Höhe des Einnahmeüberschusses beeinflußt, da nur die kalkulatorischen Eigenkapitalzinsen, nicht dagegen die Fremdkapitalzinsen in den pagatorischen Gewinn eingehen.

Handelt es sich bei dem Projekt um eine **Rationalisierungsinvestition**, der keine zusätzlichen Einnahmen zugerechnet werden können, so tritt an die Stelle des pagatorischen Gewinns die Kostenersparnis, die mit der Investition erzielt wird. Die Amortisationsdauer ist dann als diejenige Zeit zu verstehen, die benötigt wird, um den zusätzlichen Kapitaleinsatz durch die Kostenersparnis der Rationalisierungsmaßnahme wiederzugewinnen [268].

Zur Ermittlung der **Wiedergewinnungszeit** sind grundsätzlich zwei Vorgehensweisen möglich:

a) Für jede Periode werden pagatorischer (oder kalkulatorischer) Gewinn und kalkulatorische Abschreibungen periodenweise ermittelt und addiert, bis die Summe der Einnahmeüberschüsse die Anschaffungsausgabe erreicht. Diese Vorgehensweise wird auch als **Kumulationsrechnung** bezeichnet [269].

$$I_0 = \sum_{t=1}^{m} (G_t + A_t),$$

wobei I_0 = Anschaffungsausgabe im Zeitpunkt t_0,
G_t = Gewinn der Periode t,
A_t = Abschreibung der Periode t.

Die Zeitspanne „t_0 bis t_m" stellt die Wiedergewinnungszeit dar, die sich durch Auflösung der Gleichung nach m ermitteln läßt. Allerdings widerspricht diese iterative Vorgehensweise der Systematik statischer Verfahren, da diese stets von **Durchschnittswerten** ausgehen und nicht periodengenau rechnen.

b) Sind Gewinn und Abschreibungen für jede Periode der Nutzungsdauer gleich, oder berechnet man Durchschnittswerte, so kann man die **Amortisationsdauer** mit folgender Formel ermitteln:

$$\text{Wiedergewinnungszeit in Jahren} = \frac{\text{Kapitaleinsatz}}{\varnothing \text{ pag. oder kalk. Gewinn p.a.} + \varnothing \text{ kalk. Abschrbg. p.a.}}$$

---

268 Führt man aus Kostenersparnisbestrebungen eine Rationalisierungsinvestition ohne Auswirkungen auf die Produktqualität durch, so wäre es verfehlt, kalkulatorische Abschreibungen auf die Verbesserungsinvestition in die Rechnung einzubeziehen, da durch die Änderung des Fertigungsablaufes keine höheren Abschreibungsgegenwerte am Markt erzielt werden können.
269 Vgl. Olfert, K. (1988), S. 138 sowie Blohm, H./Lüder, K. (1988), S. 171.

Statische Verfahren der Investitionsrechnung 159

Die folgenden Ausführungen beschränken sich auf die unter b) vorgestellte Vorgehensweise, also auf die Rechnung mit Durchschnittswerten, die einfacher anzuwenden ist und auch in der Praxis häufiger Verwendung findet.

Die Amortisationsrechnung wird in der Praxis sowohl zur Beurteilung einer einzelnen Investition als auch zum Alternativenvergleich herangezogen. Die Beurteilung eines einzelnen Projektes mit der **Pay-off-Methode** kann nur aufzeigen, ob die Anschaffungsausgabe innerhalb der geplanten Nutzungsdauer zurückgewonnen werden kann. Ist dies nicht möglich, so läßt sich daraus noch nicht zwingend ableiten, daß das Projekt unwirtschaftlich ist, da der **Restverkaufserlös** am Ende der geplanten Nutzungsdauer in die Berechnung nicht direkt einbezogen wird. In der Praxis haben sich aber oft branchenspezifische Erfahrungsregeln herausgebildet, welche die **maximale Amortisationsdauer** vorteilhafter Projekte angeben. So wird teilweise eine Pay-off-Periode von 50% der geplanten Nutzungsdauer, aber auch eine **absolute Pay-off-Periode** z. B. von 4 Jahren, als maximal tragbar bezeichnet. Solche Entscheidungsregeln sind jedoch nicht allgemeingültig oder verbindlich. Da sie nicht nach objektiven Kriterien nachvollziehbar sind, geben sie lediglich der subjektiven Einschätzung des Entscheidungsträgers Ausdruck und können beispielsweise in einem Großunternehmen zur formalen Objektivierung und Verstetigung von **Investitionsentscheidungen** herangezogen werden.

Beim Vergleich sich ausschließender Alternativen wird das Projekt mit der kürzesten Wiedergewinnungszeit als das vorteilhafteste betrachtet. Hinter dieser Entscheidungsregel steht — wie bei der dynamischen Amortisationsdauer[270] — die Vorstellung, daß der Risikogehalt eines Projektes mit der Wiedergewinnungsdauer anwachse.

Somit soll auch die statische Amortisationsrechnung dem Entscheidungsträger als Hilfe bei der Verfolgung von **Sicherheitszielen** — und nicht von Einkommenszielen — dienen. Geht man von der Annahme sicherer Erwartungen aus, so ist diese Methode überflüssig. Geht es jedoch darum, bei einer realen Investitionsentscheidung den Risikogehalt eines Projektes abzuschätzen, muß die Eignung der statischen Pay-off-Rechnung stark in Frage gestellt werden. Im wesentlichen können hier die bereits bei der dynamischen Amortisationsrechnung dargestellten Kritikpunkte übernommen werden[271].

Hinzu kommen jedoch noch folgende Schwächen, welche aus der spezifischen Vorgehensweise der statischen Verfahren resultieren.

a) Es ist problematisch, zur Berechnung einer „**Wiedergewinnungszeit**" Größen der Erfolgsrechnung wie Gewinn oder Abschreibungen heranzuziehen, da eine Wiedergewinnung der Anschaffungsauszahlung nur aus Einzahlungsüberschüssen erfolgen kann und Gewinne sowie Abschreibungen nicht unbedingt zeitgleich und in identischer Höhe als Einzahlungsüberschüsse vorliegen.

b) Bei Verwendung von Durchschnittswerten pro Periode zur Ermittlung der Pay-off-Dauer wird zwar der gesamte Nutzungszeitraum in den Vergleich einbe-

---
270 Vgl. Punkt B.3.2.4.1.
271 Vgl. Punkt B.3.2.4.4.

160 Investitionsplanung und Wirtschaftlichkeitsrechnung

zogen. Damit entfällt der bei der dynamischen Amortisationsrechnung aufgeführte Kritikpunkt, daß die Daten nach dem Erreichen der Wiedergewinnung unzulässigerweise keine Berücksichtigung finden. Bei der hier gewählten Vorgehensweise ist jedoch keine Aussage zum zeitlichen Anfall der Daten mehr möglich. Aufgrund der Durchschnittsbildung kann somit durchaus der Fall eintreten, daß für ein Projekt eine sehr kurze Pay-off-Dauer errechnet wird, obwohl alle Einzahlungsüberschüsse erst am Ende der Nutzungsdauer anfallen. Die Bildung von Durchschnittsgrößen widerspricht somit gerade dem erklärten Ziel des Verfahrens, weil sie **genau das Kriterium ignoriert, auf welches die Entscheidungsregel abhebt, nämlich den zeitlichen Anfall der Zahlungen.** Das folgende Rechenbeispiel verdeutlicht diese Problematik nochmals.

Fall:
Zwei Projekte mit einer Anschaffungsauszahlung von je 2.000,– sollen nach der statischen Amortisationsrechnung beurteilt werden. Folgende Schätzungen über die Entwicklung der pagatorischen Gewinne sowie der Abschreibungen liegen vor:

		t_1	t_2	t_3	t_4
I_1:	pag. Gewinn:	600	500	400	100
	Abschreibung:	250	250	250	250
Summen:		850	750	650	350
I_2:	pag. Gewinn:	100	100	600	800
	Abschreibung:	250	250	250	250
		350	350	850	1050

Es ist bereits ohne jede Rechnung erkennbar, daß Projekt I_1 das investierte Kapital erheblich schneller zurückführt als Projekt I_2. Wendet man jedoch die statische Amortisationsrechnung an, so erhält man für beide Projekte gleichermaßen einen durchschnittlichen pagatorischen Gewinn von 400 DM/Jahr sowie kalkulatorische Abschreibungen in Höhe von 250 DM/Jahr, so daß fälschlicherweise jeweils eine Wiedergewinnungsdauer in Höhe von 2.000 DM/Jahr : 650 DM = 3,077 Jahre ermittelt wird.

Abschließend sollen die Wiedergewinnungszeiträume der Investitionsprojekte A und B aus dem obigen Hauptbeispiel ermittelt werden, wobei der **pagatorische Gewinn** und die Abschreibungen der Anfangsauszahlung gegenübergestellt werden:

Dabei kann auf folgende bereits errechnete Daten zurückgegriffen werden:

Projekt	A	B
Nutzungsdauer	2 Jahre	3 Jahre
Anschaffungsauszahlung	20 000,–	25 000,–
⌀ pag. Gewinn	2 010,–	2 390,–
⌀ Abschreibung	7 000,–	6 500,–

Absolute Pay-off-Dauer in Jahren:

Typ A: $\dfrac{20\,000{,}-\text{ DM}}{7\,000{,}-\text{ DM/Jahr} + 2\,010{,}-\text{ DM/Jahr}} = 2{,}22$ Jahre

Typ B: $\dfrac{25\,000{,}-\text{ DM}}{6\,500{,}-\text{ DM/Jahr} + 2\,390{,}-\text{ DM/Jahr}} = 2{,}812$ Jahre

Da die Bewertung der Rückgewinnungsdauer nicht nur von der absoluten Zeit in Jahren, sondern auch ihrem Verhältnis zur technischen Lebenserwartung oder der geplanten Nutzungsdauer des Projektes abhängt, werden ergänzend noch die **relativen Pay-off-Zeiträume** ermittelt.

Anhand der obigen Daten wird beispielsweise deutlich, daß das Projekt A eine kürzere Amortisationsdauer als B besitzt. Die Rückgewinnung des Kapitals innerhalb der geplanten Nutzungsdauer ist jedoch nur bei Projekt B, nicht aber bei A möglich[272]. Dieser Umstand wird aufgrund der Ermittlung der relativen Pay-off-Zeiträume erkennbar.

Relative (oder prozentuale Pay-off-Dauer) =

$\dfrac{\text{Pay-off-Zeitraum in Jahren} \cdot 100}{\text{geplante Nutzungsdauer in Jahren}}$

Für obige Daten ergeben sich somit folgende Ergebnisse:

Projekt A: $\dfrac{2{,}219 \text{ J.} \cdot 100}{2 \text{ J.}} = 111\%$

Projekt B: $\dfrac{2{,}812 \text{ J.} \cdot 100}{3 \text{ J.}} = 93{,}7\%$

Die Aussagekraft statisch ermittelter **Pay-off-Kennziffern** ist – insbesondere wegen der Durchschnittsbildung bei den verwendeten Daten[273] – noch geringer als diejenige der entsprechenden dynamischen Daten. Daher sollten Investitionsentscheidungen nicht allein auf diese Methode gestützt werden[274]. Die Interpretation der Pay-off-Zeiträume entspricht derjenigen bei der dynamischen Amortisationsrechnung[275].

4.3. Kritische Würdigung der statischen Rechenverfahren

Kritikpunkte, die sich auf die **statischen Verfahren** insgesamt beziehen, lassen sich folgendermaßen erläutern:

---

[272] Dieses Ergebnis macht exemplarisch deutlich, wie fragwürdig die statische Pay-off-Methode in dieser einfachen Form ist, da Projekt A aufgrund der Nichtberücksichtigung des Restverkaufserlöses als absolut unvorteilhaft eingeschätzt würde, obwohl in der Gewinnvergleichs- und Rentabilitätsrechnung die Vorteilhaftigkeit der Alternative festgestellt worden war.
[273] Vgl. Altrogge, G. (1988); S. 288f.
[274] Vgl. Möser, H.-D. (1988), S. 170 sowie Altrogge, G. (1988), S. 292.
[275] Vgl. Punkt B.3.2.4.3.

a) Die **Rechenelemente**, mit denen Investitions- und Finanzierungsprojekte dargestellt werden, befinden sich nicht auf der Zahlungsmittelebene. Vielmehr handelt es sich um Daten der Kostenrechnung oder der Finanzbuchhaltung. Aufgrund möglicher Abweichungen zwischen den verwendeten Rechenelementen und den entsprechenden Zahlungsmittelausprägungen kann es sein, daß das Projekt mit der besten Ersatzzielgröße nicht unbedingt auch das beste in Hinblick auf das Einkommensziel des Investors darstellt. Mit anderen Worten: Der schwächere Bezug zwischen Ersatzzielgrößen der statischen Verfahren und den wirklichen monetären Zielen des Entscheidungsträgers macht den Rückschluß von der Modellsphäre auf die Realität schwerer. Aus dieser Problematik können sogar **Fehlentscheidungen** resultieren.

b) Die **Verdichtung der Daten zu Durchschnittswerten** führt im Vergleich zur periodengenauen Vorgehensweise der dynamischen Verfahren zu einem **Verlust an Genauigkeit**. Hierdurch kann im Extremfall der Sinn der gesamten Rechnung in Frage gestellt werden, wie am Beispiel der statischen Amortisationsrechnung gezeigt wurde[276]. So führt der Ansatz einer durchschnittlichen Kapitalbindung anstelle der in jeder Periode tatsächlich vorliegenden Mittelbindung beispielsweise stets dann zu einer Überschätzung der tatsächlichen Zinskosten, wenn ein Projekt in den ersten Jahren überdurchschnittlich hohe Einzahlungsrückflüsse erzielt, während es im umgekehrten Fall zu einer Unterschätzung der Zinskosten kommt. Der Genauigkeitsverlust ist um so größer
 – **je unregelmäßiger der tatsächliche Datenanfall ist, d.h. je stärker die Daten von ihren Durchschnittswerten abweichen**
 – **je höher der Kalkulationszinssatz ist**
 – **je länger die Laufzeit des Projektes ist.**

c) Die Bildung von Durchschnittswerten führt außerdem dazu, daß **Zinseszinseffekte** nicht berücksichtigt werden können. Zwar werden kalkulatorische Zinskosten in die Rechnung einbezogen[277], aufgrund der Beschränkung der Betrachtung auf eine einzige Periode kann jedoch die Zinseszinswirkung von in der Vorperiode der Kapitalbindung zugeschlagenen Zinsen nicht erfaßt werden. Diese Ungenauigkeit führt – isoliert gesehen – dazu, daß die bewerteten Projekte durchgängig etwas zu gut eingeschätzt werden[278]. Folgende **Beispielrechnung** soll dies anhand der Gegenüberstellung der Ergebnisse von **Kapitalwertmethode** und **Gewinnvergleichsrechnung** verdeutlichen:

---

276 Vgl. Punkt B.4.2.4.
277 Es wäre also falsch zu behaupten, daß die statischen Verfahren der Investitionsrechnung von einem Kalkulationszinssatz von Null ausgehen.
278 Zu diesem Ergebnis gelangen auch Blohm / Lüder für den Spezialfall der Kostenvergleichsrechnung. Vgl. Blohm, H. / Lüder, K. (1988), S. 157f.

Statische Verfahren der Investitionsrechnung 163

Daten des Beispielprojektes:

Nutzungsdauer:	7 Jahre
Anschaffungspreis:	100 000,–
Restverkaufserlös:	0,–
Zinshöhe:	10%
⌀ jährliche Umsatzerlöse:	110 000,–
⌀ jährliche laufende Kosten (ohne Abschreibungen und Zinsen):	89 500,–

Sowohl die Umsatzerlöse als auch die laufenden Kosten sollen jeweils in der Periode ihres Anfalls zahlungswirksam werden [279].

Um das Projekt anhand der Kapitalwertmethode zu bewerten, wird zunächst folgende Zahlungsreihe aufgestellt (in TDM):

t_0	t_1	t_2	t_3	t_4	t_5	t_6	t_7
−100	+110 − 89,5	+110 −89,5	+110 −89,5	+110 −89,5	+110 −89,5	+110 −89,5	+110 −89,5
−100	+20,5	+20,5	+20,5	+20,5	+20,5	+20,5	+20,5

Der Kapitalwert des Projektes läßt sich nun durch Anwendung des **Rentenbarwertfaktors** ermitteln.

Der Rentenbarwertfaktor für 10% und 7 Jahre beträgt 4,8684.

Der Gegenwartswert der erzielbaren Einzahlungsüberschüsse beläuft sich somit auf 20 500,– · 4,8684 = 99 802,20 DM.

Der Kapitalwert beträgt somit − 100 000,– + 99 802,20 = − 197,80.

Das Projekt wird bei Anwendung der Kapitalwertmethode folglich als absolut unvorteilhaft bewertet und abgelehnt.

Wendet man hingegen die Gewinnvergleichsrechnung an, so ergibt sich folgendes Bild:

Jährliche Umsatzerlöse: 110 000,–

Jährliche Kosten:

a) ⌀ laufende Kosten p. a.: = 89 500,–
b) ⌀ Abschreibung p. a.: (100 000,– − 0) : 7 = 14 285,71
c) ⌀ Zinskosten p. a.: $\dfrac{100\,000,- + 0 + 14\,285,71}{2}$ · 10% = 5 714,29

Summe der ⌀ Kosten p. a.: 109 500,–

Es verbleibt gemäß der Gewinnvergleichsrechnung also noch ein ⌀ jährlicher Überschuß von DM 500,–, so daß das Projekt als absolut vorteilhaft eingeschätzt wird.

Die Abweichung vom Ergebnis der Kapitalwertrechnung kann mit dem **Zinseszinseffekt** plausibel gemacht werden. Durch die Durchschnittsbetrachtung wird

---

[279] Aufgrund dieser Annahme ist es ausgeschlossen, daß Unterschiede in den Rechenergebnissen auf zeitliche Verschiebungen zwischen Kosten und Erlösen einerseits sowie Ein- und Auszahlungen andererseits zurückgeführt werden können.

164 Investitionsplanung und Wirtschaftlichkeitsrechnung

in den ersten Perioden die Kapitalbindung unter- und in den letzten Perioden überschätzt. Folglich fallen tatsächlich anfangs höhere Zinsbelastungen an als in der Gewinnvergleichsrechnung berücksichtigt. Aufgrund der in Wirklichkeit höheren Zinslast der ersten Jahre kann entsprechend weniger getilgt werden als es der Durchschnittsbetrachtung entspräche, weshalb die Kapitalbindung nur unterdurchschnittlich schnell abgebaut werden kann. **Die Folge ist, daß Projekte mit nur kleinen Gewinnbeträgen sich bei exakter, d. h. periodengenauer Berechnung oftmals als absolut unvorteilhaft herausstellen.**

Zusammenfassend kann man daher feststellen, daß die statischen Verfahren der Investitionsrechnung nur stark eingeschränkt dazu geeignet sind, dem Entscheidungsträger bei der Bewertung von Investitions- und Finanzierungsalternativen zuverlässige Unterstützung zu gewähren. Ihr hauptsächlicher Vorteil und der Grund für ihre große Beliebtheit in der Praxis [280] liegt in der einfachen Anwendung. Insbesondere bestehen **geringere Anforderungen an das für die Rechnung erforderliche Datenmaterial**, welches oftmals unproblematisch aus der Plankostenrechnung entnommen werden kann, während bei allen dynamischen Verfahren zunächst eine Prognose von Ein- und Auszahlungen geleistet werden muß.

4.4. Fallbeispiel zu den statischen Verfahren

Im folgenden wird das Beispiel, das der Darstellung der einzelnen statischen Verfahren jeweils zugrunde lag, vollständig im Gesamtzusammenhang durchgerechnet [281].

Dateninput: Projekte:	X	Y
Produktqualität	X = Y	
geplante Produktionskapazität km/Jahr	200 000	220 000
Anschaffungskosten (A) in DM	200 000	220 000
geplante Nutzungsdauer (n)	3 Jahre	2,5 Jahre
Lohnkosten p. a. in DM	80 000	90 000
Kosten für RHB p. a. in DM	50 000	55 000
sonstige Kosten/AVK p. a. in DM	60 000	50 000
Mindestkapitalverzinsung (p%)	8%	8%
Restverkaufserlös am Ende der geplanten Nutzungsdauer (R)	20 000	40 000
Eigenkapitalanteil jeweils 30% des ⌀ gebundenen Kapitals		
Erlös (DM/KM)	1,40	1,40

1) Kostenvergleichsrechnung:

Kostenvergleich zulässig? Produktqualität X = Y : Ja!

---
280 Kruschwitz, L. (1987), S. 31.
281 Vgl. zur Ausgangslage Gliederungspunkt 3.2.1.

Statische Verfahren der Investitionsrechnung 165

Ermittlung der: Projekt X   Projekt Y

(I) $\varnothing$ Abschr.: $\dfrac{A-R}{n}$ (in TDM) $\dfrac{200-20}{3} = 60$ $\dfrac{220-40}{2,5} = 72$

$\varnothing$ Zinsen: Hierfür zunächst Ermittlung der $\varnothing$ Kapitalbindung

$\dfrac{200 + 20 + 60}{2} = 140$ $\dfrac{220 + 40 + 72}{2} = 166$

davon 30% EK-Bindung = 42   30% EK-Bindung = 49,8
      70% FK-Bindung = 98   70% FK-Bindung = 116,2

(II) Gesamtkapitalzins: 140 · 8% = 11,2   166 · 8% = 13,28
davon: EK-Zins: 42 · 8% = 3,36   49,8 · 8% = 3,984
      FK-Zins: 98 · 8% = 7,84   116,2 · 8% = 9,296

(III) $\varnothing$ sonstige Kosten =
Löhne + RHB + AVK   80 + 50 + 60 = 190   90 + 55 + 50 = 195
Gesamtkosten (I + II + III)   261,2   280,28

Gesamtkostenvergleich aussagekräftig?

geplante Produktionskapazität X = Y : nein − Stückkostenvergleich

Ermittlung der

$\varnothing$ Stückkosten $\dfrac{\varnothing \text{ Gesamtkosten p.a.}}{\varnothing \text{produzierte Menge}}$ (DM/km)

Projekt (X)   Projekt (Y)

$\dfrac{261,20}{200} = 1,306$ $\dfrac{280,28}{220} = 1,274$

Alternative Y weist die niedrigeren Stückkosten auf. Da sie gleichzeitig die höhere Kapazität besitzt, ist sie nicht nur kostengünstiger, sondern erbringt auch den höheren Gewinn, solange der Erlös pro km über DM 1,27 pro km liegt.

Anhand der Gewinnvergleichsrechnung läßt sich dieses Ergebnis bestätigen und darüber hinaus auch betragsmäßig darstellen.

2) Gewinnvergleich:

Ermittlung des $\varnothing$ Erlöses   = Erlös pro   · produzierte Menge
         p.a.(TDM)   Stück (DM/km)   (1000km)

            (X)   (Y)
    1,40 · 200 = 280   1,40 · 220 = 308

Ermittlung des $\varnothing$ Übergewinns = $\varnothing$ Erlös − $\varnothing$ Gesamtkosten
          p.a. (TDM)   p.a.(TDM)   p.a. (TDM)

      Projekt X   Projekt Y
 280 − 261,20 = 18,80   308 − 280,28 = 27,72

166 Investitionsplanung und Wirtschaftlichkeitsrechnung

∅ pagatorischer Gewinn = ∅ Übergewinn + kalk. Kosten (TDM) p.a.
p.a. (TDM)   p.a. (TDM)   z.B. EK-Zinsen

$$\begin{array}{cc} X & Y \\ 18{,}80 + 3{,}36 = 22{,}16 & 27{,}72 + 3{,}984 = 31{,}70 \end{array}$$

∅ Kapitalgewinn = ∅ bilanzieller Gewinn + ∅ Fremdkapitalzins
p.a. (TDM)   p.a. (TDM)   p.a. (TDM)

$$\begin{array}{cc} \text{Projekt X} & \text{Projekt Y} \\ 22{,}16 + 7{,}84 = 30 & 31{,}704 + 9{,}296 = 41 \end{array}$$

Die Alternative Y verspricht den größeren Gewinn p.a. (gleich welcher Definition) und ist demnach vorzuziehen. Da der Eigenkapitaleinsatz der beiden Alternativen nahezu gleich ist, läßt sich bereits hier erkennen, daß auch die Eigenkapitalrendite von Y größer als die von X sein muß. Bezüglich der Gesamtkapitalrendite ist diese Rangfolge ebenfalls zu vermuten, da sich der Gesamtkapitaleinsatz der Alternativen nicht wesentlich unterscheidet. Der Renditevergleich belegt dies eindeutig:

3) Renditevergleich:

Ermittlung der

$$\varnothing\ \text{Überrendite} = \frac{\text{kalk. Gewinn p.a.}}{\varnothing\ \text{geb. Gesamtkapital}} \cdot 100$$

Projekt X   Projekt Y

$$\frac{18{,}80 \cdot 100}{140} = 13{,}43\% \qquad \frac{27{,}72 \cdot 100}{166} = 16{,}70\%$$

$$\varnothing\ \text{Eigenkapitalrendite} = \frac{\varnothing\ \text{bilanzieller Gewinn p.a.}}{\varnothing\ \text{Eigenkapital}} \cdot 100$$

$$\frac{22{,}16 \cdot 100}{42} = 52{,}76\% \qquad \frac{31{,}704 \cdot 100}{49{,}8} = 63{,}66\%$$

$$\varnothing\ \text{Gesamtkapitalrendite} = \frac{\varnothing\ \text{Kapitalgewinn p.a.}}{\varnothing\ \text{geb. Gesamtkapital}} \cdot 100$$

$$\frac{30 \cdot 100}{140} = 21{,}43\% \qquad \frac{41 \cdot 100}{166} = 24{,}70\%$$

Das Resultat des Renditevergleichs bestätigt die Ergebnisse der Kosten- und Gewinnvergleichsrechnung. Die Alternative Y weist die größere Rendite nach allen drei Kennziffern auf und wird demnach vorgezogen.

Ergänzend wird die absolute und relative Wiedergewinnungsdauer der Projekte berechnet:

4) Amortisationsrechnung:

Ermittlung der:

$$\text{absolute Amortisationsdauer (Jahre)} = \frac{\text{Anschaffungskosten (A)}}{\varnothing \text{ bilanzieller Gewinn p. a.} + \varnothing \text{ Abschreibung p. a.}}$$

X

$$\frac{200}{22{,}16 + 60} = 2{,}43$$

Y

$$\frac{220}{31{,}704 + 72} = 2{,}12$$

$$\text{relative Amortisationsdauer \%} = \frac{\text{absolute Amortisationsdauer}}{\text{geplante Nutzungsdauer (n)}} \cdot 100$$

X

$$\frac{2{,}43 \cdot 100}{3} = 81\%$$

Y

$$\frac{2{,}12 \cdot 100}{2{,}5} = 84{,}8\%$$

Während die absolute Amortisationsdauer für Projekt Y spricht, ist bei der Orientierung an der relativen Amortisationsdauer Projekt X vorzuziehen. Dieses widersprüchliche Ergebnis ist ein Indikator für die zweifelhafte Aussagekraft der statisch ermittelten Amortisationsdauer als Risikokennziffer.

Aufgaben zur Selbstüberprüfung

1) In welchen zentralen Merkmalen unterscheiden sich statische Verfahren der Investitionsrechnung von den dynamischen Verfahren?
2) Inwiefern können durch die gewählten Rechenelemente der statischen Verfahren Ungenauigkeiten oder Fehler verursacht werden?
3) Weshalb ist der Anwendungsbereich bei der Gewinnvergleichsrechnung größer als bei der Kostenvergleichsrechnung?
4) Wie ist die statisch errechnete Wiedergewinnungszeit von drei Jahren zu interpretieren, wenn:

    a) mit kalkulatorischen Gewinnen
    b) mit pagatorischen Gewinnen

    gerechnet wurde?
5) Erläutern Sie den Aufbau der Formel zur Ermittlung der durchschnittlichen Kapitalbindung.
6) Ist es richtig, daß die statischen Verfahren der Investitionsrechnung das Zinsphänomen unberücksichtigt lassen, da sie eine einperiodige Durchschnittsrechnung darstellen?
7) Wie kann man erklären, daß die statischen Investitionsrechenverfahren dazu führen, daß Projekte in der Regel etwas zu positiv bewertet werden?

Die Musterlösungen zu diesen Aufgaben befinden sich im Anhang dieses Buches, Seite 317.

168 Investitionsplanung und Wirtschaftlichkeitsrechnung

Weiterführende Literatur:

Adelberger, Otto / Günther, Horst (1982); Fall- und Projektstudien zur Investitionsrechnung, München 1982, S. 4–6 und S. 20–22.

Däumler, Klaus-Dieter; Grundlagen der Investitions- und Wirtschaftlichkeitsrechnung, 6. Aufl. 1982, S. 130–183.

Eisele, Wolfgang (1985); Die Amortisationsdauer als Entscheidungskriterium für Investitionsmaßnahmen, in: Wirtschaftswissenschaftliches Studium, 14. Jahrgang (1985), S. 375.

Kruschwitz, Lutz (1987); Investitionsrechnung, 3. Aufl., Berlin 1987, S. 31–43.

Olfert, Klaus (1988); Investition, 4. Aufl., Ludwigshafen (Rhein) 1988, S. 99–164.

Perridon, Louis / Steiner, Manfred (1988); Finanzwirtschaft der Unternehmung, 5. Aufl., München 1988, S. 30–48.

Rolfes, Bernd (1986); Statische Verfahren der Wirtschaftlichkeitsrechnung, in: Das Wirtschaftsstudium 15. Jg. (1986), S. 411–417.

5. Grenzen der klassischen Partialmodelle und Ansätze zu ihrer Überwindung

Die Anwendbarkeit der vorgestellten klassischen Partialmodelle kann insbesondere durch zwei in der Vorgehensweise der Verfahren begründete Schwächen eingeschränkt werden – nämlich die Problematik der Bestimmung der optimalen Nutzungsdauer und die Schwierigkeit der Festlegung des adäquaten Kalkulationszinssatzes. Im folgenden werden diese Grenzen der klassischen Partialmodelle zunächst erläutert. Anschließend werden Ansätze zur Handhabung der beiden Problembereiche beschrieben.

5.1. Modellgrenzen

5.1.1. Die Nutzungsdauerproblematik

Die vorgestellten **Vorteilhaftigkeitskriterien Kapitalwert, interner Zinsfuß** und **Annuität** eines Projekts können nur berechnet werden, wenn von einer bekannten **wirtschaftlichen Nutzungsdauer** ausgegangen werden kann[282]. Dies ist in vielen Fällen gewährleistet. So ist die Anwendung der vorgestellten Verfahren beispielsweise dann unproblematisch, wenn eine Finanzierung oder eine **Finanzinvestition** mit fester Laufzeit vorliegt, d.h. wenn zwingend feststeht, über welche Anzahl von Perioden das zu bewertende Projekt läuft. Handelt es sich jedoch bei dem zu analysierenden Projekt um eine **Sachinvestition**, so kann man regelmäßig nicht ohne weiteres von einer fest vorgegebenen Nutzungsdauer ausgehen. Unterstellt man einfach eine bestimmte Nutzungsdauer, so schreibt man

---

282 Zur Berechnung der Pay-off-Periode ist das nicht notwendig.

Grenzen der klassischen Partialmodelle und Ansätze zu ihrer Überwindung 169

damit bereits eine wesentliche Einflußgröße für die Vorteilhaftigkeit des Projektes fest und verkürzt unter Umständen die wirkliche Problemstellung unzulässig. Dies sei am Beispiel der **Kapitalwertmethode** erläutert: Der Kapitalwert beziffert die Einkommenswirkung eines Projektes unter Annahme einer bestimmten Nutzungszeit. Bei der Verlängerung oder Verkürzung der Nutzungszeit wird sich jedoch ein anderer Kapitalwert ergeben, so daß die Ausprägung des Vorteilhaftigkeitskriteriums „Kapitalwert" eine Funktion der Nutzungsdauer darstellt. Bei Projekten, die nicht aus einem ganz bestimmten Grund eine konkrete Endfälligkeit im Sinne einer „Lebenserwartung" besitzen (z. B. Ablauf einer Lizenz), wird es somit erforderlich, die in Hinblick auf die Einkommensziele des Entscheidungsträgers vorteilhafteste Nutzungsdauer zu bestimmen.

5.1.2. Die Bestimmung des adäquaten Kalkulationszinssatzes

Die **klassischen Partialmodelle** der Investitionsrechnung gehen außerdem von **einem exogen gegebenen**[283] **Kalkulationszinsfuß** aus[284]. Exogen vorgegeben bedeutet hierbei, daß die Höhe des Zinssatzes sich nicht aus dem konkreten Investitions- und Finanzierungsprogramm des Entscheidungsträgers ergibt, sondern diesem bereits **vor** der Rechnung bekannt sein muß[285]. Durch die Unterstellung eines solchen **ex ante-Zinsfußes**[286] werden die klassischen Partialmodelle zu „**quasi-Totalmodellen**", deren zeitliche Erstreckung mit dem Planungszeitraum des Investors identisch ist, und die alle Alternativen — einige wenige explizit, alle anderen durch die Pauschalannahme des **Vollkommenen Kapitalmarktes** — erfassen. Allein unter diesen Bedingungen ist es möglich, mit den klassischen Partialmodellen (wie z. B. Kapitalwert-, Interne-Zinsfuß- oder Annuitäten-Methode) Alternativen mit unterschiedlicher Kapitalbindung isoliert auf ihre Vorteilhaftigkeit hin zu beurteilen und aus mehreren sich ausschließenden Projekten das vorteilhafteste auszuwählen[287]. Außerdem entfällt die Unterscheidung zwischen Soll- und Habenzinssätzen[288].

Da es einen **Vollkommenen Restkapitalmarkt** in der Realität nicht gibt, existiert auch kein grundsätzlich „richtiger" Kalkulationszinsfuß[289]. Dies bedeutet jedoch nicht, daß die dynamischen Verfahren der Investitionsrechnung generell

---

283 Bei der Internen-Zinsfuß-Methode ist der Kalkulationszins zur Ermittlung des Vorteilhaftigkeitskriteriums zwar nicht unmittelbar erforderlich, jedoch wird der Kalkulationszins als Vergleichsgröße ebenfalls benötigt, wenn eine Vorteilhaftigkeitsentscheidung getroffen werden soll.
284 Zu den Funktionen des Kalkulationszinssatzes vgl. Schmidt, R. (1986), S. 102f sowie Perridon, L. / Steiner, M. (1988), S. 74f.
285 Vgl. Schmidt, R. (1986), S. 112.
286 Vgl. Perridon, L. / Steiner, M. (1988), S. 125.
287 Vgl. Schmidt, R. (1986), S. 112.
288 Vgl. Kruschwitz, L. (1987), S. 65.
289 Vgl. Perridon, L. / Steiner, M. (1988), S. 75.

für praktische Problemstellungen nicht anwendbar sind[290]. Der Investor wird jeweils nach dem seiner Situation entsprechenden **Kalkulationszinsfuß** suchen müssen. Untersucht er Investitionen, die mit **Fremdkapital** finanziert werden sollen, so wird er als Kalkulationszinsfuß die Höhe der **Effektivverzinsung** langfristiger Kredite wählen: Dies ist der Zinssatz, den er den Fremdkapitalgebern gegenüber zu entrichten hat. Hierbei wird jedoch unterstellt, daß die anfallenden Einzahlungsüberschüsse entweder zur Tilgung des aufgenommenen Fremdkapitals verwendet oder zum gleichen Zinssatz angelegt werden können. Bei voller **Eigenfinanzierung** wird sich der Investor bei der Wahl des Kalkulationszinsfußes an der Höhe der ihm entstehenden **Opportunitätskosten** orientieren. Dies bedeutet, daß er die Rendite der sich ihm bietenden Alternativanlagen, z. B. das Zinsniveau von festverzinslichen Wertpapieren, als Kalkulationsbasis verwendet.

Bei einer **Mischfinanzierung**, d.h. der anteiligen Verwendung von Eigen- und Fremdkapital, kann der **situationsadäquate Kalkulationszinssatz** durch Bildung des gewogenen Mittels aus den Kapitalkostensätzen der Teilfinanzierungsbeträge gebildet werden[291]. Sofern die Kapitalanteile- und -kostensätze zur Finanzierung eines Projektes über die Nutzungsdauer hinweg konstant sind, ist die Verwendung des gewichteten Kapitalkostensatzes korrekt.

In der Praxis ist jedoch eine eindeutige Zurechnung einer bestimmten Finanzierungsart zu einem Investitionsprojekt kaum möglich, da die Unternehmung überwiegend nicht projektgebunden finanziert, sondern im Rahmen der Finanzplanung den gesamten prognostizierten Mittelbedarf durch Desinvestitions- und Finanzierungsvorgänge abzudecken versucht. In der Regel wird folglich unterstellt, daß die zu untersuchende Investition in genau dem Verhältnis mit Eigen- und Fremdkapital finanziert wird, das der Kapitalstruktur der ganzen Unternehmung entspricht[292].

Auf unterschiedliche Vorschläge, der Existenz von **Steuern, Inflation** und **Investitionsrisiken** durch die Erhöhung oder Senkung des Kalkulationszinsfußes Rechnung zu tragen, kann hier nicht eingegangen werden[293]. Der in der Praxis weit verbreitete Ansatz eines pauschalen Zuschlags oder Abschlags ist jedoch nicht akzeptabel, da dies weder dem unterschiedlichen Risikogehalt verschiede-

---

290 So weisen Franke und Hax beispielsweise darauf hin, daß trotz unvollkommenem Kapitalmarkt meist zumindest ein Intervall angegeben werden kann, in welchem sich der Kalkulationszinsfuß befindet. Vgl. Franke, G. / Hax, H. (1988), S. 116.
291 Vgl. Däumler, K.-D. (1989), S. 65.
292 Die Problematik der Bestimmung des „richtigen" Kalkulationszinssatzes wird noch komplizierter, wenn der Investor berücksichtigen will, daß die Kreditaufnahmemöglichkeiten in der Realität keineswegs unbegrenzt und die Finanzierungskosten eine Funktion des Verschuldungsgrades sind. Eine Berücksichtigung der dann auftretenden finanzwirtschaftlichen Interdependenzen ist bei Beurteilung einzelner Investitionen unmöglich und verlangt eine simultane Planung von Investitions- und Finanzierungsprogrammen. Vgl. weiterführend Hax, H. (1985), S. 71 – 79.
293 Vgl. weiterführend Kruschwitz, L. (1987), S. 93 – 142, Perridon, L. / Steiner, M. (1988), S. 80 – 83, Franke, G. / Hax, H. (1988), S. 248 – 251 sowie Schneider, D. (1980), S. 266 – 285.

ner Alternativen noch dem Einfluß diverser Steuerarten auf verschiedenartige Projekte gerecht wird[294]. Im Hinblick auf die Berücksichtigung von Steuern in der Investitionsrechnung ist jedoch zu beachten, daß entweder sowohl bei der Schätzung der Zahlungsreihe als auch der Höhe des Kalkulationszinssatzes jeweils von Daten **vor** Steuern oder aber jeweils von Daten **nach** Steuern ausgegangen wird. Verfehlt wäre es, wenn man ein Projekt anhand der Zahlungsströme **nach** Steuern bewertet, jedoch einen Kalkulationszinssatz verwendet, der den Finanzierungskosten beziehungsweise Opportunitätsverlusten **vor** Steuern entspricht.

5.2. Ansätze zur Weiterentwicklung der klassischen Partialmodelle

5.2.1. Bestimmung der wirtschaftlich optimalen Nutzungsdauer

Um der Fragestellung nach der wirtschaftlich optimalen Nutzungsdauer vertieft nachzugehen, ist es zweckmäßig, zunächst zwischen **technischer und wirtschaftlicher Nutzungsdauer** zu unterscheiden.

Bei **Sachinvestitionen** wird oftmals eine **technische** Nutzungsdauer im Sinne der „Lebenserwartung" des Projektes angegeben. Die technische Nutzungsdauer beziffert somit das auf Zeiteinheiten lautende Leistungspotential eines Aggregates, welches maximal ausgeschöpft werden kann. Dieses ermittelt sich meist aus der geplanten **Nutzungsintensität** sowie der mengenmäßigen **Totalkapazität**. Zwar ist die Vorstellung von einer begrenzten technischen „Lebenserwartung" unmittelbar einleuchtend, wenn man an bestimmte Sachgegenstände wie Glühbirnen, Autoreifen oder Motoren denkt. Solche Gegenstände stellen jedoch regelmäßig für sich genommen noch keine Investitionsprojekte dar[295]. Ob bei ganzen Investitionsprojekten von einer begrenzten technischen Lebenserwartung ausgegangen werden kann, ist jedoch umstritten[296].

Die **wirtschaftliche** Nutzungsdauer beziffert hingegen den Zeitraum, während dem der Investor das Aggregat in Hinblick auf sein Einkommensziel tatsächlich

---

294 Vgl. Perridon, L. / Steiner, M. (1988), S. 75, Franke, G. / Hax, H. (1988), S. 251, Biergans, E. (1973), S. 252 sowie Däumler, K.-D. (1989), S. 66–69.
295 Zur Definition von Investitionsprojekten vgl. S. 33f.
296 In der Literatur wird auch die Ansicht vertreten, daß es keine vorbestimmte technische Nutzungsdauer, sondern nur eine ökonomische Nutzungsdauer gäbe, da beinahe alle Aggregate durch entsprechend hohe Instandhaltungsaufwendungen unbeschränkt nutzbar seien. Vgl. Swoboda, P. (1977), S. 55, Däumler, K.-D. (1988), S. 181f. sowie Olfert, K. (1988), S. 65. Müssen zur Erhaltung der Leistungsfähigkeit eines Aggregates jedoch wesentliche Teile ersetzt werden, so stellt sich die Frage, ob noch von einer Reparatur der alten Anlage gesprochen werden kann oder ob nicht vielmehr eine Verwendung von Gebrauchtteilen bei Installation einer neuen Anlage vorliegt. Der Streit um die Existenz einer technischen Nutzungsdauer ist also müßig und hängt von der Definition des Instandhaltungsbegriffes ab. Im folgenden wird davon ausgegangen, daß die technische Nutzungsdauer je nach konkretem Einzelfall sowohl begrenzt wie auch unbegrenzt sein kann. Vgl. auch Hax, H. (1985), S. 44f.

nutzt. Die **wirtschaftliche Nutzungsdauer** kann maximal der technischen entsprechen, wird jedoch häufig kleiner sein als diese, denn es ist durchaus möglich, daß ein Investitionsprojekt in den letzten Perioden der technischen Nutzungsdauer nur noch Auszahlungsüberschüsse bewirkt. Dies kann beispielsweise daran liegen, daß nach einer gewissen Nutzungszeit die Auszahlungen für Reparaturen stark ansteigen oder zum anderen die Einzahlungen abnehmen, weil die Produkte nicht mehr dem neuesten technischen Stand, der erforderlichen Qualität oder dem gewandelten Geschmack entsprechen. Da eine solche Situation keinen Ausnahmefall, sondern eher die Regel darstellt, wird die wirtschaftlich optimale Nutzungsdauer in vielen Fällen unter der technisch möglichen liegen. Die wirtschaftliche Nutzungsdauer „... endet beispielsweise dann, wenn die Reparatur einer Maschine zwar technisch problemlos, wirtschaftlich aber nicht mehr vertretbar ist." [297]

Das Datum „wirtschaftlich optimale Nutzungsdauer" gibt dem Entscheidungsträger also eine Information darüber, ob und wann ein technisch noch betriebsfähiges Projekt vor dem Hintergrund gegebener Einkommensziele abzubrechen ist.

Im folgenden wird dargestellt, wie die wirtschaftlich optimale Nutzungsdauer bei **einmaligen Investitionen** sowie bei wiederholten Anlagen (**Investitionsketten**) ermittelt werden kann[298].

a) Wirtschaftlich optimale Nutzungsdauer bei einmaligen Projekten

Zu einer nur einmaligen Durchführung von Investitionsprojekten kommt es wohl lediglich in Sonderfällen[299]. Trotzdem ist diese Fragestellung auch für die Praxis sehr relevant, da häufig keine konkreten Vorstellungen darüber bestehen, welche (Ersatz-) Investitionen das heute zur Diskussion stehende Projekt einmal ablösen sollen. Man geht deshalb vereinfachend von der Arbeitshypothese aus, daß nach der **Desinvestition** eine Anlage zum Kapitalmarktzins erfolgt.

Eine eindeutige Lösung der genannten Aufgabenstellung wird dadurch ermöglicht, daß man sich an der Veränderung der Höhe des Kapitalwertes des Projekts in Abhängigkeit von der Laufzeit orientiert. Jede Verzinsung des im Projekt gebundenen Kapitals über den Kalkulationszinsfuß hinaus erhöht den Kapitalwert zusätzlich, jede Verzinsung darunter vermindert ihn. Es können sich hierbei zwar mehrere relative Maxima des Kapitalwertes ergeben, die wirtschaftliche Nutzungsdauer wird jedoch eindeutig durch das absolute Maximum angezeigt (vgl. Abbildung B 20).

---

297 Olfert, K. (1988), S. 65.
298 Eine vertiefende Darstellung der Fragestellungen, die sich aus unterschiedlichen Annahmen über das Ursprungsprojekt und mögliche Ersatzprojekte ergeben, findet sich bei Hax, H. (1985), S. 44–62.
299 Als Beispiele nennt Däumler Spezialisierungen oder Betriebsverkleinerungen. Vgl. Däumler, K.-D. (1988), S. 193.

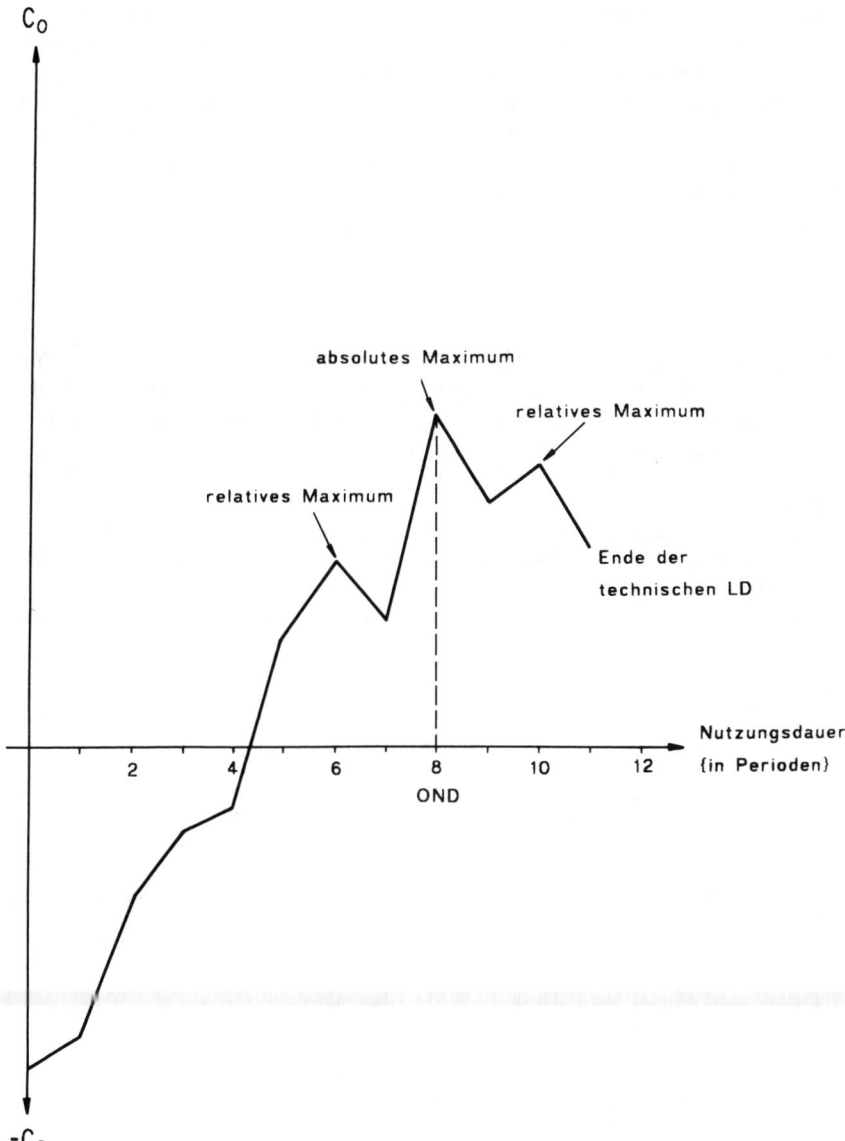

Abbildung B 20: Verlauf einer Kapitalwertfunktion in Abhängigkeit von der Nutzungsdauer

Aus den bisherigen Überlegungen wird deutlich, daß der Kapitalwert eines Projekts bei festgelegtem Kalkulationszinsfuß eine Funktion der geplanten Nutzungsdauer n ist: $C_o = f(n)$. Da sowohl der **maximale Kapitalwert** als auch die

174 Investitionsplanung und Wirtschaftlichkeitsrechnung

wirtschaftliche Nutzungsdauer eines Projekts unbekannt sind, müssen beide Größen simultan in ein und demselben Rechengang bestimmt werden[300]. Hierzu wird der Kapitalwert einer Investition für die Nutzungsdauer von einer, zwei, drei bis zu n Perioden berechnet. Der **Kapitalwert** ergibt sich jeweils als Summe der abgezinsten Ein- und Auszahlungsüberschüsse des Projekts plus dem Barwert des jeweils entsprechenden Restverkaufserlöses R_n am Ende der zugrunde gelegten Nutzungsdauer.

Kapitalwert für eine geplante Nutzungsdauer von n Perioden:

$$C_{o_n} = \sum_{t=0}^{n} (e_t - a_t) q^{-t} + R_n \cdot q^{-n}$$

Wird die Errechnung des Kapitalwertes bei wachsender Nutzungsdauer bis zum Ende der technischen Lebenserwartung der Anlage durchgeführt, so gibt das absolute Maximum des Kapitalwerts die einkommensmaximale und damit auch die wirtschaftlich optimale Nutzungsdauer bei einmaliger Investition an[301].

Beispiel:
Eine Maschine, deren technische Nutzungsdauer mit 10 Jahren angenommen wird, sei durch folgende prognostizierte Netto-Zahlungsreihe ($e_t - a_t$) sowie folgenden Verlauf der Restverkaufserlöse (R_t) gekennzeichnet:

	t_0	t_1	t_2	t_3	t_4	t_5	t_6	t_7	t_8	t_9	t_{10}
($e_t - a_t$):	−40	+10	+9	+8	+7	+6	+5	+4	+3	+1	−1
R_t:	+40	+34	+29	+24	+20	+16	+12	+8,5	+6	+4	+3

Ein Investor sucht die wirtschaftlich optimale Nutzungsdauer und den Kapitalwert bei einmaliger Investition auf Basis eines Kalkulationszinssatzes von i = 8%.

t	$e_t - a_t$	R_t	q^{-t}	$(e_t - a_t)q^{-t}$	$R_t q^{-t}$	$\sum_{t=0}^{n}(e_t-a_t)q^{-t}+R_n q^{-n}$
0	−40	+40	1,00000	−40	+40	0
1	+10	+34	0,92593	+ 9,26	+31,48	+0,74
2	+ 9	+29	0,85734	+ 7,72	+24,86	+1,84
3	+ 8	+24	0,79383	+ 6,35	+19,05	+2,38
4	+ 7	+20	0,73503	+ 5,15	+14,70	+3,18
5	+ 6	+16	0,68058	+ 4,08	+10,89	+3,45
6	+ 5	+12	0,63017	+ 3,15	+ 7,56	+3,27
7	+ 4	+ 8,5	0,58349	+ 2,33	+ 4,96	+3,00
8	+ 3	+ 6	0,54027	+ 1,62	+ 3,24	+2,90
9	+ 1	+ 4	0,50025	+ 0,50	+ 2,00	+2,16
10	− 1	+ 3	0,46319	− 0,46	+ 1,39	+1,09

---

300 Vgl. Schneider, D. (1980), S. 231.
301 Eine alternative Vorgehensweise zur Bestimmung der optimalen Nutzungsdauer bei einmaligen Investitionsprojekten findet sich bei Däumler, K.-D. (1988), S. 186−191.

Für die 9. und 10. Periode kann ein geübter Entscheidungsträger auch ohne Berechnung des Kapitalwertes feststellen, daß eine Nutzung unwirtschaftlich ist, da in der 9. Periode der Einzahlungsüberschuß (+1) geringer ist als die Wertminderung, die die Maschine erfährt (−2); in der 10. Periode tritt neben der Verminderung des Restverkaufserlöses sogar ein Auszahlungsüberschuß auf.

Die schrittweise Berechnung der Kapitalwerte bei unterschiedlicher Nutzungsdauer ergibt, daß der Kapitalwert des Projekts bei einer Nutzung über 5 Perioden (n = 5) ein absolutes Maximum erreicht. Die wirtschaftlich optimale Nutzungsdauer beträgt somit bei einmaliger Investition und einem Kalkulationszinsfuß von 8% auch fünf Perioden mit einem erwirtschafteten Kapitalwert von +3,45 Geldeinheiten.

b) Optimaler Ersatzzeitpunkt bei Projektketten

Bei Berechnung der wirtschaftlichen Nutzungsdauer einer einmaligen Investition wurde unterstellt, daß der Unternehmer nach Ablauf der untersuchten Investition entweder seine Investitionstätigkeit beendet oder nur noch Anlagen zum Kalkulationszinsfuß vornimmt. Der Hintergrund für diese Annahme liegt in der Tatsache, daß sich der Investor zum Planungszeitpunkt noch nicht in der Lage sieht, eine Prognose für eine konkrete **Anschlußinvestition** zu erstellen.

Etwas anderes gilt, wenn der Investor bereits im Planungszeitpunkt der Anlage explizite Vorstellungen über die Anschlußinvestition hat. Plant der Unternehmer beispielsweise, eine Anlage wiederholt durch eine neue Investition gleicher Art zu ersetzen, so kann die so ermittelte optimale Nutzungsdauer von der oben errechneten wirtschaftlichen Nutzungsdauer abweichen. Der **optimale Ersatzzeitpunkt** für eine wiederholte Investition liegt dabei nie hinter dem Ende der wirtschaftlichen Nutzungsdauer bei einmaliger Investition. Das läßt sich folgendermaßen erklären:

Bei einmaliger Investition wird eine Anlage solange genutzt, wie ihr Kapitalwert steigt. Wird ein Projekt nach Ende seiner wirtschaftlichen Nutzungsdauer durch ein neues Projekt gleicher Art[302] ersetzt, so muß dieses jeweils einen Einkommensvorteil im Vergleich zur Anlage zum Kalkulationszinsfuß versprechen. Der optimale Ersatzzeitpunkt ist in dieser Entscheidungssituation bereits dann gegeben, wenn der Einkommenszuwachs pro Periode der alten Anlage G_t unter den Einkommenszuwachs sinkt, den die Reinvestition durchschnittlich pro Periode über die Verzinsung zum Kalkulationszinsfuß hinaus verspricht. Dieser durchschnittliche Einkommenszuwachs pro Periode bei Reinvestition kann durch die **Höhe der Annuität** des Investitionsprojekts wiedergegeben werden, die sich als Produkt aus Wiedergewinnungsfaktor (w) und Kapitalwert des Projektes ermitteln läßt[303]. Da eine Reinvestition unter ökonomischen Gesichts-

---

302 Wenn von „identischer Reinvestition" gesprochen wird, so bedeutet dies nicht, daß die Aggregate technisch identisch sein müssen. Es wird lediglich unterstellt, daß die aus der Investition resultierenden Zahlungsströme gleich sind, was eine erheblich schwächere Annahme darstellt. Vgl. hierzu auch Däumler, K.-D. (1988), S. 194.
303 Zur Berechnung und Interpretation der äquivalenten Annuität vgl. Gliederungspunkt B. 3.2.2.2.

punkten stets nur dann vorgenommen wird, wenn sie im Vergleich zum Vollkommenen Restkapitalmarkt ein Mehreinkommen erbringt, wird der Abbruch des alten Projektes bereits zu einem Zeitpunkt vorgenommen, an dem das alte Projekt gegenüber der Restkapitalmarktanlage eventuell noch vorteilhaft, verglichen mit der Reinvestition jedoch bereits unvorteilhaft ist.

Im folgenden soll lediglich der Fall untersucht werden, in dem der Entscheidungsträger die Reinvestition in ein von den Zahlungsströmen her identisches Projekt plant [304]. In diesem Fall gilt die einmal errechnete optimale Nutzungsdauer auch für die später folgenden Ersatzprojekte, so daß sich das Bild einer **unendlichen Investitionskette** ergibt [305]. Eine unter der Annahme sicherer Erwartungen eindeutige Entscheidung ermöglicht die Orientierung am absoluten Maximum der **Annuitätenzahlung** [306]. Die Nutzungsdauer, bei der die Annuität einer Investition das absolute Maximum erreicht, entspricht der optimalen Nutzungsdauer bei wiederholter Investition.

Beispiel:
Für die Maschine aus obigem Beispiel sei die optimale Nutzungsdauer bei wiederholter Investition gesucht. Der Kalkulationszinsfuß i des Investors beträgt 8%.

Geplante Nutzungsdauer der einzelnen Investition	Kapitalwert der **einmaligen** Investition bei Nutzungsdauer von n Perioden	Annuitätenfaktor	Höhe der Annuität bei einer geplanten Nutzungsdauer von n Perioden
n	C_{0_n}	w_n	c_n
1	0,74	1,0800	0,80
2	1,84	0,5608	**1,03**
3	2,38	0,3880	0,92
4	3,18	0,3019	0,96
5	3,45	0,2505	0,86
6	3,27	0,2163	0,71
7	3,00	0,1921	0,58
8	2,90	0,1740	0,50
9	2,16	0,1601	0,35
10	1,09	0,1490	0,16

---

304 Die Annahme einer Reinvestition in ein identisches Projekt wird oftmals getroffen, da man die konkreten Daten eines Ersatzprojektes noch nicht kennt. Folglich trifft man zu Recht die Arbeitshypothese, daß die Daten des jetzt analysierten Projektes die beste Schätzung für ein künftiges Projekt darstellen.
305 Vgl. Hax, H. (1985), S. 45.
306 Zu einer alternativen Vorgehensweise vgl. Däumler, K.-D. (1988), S. 193–206.

Die **Annuität der Investition** erreicht das absolute Maximum von 1,03 bei einer Nutzungsdauer von 2 Perioden[307]. Während die wirtschaftliche Nutzungsdauer der Maschine bei einmaliger Investition 5 Perioden betrug, ist der **optimale Ersatzzeitpunkt** bei wiederholter Investition bereits am Ende der 2. Periode erreicht.

5.2.2. Ermittlung eines endogenen Kalkulationszinssatzes – das Modell von Joel Dean

5.2.2.1. Modellaufbau

Die Einsicht, daß bei **Vorteilhaftigkeitsentscheidungen** über Investitions- oder Finanzierungsprojekte in der Praxis – d. h. bei Fehlen eines Vollkommenen Kapitalmarktes – meist nicht von einem **ex ante** gegebenen **Kalkulationszinssatz** ausgegangen werden kann, führte zur Entwicklung von Rechenverfahren, welche versuchen, das **optimale Investitions- und Finanzierungsprogramm** ohne Kenntnis eines **exogenen Kalkulationszinssatzes** zu ermitteln[308]. Da hierfür prinzipiell alle in Frage kommenden Investitions- und Finanzierungsprojekte explizit berücksichtigt werden können, handelt es sich um ein **Totalmodell**[309].

Eine einfache Entscheidungsregel in der Situation eines unvollkommenen Kapitalmarktes bestünde darin, Investitionsprojekte stets dann zu realisieren, wenn sie mit Mitteln finanziert werden können, deren Effektivverzinsung unter der internen Verzinsung des entsprechenden Investitionsprojektes liegt. Die Zusammenstellung des Investitions- und Finanzierungsprogrammes könnte dann in der Weise erfolgen, daß man alle Anlagen durchführt, für die man gerade noch eine Finanzierung mit etwas geringerer Rendite erhalten kann. Diese Überlegung führt zu der **heuristischen Zuordnungsregel**, daß renditestarke Investitionsprojekte aufgrund ihrer besseren Belastbarkeit mit „teuren" und renditeschwache Projekte mit entsprechend „billigeren" Finanzierungen gekoppelt werden, um für möglichst viele Projekte eine positive Marge zu erhalten und somit das Vorteilhaftigkeitskriterium zu erfüllen.

---

307 Ebenso erreicht der Kapitalwert der unendlichen Investitionskette bei einem Ersatz der Anlage nach jeweils zwei Perioden sein absolutes Maximum in Höhe von 12,88 Geldeinheiten. Dieses Ergebnis läßt sich errechnen, indem man die unbegrenzte Rente nach der Formel für unendliche geometrische Reihen durch den angenommenen Kalkulationszinssatz (in Dezimalschreibweise) teilt. $C_0 = c : i$.
308 Vgl. Perridon, L. / Steiner, M. (1988), S. 125.
309 Vgl. Franke, G. / Hax, H. (1988), S. 170.

178   Investitionsplanung und Wirtschaftlichkeitsrechnung

Folgendes Beispiel soll diese Zusammenstellung verdeutlichen[310]:

Dem Entscheidungsträger liegen folgende Investitions- und Finanzierungsprojekte vor:

Investitionsprojekte:		Finanzierungsprojekte:	
I_1 : 800	r = 13,5%	F_1 : 600	r = 5%
I_2 : 500	r = 7%	F_2 : 400	r = 9%
I_3 : 200	r = 9,5%	F_3 : 1100	r = 14%
I_4 : 400	r = 10,5%	F_4 : 400	r = 7%
I_5 : 400	r = 8%	F_5 : 200	r = 6,5%
I_6 : 1200	r = 9%	F_6 : 1400	r = 8,5%
I_7 : 1600	r = 10%	F_7 : 800	r = 6%
I_8 : 1000	r = 6%	F_8 : 1200	r = 12%
I_9 : 200	r = 6,5%	F_9 : 400	r = 4,5%

Ordnet man – gemäß der obigen Regel – den Investitionen gemäß ihrer Belastbarkeit Finanzierungsprojekte zu, so ergibt sich folgendes Gesamtprogramm:

Investitionen	Finanzierungen	Marge	Einkommen
I_8 = 6,0% = 1000	F_9 = 4,5% = 400	1,5%	6,0
	F_1 = 5,0% = 600	1,0%	6,0
I_9 = 6,5% = 200	F_7 = 6,0% = 200	0,5%	1,0
I_2 = 7,0% = 500	F_7 = 6,0% = 500	1,0%	5,0
I_5 = 8,0% = 400	F_7 = 6,0% = 100	2,0%	2,0
	F_5 = 6,5% = 200	1,5%	3,0
	F_4 = 7,0% = 100	1,0%	1,0
I_6 = 9,0% = 1200	F_4 = 7,0% = 300	2,0%	6,0
	F_6 = 8,5% = 900	0,5%	4,5
I_3 = 9,5% = 200	F_6 = 8,5% = 200	1,0%	2,0

Abbruch![311]

---

[310] Anstelle der Angabe der internen Verzinsung könnten die Projekte auch durch die vollständigen Zahlungsreihen beschrieben werden. Da es sich jedoch um ein einperiodiges Modell handelt, d. h. die Einzahlung der Investitionsprojekte und die Auszahlung der Finanzierungsprojekte ohnehin stets in t_1 erfolgt, und die Renditeermittlung für die Durchführung der Modellrechnung benötigt wird, kann auf die vollständige Angabe der Zahlungsreihen verzichtet werden. Vgl. Franke, G. / Hax, H. (1988), S. 168.

[311] Um sicher feststellen zu können, daß die Vornahme der nächsten Investition nicht mehr vorteilhaft ist, muß die Rendite der Investition mit den durchschnittlichen Finanzierungskosten verglichen werden. Da die gewogenen durchschnittlichen Finanzierungskosten über der Investitionsrendite von 10% liegen, ist der Abbruch gerechtfertigt.

Eine Ausdehnung des Programmes erbringt keinen zusätzlichen Vorteil, sondern bewirkt ein **negatives Grenzeinkommen**.

$I_7 = 10{,}0\% = 1600$	$F_6 = 8{,}5\% = 300^{312}$	1,5%		4,5
	$F_2 = 9{,}0\% = 400$	1,0%		4,0
	$F_8 = 12{,}0\% = 900$	$-2{,}0\%$		$-18{,}0$

$F_8 = 12{,}0\% = 300$ Restbetrag

Dies gilt entsprechend auch für die Investitionsprojekte I_4 und I_1 sowie das Finanzierungsprojekt F_3.

Ordnet man die Investitions- und Finanzierungsprojekte gemäß der oben erläuterten Zuweisungsregel jeweils nach steigenden Zinssätzen, so ergibt sich ein Gesamtprogramm mit einem Volumen von DM 3500,– und ein Periodeneinkommen von DM 36,50.

Die nachstehende Abbildung B21 stellt das gebildete Investitions- und Finanzierungsprogramm graphisch dar.

Eine genau gegenteilige Vorgehensweise – nämlich Zuordnung des renditestärksten Investitionsprojektes zum günstigsten Finanzierungsprojekt – schlug erstmals **Dean** 1951 vor[313]. Die Investitionen werden folglich nach fallender, die Finanzierungsprojekte nach steigender Rendite angeordnet. Der Schnittpunkt der beiden Funktionen von Mittelanlage und -beschaffung bezeichnet den Übergang zwischen vorteilhaften und unvorteilhaften Transaktionen, wobei alle Projekte links des Schnittpunktes durchzuführen und die übrigen abzulehnen sind[314]. Gemäß der **Zuordnungsregel von Dean** ergibt sich somit folgendes Gesamtprogramm:

Investitionen	Finanzierungen	Marge	Einkommen
$I_1 = 13{,}5\% = 800$	$F_9 = 4{,}5\% = 400$	9,0%	36,0
	$F_1 = 5{,}0\% = 400$	8,5%	34,0
$I_4 = 10{,}5\% = 400$	$F_1 = 5{,}0\% = 200$	5,5%	11,0
	$F_7 = 6{,}0\% = 200$	4,5%	9,0
$I_7 = 10{,}0\% = 1600$	$F_7 = 6{,}0\% = 600$	4,0%	24,0
	$F_5 = 6{,}5\% = 200$	3,5%	7,0
	$F_4 = 7{,}0\% = 400$	3,0%	12,0
	$F_6 = 8{,}5\% = 400$	1,5%	6,0
$I_3 = 9{,}5\% = 200$	$F_6 = 8{,}5\% = 200$	1,0%	2,0
$I_6 = 9{,}0\% = 1200$	$F_6 = 8{,}5\% = 800$	0,5%	4,0
	$F_2 = 9{,}0\% = 400$	$0{,}0\%^{315}$	

Abbruch!

---
312 Diese 300 stellen den Restbetrag von F_6 dar, wenn die Finanzierung nur in voller Höhe realisiert werden kann. Geht man also von nicht teilbaren Finanzierungsprojekten aus, so wäre es ökonomisch sinnvoll, den Restbetrag von F_6 ungenutzt zu lassen und die auf diesen Restbetrag entfallenden Finanzierungskosten hinzunehmen.
313 Vgl. Dean, J. (1951).
314 Vgl. Gerke, W. / Philipp, F. (1985), S. 127 sowie Franke, G. / Hax, H. (1988), S. 169.
315 Die Durchführung der Finanzierung F_2 erbringt zwar kein zusätzliches Einkommen, ist jedoch erforderlich, um den Kapitalbedarf des Projektes I_6 abzudecken.

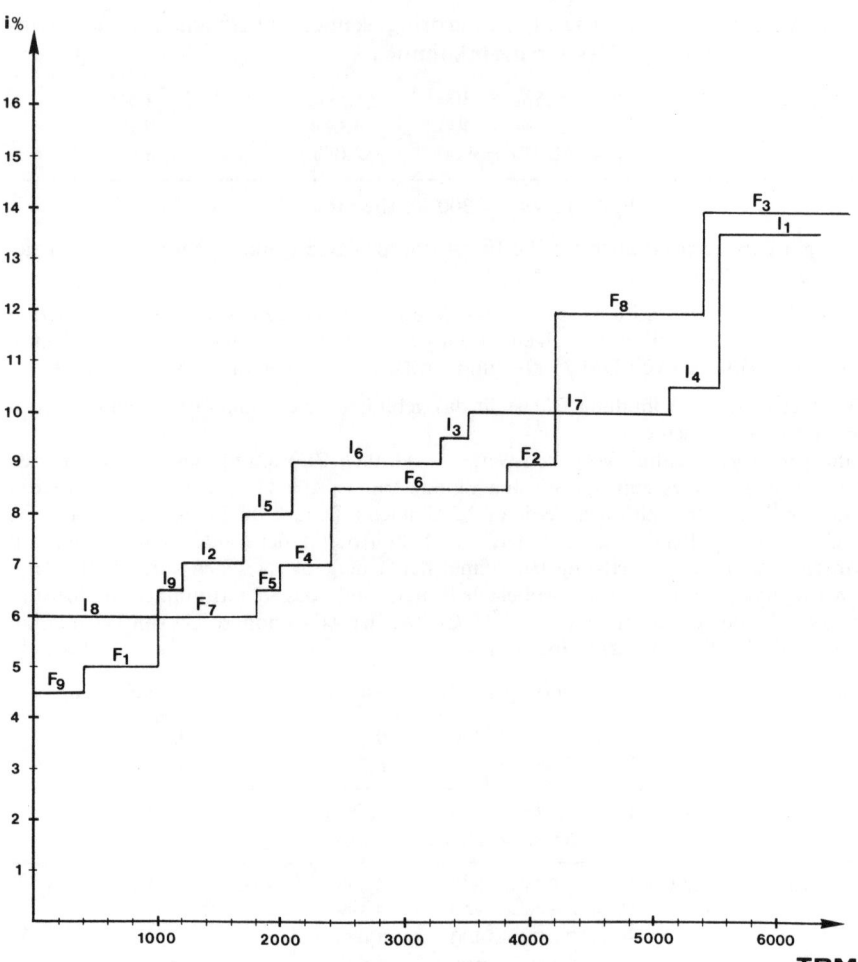

Abbildung B 21: Zuordnung von Investitions- und Finanzierungsprojekten nach steigenden Zinssätzen

Alle weiteren Investitionen könnten nur mit Finanzierungsprojekten abgedeckt werden, deren Kostensatz über der Rendite der Anlagen liegen würde und sind somit abzulehnen. Dies wird erkennbar, wenn man die negativen Margen sowie die Einkommensverluste dieser Projekte betrachtet.

Grenzen der klassischen Partialmodelle und Ansätze zu ihrer Überwindung 181

			Marge	Einkommen
$I_5 = 8,0\% = 400$	$F_8 = 12,0\% = 400$		− 4,0%	− 16,0
$I_2 = 7,0\% = 500$	$F_8 = 12,0\% = 500$		− 5,0%	− 25,0
$I_9 = 6,5\% = 200$	$F_8 = 12,0\% = 200$		− 5,5%	− 11,0
$I_8 = 6,0\% = 1000$	$F_8 = 12,0\% = 100$		− 6,0%	− 6,0
	$F_3 = 14,0\% = 900$		− 8,0%	− 72,0
	$F_3 = 14,0\% = 200$			

Das optimale Finanzierungs- und Investitionsvolumen nach Dean (vgl. auch Abbildung Nr. B 22, Seite 178) beträgt im vorliegenden Beispiel DM 4200,–. Das entsprechende Periodeneinkommen summiert sich auf DM 145,–.

Im Vergleich zu der **klassischen Zuordnungsregel** bewirkt die Vorgehensweise nach Dean also eine Veränderung des Investitions- und Finanzierungsbudgets, durch welche der entnahmefähige Überschuß ansteigt. Außerdem wird – gleichsam als Nebenprodukt – eine Auskunft über den „richtigen" Kalkulationszinsfuß gegeben[316]. Vor dem Hintergrund der gegebenen Investitions- und Finanzierungsalternativen ist nämlich genau der Zinsfuß adäquat, zu welchem die letzte Projektzuordnung erfolgt[317], d. h. die Rendite des „schlechtesten" noch realisierten Investitions- bzw. die Verzinsung des „teuersten" noch realisierten Finanzierungsprojektes[318]. Diese Größe – im vorliegenden Beispiel wäre es der Zinssatz von 9% – wird auch als **„endogener Zinsfuß"** bezeichnet, da dieser nicht der Rechnung vorgegeben, sonder erst in Abhängigkeit der vorliegenden Alternativen ermittelt wurde. Der endogene Zinsfuß ist jedoch erst ex post, d. h. **nach** Ermittlung des optimalen Investitions- und Finanzierungsprogrammes bekannt. Hätte man die Information über den endogenen Zins bereits **vor** der Aufstellung der Investitions- und Finanzierungsfunktionen gekannt, so hätte man die Vorteilhaftigkeitsentscheidungen für alle Projekte auch mit der Kapitalwertmethode treffen können. Hierbei wäre das gleiche optimale Programm wie bei obiger Vorgehensweise entstanden, da bei Abzinsung mit dem endogenen Zinsfuß alle im Programm befindlichen Investitions- und Finanzierungsprojekte positive Kapitalwerte und alle nicht im Programm enthaltenen Projekte negative Kapitalwerte erzielt hätten. Da die Ermittlung des endogenen Zinsfußes jedoch bereits die Zusammenstellung des optimalen Programmes

---

316 Vgl. Schmidt, R. (1986), S. 107.
317 Daher findet sich in der Literatur auch die Bezeichnung „Grenzrendite" beziehungsweise „cut-off-rate" für den endogenen Zinsfuß. Vgl. Franke, G. / Hax, H. (1988), S. 171 beziehungsweise Schmidt, R. (1986), S. 107.
318 Hierbei muß jedoch nicht zwangsläufig immer ein exakter Wert als Ergebnis vorliegen; es kann durchaus vorkommen, daß zwischen dem zuletzt durchgeführten Investitions- und dem letzten Finanzierungsprojekt noch eine Marge besteht. Der adäquate Kalkulationszinssatz liegt dann innerhalb dieser Marge und kann nicht näher konkretisiert werden.

voraussetzt, besitzt sie lediglich noch die Funktion einer interessanten Zusatzinformation[319], kann jedoch nicht die Erstellung einer Anordnung von Investitions- und Finanzierungsprojekten ersetzen.

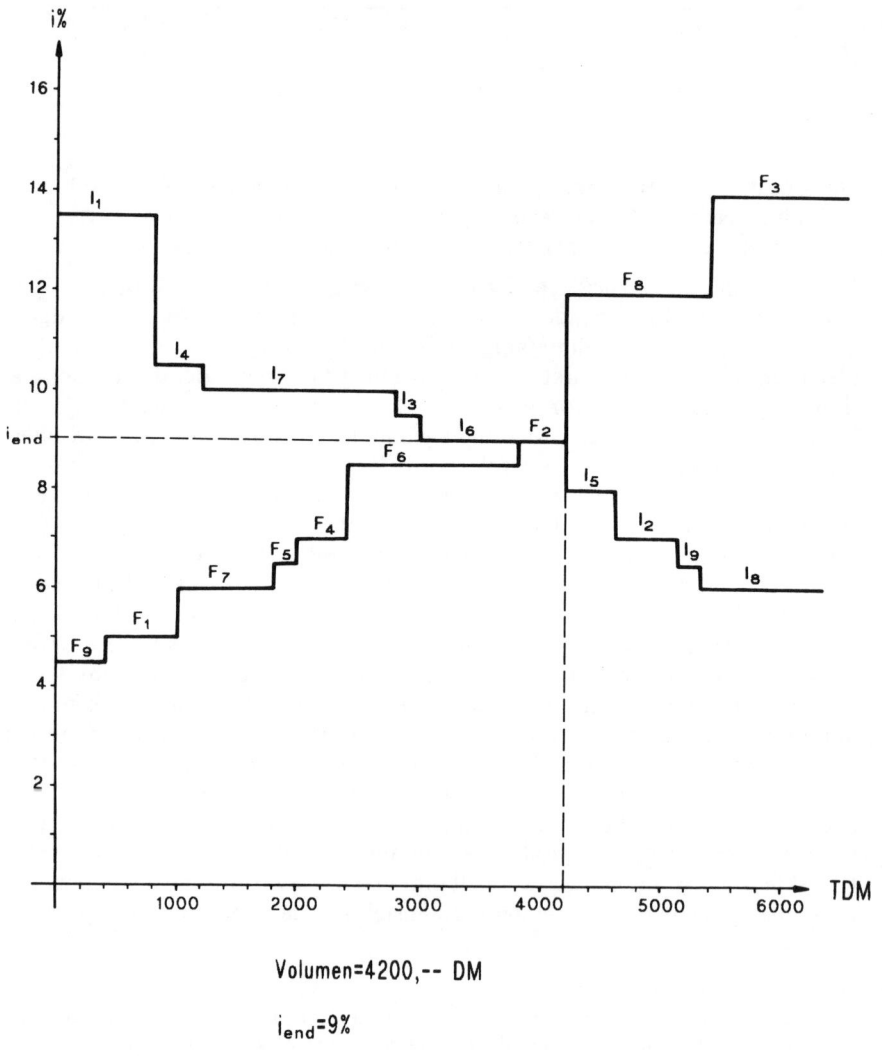

Abbildung B 22: Optimales Investitions- und Finanzierungsprogramm nach Dean

---

[319] Vgl. Franke, G. / Hax, H. (1988), S. 171.

5.2.2.2. Modellkritik

Bei flüchtiger Betrachtung mag der Eindruck entstehen, das Modell zur simultanen Erstellung eines Investitions- und Finanzierungsmodells nach Joel Dean sei sehr realistisch, da es ohne einen exogenen Kalkulationszinsfuß auskommt und damit **ohne die Annahme eines Vollkommenen Kapitalmarktes** eine Lösung erzielt. Tatsächlich beinhaltet das in Grundzügen vorgestellte Modell jedoch einige nicht unmittelbar erkennbare, stark von der Realität abstrahierende Annahmen und kann – selbst in verfeinerten Varianten – kaum zur Lösung praktisch relevanter Entscheidungsprobleme herangezogen werden. Hierfür sind insbesondere folgende Merkmale verantwortlich:

- Dean geht von sicheren Erwartungen aus. Dies entspricht den Annahmen der **klassischen Partialmodelle,** folglich kann die dort aufgeführte Kritik auch auf das Dean-Modell bezogen werden.

- Das Grundmodell geht von beliebig teilbaren Investitions- und Finanzierungsprojekten aus [320]. Diese Prämisse ist zumindest für die Investitionsprojekte unrealistisch. Auf die Teilbarkeitsannahme kann jedoch verzichtet werden, d. h. ein Optimum kann auch bei unteilbaren Projekten erzielt werden [321], es weicht unter Umständen jedoch erheblich von der Lösung mit Teilbarkeitsannahme ab [322].

- Das Modell besitzt lediglich einen einperiodigen Planungshorizont, d. h. alle betrachteten Projekte müssen nicht nur eine identische Laufzeit besitzen, sondern noch zudem im gleichen Zeitpunkt realisiert werden, wodurch zeitliche Überlappungen ausgeschlossen sind. Liquiditätsprobleme werden also schon durch die Problemdefinition eliminiert [323]. Die Möglichkeit einer Kündigung von Finanzierungsmitteln ist somit ebenfalls ausgeschlossen. Außerdem ist es im Dean-Modell unmöglich, daß sich dem Entscheidungsträger nach Zusammenstellung des Optimalprogrammes neue Investitions- und Finanzierungsalternativen bieten, welche eine Umstellung des Programmes erforderlich machen würden [324].

- Gegenseitige Abhängigkeiten und Beeinflussungen zwischen den einzelnen Projekten (= Interdependenzen) werden im Modell nicht berücksichtigt.

---

320 Das obige Rechenbeispiel wurde so gewählt, daß die Investitions- und Finanzierungsfunktionen sich gerade an einer Stelle schneiden, an der die entsprechenden Grenzprojekte vollständig einbezogen sind; die Lösung geht also „zufällig" auf.
321 Die Annahme beliebiger Teilbarkeit der Projekte wird in Weiterentwicklungen des Grundmodells, welche hier nicht mehr dargestellt werden können, aufgegeben. Vgl. vertiefend Gerke, W. / Philipp, F. (1985), S. 127f.
322 Vgl. Franke, G. / Hax, H. (1988), S. 172. Außerdem kann das optimale Budget bei Aufgabe der Teilbarkeitsbedingung nicht mehr dadurch nachvollzogen werden, daß man die Kapitalwertmethode unter Zugrundelegung des endogenen Zinssatzes anwendet.
323 Deshalb ist die Kritik, Dean berücksichtige Liquiditätsprobleme in seinem Ansatz nicht, unangebracht. Vgl. Perridon, L. / Steiner, M. (1988), S. 122.
324 Vgl. sinngemäß Schmidt, R. (1986), S. 108.

184 Investitionsplanung und Wirtschaftlichkeitsrechnung

Tatsächlich sind jedoch drei Arten von **Interdependenzen** wahrscheinlich, nämlich (a) zwischen zwei oder mehreren Investitionsprojekten, (b) zwischen zwei oder mehreren Finanzierungsprojekten und (c) zwischen Investitions- und Finanzierungsprojekten.

Zu (a): Auf die grundsätzliche Möglichkeit von Interdependenzen zwischen verschiedenen Investitionsprojekten wurde bereits eingegangen[325]. Da die gegenseitige positive oder negative Beeinflussung von Investitionen je nach Zusammenstellung des Programmes verschieden stark ist, kann die Vernachlässigung dieser Abhängigkeiten bei der Programmbildung nicht richtig sein.

Zu (b): Die gleiche Überlegung gilt noch stärker für die **Finanzierungsprojekte**. Eine gegenseitige Unabhängigkeit der einzelnen Finanzierungsprojekte voneinander ist völlig undenkbar. Dies gilt insbesondere im Hinblick auf die Entscheidung zwischen Eigen- und Fremdkapital. Die Verwendung von **Eigenkapital** begünstigt aufgrund der **Haftungsfunktion** dieser Mittel die Aufnahme von **Fremdkapital** (und verbilligt folglich die Kosten einer Fremdfinanzierung), während die Aufnahme von Fremdkapital aufgrund der Steigerung des **Kapitalstrukturrisikos** tendenziell die weitere Kreditfinanzierung verteuert oder sogar verhindert[326]. Während also die Annahme fehlender Interdependenzen bei den Investitionen zwar als unwahrscheinlich aber in bestimmten Fällen prinzipiell denkbar erscheint, widerspricht sie, bezogen auf die Finanzierungsprojekte, in krasser Weise der Realität[327].

Zu (c): Tatsächlich bestehen auch vielfältige Abhängigkeiten zwischen den gewählten Investitionsprojekten und den hierfür erzielbaren Finanzierungsalternativen. So ist es durchaus denkbar, daß beispielsweise ein extrem günstiger – eventuell sogar staatlich subventionierter – Sonderkredit lediglich für eine weniger rentable Investition in ein strukturschwaches Gebiet zur Verfügung gestellt wird und folglich nicht zur Finanzierung einer sehr risikoreichen und gleichzeitig auch rentableren Auslandsinvestition verwendet werden kann.

Zusammenfassend kann man folglich sagen, daß das Modell zur simultanen Bestimmung des optimalen Investitions- und Finanzierungsprojektes nach Joel Dean ein bemerkenswertes Erklärungsmodell darstellt, jedoch als Hilfe zur Unterstützung praktisch relevanter Programmentscheidungen aufgrund der restriktiven Modellannahmen als kaum einsetzbar erscheint. Eine schrittweise Aufgabe dieser Modellannahmen führt zu komplexeren Modellen; meist auf Basis der **linearen Programmierung**[328].

---

325 Vgl. Gliederungspunkt B.1.1.3.
326 Zum Kapitalstrukturrisiko vgl. Fußnoten 118 und 119.
327 Dies wird gut nachvollziehbar, wenn man an die Konstellation denkt, daß die Eigenkapitalfinanzierungen teurer als die Fremdkapitalfinanzierungen sind. Der Entscheidungsträger würde in einer solchen Situation eine hundertprozentige Fremdfinanzierung durchführen, was aufgrund der hiermit für die Gläubiger verbundenen Risikoposition praktisch völlig undenkbar ist. Vgl. auch Gerke, W. / Philipp, F. (1985), S. 129.
328 Vgl. einführend Franke, G. / Hax, H. (1988), S. 172–182, Perridon, L. / Steiner, M. (1988), S. 122–131 sowie Schmidt, R. (1986), S. 109–116.

Grenzen der klassischen Partialmodelle und Ansätze zu ihrer Überwindung 185

Aufgaben zur Selbstüberprüfung

1) Welche Daten müssen prognostiziert werden, wenn man eine Entscheidung darüber treffen will, ob man die Nutzungsdauer einer Anlage um eine weitere Periode verlängert oder nicht?
2) Weshalb ist es problematisch, eine technische Nutzungsdauer für eine Sachinvestition anzugeben?
3) Warum liegt die optimale Nutzungsdauer bei Annahme einer einmaligen Investition nie unter der optimalen Nutzungsdauer bei Annahme einer identischen Reinvestition?
4) Ein Entscheidungsträger beabsichtigt, ein Investitionsprojekt im Volumen von 1 Mio. DM zu erstellen. Gemäß der Planung werden folgende Finanzierungsbausteine verwendet:

   – Eigenkapital: DM 300000,–
   – staatlich subventionierter Sonderkredit: DM 250000,–
   – Darlehen einer Geschäftsbank: DM 450000,–

   a) Ermitteln Sie, welche Rendite die Investition – ausgehend von der oben angegebenen Finanzierungsstruktur mindestens erbringen muß, beziehungsweise welche Basis für den situationsadäquaten Kalkulationszinsfuß zu wählen ist, wenn das Eigenkapital bislang zu 6,5% angelegt war, der Sonderkredit mit 4% verzinst wird, und das Darlehen der Geschäftsbank einen Effektivzins von 8,5% besitzt.
   b) Welche Problematik entsteht durch die Tilgung der Darlehen im Laufe der Jahre?
5) Weshalb hat der endogen ermittelte Zinsfuß im Modell von Dean lediglich informativen Charakter, obwohl mit Kenntnis dieser Größe auch die Vorteilhaftigkeitsentscheidung über alle Elemente des Investitions- und Finanzierungsprogrammes auf Basis der Kapitalwertmethode oder der Internen-Zinsfuß-Methode möglich wäre?

Die Lösungen zu diesen Aufgaben finden Sie im Anhang des Buches, Seite 318.

Weiterführende Literatur:

Däumler, Klaus-Dieter (1989); Grundlagen der Investitions- und Wirtschaftlichkeitsrechnung, 6. Aufl., Herne–Berlin 1989, S. 66–69.
Däumler, Klaus-Dieter (1988); Praxis der Investitions- und Wirtschaftlichkeitsrechnung, 2. Aufl., Herne–Berlin 1988, S. 186–227.
Franke, Günter/Hax, Herbert (1988); Finanzwirtschaft des Unternehmens und Kapitalmarkt, Berlin–Heidelberg–New York 1988, S. 169–182.
Gerke, Wolfgang/Philipp, Fritz (1985); Finanzierung, Stuttgart 1985, S. 124–134.
Hax, Herbert (1985); Investitionstheorie, 5. Aufl., Würzburg–Wien 1985, S. 62–79, S. 85–94 sowie S. 110–122.

Kruschwitz, Lutz (1987); Investitionsrechnung, 3. Aufl., Berlin-New York 1987, S. 187−190.
Perridon, Louis / Steiner, Manfred (1988); Finanzwirtschaft der Unternehmung, 5. Aufl., München 1988, S. 119−132.
Schmidt, Reinhard H. (1986); Grundzüge der Investitions- und Finanzierungstheorie, 2. Aufl., Wiesbaden 1986, S. 102f. sowie S. 105−117.
Swoboda, Peter (1977); Entscheidungen über Ersatzinvestitionen, in: Lüder, Hans (Hrsg.): Investitionsplanung, München 1977, S. 106−118.

Teil C: Finanzplanung
von Dieter Gramlich

Der vorangehende Teil B war der Analyse von Verfahren gewidmet, mit deren Hilfe die Vorteilhaftigkeit finanzwirtschaftlicher Projekte beurteilt werden kann. Die Aufgaben der Finanzwirtschaft erschöpfen sich jedoch nicht nur in der Einkommensbeurteilung finanzwirtschaftlicher Projekte: Hebt man z. B. auf Investitionen ab, so muß das Unternehmen – um die ausgewählten Vorhaben auch tatsächlich realisieren zu können – über eine ausreichende Zahlungskraft verfügen oder die benötigten finanziellen Mittel beschaffen können: Eine Investition ist eine ‚Zahlungsreihe, die mit einer Auszahlung beginnt"[1].

Das erwähnte Finanzierungsproblem läßt sich generell als ein Problem der Ausgewogenheit von Mittelbedarf und Mittelverfügbarkeit betrachten. Es stellt sich nicht nur zu Beginn eines Investitionsprojektes, sondern während dessen gesamter Ablaufphase: Z. B. ist die Entwicklung eines neuen Produktes in einer langen, eventuell über Jahre sich erstreckenden Anfangsphase nur mit Auszahlungen verbunden. Bei der Vermarktung des ausgereiften Produktes fallen dagegen Einzahlungen an, womit eventuell Anlagemöglichkeiten für überschüssige Gelder entstehen. Diese Beobachtung trifft generell für die betrieblichen Beschaffungs-, Produktions- und Absatzprozesse in ihrer Gesamtheit zu: Die mit dem gewöhnlichen Unternehmensprozeß verbundenen vielfältigen Ein- und Auszahlungen befinden sich nur ausnahmsweise in einem Gleichgewicht. Das Problem wird zusätzlich dadurch akzentuiert, daß die einzelnen Zahlungen in unterschiedlicher Währung vorliegen können. Die weitere Aufgabe der Finanzwirtschaft ist deshalb, den ungleichen Verlauf von Ein- und Auszahlungen über den ganzen Projekt- bzw. Geschäftsprozeß hinweg zu synchronisieren.

Mit den erwähnten, grundlegenden Problemstellungen befaßt sich der folgende Teil C. Ihm liegen die Fragen zugrunde, wie ein Unternehmen seine zukünftige finanzielle Situation vorausschauend erkennen und gegebenenfalls erforderliche Maßnahmen zur Gestaltung der Finanzlage gedanklich vorwegnehmen kann (Finanzplanung). Teil C ist wie folgt gegliedert:

- *Im Punkt C.1 wird gefragt, wieso Finanzplanung – zusätzlich zu einer Investitionsplanung – überhaupt notwendig ist?*
- *Abschnitt C.2 versucht, die* **Finanzplanung** *als solche zu charakterisieren. Hierbei stellt sich die Frage, welche Spannweite der Begriff Finanzplanung besitzt? Wie vollzieht sich der Ablauf von Finanzplanung?*
- *In C.3 wird die zuvor umfassend vorgenommene Analyse von Finanzplanung auf die Perspektive* **„Liquiditätsplanung"** *reduziert. Zentrale Fragestellungen hierbei sind: Was ist als betriebliche Liquidität zu verstehen und in welchen Formen tritt diese auf? Welche Bedeutung hat die Aufrechterhaltung der Liquidität für Unternehmen?*

---

1 Vgl. hierzu: B.1.1.4. Vgl. ähnlich: Schneider, D. (1980), S. 151.

188 Finanzplanung

– *Schließlich beschäftigt sich Abschnitt C.4 mit der (verfahrens-)technischen Seite der Liquiditätsplanung.* Welche Verfahren beziehungsweise **Instrumente** stehen zur Verfügung, um die Liquidität eines Unternehmens festzustellen? Welche Ansatzpunkte ergeben sich hieraus, um Maßnahmen zur Gestaltung der Liquidität vorzubereiten?

1. Zum Erfordernis einer Finanzplanung

1.1. Unvollkommenheit realer Finanzmärkte

1.1.1. Annahmen der Investitionsplanung

Der in Teil B durchgeführten Betrachtung zur Vorteilhaftigkeit von Investitionsprojekten lagen bestimmte Annahmen zugrunde. Insbesondere sollten die zur Abwicklung des Investitionsprojektes benötigten finanziellen Mittel

– jederzeit
– in vollem Umfang
– zu einem im voraus definierten Zinssatz

beschaffbar sein. Diese Annahmen wurden entsprechend für den Fall getroffen, daß Investitionsprojekte mit Einzahlungen verknüpft waren, und überschüssige Mittel angelegt werden konnten.

Diese Annahmen lassen sich vor dem gedanklichen Hintergrund ‚vollkommener Kapitalmärkte' rechtfertigen[2]. Als theoretische Konstrukte zeichnen sich solche vollkommenen Märkte unter anderem dadurch aus, daß keine Restriktionen bei der Beschaffung und Anlage finanzieller Mittel bestehen. Zudem gilt

– die Identität von Soll- und Habenzins; das heißt daß der Zinssatz bei der Anlage überschüssiger Mittel gleich dem Zinssatz ist, der auch bei der Aufnahme benötigter finanzieller Mittel zu entrichten ist.

Vollkommene Kapitalmärkte ermöglichen es, die Entscheidung pro oder contra ein Investitionsprojekt allein aufgrund dessen wirtschaftlicher Vorteilhaftigkeit zu treffen. Probleme bei der Durchführung dieser Projekte aufgrund der Beschaffung der für das Projekt benötigten finanziellen Mittel existieren nicht. Sie sind folglich für die Entscheidungsfindung nicht zu berücksichtigen. In der Realität sind die genannten Annahmen jedoch nicht zutreffend[3]. Hierfür werden im folgenden Beispiele gegeben. Die Auflösung der bisher gültigen Prämissen erfordert dann aber eine spezielle Betrachtung unternehmerischer Aktivitäten unter dem finanzplanerischen Gesichtspunkt.

---

2 Vgl. zu den Merkmalen vollkommener Kapitalmärkte: Drukarczyk, J. (1986), S. 30–33, 85, 373–375.
3 In Teil B wurden diese Annahmen allerdings als Arbeitshypothese zugrunde gelegt. So wurde eine vereinfachte Anwendbarkeit der erörterten Verfahren ermöglicht.

1.1.2. Kritische Betrachtung der Annahmen vor dem Hintergrund realer Finanzmärkte

a) Unbegrenzte Verfügbarkeit über finanzielle Mittel

Ein Nachfrager nach finanziellen Mitteln muß grundsätzlich davon ausgehen, daß sein Bedarf nur bis zu einem bestimmten Volumen gedeckt werden kann. Die Finanzmärkte sind für ihn nicht unbegrenzt ausschöpfbar.

- So formulieren z. B. die Kreditinstitute bei der Vergabe von Krediten sogenannte Kreditlinien, bis zu denen die Gelder maximal zur Verfügung gestellt werden: Die Auszahlung eines Darlehens erfolgt nur in Höhe eines zuvor festgelegten Betrages.
- Die Kreditvergabe an Kunden ist für Kreditinstitute prinzipiell dadurch begrenzt, daß sie nicht uneingeschränkt Einlagen akquirieren oder Buchgeld schöpfen können[4]. Auch bedingen administrative Bestimmungen[5] eine Beschränkung und Streuung des gesamten Kreditengagements auf mehrere Kreditnehmer. Speziell sind es jedoch risikopolitische Aspekte, die die Banken zu einer Begrenzung des Kreditvolumens verpflichten: Dieses ist z. B. abhängig von der persönlichen Vertrauenswürdigkeit des Kreditbeantragenden, vom erwarteten Erfolg der Mittelverwendung sowie von Sicherheiten.
- Soweit Gelder außerhalb des Bankensektors auf den weiteren Finanzmärkten beschafft werden – wie z. B. über die Emission von Wertpapieren –, ist ebenfalls festzustellen, daß diese Märkte nur eine beschränkte Finanzierungskapazität besitzen. So kann es vorkommen, daß das Volumen der Märkte nicht ausreicht, um große Emissionen aufnehmen zu können.

b) Jederzeitige Verfügbarkeit finanzieller Mittel

Sofern die Zusage über die Zurverfügungstellung finanzieller Mittel grundsätzlich gegeben ist, kann die konkrete Überweisung dieser Mittel relativ kurzfristig beziehungsweise zu einem gewünschten Zeitpunkt erfolgen. Die Zeitdauer, die für den reinen Transfer finanzieller Mittel benötigt wird, ist jedoch nicht der hier allein maßgebliche Aspekt. Einzubeziehen ist vielmehr die gesamte Zeitspanne, die von der Feststellung eines Finanzbedarfs bis hin zu dessen tatsächlicher Deckung vergeht. Diese Zeitspanne umgreift unter anderem

- vor der Mittelbeschaffung die Feststellung des benötigten Finanzbedarfs durch die Unternehmung sowie die Ermittlung des Zeitpunktes seiner Entstehung und/oder der Dauer des Bedarfs (über Befragungen, Prognosen)
- die Analyse alternativer Wege zur Beschaffung der benötigten finanziellen Mittel (z. B. Bankkredit oder Anleihe)
- die Auswahl der geeigneten Finanzierungsalternative
- Maßnahmen des Geldgebers in Zusammenhang mit der Überlassung finanzieller Mittel. Hierzu zählen auch Untersuchungen zur Prüfung der Kreditwürdigkeit des Antragstellers (es besteht eben keine vollkommene Informa-

---

4 Vgl. zu Formen und Grenzen der Geldschöpfung: Jarchow, H.-J. (1978), S. 25–34, 109–129.
5 Vgl. Nirk, R. (1985).

tion über dessen Bonität), die Einigung über und Bestellung von Sicherheiten, Verhandlungen über die Konditionen der Krediteinräumung sowie schließlich Maßnahmen zur Auszahlung der gewünschten Mittel.

Der Verbrauch an Zeit bei der Beschaffung finanzieller Mittel wird deutlich, wenn man z. B. eine Wertpapieremission betrachtet:

- Nach der Feststellung des Finanzbedarfs müssen die Möglichkeiten analysiert werden, über die die benötigten Mittel beschafft werden können. Dazu zählt unter anderem die Frage, welches spezielle Wertpapier (Aktie; Wandel-, Options-, Gewinnschuldverschreibung; Genußschein; ...) auf welchen Märkten emittiert werden soll.
- Die Entscheidung für ein spezielles Wertpapier ist zu treffen. Die Sitzungen des Entscheidungsgremiums nehmen Zeit in Anspruch und können nicht beliebig einberufen werden. Gegebenfalls ist die Zustimmung der Unternehmensgesellschafter (wie etwa im Fall einer Aktienemission die Zustimmung der Aktionäre) einzuholen.
- Das Unternehmen bedarf zur Durchführung der Emission in der Regel der Unterstützung von Kreditinstituten. Verhandlungen mit diesen sind zeitverbrauchend.
- Der Emissionsvertrag ist zu formulieren und zu unterzeichnen.
- Die Emission kann nicht zu einem beliebigen Zeitpunkt erfolgen, sondern es muß ein
  - in bezug auf die Marktkonstellation - passender Emissionszeitpunkt gefunden werden.

c) Konstanz der Zinssätze

Nimmt ein Kreditnehmer, zusätzlich zu einer bereits bestehenden Verschuldung, finanzielle Mittel am Markt auf, so ist oftmals zu erkennen, daß diese zusätzliche Mittelaufnahme gegenüber der Erstverschuldung in der Regel nur zu relativ ungünstigeren Konditionen möglich ist.

Beispiel:

Soweit im Rahmen eines Kontokorrentkredites[6] das vereinbarte Kreditlimit überzogen wird, berechnet sich auf den übersteigenden Betrag zuzüglich zum vereinbarten Zinssatz eine Überziehungsprovision.

Die Erhöhung der Finanzierungskosten läßt sich gegebenenfalls aus dem erhöhten Risiko heraus erklären, das die Mittelgeber bei der Kreditvergabe an nur einen einzigen Kreditnehmer eingehen. Als Konsequenz dessen sind die Kreditgeber nur gegen eine höhere Risikoprämie[7] bereit, auf die Vorteile einer Diversifikation – hier zu verstehen als Verteilung der Kreditmittel auf mehrere Kreditnehmer[8] – zu verzichten.

---

6 Vgl. zum Kontokorrentkredit: Grill, W./Perczynski, H. (1987), S. 292–296; von Stein, J./Kirschner, M. (1988), S. 359–362.
7 Die Risikoprämie kann prinzipiell als die Differenz zwischen der Verzinsung eines risikobehafteten (Kredit-) Titels gegenüber der Verzinsung einer risikolosen Anlage angesehen werden. Sie stellt also ein Entgelt für das übernommene Risiko dar. Vgl. ähnlich: Gerke, W./Philipp, F. (1985), S. 59f.
8 Eine solche Streuung ist dann sinnvoll, wenn die Einzelrisiken nicht vollständig miteinander korreliert sind. Das heißt der Ausfall eines Kreditnehmers zieht nicht notwendigerweise auch den Ausfall weiterer Kreditnehmer nach sich.

Generell gestalten sich Zinssätze nicht konstant über die Zeit hinweg. Die Nachfrage nach und das Angebot von Geld unterliegen Schwankungen, die den Zinssatz als Preis für die Überlassung von Geld variieren lassen. Auch nehmen die nationalen Währungsbehörden aus währungspolitischen Motiven heraus in unterschiedlicher Weise Einfluß auf die Zinsentwicklung. Je nach konkretem Zeitpunkt der Mittelaufnahme ist somit die Höhe der Zinskosten unterschiedlich. Soweit außerdem die Mittelbeschaffung auch auf ausländischen Märkten durchgeführt wird, kann durch den Einsatz spezieller Um- und Rücktauschtechniken die Zinsbelastung unterschiedlich gestaltet werden[9]. Denkbar ist auch die Geldaufnahme zu variablem, d. h. sich anpassendem Zinssatz.

d) Divergenz von Aktiv- und Passivzinssätzen

Soll- und Habenzinssätze sind auf unvollkommenen Finanzmärkten nicht identisch[10]. Im Regelfall liegt der Zinssatz für die von Unternehmen aufgenommenen Gelder höher als der Zinssatz, zu dem diese überschüssige Mittel anlegen können[11]. Soweit ein Unternehmen folglich zur Durchführung von Investitionsprojekten finanzielle Mittel benötigt, resultieren hieraus pro Einheit der aufgenommenen Mittel höhere Zinskosten als das Unternehmen pro Einheit bei der Anlage der Mittelrückflüsse aus dem Projekt erzielen kann.

Unterschiede in der Höhe der Zinssätze sind weiter im Hinblick auf die **Laufzeit** aufgenommener und angelegter Gelder festzustellen. Hier ist im Regelfall erkennbar, daß die Zinssätze für langfristig überlassene Gelder höher liegen als die für kurzfristige Mittel („normale" Zinsstruktur). Als Erklärung hierfür kann die Überlegung herangezogen werden[12], daß Geldgeber finanzielle Mittel mit um so geringerer Bereitschaft vergeben, je länger der Zeitraum der Überlassung ist. Dies ist unter anderem mit der steigenden Unsicherheit bei längerfristigen Engagements verknüpft[13]. Es fällt dem Finanzier deshalb bei langfristigen Kreditvergaben zunehmend schwerer zu erkennen, ob die Rückzahlung der vergebenen Mittel gesichert ist. Auch vermag er seinen eigenen Finanzbedarf langfristig nicht exakt zu erkennen. Er ist deshalb nur gegen Zahlung eines entsprechend höheren Zinssatzes bereit, das mit der schlechten Informationslage verbundene Risiko zu übernehmen. Dagegen zeichnet sich die gelegentlich auftretende Situation einer „inversen" Zinsstruktur dadurch aus, daß die Zinssätze für kurzfristige Gelder über denen für langfristige Gelder liegen. Auch vor diesem Hintergrund ergibt sich das Erfordernis, Zinsunterschiede beziehungsweise die Zinsstruktur speziell zu beachten.

---

9 Zu solchen Techniken zählt insbesondere die Vereinbarung von Währungsswaps beziehungsweise von Zins-/Währungsswaps. Vgl. hierzu: Antl, B. (1983); Gondring, H./Albrecht, H. (1986); Lerbinger, P. (1985); Lerbinger, P. (1988).
10 Vgl. Schneider, D. (1980), S. 361.
11 Neben der Einrechnung einer Risikoprämie läßt sich dies vor allem damit erklären, daß die Beschaffung finanzieller Mittel mit Kosten verbunden ist. Diese Kosten werden durch den Finanzintermediär, z. B. ein Kreditinstitut, bei der Mittelausleihe eingerechnet. Dagegen existieren auf vollkommenen Märkten keine Transaktionskosten.
12 Vgl. ähnlich: Süchting, J. (1989), S. 253 f.
13 Vgl. zu weiteren Erklärungsfaktoren: Süchting, J. (1989), S. 254.

1.2. Spezielle Zielsetzungen einer Finanzplanung

Maß für die Beurteilung betrieblicher Projekte aus Sicht der Investitionsplanung ist deren Beitrag zum Einkommen. Von mehreren zur Auswahl stehenden Investitionsalternativen ist diejenige vorzuziehen, deren Einkommensbeitrag sich am höchsten erweist (Einkommensziel, Rentabilitätsziel).

Dagegen thematisiert die Finanzplanung speziell die in der Realität gegebenen, mit der Durchführung von Investitionen verbundenen Probleme der Zahlungssphäre. Dies betrifft z. B. Auszahlungen, die zu Beginn des Investitionsvorhabens fällig sind sowie auch Zahlungsverpflichtungen während der Durchführungsphase (z. B. Betriebsauszahlungen für Energie, Wartung, Reparaturen ...). Die Verfügbarkeit über die benötigten Mittel kann nicht als selbstverständlich vorausgesetzt werden und gerät zu einer eigenständigen Thematik. Zu beachten sind weiterhin die Einzahlungen, die aus der Investition beziehungsweise aus dem gesamten Betriebsgeschehen resultieren. Diese stehen den genannten Auszahlungen gegenüber, weisen jedoch im Unterschied zu diesen andere Volumina beziehungsweise ein anderes zeitliches Profil auf. Die zuerst genannte Frage nach der Verfügbarkeit von Geldern ist jetzt dahingehend zu erweitern, in welcher Form ein Ausgleich zwischen Aus- und Einzahlungen erzielt werden kann. Gleichbedeutend hiermit ist die Überlegung, wie sich das unterschiedliche Ein-/Auszahlungsprofil synchronisieren läßt. Damit rückt aber die Betrachtung der betrieblichen Liquidität in den Mittelpunkt.

Ohne an dieser Stelle bereits näher auf die Dimension von „Liquidität" einzugehen[14], ist doch festzuhalten, daß es sich bei der Verfolgung des Liquiditätsziels um ein neues, neben das Einkommensstreben tretendes Zielelement handelt[15]. Die Beurteilung eines Investitionsvorhabens erfolgt aus liquiditätsbezogenen Überlegungen dahingehend, daß ein Projekt nur dann durchzuführen ist, wenn das Unternehmen die mit dem Projekt verbundenen Zahlungserfordernisse erfüllen kann; das heißt, daß das Unternehmen aufgrund der Durchführung des Projektes nicht illiquide werden darf. Zwar stellt das Liquiditätsziel kein Zielelement dar, das isoliert zu verfolgen ist[16]. Ein Unternehmen wird nicht gegründet, nur um liquide zu sein; ein Investitionsprojekt ist nicht nur im Hinblick auf seine **Liquiditätswirkungen** zu wählen. Das Liquiditätsziel tritt vielmehr begleitend zu anderen Zielen.

Darüber hinaus geht es bei Finanzierungsentscheidungen **nicht nur um die reine Beschaffung** von finanziellen Mitteln. Neben der grundsätzlichen Verfügbarkeit über solche Mittel muß auch gewährleistet sein, daß die **Qualität** der finanziellen Mittel dem beabsichtigten Verwendungszweck im Unternehmen entspricht[17]. Das Erfordernis, die Ein-/Auszahlungsseiten zu synchronisieren, stellt sich in

---

14 Vgl. hierzu: C.3.1; C.3.2.
15 Vgl. Schneider, D. (1980), S. 376 f. Vgl. zum Verhältnis von Liquidität und Rentabilität: C.3.3.
16 Vgl. Süchting, J. (1989), S. 14.
17 Unter Qualität ist hierbei etwa zu verstehen: Die Merkmale der Mittel hinsichtlich Währung, Verzinsung, Laufzeit. Vgl. näher hierzu: C.2.2.

mehrfacher Hinsicht. Es ist zunächst darauf gerichtet, Volumen und Laufzeit der beschafften finanziellen Mittel kongruent zu der Mittelverwendung durch das Unternehmen zu gestalten. Weiter ist bei der Vorbereitung der Finanzierungsmaßnahmen unter anderem zu berücksichtigen, daß die zu beschaffenden Gelder in gleicher Währung und mit gleichen oder ähnlichen Zinsmerkmalen[18] vorliegen wie das Unternehmensprojekt, das mit diesen Geldern finanziert werden soll. **Kapital-(Finanz-)strukturrisiken** sind also zu vermeiden.

2. Struktur der Finanzplanung

2.1. Einordnung der Finanzplanung in die betriebliche Finanzwirtschaft

2.1.1. Finanzplanung, Finanzlenkung, Finanzmanagement: Alternative Ansätze in der Literatur

Die Finanzplanung ist ein Element der betrieblichen Finanzwirtschaft[19]. Als Erscheinungsform der Planung beschäftigt sie sich mit der gedanklichen Vorwegnahme finanzwirtschaftlich bedeutsamer Tatbestände. Welche Aufgaben beziehungsweise welche Stellung ihr hierbei innerhalb der betrieblichen Finanzwirtschaft im einzelnen zukommen, ist allerdings in der Literatur nicht eindeutig geklärt.

K. Chmielewicz ordnet die Finanzplanung in die Sphäre der „Finanzlenkung" ein[20]. Finanzlenkung wiederum stellt eine Erscheinungsform der betriebswirtschaftlichen Unternehmensführung dar. In diesem Verständnis ist die Finanzlenkung nach K. Chmielewicz durch drei Eigenarten gekennzeichnet[21]:

- **Ziele:** Für die Finanzlenkung ist das Liquiditätsziel relevant,
- **Instrumente:** Darunter sind Finanzrechnungen sowie konkrete Maßnahmen zur Steuerung von Einnahmen und Ausgaben (Finanzpolitik) gefaßt,
- **Objekt:** Zu verstehen als Ansatzpunkt einer Lenkung; im gegebenen Fall ist Objekt der Finanzbereich der Unternehmung als solcher.

Die Finanzplanung ist nach K. Chmielewicz Teil des Instrumentes der Finanzrechnung. Sie beschäftigt sich mit zukünftigen Zahlungsströmen und läßt sich wie folgt einordnen:

---

18 Z. B. feste oder variable Verzinsung. Im Fall variabler Verzinsung ist es wichtig, die Zeitpunkte und die Bezugsbasis der Zinsneufestsetzung zu beachten.
19 Vgl. Perridon, L./Steiner, M. (1988), S. 4. Vgl. auch: A.1.1, C.2.1.2.
20 Vgl. Chmielewicz, K. (1976), S. 17.
21 Vgl. hierzu: Chmielewicz, K. (1976), S. 17–20.

194 Finanzplanung

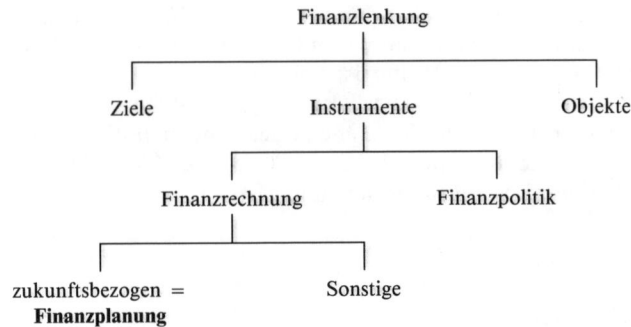

Abbildung C 1: Einordnung der Finanzplanung nach K. Chmielewicz

Ähnlich hierzu sieht L. Größl die Finanzwirtschaft als einen Entscheidungsbereich an, der den Bereichen Beschaffung, Produktion und Absatz vergleichbar ist [22]. Er faßt darunter alle Instanzen, *„die sich mit Planung, Disposition und Verwaltung von Zahlungsmittelbeständen"* [23] befassen. Aus funktioneller Sicht umschließt die Finanzwirtschaft neben

a) der Vorbereitung und dem Vollzug von Kapitalaufnahmen und -rückzahlungen sowie der
b) Vorbereitung und dem Vollzug von Investitionen im Finanzvermögen auch
c) die Finanzplanung und
d) die Finanzkontrolle.

Interpretiert man, wie L. Größl, Finanzierung als „Steuerung der Zahlungsströme" [24] (im Sinne von Beschaffungsströmen), so lassen sich darunter die unter a) bezeichneten Tätigkeiten ordnen. In diesem Fall würde die Finanzplanung gleichgeordnet neben Finanzierung, Investition und Finanzkontrolle stehen:

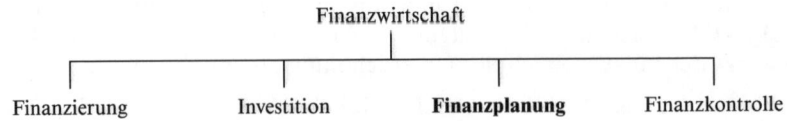

Abbildung C 2: Einordnung der Finanzplanung nach L. Größl

---

22 Vgl. Größl, L. (1988), S. 15.
23 Größl, L. (1988), S. 15.
24 Größl, L. (1988), S. 17. Der Verfasser legt mehrere Inhalte des Begriffs Finanzierung zur Auswahl vor. Er klärt nicht explizit das Verhältnis Finanzierung-Finanzwirtschaft beziehungsweise Finanzierung-Investition. An späterer Stelle grenzt er Finanzplanung gegenüber der Finanzdisposition ab: Vgl. Größl, L. (1988), S 52.

Struktur der Finanzplanung 195

Die Finanzplanung hat nach L. Größl die Aufgabe,
- die zu erwartenden Zahlungsströme zu ordnen sowie
- einen Ausgleich von Ein- und Auszahlungen zu ermöglichen.

Als übergeordnetes Ziel verfolgt die Finanzplanung die Sicherstellung der Zahlungsfähigkeit des Unternehmens.

J. Süchting definiert Finanzierung umfassend als „alle zur Aufrechterhaltung des finanziellen Gleichgewichts der Unternehmung erforderlichen Maßnahmen"[25]. Neben liquiditätsorientierten Zielsetzungen hat die Finanzierung auch das **Rentabilitätsziel** als eigentliches Oberziel der Unternehmung[26] sowie **Kapitalstrukturziele** zu verfolgen[27]. Die Finanzplanung stellt bei J. Süchting einen Teil der betrieblichen Finanzpolitik dar. Inhalt der Finanzplanung bildet die Beschäftigung mit ‚Zukunftsereignissen'[28]. Dabei ist Finanzplanung jedoch nicht als isoliertes Element zu sehen. Ein sachlogischer Zusammenhang wird zwischen der Vorbereitung und der Kontrolle finanzpolitischer Maßnahmen definiert. Beide Elemente ergänzen sich zu einem einheitlichen finanzpolitischen Instrument, dem ‚managerial budgeting'[29].

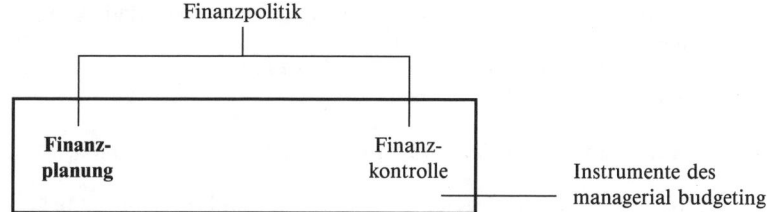

Abbildung C 3: Einordnung der Finanzplanung nach J. Süchting

Die Zweckmäßigkeit der vorgestellten Ansätze ist prinzipiell im Zusammenhang mit der jeweiligen **Zielsetzung** der Autoren zu sehen. K. Chmielewicz sieht die Finanzlenkung und damit auch die Finanzplanung (als Element der Finanzlenkung) als Teilbereich der Unternehmensführung. Sein Ansatz dient unter anderem dazu, die Einordnung der Finanzplanung aus institutioneller, aufbaubezogener Sicht verständlich zu machen. Maßgebliche Zielgröße der Finanzplanung bildet das Liquiditätspostulat. K. Chmielewicz konzentriert sich aus diesem Grund konsequenterweise auf die Zahlungsmittelebene.

Das (alleinige) Abstellen auf liquiditätsbezogene Zielsetzungen und auf die Zahlungsmittelsphäre ist auch für L. Größl kennzeichnend. Legt man seine (impli-

---

25 Süchting, J. (1989), S. 16. Im Original fettgedruckt.
26 Vgl. Süchting, J. (1989), S. 14.
27 Der Begriff „Finanzielles Gleichgewicht" sucht unterschiedliche Ziel- beziehungsweise Bezugsebenen zu integrieren. D. Schneider bemerkt hierzu kritisch, daß dieses Begriffsverständnis zu allgemein gerät beziehungsweise hinter einem „mystischen Schleier" verschwindet: Schneider, D. (1980), S. 377.
28 Vgl. Süchting, J. (1989), S. 229.
29 Vgl. Süchting, J. (1989), S. 232–245, insbesondere S. 232 f.

zit) gegebene Definition von Finanzierung als ‚Vorbereitung und Vollzug von Kapitalaufnahmen' zugrunde[30], so wird hierdurch die Abgrenzung von Finanzierung und Finanzplanung allerdings nicht eindeutig. Kritisch ist grundsätzlich das Nebeneinanderstellen der drei Bereiche Finanzierung, Finanzplanung und Finanzkontrolle zu hinterfragen.

Die „funktionsorientierte"[31] beziehungsweise steuerungsorientierte Betrachtung bei J. Süchting weist stärker auf die gestaltende, die Unternehmensführung unterstützende Aufgabe der Finanzplanung hin. Zu beachten ist, daß Fragen der Beschaffung finanzieller Mittel nicht explizit von Fragen der Verwendung finanzieller Mittel abgegrenzt werden. Sie sind vielmehr in einer umfassenden Steuerungskonzeption integriert. Über liquiditätspolitische Zielsetzungen hinaus verfolgt die Finanzplanung Einkommens-[32] und Kapitalstrukturziele.

Elemente dieses Ansatzes finden auch für die Zwecke der vorliegenden Arbeit Verwendung. Allerdings sind die konkrete Stellung sowie die speziellen Aufgaben der Finanzplanung im Rahmen finanzwirtschaftlicher Entscheidungsprozesse noch deutlicher herauszuarbeiten. Der Ansatz von J. Süchting bettet die Finanzplanung letztlich in ein umfassendes System der Unternehmenssteuerung ein. Die Verzahnung von Finanzplanung und Finanzkontrolle, von Mittelbeschaffung und Mittelverwendung sowie das gleichzeitige Verfolgen mehrerer Zielsetzungen lassen diesen Ansatz jedoch relativ komplex geraten. Im Hinblick auf die mit dieser Arbeit verfolgte Zielsetzung, eine Einführung in die Finanzplanung zu geben, erscheint es daher sinnvoll, im weiteren einige Eingrenzungen vorzunehmen.

2.1.2. Finanzplanung als Teil von Finanzierungsentscheidungen

Das im folgenden zugrundegelegte Verständnis von Finanzplanung soll vor dem Hintergrund des **entscheidungstheoretischen Ansatzes** präzisiert werden[33]. Dies bietet insbesondere zwei Vorteile:

- Die eigentliche Zwecksetzung der Finanzplanung, die Unternehmensführung bei der Ableitung geschäftspolitischer Maßnahmen zu unterstützen, wird hierdurch reflektiert.
- Die Bezugnahme auf den entscheidungstheoretischen Ansatz erlaubt es, die Finanzplanung sachgerecht in den Ablauf finanzwirtschaftlicher Maßnahmen einzubinden und gegenüber weiteren Elementen abzugrenzen.

Finanzplanung wird als Teil von Finanzierungsentscheidungen gesehen. Diese beziehen sich auf die Zahlungssphäre. Sie haben als generelles Ziel, das finanzielle Gleichgewicht zu sichern[34] beziehungsweise die Seiten von Mittelbeschaf-

---

30 Vgl. Größl, L. (1988), S. 15.
31 Süchting, J. (1989), S. 16.
32 Zu verstehen im Sinne der Minimierung von Finanzierungskosten oder der Maximierung von Erträgen bei der Anlage freier liquider Mittel.
33 Vgl. ähnlich: Hauschild, J./Sachs, G./Witte, E. (1981), S. 15 f. Vgl. grundsätzlich zum entscheidungstheoretischen Ansatz: Raffée, H. (1974), S. 94–106; Schanz, G. (1988), S. 76–85.
34 Dies wurde unter A.1.2 als „Ausgleich" von Ein- und Auszahlungen bezeichnet. Vgl. ähnlich: Heinen, E. (1980), S. 139; Süchting, J. (1989), S. 16.

fung und Mittelverwendung zu synchronisieren. Es geht dabei nicht nur um die **reine Beschaffung** von Geld – wobei die beschafften Gelder dem weiteren Anspruch genügen müssen, in ihrem Umfang, Laufzeit- und Tilgungsprofil der Geldverwendung angepaßt zu sein. Soweit das Ziel eines Ausgleichs von Ein- und Auszahlungen im Vordergrund steht, kann dieses auch dadurch erreicht werden, daß **geplante Auszahlungen** nicht getätigt oder aufgeschoben werden. Finanzielle Mittel lassen sich weiter im Hinblick auf Währungs- und Zinsmerkmale charakterisieren. Wie im folgenden noch zu präzisieren ist, zählt auch die Synchronisation, d.h. Abstimmung unterschiedlicher Währungs- und Zinsmerkmale von Mittelbeschaffung und Mittelverwendung zu den Aufgaben der Finanzierung.

Vor dem geschilderten Hintergrund betreffen Finanzierungsentscheidungen
- die Beschaffung finanzieller Mittel
- die Erhaltung (Vermeidung des Abflusses) finanzieller Mittel
- die Gestaltung (Synchronisation beziehungsweise Abstimmung) der Mittelbeschaffung und Mittelverwendung.

Wie für jeden Entscheidungsablauf typisch, lassen sich auch Finanzierungsentscheidungen in die gedanklichen Schritte
- Planung (Finanzplanung)
- Durchführung (Finanzrealisation, Finanzdisposition)
- Kontrolle (Finanzkontrolle)

trennen[35].

Planung beinhaltet hierbei die „gedankliche Vorwegnahme zukünftiger Aktivitäten"[36], das heißt die heutige Reflexion über potentielle für die Entscheidungsfindung relevante Größen. Im Fall der Finanzplanung bedeutet dies unter anderem[37], daß
- die mit der Finanzierungsentscheidung bezweckten Zielsetzungen,
- das Ausmaß des Handlungsbedarfs,
- mögliche Alternativen zur Zielerreichung,
- eventuelle Einflüsse auf die Durchsetzung der Entscheidung
- sowie auch die Konsequenzen der Entscheidungsdurchsetzung theoretisch vorwegzunehmen sind. Unter Abwägung all dieser Faktoren hat die Finanzplanung schließlich als Abschluß der Entscheidungsvorbereitung die konkret durchzuführende Maßnahme anzugeben.

Das Ergebnis der Finanzplanung, das heißt die nach finanzwirtschaftlichen Zielsetzungen bewertete und ausgewählte ‚Beschaffungs-, Gestaltungs- oder Vermeidungsmaßnahme', ist anschließend in die Praxis umzusetzen. Konkrete Schritte zur realen Durchführung der Alternative sind zu unternehmen. Die Tätigkeiten innerhalb der **Realisationsphase** vollziehen sich nicht mehr auf dem Reißbrett, sondern bewirken erkennbare Veränderungen.

---

35 Vgl. auch: Chmielewicz, K. (1976), S. 21; Hauschild, J./Sachs, G./Witte, E. (1981), S. 15.
36 Raffée, H. (1974), S. 97.
37 Vgl. auch: Ulrich, H. (1975), S. 17–20.

198 Finanzplanung

Schließlich hat die **Finanzkontrolle**[38] zum Inhalt, die konkreten Auswirkungen der durchgeführten Maßnahmen zu erfassen und zu analysieren. Es geht darum festzustellen, ob die Maßnahmen wie geplant umgesetzt wurden und zu den gewünschten Ergebnissen führten. Die Finanzkontrolle registriert hierzu die aufgrund der Durchführung der Entscheidung bewirkten Veränderungen (realisierte Werte). Sie verfügt weiter über Angaben hinsichtlich der mit der Entscheidungsrealisation verfolgten Zielsetzungen (Zielwerte). Beide Größen – realisierter Wert und Zielwert – werden miteinander verglichen. Soweit sich Abweichungen ergeben, ist die **Ursache hierfür** festzustellen. Dies wiederum bildet den Ausgangspunkt für weitere („Korrektur-") Planungstätigkeiten. Planung, Realisation und Kontrolle stehen so in einem sachlogischen, prozeßdeterminierten Zusammenhang. In der Praxis ist dagegen auch festzustellen, daß die einzelnen Prozeßphasen sich sukzessiv und isoliert vollziehen.

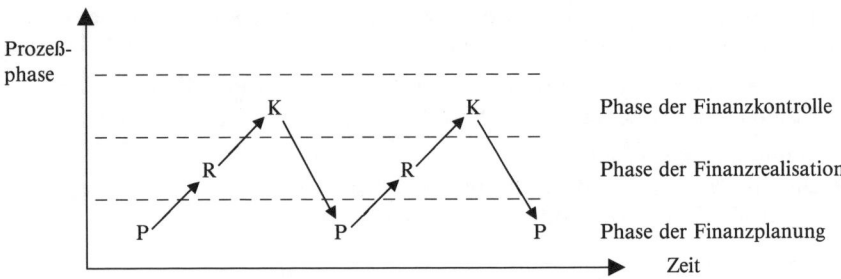

Abbildung C 4: Zeitlicher Ablauf von Finanzentscheidungen

Am Beispiel der Kreditfinanzierung eines Bürogebäudes lassen sich die dargelegten Phasen einer Finanzierungsentscheidung wie folgt illustrieren:
- **Entscheidungsplanung**
  - Konkretisierung des Planungszweckes: Suche nach einer Möglichkeit zur Baufinanzierung zu günstigen Konditionen
    Ermittlung der Höhe des Finanzbedarfs (Kostenvoranschlag Architekt, Angebote Baufirmen, Kosten ähnlicher Gebäude)
  - Bestimmung des Zeitpunktes, zu dem der Bedarf auftritt, sowie der Länge des Bedarfszeitraums (Baubeginn, -abschnitte, -ende; Bezug; erste Einzahlungen aus Vermietung)
  - Ermittlung verschiedener Alternativen zur Deckung des Finanzbedarfs (z. B.: Darlehen, Dispositionskredit, ...; Kreditaufnahme bei Kreditinstitut 1, 2, ...; Leasing)
  - Bewertung der Alternativen im Hinblick auf die verfolgte Zielsetzung (z. B.: Prüfung, ob die Bereitschaft der Kreditgeber zur Immobilienfinanzierung vorhanden ist; ob die Mittel rechtzeitig und in ausreichendem Umfang beschafft werden können; ob die Beanspruchung der Mittel flexibel in Abhängigkeit vom Bedarf erfolgen kann; ob geforderte Sicherheiten stellbar sind; ...)

---

38 Vgl. zu Finanzdispositionen und -kontrolle die Literaturangaben in A.1.

- Vergleich der Alternativen im Hinblick auf die Erreichung der verfolgten Zielsetzungen (z. B.: Prüfung, ob Kontokorrentkredit geeigneter als Darlehen ist; ob Kreditinstitut 2 billiger als Kreditinstitut 3 ist, ...)
- Auswahl der geeignetsten Alternative (z. B.: Hypothekendarlehen bei Kreditinstitut 2 mit festem Zins)
- **Entscheidungsdurchführung**
  - Eventuell Durchführung einer Kreditwürdigkeitsprüfung
  - Vertragsverhandlungen und -abschluß (Volumen, Konditionen, ...)
  - Einigung über und Bestellung von Sicherheiten (Hypothek, Grundschuld, Zession, Mietforderungen, ...)
  - Vertragsabschluß
  - Inanspruchnahme des Darlehens je nach Bauphase
  - Parallel gegebenenfalls: Erwerb Grundstück, Verträge mit Baufirmen
- **Entscheidungskontrolle**
  - Mittel rechtzeitig verfügbar (Einräumung erfolgte rechtzeitig? Bedarf entstand früher als erwartet? ...)
  - Mittel ausreichend verfügbar (Mittel wie vereinbart angewiesen? Bedarf erweist sich größer als geplant? ...)
  - Kredit in welchem Umfang ausgenutzt? Welche Reserven bestehen noch? Sind diese ausreichend?
  - Vorzeitige Rückzahlung möglich? Sollen Mieterlöse bis zur Tilgung angelegt werden?

Als Ergebnis der bisherigen Betrachtung soll im weiteren folgendes Verständnis von Finanzplanung zugrundeliegen:

Finanzplanung ist Teil solcher Entscheidungen, die auf die Beschaffung, Gestaltung und Erhaltung finanzieller Mittel gerichtet sind (Finanzierungsentscheidungen). Sie stellt einen **gedanklichen Prozeß zur Vorbereitung der zukünftigen Realisation** dieser Entscheidungen dar. Ihre spezielle Aufgabe besteht darin[39], durch die Vorausschau auf die Zukunft Handlungen festzulegen, die das finanzielle Gleichgewicht gewährleisten.

Abb. C 5 trennt Investition und Finanzierung voneinander und verweist zugleich auf eine Wechselwirkung. Dies ist wie folgt zu verstehen: Aufgrund spezieller Zielsetzungen und Gestaltungselemente können beide Bereiche getrennt voneinander gesehen werden. Zugleich definieren die durchzuführenden Investitionen jedoch den Geldbedarf und setzen ein Datum für die Finanzierung. Umgekehrt legen die (beschränkten) Finanzierungsmöglichkeiten eine Grenze für die Investitionstätigkeit fest. Ergeben sich im Rahmen des Investitionsverlaufs Einzahlungen, so sind diese eventuell für eine Geldanlage beziehungsweise eine Sachinvestition frei und wirken auf die Investitionsplanung zurück.

Der Begriff Finanzplanung wird zum Teil im Sinne einer Planung zukünftiger Bilanzen und Erfolgsrechnungen, d. h. einer Planung von Daten der Finanzbuchhaltung, verstanden. Über diese erfolgt ein Rückschluß auf die zukünftige Liquiditätslage. Dagegen steht im folgenden die direkte Bestimmung der Liqui-

---

39 Vgl. alternativ: Glaser, H. (1982), S. 1.

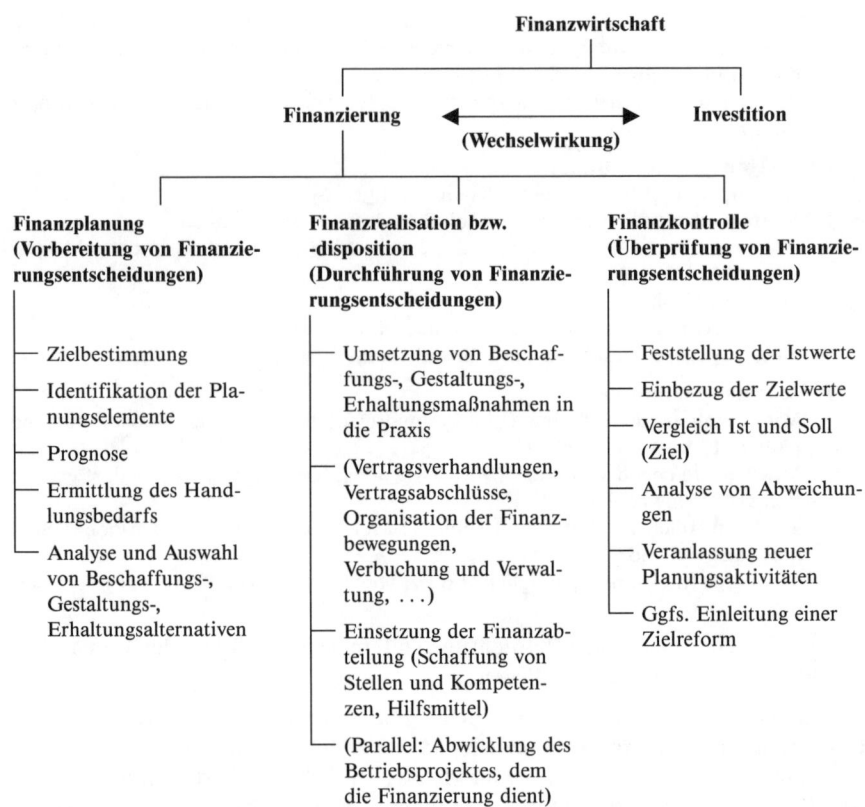

Abbildung C 5: **Finanzplanung als Element von Finanzierungsentscheidungen**

dität im Mittelpunkt. Allerdings werden im Rahmen des Kapitalbindungsplans und der Cash-Flow-Analyse die Bezüge einer Liquiditätsrechnung zu Bilanz und GuV hergestellt.

2.2. Aufgaben der Finanzplanung

2.2.1. Definition relevanter Zielsetzungen

Betriebswirtschaftliches Handeln orientiert sich an Zielen. Maßnahmen werden nach dem Beitrag beurteilt und ausgewählt, den sie zur Erreichung unternehmerischer Ziele im Sinne von ‚anzustrebenden zukünftigen Zuständen'[40] leisten.

---
[40] Vgl. Hauschild, J. (1977), S. 9. Vgl. zur Diskussion finanzwirtschaftlicher Ziele grundlegend: A.2.

Dies trifft auch auf Finanzierungsentscheidungen zu. Um Finanzierungsmaßnahmen sachgerecht und begründet treffen zu können, muß zuvor definiert sein, „wozu die betreffenden Maßnahmen dienen" oder worauf diese Maßnahmen „abzielen" sollen.

Als zentrale Zielsetzung bei der Ableitung von Finanzierungsentscheidungen ist die Gewährleistung eines **finanziellen Gleichgewichts** beziehungsweise einer Ausgewogenheit des Zahlungsbereichs zu sehen. Diese Ausgewogenheit ist zweifach zu verstehen: Zum einen soll eine Unternehmung erforderliche Auszahlungen leisten können. Dies ist auch in der Forderung ausgedrückt, die betriebliche Liquidität zu sichern[41]. Unter dem Begriff Liquidität wird hierbei die ausreichende Zahlungsbereitschaft eines Unternehmens verstanden[42]: Die für das Unternehmen verfügbaren liquiden Mittel[43] sollen genügen, um fällige Auszahlungen vornehmen zu können. Kann dies nicht erfüllt werden, so ist die Zahlungsunfähigkeit des Unternehmens gegeben. Darüber hinaus ist auch zu fordern, daß das Unternehmen stets über die Gelder verfügt, die für zwingend erforderliche Investitionen benötigt werden.

Zum anderen ist ein Gleichgewicht in der Zahlungssphäre auch dadurch definiert, daß das Unternehmen nicht mehr Zahlungsmittel bereit hält, als es zur Aufrechterhaltung der Liquidität benötigt. Überschüssige Gelder können dazu benutzt werden, Kredite zurückzuzahlen oder neue Anlagen zu tätigen. Dadurch wird jedoch ein neues Ziel berührt: Durch die Reduzierung von Finanzierungskosten und die Erzielung von Anlageerträgen ist direkt die betriebliche Rentabilität tangiert.

Wie erwähnt[44], hat die Finanzplanung neben der Beschaffung und der Erhaltung finanzieller Mittel dafür Sorge zu tragen, daß die verfügbaren Mittel in ihrer Qualität (Zins-, Laufzeit-, Währungsmerkmale) adäquat an die Mittelverwendung im Unternehmen angepaßt sind (**Synchronisierung finanzieller Mittel**). Dies kann insbesondere bedeuten, daß

- beschaffte und investierte finanzielle Mittel **zeitliche Kongruenz** aufweisen: Die jeweiligen Laufzeiten sollen einander entsprechen; die zu beschaffenden Mittel sollen in dem Moment verfügbar sein, zu dem auch die Mittelverwendung erfolgt,
- die **Zinscharakteristika beider Seiten** einander entsprechen (z. B. Kreditaufnahme zu festem Zinssatz bei erwarteter konstanter Investitionsrendite auf der Anlageseite),
- die **Währungsstruktur von Mittelbeschaffung und -verwendung** gleich gestaltet wird. Dies kann dadurch geschehen, daß die benötigten Mittel in der

entsprechenden Währung beschafft werden (z. B. wird zur Finanzierung eines Unternehmenskaufs in den USA ein $-Kredit aufgenommen). Soweit die Finan-

---

41 Vgl. ähnlich: Däumler, K.-D. (1986), S. 28; Hauschild, J./Sachs, G./Witte, E. (1981), S. 5.
42 Vgl. zur Präzisierung des Liquiditätsbegriffes: C.3.
43 Vgl. zum Begriff der liquiden Mittel nachfolgend C.2.2.2., C.3.1.1.
44 Vgl. C.1.2.

zierung in einer von der Mittelverwendung abweichenden Währung erfolgt, müssen eventuell entsprechende Tausch- oder Sicherungsgeschäfte abgeschlossen werden.

Bei der Ableitung von Finanzierungsentscheidungen ist vor diesem Hintergrund folglich eine Homogenität zwischen der Struktur der Mittelbeschaffung und Mittelverwendung anzustreben: **Finanzstrukturrisiken** sollen vermieden werden. Zu solchen Finanz- oder Kapitalstrukturrisiken zählen insbesondere **Zinsänderungs- und Währungsrisiken**. Eine völlig homogene Mittelstruktur ist jedoch nicht in jedem Fall zwingend: Bei entsprechender Zins- und Kursentwicklung kann von offenen, d. h. nicht abgesicherten Positionen profitiert werden.

Die Verfolgung liquiditätspolitischer Zielsetzungen hat Konsequenzen für ein weiteres zentrales Ziel der Unternehmensführung: die Erzielung einer ausreichenden **Rentabilität**[45]. Unmittelbar einsichtig ist, daß die Beschaffung finanzieller Mittel mit Kosten verbunden ist. Das Unternehmen hat für die Möglichkeit der Kapitalnutzung ein Entgelt − in der Regel eine Zinszahlung − zu entrichten. Um die dadurch bewirkte Gewinnbelastung so gering wie möglich zu halten, ist die zentrale Zielsetzung von Finanzierungsentscheidungen dahingehend zu erweitern, daß Maßnahmen zur Aufrechterhaltung der Zahlungsfähigkeit mit so geringem Aufwand wie möglich durchzuführen sind. Bei der Auswahl geeigneter Finanzierungsalternativen ist also auch darauf zu achten, daß die mit ihnen verbundenen Finanzierungskosten niedrig sind[46].

Mögliche weitere Zielsetzungen bei der Planung von Finanzierungsentscheidungen zielen darauf ab, den **Einfluß von Mittelgebern** auf die Unternehmenspolitik möglichst gering zu halten. Es wird dann z. B. die Möglichkeit, zusätzliches Eigenkapital aufzunehmen, deshalb verworfen, weil dies nur über die Aufnahme eines neuen, aber unerwünschten Gesellschafters möglich wäre. Oder die Alternative, bei der Hausbank einen weiteren Kredit aufzunehmen, ist deshalb ungeeignet, weil dadurch die Autonomie der Unternehmensführung gefährdet erscheint.

Die Struktur der von einem Unternehmen beschafften und eingesetzten finanziellen Mittel wird von unternehmensexterner Seite zum Teil dazu herangezogen, **Beurteilungen über die Solidität** des Unternehmens abzuleiten. Solche Beurteilungen, die sich insbesondere auf aus dem Jahresabschluß erkennbare Angaben über die finanzielle Situation des Unternehmens stützen, spielen z. B. für die bankbetriebliche Kreditwürdigkeitsprüfung oder − soweit es sich etwa bei dem Unternehmen um eine börsennotierte Gesellschaft handelt − für Anlageempfehlungen eine Rolle. In diesem Zusammenhang werden insbesondere sogenannte **Liquiditätskennziffern**[47] herangezogen. Finanzentscheidungen des Unternehmens können somit auch durch Überlegungen beeinflußt werden, solche Liquiditätskennziffern nicht unvorteilhaft erscheinen zu lassen.

---

45 Vgl. detaillierter zum Verhältnis Rentabilität/Liquidität: C.3.3.
46 Vgl. Hauschild, J./Sachs, G./Witte, E. (1981), S. 64.
47 Vgl. hierzu: C.4.3. Vgl. auch: Gerke, W./Philipp, F. (1985), S. 137 f.; Grill, W./Perczynski, H. (1987), S. 239 f.; von Stein, J./Kirschner, M. (1988), S. 315−324.

Die Finanzplanung verfolgt also ein breites Spektrum an Zielsetzungen. Ohne an dieser Stelle eine Analyse möglicher Konflikte bei der Erreichung dieser Zielsetzungen vornehmen zu wollen[48], kann doch festgestellt werden, daß das Liquiditätsziel Priorität besitzt: Sofern die Liquidität des Unternehmens gefährdet ist, steht die Vermeidung einer Zahlungsunfähigkeit an erster Stelle[49]. Alternative Zielsetzungen bleiben hier zweitrangig. In solchen Situationen, in denen nur die (schnelle) Beschaffung von liquiden Mitteln zählt, können Finanzierungsentscheidungen eventuell nur unter Inkaufnahme relativ hoher Finanzierungskosten durchgeführt werden. Eventuell muß die Mittelbeschaffung auch in Fremdwährung erfolgen oder zu ungewünschten Zinsmodalitäten. Währungs- und Zinsänderungsrisiken entstehen. Sofern allerdings die Finanzplanung effizient betrieben wird und so möglichst vorausschauend angelegt ist, können die Probleme solcher Notfinanzierungen weitgehend ausgeschaltet werden.

2.2.2. Identifikation relevanter Planungselemente

Falls das Liquiditätsziel im Vordergrund steht, ist die Finanzplanung auf die Gewährleistung eines ausreichenden Bestandes an liquiden Mitteln ausgerichtet. Die planungsrelevanten Elemente sind in diesem Fall

– Bestände an liquiden Mitteln[50]
– Zugänge an liquiden Mitteln (Einzahlungen)
– Abgänge an liquiden Mitteln (Auszahlungen).

Soweit die Finanzplanung auch das **Gestaltungsziel (Synchronisation)** verfolgt, kann sie sich nicht allein auf liquide Mittel beziehen. Sie hat dann zweckmäßigerweise die **Gesamtheit** der für das Unternehmen bereits beschafften und vom Unternehmen verwandten Mittel einzubeziehen.

Um z. B. ein Währungsrisiko erkennen zu können, müssen alle Forderungen und alle Verbindlichkeiten in fremder Währung einander gegenüber gestellt werden. Nur die Differenz zwischen den beiden Arten von Fremdwährungspositionen ist durch die Wechselkursentwicklung gefährdet. In Abhängigkeit von der Fälligkeit der Forderungen und Verbindlichkeiten läßt sich erkennen, wie sich der risikogefährdete Saldo im Zeitablauf entwickelt. Weitere Beispielsfälle sind denkbar:

– In einer früheren Periode wurde eine Beteiligung in der Absicht erworben, diese nur für kurze Zeit zu halten. Entsprechend erfolgte auch nur eine kurzfristige Finanzierung. Die Beteiligung erweist sich aber als langfristig vorteilhafte Mittelanlage und soll beibehalten werden. Sie muß jetzt durch ebenfalls langfristig zur Verfügung stehende Mittel neu finanziert werden.

---
48 Vgl. hierzu C.3.3.
49 Dies wird auch durch folgende Feststellung offensichtlich: „Illiquidität bedeutet das Ende der Unternehmens-Existenz": Hauschild, J./Sachs, G./Witte, E. (1981), S 5.
50 Vgl. grundlegend zur Abgrenzung liquider Mittel: C.3.1.1. Vgl. auch: Chmielewicz, K. (1976), S. 44.

204 Finanzplanung

- Eine Tochtergesellschaft in den USA wurde durch die Muttergesellschaft mit Eigenkapital in $ ausgestattet. Die Finanzierung dieses Eigenkapitals erfolgte durch Gelder, die in DM aufgenommen und umgetauscht wurden. Aufgrund der Entwicklung des $-Kurses ergibt sich nachträglich die Notwendigkeit, die Gelder durch ein Sicherungsgeschäft gegen das Währungsrisiko zu schützen.

2.2.3. Prognose planungsrelevanter Größen und Ermittlung des Handlungsbedarfs

a) Prognose der Planungselemente

Finanzplanung ist zukunftsbezogen. Die zukünftigen Ausprägungen der eingehenden Elemente (z. B. Ein-/Auszahlungen im nächsten Monat) sollen heute, das heißt im Augenblick der Planungsdurchführung vorhergesagt (prognostiziert) werden. Die Qualität der Finanzplanung ist entscheidend davon abhängig, wie präzise die Zukunft vorweggenommen werden kann. Dabei stellt sich das Prognoseproblem in mehrfacher Hinsicht. Der eigentlichen Prognose vorgelagert ist das

- **Identifikationsproblem**: Sind alle planungsrelevanten Elemente erfaßt? Nur für solche Größen, die als planungsrelevant bestimmt wurden (vgl. C. 2.2.2), kann eine Prognose erfolgen.

Die Prognose selbst begegnet dem

- **Größenproblem**: Das Volumen des planungsrelevanten Elementes ist vorauszusehen. Welche Absatzmengen und Absatzpreise lassen sich erzielen? Sofern es sich um Auslandserlöse handelt: Zu welchem Wechselkurs können diese umgetauscht werden? Welche Personalauszahlungen entstehen?
- **Zeitproblem**: Die Entstehung beziehungsweise Ausprägung relevanter Elemente soll möglichst exakt in bezug auf einen Zeitpunkt oder Zeitraum vorhergesagt werden. An welchem Tag ist mit dem Eingang von Verkaufserlösen zu rechnen? Wann werden Lieferantenrechnungen fällig?

Zur Durchführung der Prognose stehen dem Finanzmanagement unterschiedliche Möglichkeiten zur Verfügung. Es kann sich

- subjektiv-pragmatischer Methoden
- statistisch-formalisierter Methoden

bedienen[51].

Die **subjektiv-pragmatische Methode** basiert auf persönlichen Einschätzungen des Finanzmanagers oder der von ihm befragten Personen. Diese Einschätzungen über die Zukunft resultieren in der Regel aus Erfahrungen der Mitarbeiter und sind insofern durch persönliche, zum Teil intuitive Beurteilungen gekennzeichnet. Die dadurch gewonnenen Angaben sind also prinzipiell nicht aus einer logisch überprüfbaren, funktionalen Beziehung abgeleitet.

---

51 Vgl. zu Prognosemethoden in der Finanzplanung: Gerke, W./Philipp, F. (1985), S. 147–150; Hauschild, J./Sachs, G./Witte, E. (1981), S. 113–119; Perridon, L./Steiner, M. (1988), S. 397–411; Witte, E. (1983), S. 70–97.

Struktur der Finanzplanung 205

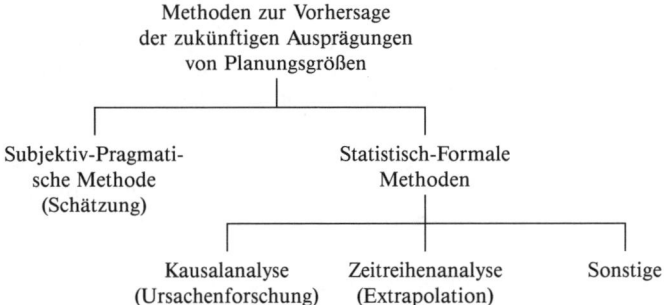

Abbildung C 6: Prognoseverfahren in der Finanzplanung

Beispiel a:
In die Prognose sollen die zu erwartenden Auszahlungen für Maschinenwartung und -reparaturen aufgenommen werden. Der Maschinenführer schätzt aufgrund des zunehmenden Verschleißes die im nächsten Monat fällig werdenden Auszahlungen auf 20% höher als im Vormonat ein. Diese Schätzung wird übernommen.

Solche subjektiv-pragmatischen Verfahren liefern meist keine exakten, eindeutigen Ergebnisse. Sofern mehrere Personen auf diese Weise eine Prognose hinsichtlich des gleichen Sachverhaltes anstellen, resultieren daraus in der Regel unterschiedliche Angaben. Die Bedeutung dieser Prognosen liegt allerdings darin, daß sie als Vergleichsgrößen für auf andere Weise ermittelte Prognosewerte herangezogen werden können. Insofern sind mit ihrer Hilfe Plausibilitätseinschätzungen möglich. Die Finanzplanung hat gegebenenfalls keine andere Möglichkeit, als auf solche Prognosewerte zurückzugreifen, wenn sie von anderen Unternehmensbereichen Meldungen über zahlungsrelevante Vorgänge erhält oder von diesen erfragt[52]. Denkbar ist in diesem Zusammenhang, daß das Unternehmen keine speziellen Lagerhaltungsmodelle besitzt oder auf eine Absatzforschung verzichtet, so daß zahlungsrelevante Bestellungen oder Verkäufe nur geschätzt werden können.

Statistisch-formale Methoden versuchen, unter Zugrundelegung funktionaler Kalküle Aussagen über die Zukunft abzuleiten. Sie beziehen sich auf eine Referenzgröße – z. B. die Entwicklung der zu prognostizierenden Größe in der Vergangenheit – und gehen von einem Einfluß dieser Referenzgröße auf die zu prognostizierende Größe – hier: Zukunftswert – aus. Diese Überlegung wird insbesondere im Rahmen der **Extrapolation** als Erscheinungsform einer Zeitreihenanalyse deutlich. Bei Anwendung dieses Verfahrens werden Daten der Vergangenheit daraufhin überprüft, ob in ihrer Entwicklung eine Regelmäßigkeit oder ein Trend zu erkennen ist. Es wird dann angenommen, daß sich dieser Trend auch in der Zukunft fortsetzt. Der ermittelte Trend kann konstanten, steigenden, fallenden oder zyklischen Charakter aufweisen.

---
52 Vgl. Hauschild, J./Sachs, G./Witte, E. (1981), S. 114.

Beispiel b:
Die Verkaufserlöse der vergangenen fünf Jahre werden analysiert. Es ist feststellbar, daß sich die Erlöse pro Jahr jeweils um 5% erhöht haben. Folglich wird die Annahme getroffen, daß sich auch im folgenden Jahr eine Erlössteigerung in gleicher Höhe realisieren läßt.

Reine Trendextrapolationen resultieren nur aus einer Fortschreibung der Vergangenheitswerte. Sie berücksichtigen nicht mögliche Veränderungen von Zeitreihen, die sich durch **neu auftretende Ereignisse** ergeben. Damit gründen sie auf der Vorstellung, daß die relevante Umwelt im wesentlichen gleich bleibt. Diesem Mangel begegnen **kausale Analysen**. Sie versuchen, solche Faktoren explizit zu isolieren, die auf die zukünftige Entwicklung der Prognosegröße Einfluß haben. Diese Einflußfaktoren werden hinsichtlich ihrer speziellen Wirkung auf die Prognosegröße untersucht. Aus der Ausprägung beziehungsweise der Veränderung solcher Einflußfaktoren werden anschließend Schlüsse auf die Prognosegröße als solche abgeleitet.

Beispiel c:
Der Finanzplanung liegt das Ergebnis der Trendextrapolation (Bsp. b) vor. Zusätzlich werden jedoch die Aktivitäten der Marketing-Abteilung in die Prognose einbezogen. Bekannt ist hierbei, daß die Werbung in der kommenden Periode auf eine weitere Zeitschrift ausgedehnt werden soll. Die Marketing-Abteilung vermutet aufgrund vorangegangener Absatzforschungen, daß damit das Käuferpotential um 5% ausgeweitet werden kann. Insgesamt kann damit die Finanzabteilung von einer Steigerung der Umsatzerlöse um circa 10% ausgehen.

b) Gegenüberstellung der prognostizierten Werte

Ist die Prognose der in die Planung einfließenden Elemente abgeschlossen, so sind die prognostizierten Werte für die Zwecke der Finanzplanung noch **weiter zu verarbeiten**. Beispielsweise sind für die Zielsetzung, die **Zahlungsfähigkeit** des Unternehmens zu ermitteln, die prognostizierten Ein- und Auszahlungen einander gegenüberzustellen und ein Saldo zu ermitteln [53].

Beispiel d:
Der Finanzplaner besitzt zum einen die Information, daß die Umsatzerlöse voraussichtlich um 10% zunehmen. Er erfährt zugleich, daß auch die Auszahlungen für Werbung sich um 50000 DM erhöhen. Beide Entwicklungen sind miteinander zu verrechnen.

Soll etwa das zukünftige **Zinsänderungsrisiko** ermittelt werden, so sind in einer Zinsänderungsbilanz [54] die prognostizierten

- Festzinsaktiva und Festzinspassiva
- zinsvariable Aktiva und Passiva
- betragsgenau sowie
- zeitraum- oder zeitpunktgenau

einander gegenüberzustellen. Aus der Saldierung dieser Positionen läßt sich dann ein zu erwartendes Ungleichgewicht zwischen den einzelnen Aktiva- und

---

[53] Vgl. näher zu Gestaltungsmöglichkeiten von Liquiditätsrechnungen: C.4.1.2.
[54] Vgl. zu Formen von Zinsänderungsbilanzen: Kugler, A. (1985), S. 220–236.

Passivagruppen ermitteln. Bezieht man weiter die geschätzte zukünftige Zinsentwicklung ein, so läßt sich erkennen, ob ein Zinsrisiko besteht oder nicht.

Analog hierzu müssen die prognostizierten **Fremdwährungspositionen** daraufhin miteinander verglichen werden,

- ob ein Überhang der Fremdwährungsaktiva über Fremdwährungspassiva oder umgekehrt
- differenziert nach einzelnen Währungen
- in Abhängigkeit von den jeweiligen Laufzeiten

besteht. Falls wiederum ein Ungleichgewicht zwischen Fremdwährungsforderungen und -verbindlichkeiten konstatiert und eine entsprechende Kursentwicklung erwartet wird, erwächst dem Unternehmen hieraus ein Währungsrisiko.

Sofern zwischen den jeweiligen miteinander verglichenen Positionen (Ein-/Auszahlungen, Aktiva/Passiva) ein Ungleichgewicht besteht und dies aufgrund der erwarteten Änderung der Marktdaten (Zinssteigerung oder -senkung, Kursanstieg oder -verfall) als negativ bewertet wird, ist prinzipiell ein **Handlungsbedarf** für das Unternehmen gegeben. Dies braucht jedoch noch **nicht notwendigerweise zu Gegenmaßnahmen** z. B. in Form von Mittelaufnahmen oder Kurssicherungsmaßnahmen zu führen. Wenn das erwartete Ungleichgewicht als **unbedenklich** oder als nicht hinreichend konkret genug eingeschätzt wird, kann das Finanzmanagement auch auf Korrekturmaßnahmen verzichten. Eine solche Konsequenz ergibt sich auch dann, wenn die **Kosten** der Korrekturmaßnahme (z. B. Prämie bei Abschluß eines Sicherungsgeschäfts) dem erwarteten Nutzen dieser Maßnahme (Vermeidung eines Umtauschverlustes) nicht adäquat sind.

2.2.4. Analyse und Auswahl von Maßnahmen

Soweit die Prognosewerte erkennen lassen, daß das finanzielle Gleichgewicht des Unternehmens in der Zukunft gefährdet ist, entsteht ein Handlungsbedarf für das Finanzmanagement. Die Finanzplanung muß dann Maßnahmen erwägen und auswählen, mit deren Hilfe die Gefahr vermieden und das angestrebte Gleichgewicht erreicht werden kann. Besteht die Gefährdung in einer drohenden Illiquidität, so sind Maßnahmen zur Beschaffung von liquiden Mitteln oder zur Vermeidung von Auszahlungen (Erhaltung liquider Mittel) zu treffen. Bei drohenden Gefahren aus der Wechselkurs- oder Zinsentwicklung müssen Maßnahmen zur Abwendung oder zum Ausgleich des erwarteten Schadens gefunden werden (Gestaltungsmaßnahmen).

Als Alternativen der **Mittelbeschaffung** können die Möglichkeiten und/oder Wege verstanden werden, über die ein Unternehmen liquide Mittel erhalten kann. Die Analyse betrifft unter anderem

- die Diskussion von **Finanzierungsinstrumenten** (z. B. Aktie, stille Einlage, Kredit . . .)
- die Beurteilung potentieller **Finanziers** (Lieferanten, Abnehmer, Kreditinstitute . . .)
- die Auswahl geeigneter **Finanzmärkte** (Börse, Euromarkt, . . .).

208 Finanzplanung

Die Überprüfung einer gegebenen Alternative muß insbesondere dahingehend erfolgen, ob durch diese Alternative die benötigten Mittel

- in vollem Umfang
- zum geplanten Zeitpunkt
- für den gewünschten Zeitraum
- in der benötigten Währung
- zu adäquaten Konditionen[55]

beschafft werden können.

Die vorliegende Arbeit vertieft die Frage der Analyse und Auswahl von Beschaffungsinstrumenten nicht weiter. Im Mittelpunkt soll primär die Bestimmung des Bedarfs an liquiden Mitteln stehen. Abb. C 7 enthält jedoch eine Übersicht zu Alternativen der Mittelbeschaffung. Eine weitere Möglichkeit, das finanzielle Gleichgewicht zu gewährleisten, besteht darin, zu einem späteren Zeitpunkt erwartete Einzahlungen vorzuziehen. Dies ist z. B. möglich durch den Verkauf nicht zwingend benötigter Betriebsgüter wie etwa Wertpapiere und Forderungen (vgl. Forfaitierung und Factoring in Abb. C 7) oder die Beschleunigung des Absatzes durch Gewährung zusätzlicher Skonti[56]. Auf die Frage, welche **Auszahlungen** eines Unternehmens sich vermeiden oder verschieben lassen (Erhaltungsmaßnahmen), um dadurch die Liquidität zu erhalten, wird ebenfalls nicht speziell eingegangen[57].

Als Beispiel soll das in Abb. C 7 einbezogene Leasing dienen: Die Leasingraten lassen sich als Mietraten interpretieren, über die die ansonsten anfallende (hohe) Anschaffungsauszahlung über die Leasingperioden verteilt wird. Ansätze zum Management von Finanzrisiken sollen ebenfalls nicht näher diskutiert werden[58].

2.3. Liquiditätsplanung als Teil der Finanzplanung

Finanzplanung im **bisher** zugrundegelegten Verständnis kann als ein umfassender Ansatz bezeichnet werden:

- Ziele der Finanzplanung stellen Liquiditäts-, Rentabilitäts-, Kapitalstruktur- und weitere Ziele dar,

---

55 Vgl. zur Beurteilung der Vorteilhaftigkeit von Finanzierungsalternativen Teil B.
56 Vgl. hierzu: Glaser, H. (1982), S. 57 f.; Witte, E. (1983), S. 131–133. Vgl. auch: C.4.2.2.2.
57 Dazu zählt z. B. der Verzicht auf oder die Verschiebung von Rohstoffbeschaffungen und Investitionen. Vgl. Glaser, H. (1982), S. 56–58; Mandéry, W. (1983), S. 13 f.; Witte, E. (1983), S. 128–131. Vgl. auch die Beispiele unter: C.4.2.
58 Vgl. zum Management von Zinsänderungsrisiken: Kugler, A. (1985); Rolfes, B. (1985). Vgl. zum Management von Währungsrisiken: Büschgen, H. (1986b), S. 175–183.

Struktur der Finanzplanung 209

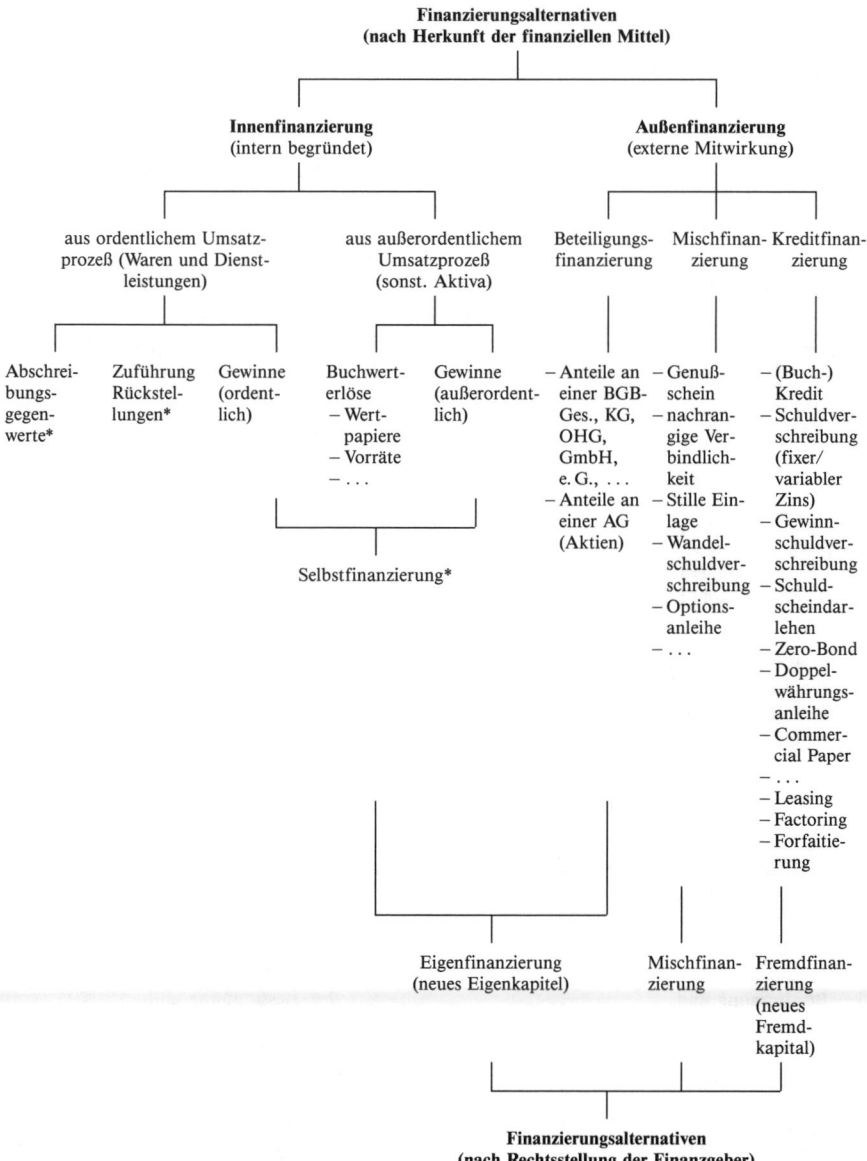

* Soweit die Abschreibungen über den Nominalwert hinaus kalkuliert sind und Rückstellungen nicht abgerufen werden, enthalten diese Positionen auch Eigenkapitalelemente (stille Selbstfinanzierung)

Abbildung C 7: Finanzierungsalternativen[59]

---

[59] Vgl. näher: Däumler, K.-D. (1986); Eilenberger, G. (1989); Gerke, W./Philipp, F. (1985), S. 80–95; Glogowski, E./Münch, M. (1986); Süchting, J. (1989), insbesondere S. 71–228; Wöhe, G./Bilstein, J. (1988). Vgl. auch die Angaben unter: A.1.3.

210 Finanzplanung

- die von der Finanzplanung einbezogenen Gestaltungs- beziehungsweise Planungselemente erfassen das Spektrum der Vermögens- und Schuldenpositionen eines Unternehmens insgesamt,
- finanzplanerische Maßnahmen beziehen Mittelbeschaffungs-, Gestaltungs- und Erhaltungsmaßnahmen ein.

Dieses umfassende Verständnis von Finanzplanung wird **im folgenden eingeschränkt**. Damit ist insbesondere die Überlegung verbunden, die vorliegende Einführung in die Finanzplanung überschaubar zu gestalten. Zu diesem Zweck konzentriert sich die weitere Betrachtung insbesondere auf die Erreichung des Liquiditätsziels als wichtigste Zielsetzung der Finanzplanung. Dieses ist gleichbedeutend mit der Forderung, das Unternehmen zahlungsfähig zu halten. Es ist weiter zu beachten, daß der – die Zahlungsfähigkeit beeinflussende – Bestand

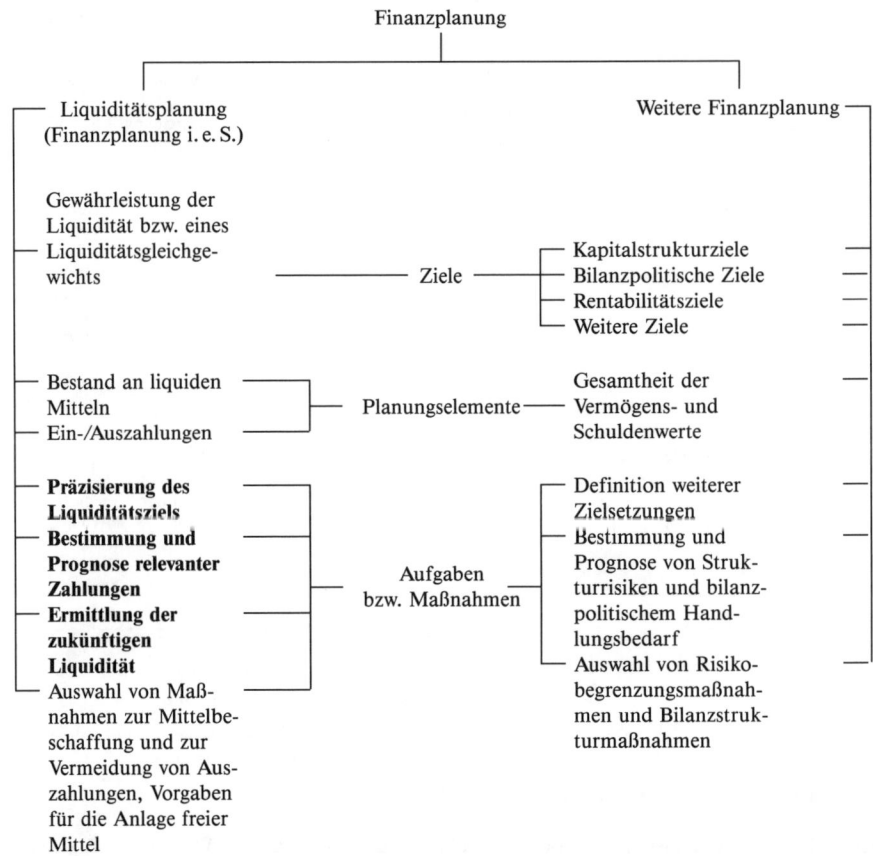

Abbildung C 8: Abgrenzung von Liquiditäts- und weiterer Finanzplanung

an liquiden Mitteln aufgrund von Rentabilitätsüberlegungen nicht zu umfangreich sein darf. Beide Forderungen lassen sich dahingehend verbinden, daß das Liquiditätsziel im Sinne eines Liquiditätsgleichgewichts anzustreben ist.

Die Dominanz des Liquiditätsziels für die weiteren Ausführungen erfordert zunächst eine Auseinandersetzung mit dem Begriff und den Erscheinungsformen der Liquidität. Dies findet im folgenden Teil C.3. statt. Unter C.4. werden Instrumente vorgestellt, mit deren Hilfe der zukünftige Saldo (Bedarf, Gleichgewicht oder Überschuß) an liquiden Mitteln eines Unternehmens festgestellt werden kann (Liquiditätsrechnungen)[60].

Der Bezug von Finanzplanung und Liquiditätsplanung wird in Abb. C 8 illustriert. Die fettgedruckten Elemente der Liquiditätsplanung geben die ausgewählten weiteren Schwerpunkte der vorliegenden Arbeit wieder.

Aufgaben zur Selbstüberprüfung

1. Welche Konsequenzen können beim Verzicht auf eine Finanzplanung eintreten?
2. In welche Phasen lassen sich Finanzentscheidungen einteilen, und wie können diese voneinander unterschieden werden?
3. Welche Zielsetzungen im Rahmen von Finanzentscheidungen lassen sich erkennen, und inwiefern können dadurch entscheidungsrelevante Elemente abgegrenzt werden?
4. Welche speziellen Aufgaben hat die Liquiditätsplanung zu erfüllen?

Die Musterlösungen zu diesen Aufgaben befinden sich im Anhang dieses Buches, Seite 319.

Weiterführende Literatur:

Chmielewicz, K. (1976); Betriebliche Finanzwirtschaft I, Berlin – New York 1976, S. 17–46.
Glaser, H. (1982); Liquiditätsreserven und Zielfunktionen in der kurzfristigen Finanzplanung, Wiesbaden 1982.
Größl, L. (1988); Betriebliche Finanzwirtschaft, Stuttgart 1988.
Hauschild, J./Sachs, G./Witte, E. (1981); Finanzplanung und Finanzkontrolle, München 1981.
Perridon, L./Steiner, M. (1988); Finanzwirtschaft der Unternehmung, 5. Auflage, München 1988, S. 386–427.
Süchting, J. (1989); Finanzmanagement, 5., vollständig überarbeitete und erweiterte Auflage, Wiesbaden 1989, S. 9–19, 229–233.

---

[60] Wie bereits erwähnt, verzichtet die vorliegende Arbeit darauf, Alternativen zur Deckung eines festgestellten Bedarfs an liquiden Mitteln zu diskutieren.

3. Das Liquiditätsproblem als eigentlicher Anlaß zur Finanzplanung

3.1. Auffassungen zum Begriff Liquidität

3.1.1. Liquidität und Ebene der Zahlungsmittel

a) Liquide Mittel als vorhandene und sofort beschaffbare Zahlungsmittel

Aus den Aktivitäten im Leistungsbereich eines Unternehmens resultieren Veränderungen für den Bestand an **Zahlungsmitteln** im Unternehmen (derivative Veränderungen)[61]. So führt etwa die Beschaffung von Betriebsmitteln, Roh-, Hilfs- und Betriebsstoffen zu Auszahlungserfordernissen. Weitere Auszahlungen entstehen insbesondere im Zusammenhang mit der Anweisung von Löhnen und Gehältern für die im Unternehmen beschäftigten Personen. Analog hierzu führt der Zahlungseingang aus dem Absatz der erstellten Güter und Dienstleistungen zu einer Erhöhung der verfügbaren Zahlungsmittel.

Neben diesen Konsequenzen für den Bestand an Zahlungsmitteln, die aus der leistungswirtschaftlichen Unternehmenssphäre herrühren, lassen sich Veränderungen im Zahlungsmittelbestand auch auf Ursachen zurückführen, die speziell die finanzielle Unternehmenssphäre betreffen (originäre Veränderungen). Solche Veränderungen ergeben sich beispielsweise aufgrund empfangener und geleisteter Zinszahlungen, aufgrund von Kreditrückzahlungen sowie Darlehensaufnahmen.

Zahlungsmittel können in der Form von[62]

(a) **Bargeld** (beziehungsweise gesetzlichen Zahlungsmitteln) als Banknoten und Münzen sowie in Form von
(b) **Buchgeld**, das heißt als sofort fällige Forderungen wie z. B. als Sichtguthaben bei Kreditinstituten (Giralgeld) vorliegen.

Für diese Geldformen ist kennzeichnend,

- daß über sie **unmittelbar** verfügt werden kann,
- daß sie bei der **Erfüllung von Zahlungsverpflichtungen** akzeptiert werden[63].

Zur Durchführung von Zahlungen sind für ein Unternehmen jedoch nicht allein nur die Zahlungsmittel von Bedeutung, die es bereits in Form von Bar- oder Buchgeld besitzt. Relevant sind auch die Zahlungsmittel, die sich das Unternehmen aus weiteren Quellen **unmittelbar neu** beschaffen kann. Dies ist insbesondere möglich durch die Inanspruchnahme von

---

61 Vgl. hierzu auch die Ausführungen unter A.1.1.
62 Vgl. auch: Grill, W./Perczynski, H. (1987), S. 96; Stobbe, A. (1989), S. 157–160.
63 Die Bedeutung von Zahlungsmitteln für die Finanz- beziehungsweise für die Liquiditätsplanung resultiert also daraus, daß nur Bar- oder Buchgeld zur (sofortigen) Durchführung von Zahlungen verwandt werden kann. Vgl. auch: C.2.2.2.

Das Liquiditätsproblem als eigentlicher Anlaß zur Finanzplanung 213

(c) bereits eingeräumten, aber bisher noch nicht beziehungsweise noch nicht in vollem Umfang beanspruchten Krediten (**freie Kreditlinien**).

Beispiel:

Die Hausbank stellte einen Kontokorrentkredit (Betriebsmittelkredit) mit einem Verfügungsrahmen von insgesamt 5 Mio. DM bereit. Das Unternehmen hat hiervon einen Betrag von 2 Mio. DM bisher beansprucht. In Höhe von 3 Mio. DM kann das Unternehmen noch auf Gelder der Bank zurückgreifen. Dieser Betrag stellt die offene Kreditlinie dar.

Die drei Positionen a) Bargeld, b) Buchgeld und c) freie Kreditlinien bilden zusammen die liquiden Mittel eines Unternehmens.

Sofern die

- liquiden Mittel erhöht werden, liegt eine **Einzahlung** vor (z. B. Barverkauf, Einräumung eines Kredits)
- liquiden Mittel vermindert werden, liegt eine **Auszahlung** vor (z. B. Abbuchung der Energievorauszahlung vom Girokonto).

Eine Einzahlung erhöht, eine Auszahlung vermindert den Bestand an liquiden Mitteln.

In der Literatur finden zur Beschreibung von Zahlungsvorgängen zum Teil die Begriffe „**Ausgaben**" und „**Einnahmen**" Verwendung[64]. In der hier zugrundegelegten Terminologie sind diese Begriffe nicht gleichzusetzen mit „Auszahlungen" und „Einzahlungen". Vielmehr besteht folgender Zusammenhang:

- Ausgabe = Auszahlung + Forderungsabgang (Minderung der Ansprüche auf Zahlungsmittel) + Schuldenzugang (Erhöhung der Verbindlichkeiten in Zahlungsmitteln)
- Einnahme = Einzahlung + Forderungszugang + Schuldenabgang[65].

Es kann zum Teil zweckmäßig sein[66], Ein- und Auszahlungen im Hinblick darauf weiter zu präzisieren, welche Konsequenzen sie für den **Gesamtbestand der Vermögenswerte** (beziehungsweise das **Kapital**) eines Unternehmens haben. Je nachdem, ob durch Aus- und Einzahlungen das Gesamtvermögen eines Unternehmens erhöht, vermindert oder konstant gehalten wird, ergeben sich folgende Tatbestände[67]:

- **Investition** ist eine Auszahlung zum Erwerb eines Sachgutes oder Finanztitels. Der Kapitalbestand im Unternehmen ändert sich hierdurch nicht. (Es liegt ein Umtausch von Zahlungsmitteln in Sach- oder abgeleitete Finanzgüter vor).

---

64 Vgl. z. B.: Kleinebeckel, H. (1988), S. 25; Schneider, D. (1980), S. 151; Witte, E. (1983), S. 14.
65 Vgl. hierzu auch: Götzinger, M. /Michael, H. (1985), S. 37 f., 47; Wöhe, G. (1986), S. 874–879.
66 Vgl. hierzu etwa die Ausführungen zum Kapitalbindungsplan unter C.4.2.3.
67 Die Begriffsfestlegung ist also bilanzorientiert. Vgl. Däumler, K.-D. (1986), S. 12–14.

214 Finanzplanung

- **Finanzierung** (in engem, bilanzorientiertem Sinn)[68] ist eine Einzahlung, die den Kapitalbestand im Unternehmen erhöht[69] (z. B. die Einzahlung aus einer Aktienemission).
- **Desinvestition** ist eine Einzahlung, die aus der Umwandlung von Betriebsgütern in Zahlungsmittel resultiert. Der Kapitalbestand in der Unternehmung bleibt unverändert (z. B. Verkauf eines Firmenwagens).
- **Definanzierung** ist eine Auszahlung, durch die der Kapitalbestand verringert wird (z. B. Rückzahlung eines Kredits).

b) Liquide Mittel und Forderungen/Verbindlichkeiten

Von Ein- und Auszahlungen (im Sinne von **sofort wirksamen** Veränderungen des Bestands an liquiden Mitteln) zu trennen sind solche Sachverhalte, die zwar eine Erhöhung, Minderung oder eine Tausch der Vermögensposition von Unternehmen darstellen, jedoch **erst zu einem späteren Zeitpunkt** zahlungswirksam werden[70]. Hierbei handelt es sich um Veränderungen bei

- **(buchmäßigen) Zahlungsforderungen**
- **(buchmäßigen) Zahlungsverbindlichkeiten**.

Beispiel:
Bei einem **Verkauf auf Ziel** erhöht sich der Forderungsbestand eines Unternehmens. Dieser Vorgang allein ist aber nicht zahlungswirksam: Das Unternehmen erhält hierdurch kein Bar- oder Giralgeld. Sind nun beispielsweise für die Produktion des Gutes noch Löhne zu zahlen, so kann das Unternehmen bei einem Zielverkauf zunächst nicht auf Gelder aus dem Verkauf zurückgreifen.

Von dem eben geschilderten Sachverhalt ist allerdings zu trennen, daß die Veränderung des Bestandes an Forderungen oder Verbindlichkeiten auch mit einer Zahlungsbewegung **verknüpft** sein kann.

Beispiel:
Ein Unternehmen A vergibt einen (Bar-) Kredit an ein weiteres Unternehmen B. Dadurch erhöht sich der Bestand an Forderungen bei Unternehmen A. Zugleich findet ein Abfluß liquider Mittel von Unternehmen A zu Unternehmen B statt.

Forderungen und Verbindlichkeiten sind für die Liquiditätsplanung in folgender Hinsicht relevant. Sie verweisen bereits heute auf Ein- und Auszahlungen, die sich bei Fälligkeit der Positionen ergeben. Der Finanzplaner kann hieraus einen Teil der zukünftigen Veränderung der liquiden Mittel vorhersehen.

c) Liquide Mittel und Elemente des Rechnungswesens

Soweit die Finanzplanung **Maßnahmen unter Liquiditätsgesichtspunkten** vorbereitet, beschäftigt sie sich, wie gezeigt, mit **liquiden Mitteln**. Damit ist auch

---

68 In der vorliegenden Arbeit wird -wie erwähnt- der Begriff Finanzierung allerdings in der weiten Fassung verwendet. Er umschließt also auch die hier weiter aufgeführten Vorgänge der Desinvestition und der Definanzierung. Die Definanzierung ist als ‚Rückzahlung' in der Zahlungsreihe „Finanzierung" (im weiten Sinn) enthalten.
69 Vgl. Hahn, O. (1983), S. 36.
70 Vgl. ähnlich: Stobbe, A. (1989), S. 11 f.

offensichtlich, daß die Rechenelemente des externen und internen Rechnungswesens für die Finanzplanung nicht direkt verwendbar sind[71]. **Aufwendungen und Erträge** beziehungsweise **Kosten und Leistungen** brauchen nicht oder nicht vollständig mit Zahlungsbewegungen einherzugehen[72]. Es handelt sich hier um erfolgsrechnerische Größen, die den periodisierten Verbrauch und die Entstehung von Gütern in Unternehmen abbilden[73].

Beispiel:

In der Buchhaltung wird durch die Abschreibung der Werteverbrauch eines Betriebsmittels in einer Periode erfaßt. Diesem Werteverbrauch steht jedoch keine Auszahlung gegenüber (beziehungsweise die Auszahlung erfolgte bereits bei der Anschaffung des Betriebsmittels und wird über die Abschreibung rechnerisch auf die Nutzungsperioden verteilt).

d) Liquide Mittel und geldnahe Aktiva (near-money-assets)

Eine weitere Abgrenzung ist erforderlich: Als Bestandteil der liquiden Mittel (hier zu verstehen als unmittelbar verfügbare Zahlungsmittel) werden in der Literatur zum Teil die Vermögensgegenstände einbezogen, die **durch Veräußerung** „unmittelbar ... in Zahlungsmittel transformiert werden können"[74]. Zu solchen Positionen, auch **geldnahe Aktiva** oder ‚**near-money-assets**' genannt[75], zählen **Besitzwechsel, Wertpapiere mit kurzer Ursprungslaufzeit, die börsengehandelt sind oder für die ein Sekundärmarkt besteht (bestimmte Geldmarktpapiere wie Schatzanweisungen oder eventuell commercial papers und certificates of deposit), börsengehandelte variabel verzinsliche Anleihen**[76] sowie (ursprünglich längerlaufende) **festverzinsliche börsennotierte Wertpapiere mit kurzer Restlaufzeit**[77]. Die Geldnähe dieser Aktiva erklärt sich zum einen daraus, daß sie über einen Markt leicht veräußerbar sind. Zum anderen unterliegen sie aufgrund ihrer kurzen (Rest-)Laufzeit oder ihrer Zinsanpassungsfähigkeit kaum Wertschwankungen und lassen sich i. d. R. ohne Kursverluste übertragen. Weiterhin bedeutsam ist, daß ihre Monetisierung weitgehend autonom von der Finanzabteilung verfügt werden kann und keinen Eingriff in den Produktivbereich des Unternehmens darstellt.

Die genannten near-money-assets stellen eine **Liquiditätsreserve** dar[78]. Diese Gegenstände können relativ kurzfristig in Zahlungsmittel umgewandelt werden.

---

71 Vgl. Hauschild, J./Sachs, G./Witte, E. (1981), S. 6.
72 Vgl. Scherrer, G. (1989), S. 340 f.
73 Vgl. Eisele, W. (1989), S. 191; Götzinger, M./Michael, H. (1985), insbesondere S. 28, 47.
74 Glaser, H. (1982), S. 8.
75 Vgl. Süchting, J. (1989), S. 462–464, 467.
76 Vgl. zu ‚Floating Rate Notes': Büschgen, H. (1986a), S. 303–307.
77 Gelegentlich werden auch Teile des Vorratsvermögens einbezogen.
78 Near-money-assets sind bei E. Witte Elemente der „Vermögensreserve": Die Vermögensreserve muß in „Zahlungskraft umgesetzt werden, ehe einer Gefahr wirkungsvoll begegnet werden kann": Witte, E. (1983), S. 136. Die Vermögensreserve bildet Teil der Liquiditätsreserve, das heißt der gesamten Mittel, die zur Beseitigung von Liquiditätsschwierigkeiten eingesetzt werden können. Vgl. ebenda, S. 134–137.

216 Finanzplanung

Jedoch sprechen der hierfür dennoch notwendige Zeitbedarf sowie weitere Veräußerungsprobleme[79] (z. B. die Tatsache, daß die Güter gegebenenfalls nur unter Wert veräußerbar sind) dagegen, sie als unmittelbar verfügbare Zahlungsmittel zu betrachten. Insofern besteht ein Unterschied zu den freien Kreditlinien (als ‚anerkannte' liquide Mittel), die als solche bereits feststehen und nur abgerufen werden müssen. Die Liquiditätsreserve kann vielmehr herangezogen werden, einen **zukünftigen** Bedarf an liquiden Mitteln **kurzfristig** zu decken.

Die Abgrenzung zwischen solchen Vermögenspositionen, die keine liquiden Mittel darstellen, und solchen, die liquide Mittel im Sinne von potentiell verfügbaren Zahlungsmitteln verkörpern, ist sicherlich auch abweichend von der hier vertretenen Auffassung zu treffen. Speziell die neueren Entwicklungen auf den Finanzmärkten haben dazu beigetragen, Aktiva zunehmend handelbarer und somit leichter in Geld umwandelbar zu machen. Der Umfang an „near-money-assets" ist gestiegen.

Beispiel:
Forderungen aus einer Kreditvergabe werden nicht mehr allein als Buchforderungen dokumentiert. Sie sind vielmehr in eigenständigen Urkunden verbrieft und damit übertragbar gemacht. Solche „Transferable Loan Instruments" (TLI's)[80] können somit leicht verkauft werden und stellen geldnahe Aktiva dar.

Die wachsende Bedeutung der TLI's darf allerdings nicht zur Annahme verleiten, daß das TLI als solches bereits Zahlungsmittelcharakter hat: Das TLI als solches kann nicht zur Zahlung verwandt werden. Es muß erst in Bar- oder Buchgeld umgewandelt werden, das dann wiederum für Zahlungszwecke benutzt werden kann.

Ein ähnlicher Sachverhalt ergibt sich in bezug auf **Wechsel**[81]. So weist z. B. K. Chmielewicz darauf hin, daß allein die Erhöhung des Bestands an Wechseln nur einen Forderungszuwachs bedeutet: Erst mit der Diskontierung der Wechsel jedoch findet eine Einzahlung statt[82]. Weiter stellt ein **Scheck** ein Instrument dar, mit dem über Geld verfügt werden kann. Die eigentliche Zahlungsbewegung findet aber unter Benutzung von Bar- oder Giralgeld statt. Dies wird auch daraus ersichtlich, daß nicht der Erhalt eines Schecks, sondern erst dessen Einlösung zu einer Verbuchung führt.

Zusammenfassend ist noch einmal darauf hinzuweisen, daß in der vorliegenden Arbeit near-money-assets nicht als Teil der liquiden Mittel sondern der Liquiditätsreserve berücksichtigt werden: Es wird davon ausgegangen, daß die Veräußerung solcher Aktiva nicht unverzüglich erfolgen kann. Insofern stehen die erzielbaren Zahlungsmittel nicht unmittelbar, sondern erst nach einer gewissen, wenn auch kurzen Zeitspanne zur Deckung von Auszahlungserfordernissen zur Verfügung[83]. Die weitere Bedeutung von near-money-assets besteht darin, daß

---

79 Vgl. hierzu näher: C.3.1.2.
80 Vgl. Büschgen, H.(1986a), S. 332 f.; Dombret, A. (1987), insbesondere S. 26 f.
81 Vgl. zu Wechseln und Schecks als Bestandteile der liquiden Mittel: Kleinebeckel, H. (1988), S. 25.
82 Vgl. Chmielewicz, K. (1976), S. 45.
83 Es handelt sich also um ein Reservoir, aus dem ein zukünftiger Bedarf an liquiden Mittel gedeckt werden kann. Vgl. hierzu: C.3.2.3., C.3.2.4.

Das Liquiditätsproblem als eigentlicher Anlaß zur Finanzplanung 217

sie neben ihrer Funktion als Liquiditätsreserve über die mit ihnen verbundenen Anlageerträge auch einen Beitrag zur Rentabilität leisten.

3.1.2. Bezugsobjekt/-subjekt von Liquidität

Der Begriff Liquidität findet in der betriebswirtschaftlichen Literatur und Praxis für unterschiedliche Sachverhalte und mit unterschiedlichem Inhalt Verwendung[84]. Beispielsweise sind im Hinblick auf die Ausrichtung des Begriffs Liquidität auf ein Bezugsobjekt beziehungsweise auf ein Bezugssubjekt folgende Auffassungen zu erkennen[85]:

1. Liquidität als Eigenschaft einer Person oder einer Organisation (Unternehmen, Abteilung, Investitionsprojekt) ist dann gegeben, wenn die Person oder die Organisation über einen positiven **Bestand an liquiden Mitteln** verfügt.
2. Liquidität als Eigenschaft einer Person oder Organisation besteht darin, die an die Person oder Organisation gerichteten **Zahlungsverpflichtungen erfüllen** zu können.
3. Liquidität als Eigenschaft eines Vermögensgegenstandes drückt sich darin aus, daß dieser Gegenstand schnell zu liquidieren, das heißt in **Zahlungsmittel umzusetzen** ist.

ad 1.) Diese Interpretation von Liquidität bezieht sich auf das **Vorhandensein von Zahlungsmitteln**. Liquidität kann hier gleichgesetzt werden mit ‚Guthaben an Zahlungsmitteln'. Eine solche Betrachtung führt jedoch aus unternehmenspolitischer Perspektive nicht zu befriedigenden Ergebnissen: Allein der Einbezug des absoluten Betrags an liquiden Mitteln läßt nicht erkennen, inwiefern es vorteilhaft oder betriebswirtschaftlich sachgerecht ist, einen solchen Bestand an liquiden Mittel zu halten. Insbesondere läßt sich daraus nicht ableiten, ob das Unternehmen auch dann noch über liquide Mittel verfügt, wenn dem Bestand an Liquidität die Summe der zu diesem Zeitpunkt fälligen Zahlungsverpflichtungen gegenübergestellt wird[86].

Andererseits ist festzustellen, daß ein hoher Bestand an liquiden Mitteln dann nicht zweckmäßig ist, wenn das Unternehmen keinerlei Zahlungsverpflichtungen nachzukommen hat. Eine sachgerechte Beurteilung läßt sich folglich erst dann ableiten, wenn das **Verhältnis** zwischen liquiden Mitteln einerseits und den fälligen Zahlungsverpflichtungen andererseits zugrunde gelegt wird[87].

---

84 Vgl. Hahn, O. (1983), S. 34 f.; Perridon, L./Steiner, M. (1988), S. 14 f.; Orth, L. (1961), S. 30–33; Witte, E. (1963), S. 8 f.
85 Als vierter Tatbestand findet sich noch das „Deckungsverhältnis von Vermögensteilen zu Verbindlichkeiten": Perridon, L./Steiner, M. (1988), S. 14 f.
86 Vgl. Witte, E. (1983), S. 25.
87 W. Lücke bringt diese Relation durch einen Bruch zum Ausdruck, der sinngemäß lautet: (Bestand an liquiden Mitteln + Einzahlungen) : fällige Zahlungsverpflichtungen. Dieser Quotient stellt die Deckungsrelation dar. Bei Einhaltung der Zahlungsfähigkeit ist die Deckungsrelation > 1 oder > 100%. Vgl. Lücke, W. (1962), S. 18.

Nicht zuletzt lassen sich aus der vorgestellten Begriffsverwendung keine Empfehlungen zur Gestaltung des Umfangs an liquiden Mitteln ableiten. Die Frage bleibt unbeantwortet, ob liquide Mittel in Höhe von z. B. DM 1 Mio. bei einem Umsatzvolumen von DM 100 Mio. ebenso zweckmäßig sind wie bei einem Volumen von DM 50 Mio. Ist der Kassenbestand von DM 1 Mio. bei einem Handwerkerbetrieb wirklich genauso zu beurteilen wie bei einem Großhandelsunternehmen?

ad 2.) Liquidität im Sinne von ‚**Zahlungsfähigkeit**' stellt auf eine Gegenüberstellung von Zahlungsansprüchen und Zahlungsverpflichtungen ab. Die grundsätzliche Zweckmäßigkeit eines solchen Ansatzes wurde eben unter 1. herausgestellt. Diskussionswürdig erscheint in diesem Zusammenhang allerdings die Frage, ob sich Zahlungsfähigkeit auf einzelne Investitionseinheiten, betriebliche Teilbereiche oder auf das Unternehmen insgesamt zu beziehen hat.

Während, wie in Teil B ausgeführt, die Beurteilung der Rentabilität zweckmäßig an jedem einzelnen **Investitionsprojekt** anzusetzen hat, erscheint dies im Hinblick auf liquiditätspolitische Erfordernisse nicht sachgerecht. Die in Verbindung mit dem einzelnen Investitionsprojekt stehenden Ein- und Auszahlungen haben unmittelbar Auswirkung auf die gesamte Finanzsphäre des Unternehmens: Die Zahlungsströme aus dem Projekt beeinflussen direkt den Bestand an Zahlungsmitteln innerhalb des **Gesamtunternehmens**[88]. Sofern man also Zahlungsfähigkeit als bezogen auf einzelne Investitionseinheiten versteht, würde man von diesem Zusammenhang abstrahieren. Zudem mindert sich dadurch der Grad an Flexibilität, mit dem das Unternehmen auf Ungleichgewichte in den Zahlungsströmen einzelner Projekte reagieren kann: Sofern ein Auszahlungsüberhang aus dem Projekt besteht, hätten die Projektverantwortlichen spezielle Ausgleichsmaßnahmen, z. B. Kreditaufnahmen, hierfür einzuleiten. Die Möglichkeit, einen solchen Auszahlungsüberhang aus dem Projekt mit Einzahlungsüberschüssen aus weiteren Investitionsprojekten des Unternehmens aufzurechnen, könnte hierdurch nicht wahrgenommen werden. Kompensationseffekte bleiben also ungenutzt. Analoge Überlegungen gelten für den Fall eines Einzahlungsüberschusses.

Letztlich ist aus **rechtlicher Perspektive** folgendes zu vermerken: Zahlungsansprüche und -verbindlichkeiten richten sich auf rechtlich selbstandige natürliche oder juristische Personen. Sie sind nur gegenüber rechtlich selbständigen Einheiten einzufordern oder gegenüber diesen einklagbar. Hieraus ergibt sich als Konsequenz, daß das Gesamtunternehmen (als rechtlich-organisatorische Einheit) über genügend finanzielle Mittel verfügen muß, um fällige Zahlungsverpflichtungen erfüllen zu können[89]. Dies bedeutet analog, daß ein Unternehmen dann als liquide zu bezeichnen ist, wenn es über genügend liquide Mittel verfügt, um die an es gerichteten Zahlungsverpflichtungen erfüllen zu können[90].

Die Aspekte der Einbettung in das Finanzsystem der Gesamtunternehmung und der rechtlichen Selbständigkeit richten sich prinzipiell auch gegen die Überle-

---

88 ' Vgl. ähnlich: Chmielewicz, K. (1976), S. 79.
89 Bei Witte, E. (1983), S. 12f., findet sich hierfür der Begriff ‚Finanzeinheit'.
90 Vgl. Witte, E. (1963), S. 6, 9.

gung, Zahlungsfähigkeit auf **Teilbereiche von Unternehmen** zu beziehen. Am Beispiel großer, zum Teil international operierender Unternehmen ist jedoch zu erkennen, daß die Koordination einzelner Unternehmensteile unter Umständen mit Problemen verbunden ist. Dies gilt insbesondere auch für die mit den einzelnen Unternehmensteilen — darunter sind z. B. einzelne Niederlassungen, divisional oder funktional aufgeteilte Abteilungen zu verstehen — verbundenen Finanzsphären[91]. Hier kann es aus **organisatorischen** beziehungsweise verwaltungstechnischen Gründen heraus sinnvoll sein, diesen Bereichen eine **finanzpolitische Autonomie** zuzugestehen. Dies ergibt sich konsequenterweise auch dann, wenn die einzelnen Unternehmensbereiche nach dem profit-center-Gedanken als quasi-selbständige, eigenverantwortliche Unternehmensteile geführt werden. Soweit Unternehmen international über Niederlassungen im Ausland operieren, kann gegebenenfalls aus **kommunikationstechnischen** Gründen eine Abstimmung erschwert sein. Zudem ist die Niederlassung im Ausland in der Regel in eine **eigenständige Finanzumwelt** (etwa: ausländische Währung, Bankensystem, Kapitalmarkt, Kapitalverkehrsrecht) eingebunden[92].

Die Frage, ob Liquidität und damit verbunden Verantwortung und Organisationsbefugnis für die Zahlungsmittelsphäre auf das Gesamtunternehmen oder auf Unternehmensteile bezogen werden sollte, erfährt also eine unterschiedliche Beantwortung, je nachdem ob man **juristische oder betriebswirtschaftliche Überlegungen** zugrunde legt. Dies ergibt sich auch für den folgenden Zusammenhang: Juristisch selbständige Unternehmen sind teilweise in einen Konzernverbund eingebettet. Die einzelnen Unternehmen ergänzen sich dabei im Konzern zu einer wirtschaftlichen Einheit. Die Tatsache, daß als institutionell-organisatorische Form dieser Unternehmen eine eigene Rechtspersönlichkeit gewählt wurde, läßt sich beispielsweise aus Haftungsüberlegungen, steuerlichen Aspekten[93] oder auch aus Finanzierungsmotiven heraus erklären[94]. Diese einzelnen Unternehmen ergänzen sich jedoch im **Konzern** zu einer wirtschaftlichen Einheit. Damit verbunden ist in diesem Fall auch die Koordination der Finanzbereiche der Einzelgesellschaften zu einem Konzern-Finanzbereich. Im Fall von Liquiditätsengpässen bei einzelnen Konzerngesellschaften kann von anderen Gesellschaften somit ein Konzern-Finanzbeistand erfolgen[95]. Aus betriebswirtschaftlicher Perspektive ist es in diesen Fällen zweckmäßig, Zahlungsfähigkeit auf den Konzern insgesamt zu beziehen.

Zusammenfassend ist folgendes festzuhalten: Liquidität als Eigenschaft einer natürlichen oder juristischen Person läßt sich aus rechtlicher Perspektive sinnvoll nur auf ein Unternehmen insgesamt beziehen. Soweit dieses Unternehmen einheitlich organisiert und geleitet wird — wenn insbesondere ein zentraler Finanzbereich existiert —, erscheint diese Feststellung auch wirtschaftlich

---

91 Vgl. zu Problemen des Liquiditätsmanagements im Konzern: Jetter, T. (1987), S. 69–72.
92 Vgl. zu Besonderheiten des Finanzmanagements internationaler Unternehemen: Büschgen, H. (1986b), S. 15–17.
93 Vgl. etwa: Arndt, A. (1986), S. 84 f.
94 Vgl. Büschgen, H. (1986b), S. 210–214.
95 Vgl. Jetter, T. (1987), S. 30.

begründet. Von dieser Konstellation, die für die Praxis überwiegend als zutreffend angesehen werden kann, geht die Arbeit im folgenden aus. Liquidität ist somit im Sinne der „**Zahlungsfähigkeit eines Unternehmens**" zu verstehen.

ad 3.) Liquidität im Sinne von „**Geldnähe eines Vermögensgegenstandes**" zielt auf die Schnelligkeit ab, in der ein Vermögensgegenstand in Bar- oder Giralgeld umgewandelt werden kann. Sie ist in diesem Fall gleichzusetzen mit „**Leichtigkeit der Monetisierbarkeit**" von Aktiva. Je schneller ein Vermögensgegenstand zu Geld gemacht werden kann, um so liquider ist er in diesem Sprachgebrauch[96].

Liquidität in diesem Verständnis ist bei den Vermögensteilen sehr hoch, die marktgängig sind. Es handelt sich also um die bereits erwähnten near-money-assets[97]. Schwerer monetisierbar sind dagegen die Gegenstände des Anlagevermögens wie etwa Maschinen, Anlagen, Gebäude und Grundstücke.

Für die dargestellte Eigenschaft von Vermögensgegenständen, am Markt leicht verwertbar, das heißt verflüssigbar zu sein, findet in der vorliegenden Arbeit der Begriff „**Liquidierbarkeit**" Verwendung. Dieser Sprachgebrauch erscheint sinnvoll, um Verwechslungen mit dem Begriff Liquidität im Sinne von „Zahlungsfähigkeit" zu vermeiden. Zudem wird dadurch stärker deutlich, daß Liquidität im Sinne von Zahlungsfähigkeit mehr eine aktive Komponente beinhaltet, während Liquidierbarkeit eher den passiven Charakter einer Verwertbarkeit am Markt reflektiert.

Liquidierbarkeit kann unter den Gesichtspunkten der Liquidierungsdauer und des Liquidierungsbetrages beurteilt werden[98]. Die **Liquidierungsdauer** gibt den Zeitraum an, der zwischen der Entscheidung über die marktliche Verwertung und dem daraus resultierenden Eingang an liquiden Mitteln liegt. Dieser Zeitraum ist dann von Interesse, wenn zu klären ist, ob die Veräußerung von Vermögensgegenständen den Eingang liquider Mittel zum benötigten oder gewünschten Zeitpunkt zur Folge hat. Im Unterschied dazu sagt der **Liquidierungsbetrag** etwas über die Menge an liquiden Mitteln aus, die durch die marktliche Verwertung zu erzielen ist. Liquidierungsdauer und -betrag stellen Kriterien für die Beurteilung dafür dar, ob ein Vermögensgegenstand als Liquiditätsreserve geeignet ist oder nicht. Elemente der Liquiditätsreserve im engen Sinn zeichnen sich dadurch aus, daß sie innerhalb von zwei (Börsen-)Tagen veräußert werden können. Zugleich geht ihre Veräußerung nicht mit einem Verlust (bzw. einem nennenswerten Verlust) einher. Diese beiden Bedingungen werden z. B. durch die genannten near-money-assets erfüllt. Zu beachten ist jedoch, daß es meistens nicht möglich ist, einem Vermögensgegenstand Liquidierungsbetrag und Liquidierungsdauer eindeutig und für alle Fälle zuzuordnen. Beide Faktoren sind von einer Reihe von Einflüssen abhängig[99]. So müssen z. B. Wirtschaftssubjekte unter dem Druck einer drohenden Zahlungsunfähigkeit Preise akzeptieren, die sie in anderen Situationen ablehnen würden. Ist für die Verhandlungspartner erkennbar, daß es sich um Notmaßnahmen zur Aufrechterhaltung

---

96 L. Größl spricht in diesem Zusammenhang von der „absoluten Liquidität" eines Gutes: Größl, L. (1988), S. 28.
97 Vgl. C.3.1.1.
98 Vgl. zu diesen Begriffen: Krümmel, H.-J. (1964), S. 65 f.; Witte, E. (1983), S. 137.
99 Zu diesen Einflüssen zählen der Selbstliquidationswert, die Marktgegebenheiten und die Dringlichkeit der marktlichen Verwertung. Vgl. Hahn, O. (1983), S. 49–51.

der Liquidität handelt, dann sind Liquidierungsdauer und -betrag völlig neu zu beurteilen[100]. Von den Buchwerten ist der Liquidierungsbetrag in der Regel nicht abhängig. Ist der Buchwert höher als der Liquidierungsbetrag, dann stellt die Differenz ein **Liquidierungsdisagio** dar[101].

3.1.3. Inhaltlicher Bezug von Liquidität

Die **inhaltliche Spannweite** des Begriffs Liquidität sei an zwei Definitionen verdeutlicht. So versteht E. Witte Liquidität als

„die Fähigkeit einer Unternehmung, die zu einem Zeitpunkt zwingend fälligen Zahlungsverpflichtungen uneingeschränkt erfüllen zu können; sie muß während des Bestehens einer Unternehmung zu jedem Zeitpunkt gegeben sein"[102].

Im Unterschied hierzu legte der Bundesgerichtshof in einem Urteil folgende Definition von Illiquidität beziehungsweise Zahlungsunfähigkeit zugrunde: Illiquidität ist

„das auf dem Mangel an Zahlungsmitteln beruhende dauernde Unvermögen des Schuldners, seine sofort zu erfüllenden Geldschulden im wesentlichen zu berichtigen"[103].

Der Interpretationsspielraum von ‚Liquidität' wird damit durch zwei Merkmale definiert:
1. Zeitbezug: Muß Liquidität zu **jedem** Zeitpunkt gegeben sein oder muß sie in einem Zeitraum nur **überwiegend** vorhanden sein?
2. Umfang: Sind die zwingend fälligen Zahlungsverpflichtungen **uneingeschränkt** oder nur **im wesentlichen** zu erfüllen?

Die relativ dehnbare Begriffsverwendung durch den Bundesgerichtshof ist primär von juristischen Überlegungen bestimmt: Sie gewährt demjenigen Entscheidungsspielraum, der aufgrund der festzustellenden Illiquidität über die Eröffnung des Konkursverfahrens zu entscheiden hat[104]. Dieser Entscheidungsspielraum kann insbesondere im Hinblick auf die mit dem Konkursverfahren verbundenen gravierenden Folgen (Arbeitsplätze, Auflösungsverluste) gerechtfertigt werden.

Wie im folgenden unter C.3.3 noch zu erläutern ist, erweist sich ein solches Verständnis von Liquidität jedoch aus unternehmenspolitischer Perspektive als nicht haltbar. Die Konsequenzen, die sich für ein Unternehmen daraus ergeben,

---

100 H.-J. Krümmel weist auf das Problem der ‚Gläubigerpsyche' hin und betont, daß die Unternehmensleitung in eigenem Interesse alles zu unterlassen habe, was bei den Gläubigern zum Verdacht von Zahlungsschwierigkeiten führen könnte. Vgl. Krümmel, H.-J. (1964), S. 66.
101 Zur Ermittlung von Buchwerten in der Handels- und Steuerbilanz vgl. Bauch, G./Oestreicher, A. (1989), S. 116–153, 215–234. Zum Begriff des Liquidierungsdisagios vgl. Harms, J. E. (1973), S. 30 f.
102 Witte, E. (1963), S. 15.
103 Bundesgerichtshof (1956), S. 39.
104 Vgl. zur Illiquidität als Konkursgrund: Däumler, K.-D. (1986), S. 28.

222 Finanzplanung

daß es Zahlungsverpflichtungen nicht jederzeit oder nicht in vollem Umfang erfüllen kann, können hier zu existentiellen Problemen führen. Der mit der Zahlungsfähigkeit einhergehende **Vertrauensschwund** stört die betriebliche Leistungserstellung und -verwertung nachhaltig.

Auch aus einer anderen Perspektive zeigen sich Nachteile einer zu elastischen Auslegung des Begriffs Liquidität, wie sie für die Auffassung des Bundesgerichtshofs kennzeichnend ist. Die Formulierungen „dauerndes Unvermögen" und die Erfüllung der Geldschulden „im wesentlichen" erweisen sich als **wenig operational**. Sofern im Rahmen der Finanzplanung ein Überschuß der Zahlungsverpflichtungen über die Ansprüche auf Zahlungsmittel festgestellt wird, braucht dies somit noch nicht zu Gegenmaßnahmen zu führen. Als paradox kann das Ergebnis gesehen werden, daß aufgrund der Finanzplanung die Situation einer Zahlungsunfähigkeit zwar vorhergesehen wird, daß aber wegen einer ‚Unbedenklichkeitseinschätzung' keine Maßnahmen zu ihrer Vermeidung erfolgen.

An dieser Stelle ist anzumerken, daß nicht nur rechtlich fällige Zahlungen zwingenden Charakter haben. Sofern die Produktionstätigkeit des Unternehmens nur dadurch aufrechterhalten werden kann, daß Investitionen z. B. in Maschinen oder Vorräte getätigt werden, sind die damit verbundenen Auszahlungen ebenfalls dringend. Kann das Unternehmen die erforderlichen Gelder nicht aufbringen, so wird es zwar im juristischen Sinn nicht zahlungsunfähig. Es kann jedoch die gewünschte Produktionsaktivität nicht entfalten.

Die Ergebnisse der vorstehenden Betrachtung lassen sich wie folgt wiedergeben:
- **Liquidität stellt eine Eigenschaft von Unternehmen dar**
- **Liquidität ist gleichbedeutend mit „Zahlungsfähigkeit"**
- **Zahlungsfähigkeit bedeutet, zwingende Zahlungsverpflichtungen erfüllen zu können**
- **Liquidität ist in einem strengen Sinn zu verwenden, das heißt im Sinne einer Zahlungsfähigkeit, die**
  - **jederzeit**
  - **in vollem Umfang**

  gegeben ist.

Dies läßt sich auch in folgender Definition ausdrücken:

„**Liquidität ist die jederzeitige und vollständige Zahlungsfähigkeit eines Unternehmens.**"

3.2. Erscheinungsformen der Liquidität

3.2.1. Perioden-/Momentanliquidität

a) Ausgangsfrage

Die Definition von Liquidität enthält als einen Bezugsaspekt die „jederzeitige" Zahlungsfähigkeit eines Unternehmens. Diese ist unterschiedlich zu hinterfragen:

- Muß Liquidität auf einzelne **Zeitpunkte**, eventuell auf tages- oder stundengenaue Zeitangaben (Momentanliquidität), bezogen werden, oder kann jederzeitige Liquidität auch auf größere **Zeitabschnitte** (Periodenliquidität) bezogen werden?
- Aus zeitlicher Perspektive heraus ist es weiter interessant zu klären, ob Liquidität (als Perioden- oder Momentanliquidität) sich auf **vergangene, gegenwärtige** oder **zukünftige** Zeitpunkte oder Zeiträume zu beziehen hat[105].

Für bestimmte Fragestellungen erscheint es zweckmäßig, Liquidität auf eine Periode insgesamt zu beziehen[106]. Als Periode wird im folgenden ein Zeitraum verstanden, der länger ist als ein Tag. **Periodenliquidität** eines Unternehmens ist dann gegeben, wenn die Summe der Einzahlungen der Periode zuzüglich dem vorhandenen Anfangsbestand an liquiden Mitteln größer oder gleich der Summe der Auszahlungen in dieser Periode ist:

		Anfangsbestand an liquiden Mitteln
	+	Σ Einzahlungen der Periode
	≥	Σ Auszahlungen der Periode.
Alternativ:		Bestand an liquiden Mitteln am Ende der Periode ≥ 0.

Analog etwa zur Ermittlung des handels- oder steuerrechtlichen Gewinns ist der Feststellung der Liquidität in diesem Fall also ein **Zeitraum**, z. B. ein Monat oder ein Jahr, zugrunde gelegt. Als Vorteil einer solchen Betrachtungsweise ist zu erkennen, daß durch die Aggregation zahlungsrelevanter Größen für eine Periode ein **geringerer Planungsaufwand** entsteht gegenüber einer Feststellung von Zahlungen zu jedem einzelnen Zeitpunkt innerhalb dieser Periode. Eine zeitraumbezogene Liquiditätsermittlung kann sich auch dann als zweckmäßig erweisen, wenn die Zeitpunkte, zu denen sich Ein- und Auszahlungen vollziehen, **nicht exakt festgelegt** werden können. Dies ist regelmäßig bei weit in der Zukunft liegenden Zahlungen der Fall.

Aus finanzwirtschaftlicher Perspektive wirft eine zeitraumbezogene Betrachtung der Liquidität jedoch schwerwiegende Probleme auf. Zunächst ist festzustellen, daß einzelne Zahlungsansprüche oder -verpflichtungen sich üblicherweise nicht auf eine Periode beziehen oder über eine ganze Periode hinweg existieren[107], sondern meist zu einem genau bestimmten Zeitpunkt fällig wer-

---
105 Vgl. hierzu C.3.2.2.
106 Vgl. zum Begriff der Perioden- oder Zeitraumliquidität: Chmielewicz, K. (1976), S. 47.
107 Zwar werden im Geschäftsverkehr in der Regel Zahlungsziele eingeräumt. Die hierbei zugrundegelegten Zahlungsfristen sind jedoch üblicherweise auf einen relativ kurzen Zeitraum nur bezogen und decken nicht Perioden von 1 Monat, 6 Monaten oder noch längerer Dauer ab.

den[108]. Hierbei ist der **einzelne Tag** als kleinste für die Liquiditätsplanung relevante Zeiteinheit maßgeblich[109]. Dies erklärt sich insbesondere daraus, daß die Abrechnung oder Verbuchung von Zahlungen tagesbezogen erfolgt, unabhängig davon, zu welchem exakten Zeitpunkt innerhalb des Zahlungstages die Zahlung erfolgte. Als Konsequenz hieraus ergibt sich, Liquidität höchstens **tagesgenau** auszuweisen. Dies wird im folgenden als Ausweis von **Momentanliquidität** bezeichnet.

Neben den Zahlungsverpflichtungen[110] beziehen sich auch die Ansprüche auf Zahlungsmittel auf bestimmte Zeitpunkte. Vor Fälligkeit kann das Unternehmen seinen Anspruch auf Zahlungsmittel nicht durchsetzen. Daraus ergibt sich, daß die erworbenen, aber noch nicht fälligen Ansprüche auf Zahlungsmittel nicht zur befreienden Erfüllung von fälligen Zahlungsverpflichtungen eingesetzt werden können[111].

Ein zweites Problem resultiert daraus, daß aufgrund einer gewährleisteten Periodenliquidität nicht darauf geschlossen werden kann, daß auch die Liquidität **zu jedem Zeitpunkt** innerhalb der Periode gegeben ist. Sofern also bei einem Unternehmen am Ende einer Periode die Zahlungsmittelbestände positiv sind, ist deshalb nicht zwingend gewährleistet, daß diese Feststellung auch für jeden Tag innerhalb der Periode, also für die Momentanliquidität zutrifft. Dies sei an einem Beispiel illustriert.

Bei der Ermittlung der **Periodenliquidität** werden alle in der Planperiode fälligen Zahlungsverpflichtungen zusammengefaßt und der Summe aus dem Anfangsbestand an liquiden Mitteln und den erwarteten Einzahlungen gegenübergestellt. Gefragt ist also lediglich nach der rechnerischen Größe des Endbestandes an liquiden Mitteln am Ende des Planungszeitraums[112]. Aussagen über die Periodenliquidität vernachlässigen die zeitliche Verteilung sowohl der fälligen Zahlungsverpflichtungen als auch der erwarteten Einzahlungen im untersuchten Zeitraum[113].

Aus Abb. C 9 ist unmittelbar ersichtlich, daß Unternehmen B innerhalb der Periode „negative Bestände" an liquiden Mitteln aufweist. Diese Information geht bei der Aggre-

---

108 Dieser Zeitpunkt kann sich aus Gesetzen, Handelsusancen und speziellen Vertragsbestimmungen ergeben. Vgl. zur Leistungszeit auch: Wiefels, J. (1967), S. 61 f.; § 271 BGB.
109 Vgl. Krümmel, H.-J. (1964), S. 59.
110 Vgl. Witte, E. (1963), S. 2, 13. Zur Erfüllung rechtlicher Verpflichtungen vgl.: §§ 362–371 BGB; Wiefels, J. (1967), S. 92 f.
111 Zur Durchsetzung von Ansprüchen vor Fälligkeit vgl. § 271 (2) BGB. Eine mögliche Verwendung von Ansprüchen auf Zahlungsmittel vor Fälligkeit ist ihre Übertragung auf andere Wirtschaftssubjekte im Wege der Forderungsabtretung. Dadurch können Zahlungsverpflichtungen jedoch nicht mit befreiender Wirkung erfüllt werden. Vgl. Krümmel, H.-J. (1964), S. 63 f. Zur Übertragung von Forderungen vgl. auch: §§ 398–413 BGB.
112 Bei diesem Vorgehen lautet das Beurteilungskriterium für die künftige Liquidität:

$$ABLM_1 + \sum_{t=1}^{n} e_t - \sum_{t=1}^{n} a_t \geq 0.$$

113 Vgl. Chmielewicz, K. (1976), S. 47; Witte, E. (1983), S. 26.

b) Beispiel

Tag t	Unternehmen A				Unternehmen B			
	$ABLM_t$	e_t	a_t	$EBLM_t$	$ABLM_t$	e_t	a_t	$EBLM_t$
1.	+1000	+200	−100	+1100	+1000	+100	−200	+ 900
2.	+1100	+250	−100	+1250	+ 900	+100	−250	+ 750
3.	+1250	+250	−100	+1400	+ 750	+100	−250	+ 600
4.	+1400	+300	−100	+1600	+ 600	+100	−300	+ 400
5.	+1600	+300	−100	+1800	+ 400	+100	−300	+ 200
6.	+1800	+350	−150	+2000	+ 200	+150	−350	± 0
7.	+2000	+350	−150	+2200	± 0	+150	−350	− 200
8.	+2200	+350	−200	+2350	− 200	+200	−350	− 350
9.	+2350	+300	−200	+2450	− 350	+200	−300	− 450
10.	+2450	+300	−250	+2500	− 450	+250	−300	− 500
11.	+2500	+150	−250	+2400	− 500	+250	−150	− 400
12.	+2400	+100	−300	+2200	− 400	+300	−100	− 200
13.	+2200	+100	−300	+2000	− 200	+300	−100	± 0
14.	+2000	+100	−400	+1700	± 0	+400	−100	+ 300
15.	+1700	+ 50	−450	+1300	+ 300	+450	− 50	+ 700
16.	+1300	+ 50	−450	+ 900	+ 700	+450	− 50	+1100
17.	+ 900	+ 50	−350	+ 600	+1100	+350	− 50	+1400
18.	+ 600	+100	−300	+ 400	+1400	+300	−100	+1600
19.	+ 400	+150	−250	+ 300	+1600	+250	−150	+1700
20.	+ 300	+200	−200	+ 300	+1700	+200	−200	+1700
21.	+ 300	+300	−200	+ 400	+1700	+200	−300	+1600
	$\sum_{t=1}^{21} e_t = +4300$				$\sum_{t=1}^{21} e_t = +4900$			
	$\sum_{t=1}^{21} a_t =$		−4900		$\sum_{t=1}^{21} a_t =$		−4300	
	AZÜ =		600		EZÜ =		600	

Abbildung C 9: Momentan- und Periodenliquidität

Die Symbole bedeuten:

$ABLM_t$/$EBLM_t$: Anfangs- bzw. Endbestand an liquiden Mitteln zum Zeitpunkt t beziehungsweise am Tag t

e_t/a_t : Erwartete Einzahlungen beziehungsweise fällige Auszahlungsverpflichtungen zum Zeitpunkt t

$\sum_{t=1}^{21} e_t$ / $\sum_{t=1}^{21} a_t$: Summe der erwarteten Einzahlungen bzw. der fälligen Auszahlungsverpflichtungen in der gesamten Planperiode

EZÜ/AZÜ : Einzahlungs- bzw. Auszahlungsüberschuß der Planperiode ohne Anfangsbestand an liquiden Mitteln.

gation unter. Da es in der Realität keinen negativen Bestand an liquiden Mitteln geben kann, ist das Unternehmen **zwischenzeitlich nicht in der Lage**, seinen fälligen Zahlungsverpflichtungen nachzukommen. Im Unterschied dazu ist Unternehmen A im untersuchten Zeitraum zu jedem Zeitpunkt zahlungsfähig. Die Tatsache, daß bei Unternehmen A der Bestand an liquiden Mitteln am Ende der Planperiode geringer ist als zu Beginn, ist für die Zahlungsfähigkeit an einzelnen Tagen ohne Belang.

Der tabellarische Ausweis in Abb. C 9 ermöglicht nicht nur die Beantwortung der Frage nach der Liquidität für jeden Tag der Planperiode. Er drückt auch für jeden einzelnen Tag betragsgenau aus, wieviel liquide Mittel nach Erfüllung der fälligen Zahlungsverpflichtungen dem Unternehmen verbleiben, oder wieviel liquide Mittel zur Aufrechterhaltung der Zahlungsfähigkeit fehlen.

3.2.2. Vergangene, gegenwärtige und zukünftige Liquidität

Wie bereits erwähnt, ist eine der wesentlichen Zielsetzungen der Finanzplanung darin zu sehen, die Zahlungsfähigkeit des Unternehmens zu gewährleisten. Um dies zu erreichen, ist es allerdings notwendig, daß das Finanzmanagement beim Einsatz entsprechender Instrumente zur Zielrealisation noch einen **ausreichenden Handlungsspielraum** besitzt. Solche Maßnahmen zur Liquiditätssicherung können eventuell noch unmittelbar, das heißt zur Sicherung der gegenwärtigen (heutigen) Liquidität, geplant und durchgeführt werden oder beziehen sich auf Zeitpunkte in der Zukunft. Bereits realisierte Zahlungsbewegungen der **Vergangenheit** können dagegen nicht mehr geplant oder beeinflußt werden und sind somit grundsätzlich als gegeben hinzunehmen.

Allerdings determinieren vergangene Liquiditätsbewegungen den aktuellen, im Zeitpunkt der Planung gegebenen Bestand an Zahlungsmitteln. Sie bilden damit gewissermaßen den Ausgangspunkt für Planungs- und Gestaltungsaktivitäten. Liquiditätsbewegungen der Vergangenheit erscheinen auch deshalb für Planungsaufgaben interessant, weil sie Rückschlüsse auf den Erfolg oder die Fehler früherer Planungsversuche zulassen. Die Betrachtung solcher Konsequenzen vergangener Planungen soll an dieser Stelle nicht weiter fortgesetzt werden. Sie bildet einen **Bestandteil der Finanzkontrolle** und ist damit für die Zwecke der vorliegenden Arbeit ausgegrenzt[114].

Stellt man auf die Planung der **gegenwärtigen Liquidität**, das heißt der Liquidität am (heutigen) Planungstag ab, so ist zunächst ebenfalls einzuwenden, daß die in die Planung einfließenden Größen zum Teil bereits realisiert und somit nicht mehr planbar sind: Am Planungstag bereits abgewickelte Ein- und Auszahlungen haben sich in einer Veränderung des Bestandes an liquiden Mitteln niedergeschlagen. Nur für die weiteren, bis zum Ende des (heutigen) Planungstages noch erwarteten Zahlungen ist eine Vorausschau denkbar. Diese ermöglicht dann zu erkennen, ob die Liquiditätsbedingung für den momentanen Planungstag eingehalten wird. Gegebenenfalls können für diesen Tag noch Ausgleichsmaßnahmen eingeleitet werden. Die Feststellung der liquiden Mittel zum Ende des aktuellen Planungstages bildet zudem die Grundlage für weiter in die Zukunft reichende Planungsrechnungen.

---

114 Vgl. C.2.1.2.

Das Liquiditätsproblem als eigentlicher Anlaß zur Finanzplanung

Reichen die vorhandenen und die am Planungstag erwarteten liquiden Mittel aus, um alle zwingenden Zahlungsverpflichtungen in vollem Umfang zu begleichen, dann liegt Zahlungsfähigkeit vor. Sind die vorhandenen und die erwarteten beziehungsweise die beschaffbaren liquiden Mittel dagegen nicht ausreichend, so ist die Unternehmung tatsächlich nicht zahlungsfähig. Man kann diesen Zustand auch als objektive Illiquidität des Unternehmens bezeichnen [115].

Die Feststellung der gegenwärtigen Liquidität ist also von zentraler Bedeutung für die Unternehmensführung. Liquiditätsplanung kann sich jedoch nicht nur darin erschöpfen, gegenwärtige Zahlungsmittelbestände zu registrieren. Für die Unternehmensführung ist es ebenso wichtig, finanzpolitischen Handlungsbedarf in der Zukunft zu erkennen und sich auf alternative zukünftige Liquiditätslagen frühzeitig einzustellen. Erst die Prognose zukünftiger Veränderungen an Zahlungsmittelbeständen erlaubt es dem Management, auf prognostizierte Liquiditäts- oder Illiquiditätssituationen sachgerecht zu reagieren. Diese Reaktionen zielen speziell darauf ab, **prognostizierte Ungleichgewichte nicht tatsächlich eintreten zu lassen**. Sofern sich z. B. Finanzierungsdefizite in großem Umfang feststellen lassen, sind hierfür entsprechend umfangreiche Maßnahmen einzuleiten (z. B. Emission einer Anleihe, Erhöhung Eigenkapital). Diese können jedoch nur durchgeführt werden, wenn noch ausreichender zeitlicher Spielraum gegeben ist, das heißt wenn der Bedarf also möglichst frühzeitig aufgedeckt wurde.

Relevant für die Feststellung der **zukünftigen Liquidität** sind folgende Positionen:

- Bestand an liquiden Mitteln am Planungstag (aktuelle Liquidität)
- Einzahlungen in der Zukunft, die aufgrund bereits bestehender Zahlungsansprüche (Zahlungsforderungen) zu erwarten sind
- Einzahlungen in der Zukunft, denen Ansprüche zugrunde liegen, die im Planungszeitpunkt noch nicht bestehen, aber voraussichtlich im Planungszeitraum durch das Unternehmen neu erworben werden
- Auszahlungen in der Zukunft, die aufgrund bereits bestehender Zahlungsverpflichtungen zu erfüllen sind
- Auszahlungserfordernisse, die im Planungszeitpunkt noch nicht bestehen, aber voraussichtlich durch zukünftige betriebliche Entscheidungen neu begründet werden.

Bei der Ermittlung der zukünftigen Liquidität ist auch der Zeitpunkt in der Zukunft festzulegen, **bis zu dem die Planung reichen soll**. Je weiter dieser Zeitpunkt vom gegenwärtigen Zeitpunkt der Planungsdurchführung entfernt ist, um so langfristiger ist die Liquiditätsplanung angelegt. Der durch die Planung abgedeckte Zeitraum wird auch als **Planungshorizont** bezeichnet.

Die Grenze zwischen kurz-, mittel- und langfristiger Planung ist nicht exakt zu definieren [116]. Es kann aber davon ausgegangen werden, daß üblicherweise die Feststellung der kurzfristigen Liquidität einen Betrachtungszeitraum von bis zu einem Jahr umfaßt. Beziehen sich die Prognosen auf Zeitpunkte, die mehr als ein Jahr in die Zukunft reichen, so handelt es sich um eine mittel- oder langfristige Liquiditätsplanung. Obwohl

---

115 Vgl. Witte, E. (1963), S. 4.
116 Vgl. zu sach- und zeitbezogenen Merkmalen einer Unterscheidung: Prätsch, J. (1986), S. 28–45.

die Unterteilung kurz-/langfristig etwas willkürlich erscheinen mag, lassen sich doch gewisse Eigenarten für beide Planungsarten feststellen. So ist in der Regel eine Vorhersage von Umfang und Zeitpunkt der Ein- und Auszahlungen in der Planungsperiode um so exakter, je weniger weit diese Zahlungen in der Zukunft entfernt liegen. Insofern besitzt die Feststellung der kurzfristigen Liquidität mehr den Charakter einer Feinplanung, die langfristige Liquiditätsplanung ist dagegen eine Grobplanung.

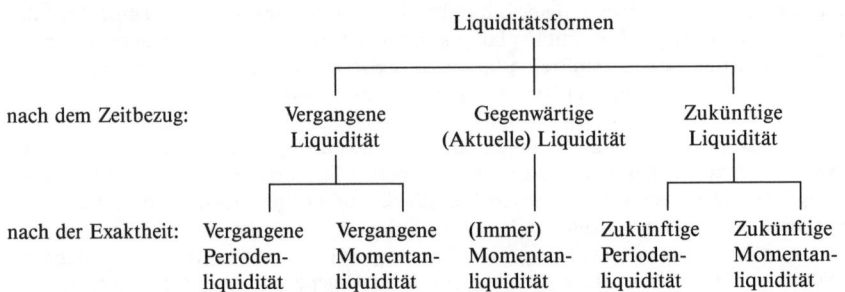

Abbildung C 10: Zusammenhang von vergangener/gegenwärtiger/zukünftiger Liquidität und Momentan-/Periodenliquidität

3.2.3. Unter-, Über- und optimale Liquidität

a) Liquiditätsformen und Liquiditätssaldo

Bei der Beurteilung der Liquiditätslage wurde bisher unterstellt, daß die (zukünftige) Liquidität des Unternehmens dann gesichert ist, wenn gilt:

Bestand an liquiden Mitteln $+ \Sigma$ erwarteter neuer Einzahlungen $- \Sigma$ erwarteter neuer Auszahlungen ≥ 0.

Analog ist eine Situation der Illiquidität dadurch gekennzeichnet, daß gilt:

Bestand an liquiden Mitteln $+ \Sigma$ erwarteter neuer Einzahlungen $- \Sigma$ erwarteter neuer Auszahlungen < 0.

Liquidität ist grundsätzlich also dann gegeben, wenn zu jedem Zeitpunkt in der Zukunft die Summe der Auszahlungen die Summe der Mittelbestände und Einzahlungen **nicht übersteigt**. Aus bestimmten Überlegungen heraus kann es jedoch auch zweckmäßig sein, diese Liquiditätsbedingung noch strenger zu formulieren. Die gewünschte Liquidität ist vor diesem Hintergrund erst dann gegeben, wenn der prognostizierte Saldo aus Bestand an liquiden Mitteln zuzüglich erwartete Einzahlungen minus Auszahlungen (**Liquiditätssaldo**) positiv ist und darüber hinaus einen definierten **Mindestbestand an liquiden Mitteln** nicht unterschreitet:

| Bestand an liquiden Mitteln | $+\Sigma$ | erwarteter neuer Einzahlungen | $-\Sigma$ | erwarteter neuer Auszahlungen | $\geq$ | Mindestbestand an liquiden Mitteln (MBLM). |

Zusätzlich zur Nichtnegativitätsbedingung der Ausgangsgleichung (Liquiditätssaldo $\geq$ 0) muß jetzt also ein Mindestbestand an liquiden Mitteln eingehalten werden. Die Aufgabe der Liquiditätsplanung besteht nun darin zu gewährleisten, daß der aktuelle und zukünftige Bestand an liquiden Mitteln ein bestimmtes Volumen nicht unterschreitet. In bezug auf das Verhältnis „gewünschter" zu „tatsächlichem" Liquiditätssaldo lassen sich dann folgende Liquiditätsformen unterscheiden:

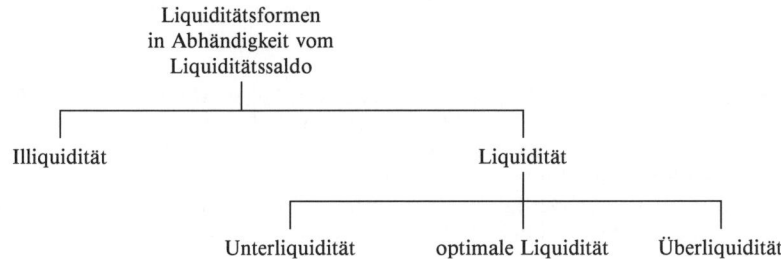

Abbildung C 11: Unter-, Über- und optimale Liquidität

Hierbei gilt:

- Illiquidität: Saldo < 0

- Liquidität: Saldo $\geq$ 0
  - Unterliquidität: 0 $\leq$ Saldo < MBLM
  - Optimale Liquidität: Saldo = MBLM
  - Überliquidität: MBLM < Saldo.

Die Überlegungen, aus denen heraus sich ein zu erreichender Mindestbestand an liquiden Mitteln begründen läßt[117], betreffen zum einen Rentabilitätsaspekte, zum anderen Sicherheitsaspekte (vgl. im weiteren (b) und (c)).

b) Rentabilitätsperspektive

Nach dem Rentabilitätskalkül ist davon auszugehen, daß ein Unternehmen – zusätzlich zur Erfüllung der fälligen Zahlungsverpflichtungen – über ausrei-

---
[117] Vgl. grundsätzlich zum Transaktions-, Vorsichts- und Spekulationsmotiv für die Haltung von Liquiditätsreserven: Jarchow, H.-J. (1978), S. 36–91; Perridon, L./Steiner, M. (1988), S. 3 f.

chende liquide Mittel verfügen soll, um sich unerwartet ergebende Investitionschancen effizient nutzen zu können. Stehen solche Mittel genau im benötigten Umfang zur Verfügung, so verfügt das Unternehmen über eine optimale Liquidität[118]. Besitzt das Unternehmen keine ausreichenden Mittel, um Investitionschancen wahrnehmen zu können, so ist es unterliquide. Schließlich zeichnet sich der Fall der Überliquidität[119] dadurch aus, daß das Unternehmen über mehr liquide Mittel verfügt, als zur Durchführung weiterer Investitionen benötigt werden.

Ein **unterliquides Unternehmen** ist dadurch gekennzeichnet, daß die Zahlungsfähigkeit aktuell und zukünftig gewahrt ist, die liquiden Mittel jedoch nicht ausreichen, um die sich bietenden Marktchancen zu nutzen und vorteilhafte Investitionsprojekte zu realisieren. Es fehlen der Unternehmung also die notwendigen Zahlungsmittel, mit denen sie so rentabel arbeiten könnte, wie dies aufgrund der Marktchancen sein könnte. Dies kann z. B. auch dann der Fall sein, wenn die von Lieferanten gewährten Skonti aufgrund fehlender Mittel nicht ausgenutzt werden können, und damit teure Lieferantenkredite in Anspruch genommen werden müssen.

Beispiel:
Aufgrund der auf Basis der Liquiditätsplanung veranlaßten Maßnahmen wird für das Ende des nächsten Monats ein Liquiditätssaldo von Null erwartet. Als relevante Information für die Planung war dabei eingeflossen, daß im nächsten Monat keine Rohstoffe beschafft werden sollen. Wird diese Vorgabe von der Einkaufsabteilung nun geändert – z. B. aufgrund eines Preisverfalls bei Rohstoffen –, so fehlen die für die vorgezogene Beschaffung notwendigen liquiden Mittel.

Das **überliquide Unternehmen** verfügt über einen Bestand an liquiden Mitteln, für den keine spezielle Verwendung vorgesehen ist. Ein solcher Überschuß kann z. B. als Folge unerwarteter Einzahlungen auftreten oder ergibt sich generell als Folge einer nicht ausreichend abgestimmten Investitions- bzw. Anlagepolitik. Die überschüssigen liquiden Mittel tragen so nicht – als Kasse – oder nur wenig – als Sichtguthaben – zur Rentabilität des Unternehmens bei[120].

Unternehmen, deren Liquidität als **optimal** bezeichnet wird, sind dagegen zum einen in der Lage, aktuell und zukünftig allen fälligen Zahlungsverpflichtungen uneingeschränkt nachzukommen. Zum anderen besitzen sie liquide Mittel genau in dem Umfang, der notwendig ist, um alle vorteilhaften Investitionsprojekte realisieren zu können. Es ist jedoch nicht möglich, den Mindestbestand an liquiden Mitteln betragsgenau zu bestimmen. Es handelt sich ja definitionsgemäß um ein Reservoir, mit dem unvorhergesehene Chancen genutzt werden sollen – bereits erwartete oder als sicher angenommene Zahlungen gehen direkt

---

118 Vgl. in diesem Zusammenhang zur optimalen Spekulationskasse Jarchow, H.-J. (1978), S. 60.
119 Dieser Begriff wird zum Teil mit etwas anderem Inhalt gebraucht. Vgl. z. B.: Hahn, O. (1983), S. 64, 190.
120 Vgl. Orth, L. (1961), S. 32. R. Vieweg spricht von ‚Überliquidität', wenn sich „ein beträchtlicher Barbestand" angesammelt hat: Vieweg, R. (1971), S. 19.

in die Planung ein. Es sollte deshalb nicht von „der" optimalen Liquidität, sondern von „der Zone" der optimalen Liquidität ausgegangen werden. In der ‚**Zone der optimalen Liquidität**' verfügt das Unternehmen an jedem Tag über genau die Zahlungsmittel, deren es bedarf, um so rentabel wie möglich zu arbeiten.

Einwände gegen eine solche Vermischung des Rentabilitäts- und Liquiditätsziels ergeben sich aus **konzeptioneller Perspektive**. Im Rahmen der hier betrachteten Liquiditätsprobleme ist eine Trennung von Finanzierungsentscheidungen und Investitionsentscheidungen und damit auch von Liquiditäts- und Rentabilitätsaspekten bezweckt. Durch die Interpretation von optimaler Liquidität als „gewinnmaximale Zahlungsbereitschaft"[121] ist eine solche Trennung jedoch nicht mehr möglich. Vielmehr gelingt bei beschränktem Kapitalmarkt die gleichzeitige Beurteilung eines Investitions- und Finanzierungsprogramms im Hinblick auf die Rentabilität und die Liquidität nur mit Hilfe von Totalmodellen oder mit Hilfe von solchen kombinatorischen Partialmodellen[122], die alle Zahlungszeitpunkte ausweisen oder alle Zahlungen stets zu Beginn dieser Periode ansetzen.

Zu erwähnen ist der **unterschiedliche Zeitbezug** von Liquidität und Rentabilität[123]. Während die Feststellung der Rentabilität sinnvoll nur zeitraumbezogen gelingt, ist die Liquidität auf jeden einzelnen Zeitpunkt (im Sinne eines Zahlungstages) auszurichten[124]. Eine Verbindung von zeitraumbezogenen Rentabilitätsaussagen mit zeitpunktbezogenen Liquiditätsbeurteilungen ist insofern sachlich problembehaftet. Versucht man, diesem Einwand dadurch zu begegnen, daß auch auf Periodenliquiditäten abgestellt wird, so tritt das vorstehend unter C.3.2.1 bezeichnete Problem einer nicht erkennbaren Momentanilliquidität auf.

c) Sicherheitskalkül

Soweit ein Mindestbestand an liquiden Mitteln aus risikopolitischen Überlegungen gefordert wird, entspricht dieser Bestand einer Art Liquiditätspuffer oder „Zahlungskraftreserve"[125]. Das Motiv zur Haltung dieser Reserve ist darin zu sehen, möglichen Abweichungen der geplanten von der tatsächlichen Liquidität zu begegnen. Solche Abweichungen ergeben sich z. B. aufgrund

- von Planungsfehlern oder aufgrund
- unvorhergesehener Ein- und Auszahlungsströme.

Die Reserven stellen eine Art **Sicherheitspolster** dar, das speziell nicht geplante Auszahlungen sowie den Ausfall oder die Verzögerung erwarteter Einzahlungen auffangen soll[126]. Die Höhe einer entsprechenden Zahlungskraftreserve[127] ist von unterschiedlichen Einflüssen abhängig. Dazu zählen insbesondere

---

121 Orth,L. (1961), S. 32; Witte, E. (1963), S. 27.
122 Vgl. hierzu: B.2.2.3.
123 Vgl. auch: C.3.2.1.
124 Vgl. Perridon, L./Steiner, M. (1988), S. 17.
125 Witte, E. (1983), S. 136. Allerdings bezieht E. Witte noch andere Komponenten als die in der vorliegenden Arbeit abgegrenzten liquiden Mittel ein. Vgl. ebenda, S. 136.
126 In der Liquiditätspräferenztheorie von Keynes entsprechen diese Reserven der ‚Vorsichtskasse'. Vgl. Jarchow, H.-J. (1978), S. 49 f. Vgl. auch: Glaser, H. (1982), S. 32–37.
127 Als Indiz für Probleme bei der Quantifizierung mag z. B. die Formulierung ‚beträchtliche Barreserve' in bezug auf die Überliquidität dienen: Vgl. Vieweg, R. (1971), S. 19.

232 Finanzplanung

- der Grad an Sicherheit über Auftreten, Umfang und Vollständigkeit der in die Liquiditätsplanung einbezogenen Zahlungsbestände und -ströme
- die Anfälligkeit des Unternehmens gegenüber nicht planbaren Zahlungserfordernissen
- die von der Liquiditätsplanung beziehungsweise von der Unternehmensleitung definierten Sicherheitspräferenzen[128].

Soweit z. B. eine Unternehmung den Vertrieb ihrer Produkte über Absatzverträge weitgehend festgelegt hat und die Bonität ihrer Abnehmer außer Zweifel steht, kann sie von relativ sicheren Erwartungen über Zahlungseingänge ausgehen. Dies ist bei einer vergleichbaren Unternehmung, die keine solchen festen Lieferverträge abgeschlossen hat, nicht der Fall. Oder es ist anzunehmen, daß Auszahlungen für Reparaturen und Instandhaltung bei Unternehmen mit relativ jungem Anlagenbestand präziser vorhersehbar sind als bei Unternehmen mit veralteter, störungsanfälliger Anlagekapazität. Die Risikoneigung des Managements schließlich ist dafür maßgeblich, inwieweit bei gegebenem festgestelltem Liquiditätsrisiko die Haltung höherer oder niedrigerer Reserven erforderlich erscheint. Hierbei sind zum Teil unterschiedliche Verfahren zur Bestimmung des Umfangs der Zahlungsmittelreserven entwickelt worden[129].

Unter C.3.1.1 wurden Vermögenspositionen eines Unternehmens angesprochen, die i. d. R. problemlos und relativ kurzfristig in Zahlungsmittel **umwandelbar** sind (near-money-assets). Diese Positionen sind zunächst von den eben dargestellten Zahlungskraftreserven abzugrenzen: Die Zahlungskraftreserven bzw. der MBLM setzen sich aus bereits **vorhandenen** überschüssigen liquiden Mitteln zusammen. Sie können **direkt** zur Absicherung von Planungsfehlern oder zur Durchführung unerwarteter Investitionen herangezogen werden. Dagegen müssen near-money-assets erst durch eine **Veräußerung** in liquide Mittel umgewandelt werden. Während der MBLM im Prinzip einen Überschuß an liquiden Mitteln darstellt, zählen near-money-assets (sowie die freien Finanzierungsreserven[130]) zur **Liquiditätsreserve** eines Unternehmens: Sie können zur Deckung eines zukünftigen Mittelbedarfs herangezogen werden, wenn dieser vorausgesehen wird und noch ausreichende, fristgerechte Reaktionsmöglichkeiten (im Sinne der Wahrnehmung von Finanzierungs- oder Veräußerungsmöglichkeiten) bestehen.

Der MBLM wird insbesondere aus Rentabilitätsgründen heraus meist relativ gering gehalten. Er kann deshalb nicht ausreichend sein, wenn sich grobe Planungsfehler oder unerwartete Investitionschancen größeren Umfangs ergeben. Die Bedingung für die optimale Liquidität ist deshalb **noch strenger zu formulieren**: Zusätzlich zum MBLM sollte das Liquiditätsmanagement auf near-money-assets zurückgreifen können, durch deren problemlose Veräußerung im

---

128 Diese können vereinfacht als Umfang dessen definiert werden, was der Entscheidungsträger noch an Risiko zu tragen bereit ist.
129 Vgl. Chmielewicz, K. (1976), S. 55; Glaser, H. (1982).
130 Vgl. ausführlicher im folgenden: C.3.2.4. E. Witte zählt zu den ‚Finanzierungsreserven' z. B. bereits zugesagte, aber noch nicht bereitgestellte Kredite. Vgl. Witte, E. (1983), S. 136 f. Vgl. differenziert zu Elementen der Liquiditätsreserve: Glaser, H. (1982), S. 38–52.

Das Liquiditätsproblem als eigentlicher Anlaß zur Finanzplanung

Reserveform	Elemente	Bedeutung
Zahlungs-kraftreserve (MBLM)	Liquide Mittel – Kasse – Bankgiroguthaben – Postgiroguthaben – Freie Kreditlinien	Vorhandene bzw. direkt verfügbare Zahlungsmittel. Mit ihnen können Planungsfehler ausgeglichen oder neue Investitionschancen realisiert werden.
Liquiditäts-reserve (im engen Sinn)	Near-money-assets – Besitzwechsel – Geldmarktpapiere (soweit börsengehandelt oder Zweitmarkt): Schatzwechsel, Schatzanweisungen, ggfs. CD's oder CP's – börsengehandelte Festzinsanleihen mit kurzer Restlaufzeit – börsengehandelte variabel verzinsliche Anleihen (Floater)	Hohe Geldnähe. Schnelle Monetisierbarkeit aufgrund Handel auf einem Markt (Abwicklung innerhalb von zwei Geschäftstagen). Weitgehende Kursstabilität, insofern Veräußerung i. d. R. ohne Verluste möglich. Durch die Finanzabteilung eigenständig disponierbar.
Finanzie-rungsreserve	Außenfinanzierung – neue Bankkredite – Wertpapieremission – neue Einlagen durch alte oder neue Gesellschafter	Zustimmung unternehmensexterner Stellen ist erforderlich. I. d. R. ist für die Mobilisierung dieser Reserve längere Vorbereitungszeit erforderlich.
„Weitere" Liquiditäts-reserve	Weitere Finanzaktiva – Börsennotierte Anleihen mit längerer Restlaufzeit – Sonstige Anleihen – Aktien (mit Anlagecharakter) – Forderungen	Durch die Finanzabteilung zwar selbständig disponierbar. Jedoch können die Liquidierungsdauer (z. B. beim Factoring oder privatem Anleiheverkauf) und der Liquidierungsbetrag (z. B. Kursverluste bei Anleihen) nicht exakt prognostiziert werden. Bei der Monetisierung entstehen Zeit- und Kostenprobleme.
„Notreserve"	Aktiva mit Produktionsbezug – Fertigerzeugnisse – Halbfertigerzeugnisse – Werkstoffe – Anlagen – Beteiligungen	Zugriff bedeutet ein eigentlich nicht erlaubtes Eingreifen in den Produktionsbereich. Die geplante Leistungserstellung wird tangiert. Kann nur als „letzte Rettung" verstanden werden.

Abbildung C 12: Reserven im Rahmen der Finanzplanung

Bedarfsfall liquide Mittel beschafft werden können. Die Deckung unerwarteter Auszahlungen über den MBLM sowie über near-money-assets stellen zudem Maßnahmen dar, die vom Finanzmanagement allein durchzuführen sind.

Beide Reservoirs – MBLM und Liquiditätsreserve in Form der near-money-assets – können sich jedoch als begrenzt erweisen. Es wäre nun daran zu denken, weitere Aktiva zu veräußern. Dies ist eventuell aber nur unter Hinnahme von Verlusten möglich oder würde einen Eingriff in den operativen Bereich bedeuten. Ein solcher Verkauf von Aktiva ist deshalb zunächst nicht zu erwägen. Vielmehr muß der Liquiditätsmanager – um noch Manövrierpotential zu besitzen – dafür Sorge tragen, im Bedarfsfall bei Banken weitere Kredite erhalten zu können oder durch bestehende bzw. neue Gesellschafter einen Eigenmittelzufluß zu bewirken (Spielräume bei der Außenfinanzierung).

Welche der genannten Möglichkeiten – near-money-assets oder weitere Außenfinanzierung – im Bedarfsfall zuerst realisiert wird, bleibt offen. Aus Kostenaspekten heraus ist es meist sinnvoll, die im Vergleich zu einer Kreditaufnahme i. d. R. niederer verzinslichen Aktiva zu veräußern. Dies wiederum erscheint im Hinblick auf die Transaktionskosten bedenklich, wenn die Mittel nur kurzfristig benötigt werden und dann wieder zur Anlage verfügbar sind. Oft kann eine Erhöhung der Kreditlinie durch einen Telefonanruf bei der Bank geregelt werden, während der Verkauf der near-money-assets zwei Geschäftstage in Anspruch nimmt.

3.2.4. Ungefährdete/Gefährdete Liquidität

3.2.4.1. Der Liquiditätssaldo I als vorläufiges Planungsergebnis

Generelles Ziel der Finanzplanung ist es, das finanzielle Gleichgewicht der Unternehmung zu sichern. Diese Zielformulierung beinhaltet als einen, jedoch dominierenden Teilaspekt, die Zahlungsfähigkeit der Unternehmung zu gewährleisten. Erreicht die Finanzplanung dieses Ziel, so liegt eine **ungefährdete Liquidität** der Unternehmung vor. Unter Einbezug der vorstehend unter C.3.2.3. abgeleiteten Ergebnisse lassen sich folgende Bedingungen für die „idealtypische" Situation einer ungefährdeten Liquidität festlegen. Diese ist dann gegeben, wenn

– der geplante Liquiditätssaldo einen ‚Mindestbestand an liquiden Mitteln' nicht unterschreitet [131]
und zusätzlich (idealerweise)
– ein Bestand an near-money-assets vorhanden ist sowie
– noch freier Spielraum bei der Außenfinanzierung besteht.

Soweit dagegen aufgrund der Finanzplanung eine Illiquidität prognostiziert wird, gilt dieser Zustand als **gefährdete Liquidität**. Diese ist analog dadurch

---

131 Vgl. vorstehend: C.3.2.3.

Das Liquiditätsproblem als eigentlicher Anlaß zur Finanzplanung

gekennzeichnet, daß der erwartete Bestand an liquiden Mittel den MBLM unterschreitet oder sogar negativ wird.

Zu präzisieren ist allerdings, ab welchem Zeitpunkt beziehungsweise − im Hinblick auf den Planungsprozeß −, in welcher Planungsstufe von einer Gewährleistung oder von einer Gefährdung der Liquidität gesprochen werden kann. Hierbei ist − auch im Hinblick auf die Veränderbarkeit des Planungsergebnisses beziehungsweise auf die Natur der zu treffenden Maßnahmen − zwischen **zwei grundsätzlichen Stufen** zu unterscheiden.

Im Rahmen seiner Tätigkeit verarbeitet der Finanzplaner in einem ersten Schritt die verfügbaren Informationen über Ein- und Auszahlungen, die aus dem gewöhnlichen Geschäftsverlauf erwartet werden. Der Finanzplaner faßt hierbei die Prognosen zusammen, die er aus der Absatz-, Personal-, Beschaffungsabteilung und aus weiteren Bereichen (z. B. fällige Kredittilgung) erhält. Der sich hieraus ergebende Liquiditätssaldo ist dadurch charakterisiert, daß er nicht durch spezielle finanzwirtschaftliche Korrekturmaßnahmen beeinflußt ist (**Liquiditätssaldo I**).

I.d.R. wird der Liquiditätssaldo I allerdings nicht den Zielen des Finanzmanagements entsprechen − auf die Asynchronität von Ein- und Auszahlungen im gewöhnlichen Betriebsverlauf wurde bereits mehrfach hingewiesen. Anders formuliert, besteht ja die Aufgabe der Finanzplanung gerade darin, den asynchronen Verlauf von Ein- und Auszahlungen im gewöhnlichen Geschäftsverlauf zu harmonisieren. Dieser Ausgleich, das heißt das Anstreben des eigentlich gewünschten Liquiditätssaldos (im Idealfall: MBLM), muß nun durch Maßnahmen des Finanzmanagements erreicht werden. Dabei ist streng zu beachten, daß das Finanzmanagement beim Einsatz der erforderlichen Maßnahmen autonom handeln können muß.

Um die Liquidität zu sichern beziehungsweise im Gleichgewicht zu halten, ist es also nicht unbedingt erforderlich, daß bereits der zunächst prognostizierte Bestand an liquiden Mitteln („Liquiditätssaldo I" oder „status-quo-Prognose") positiv beziehungsweise gleich dem MBLM ist. Vielmehr ist auch auf die Korrekturmöglichkeiten des Finanzmanagements abzuheben. Soweit beispielsweise zunächst ein negativer Betrag an liquiden Mitteln in der Planung festgestellt wird (Liquiditätssaldo I < 0; etwa aufgrund der am Monatsanfang geplanten Lohnzahlungen), kann dieses Defizit dadurch ausgeglichen werden, daß das Unternehmen neue liquide Mittel z. B. über die Veräußerung von near-money-assets oder durch die Aufnahme neuer Kredite beschafft. Soweit das zunächst festgestellte Defizit korrigierbar ist (und idealerweise noch weitere near-money-assets und/oder Finanzierungsspielräume vorliegen), besteht wiederum eine Situation ungefährdeter Liquidität. Der durch finanzwirtschaftliche Korrekturmaßnahmen beeinflußte, neue Liquiditätssaldo (**Liquiditätssaldo II**) zeichnet sich im Beispielsfall dadurch aus, daß gilt: Liquiditätssaldo II > 0 beziehungsweise = MBLM.

Beispiel: Der Finanzplaner erhält die Information, daß im folgenden Monat die Ersatzbeschaffung eines Lkw vorzunehmen ist. Auf Basis der bis dahin zu erwartenden Einzahlungen sowie der Bestände an liquiden Mittel ist aber die Auszahlung für den Lkw-Kauf nicht zu finanzieren (Liquiditätssaldo I < 0). Die Finanzplanung regt daraufhin an, einen Teil der kurzfristigen Wertpapiere zu verkaufen und die Erlöse hieraus zur Lkw-Beschaffung zu verwenden (Liquiditätssaldo II bzw. korrigierter Liquiditätssaldo I).

Planungsstufe I : (Planung der zukünftigen Liquidität, die sich aus dem gewöhnlichen Geschäftsverlauf heraus ergibt und nicht durch finanzplanerische Korrekturmaßnahmen beeinflußt ist = status-quo-Prognose.)
Prognostizierter Anfangsbestand an liquiden Mitteln
+ Prognostizierte Einzahlungen
− Prognostizierte Auszahlungen
= **Prognostizierter Liquiditätssaldo I**

Planungsstufe II: (Wird notwendig, wenn die Planungsstufe I keine optimale Liquidität erbrachte. Maßnahmen der Finanzabteilung zur Beseitigung des Ungleichgewichts sind einbezogen = Wirkungsprognose.)
Prognostizierter Liquiditätssaldo I
+ Geplante „Korrektur"-Einzahlungen (soweit Defizit festgestellt wurde: z. B. Einzahlungen aus Lieferantenkredit; aus Verkauf von near-money-assets)
− Geplante „Korrektur"-Auszahlungen (soweit Überschuß festgestellt wurde: z. B. Anlage von Geldern am Terminmarkt)
= **Geplanter Liquiditätssaldo II**

Abbildung C 13: Stufen der Finanzplanung

Die zukünftige Liquidität eines Unternehmens ist insofern dann **ungefährdet**, wenn der **korrigierte Liquiditätssaldo** größer oder gleich [132] dem MBLM ist. Ein zunächst prognostizierter, unter dem MBLM liegender Bestand an liquiden Mitteln kann durch finanzwirtschaftliche Ausgleichsmaßnahmen [133] vermieden werden.

Soweit diese z. B. in der Beschaffung neuer liquider Mittel bestehen, sind sie in ihrem Volumen abhängig vom

− Umfang an Vermögensgegenständen, deren Veräußerung kurzfristig problemlos möglich ist, ohne daß hierdurch der leistungswirtschaftliche Bereich negativ beeinflußt wird. Dies ist bei den erwähnten **near-money-assets** [134] gegeben.
− Umfang des im betrachteten Zeitraum beschaffbaren weiteren Fremd- und/oder Eigenkapitals (**Finanzierungsreserven**). Die Grenzen der Außenfinanzierung dürfen also noch nicht erreicht sein.

---

132 Streng genommen, sollte ein positiver Bestand angestrebt werden. Dieser muß ausreichend sein, um Planungsfehler oder unvorhergesehene Auszahlungen aufzufangen. Vgl. auch: Witte, E. (1983), S. 30.
133 Vgl. hierzu auch das Beispiel zum kurzfristigen Finanzplan in C. 4.2.2.2.
134 Dies sind: Besitzwechsel, bestimmte Geldmarktpapiere, börsengehandelte variabel verzinsliche Schuldverschreibungen, festverzinsliche börsennotierte Wertpapiere mit kurzer Restlaufzeit. Vgl. hierzu auch: C.3.1.1 und Abb. C 12.

Die Situation **gefährdeter** Liquidität ist dagegen dadurch gekennzeichnet, daß die Korrekturmaßnahmen des Finanzmanagements nicht ausreichen, um den geplanten Bestand an liquiden Mitteln größer oder gleich dem MBLM zu gestalten. In diesem Fall sind weiterreichende Maßnahmen erforderlich. Diese beziehen nun auch den leistungswirtschaftlichen Unternehmensbereich ein oder stellen Maßnahmen dar, die aus anderen Gründen, z. B. aufgrund von Kostenaspekten, problematisch geraten.

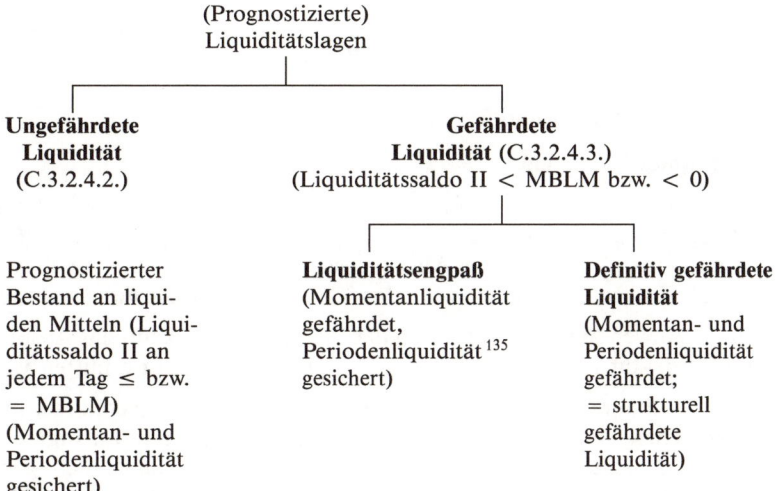

Abbildung C 14: Gefährdete/Ungefährdete Liquidität

3.2.4.2. Ungefährdete Liquidität

Möchte man die Liquiditätsbedingung nur als solche eingehalten wissen, so ist die Liquidität eines Unternehmens dann ungefährdet, wenn der prognostizierte Liquiditätssaldo $\geq$ MBLM (oder $\geq$ 0) ist. Dieser Saldo ergibt sich eventuell bereits aus der status-quo-Prognose (Liquiditätssaldo I) oder wird durch korrigierende Maßnahmen der Finanzabteilung erreicht (Liquiditätssado II). Eine solche Situation ungefährdeter Liquidität ist beispielsweise in Abb. C 15 dargestellt. Die prognostizierten Salden am Ende der betrachteten Tage ergeben sich hier bereits aus der status-quo-Prognose (Liquiditätssaldo I).

Für den in Abb. C 15 betrachteten Fall gilt, daß „die Zahlungskraft der Unternehmung an jedem Tag ausreicht, um die fälligen Zahlungsverpflichtungen erfüllen zu können"[136]. Es ist die **Momentanliquidität** an jedem Tag der Planungsperiode gegeben und somit auch die **Periodenliquidität**. Weiterhin ist die dargestellte Liquiditätssituation durch die Besonderheit gekennzeichnet, daß

---
135 Zugrunde gelegt ist eine überschaubare, eventuell bis zu wenigen Monaten lange Periode.
136 Witte, E. (1983), S. 30.

der geplante Bestand an liquiden Mitteln nicht nur positiv ist, sondern den als ‚Puffer' gedachten Mindestbestand an liquiden Mitteln (MBLM) übersteigt.

Da mehr liquide Mittel als erforderlich vorhanden sind, ist jetzt zu klären, ob es für die Anlage bzw. Investition dieser liquiden Mittel geeignete Projekte gibt (z. B. Termineinlage, Wertpapier). Die Beurteilung dieser Projekte unter Rentabilitätsgesichtspunkten würde zur Investitionsplanung[137] zurückführen. Die Finanzplanung gibt hierbei jedoch vor, in welchem Umfang und für welche Zeitspanne Mittel zur Anlage frei sind. Fließen diese Gelder zur Anlage ab, so sollte der danach verbleibende Bestand an liquiden Mitteln (idealerweise) die Bedingung erfüllen: Liquiditätssaldo II = MBLM.

3.2.4.3. Gefährdete Liquidität

a) Der Liquiditätsengpaß

Bei einer (prognostizierten) Gefährdung der Liquidität rücken Maßnahmen zur Erhaltung der zukünftigen Zahlungsfähigkeit in den Vordergrund. Für die Suche und Auswahl geeigneter Alternativen zur Vermeidung einer drohenden Illiquidität sind Informationen über das **Ausmaß der Gefährdung** erforderlich.

Durch die Anwendung von Verfahren der Finanzplanung kann das Ausmaß der Liquiditätsgefährdung hinsichtlich Betrag und Zeithorizont ermittelt werden.

Wenn die vorhandenen und die erwarteten Mittel nicht an jedem zukünftigen Tag ausreichen, um die fälligen Zahlungsverpflichtungen uneingeschränkt erfüllen zu können, ist die Momentanliquidität an diesen Tagen nicht gegeben. Die Mittel, die zur uneingeschränkten Erfüllung fälliger Zahlungsverpflichtungen fehlen, werden als **Finanzierungsbedarf** oder **finanzwirtschaftlicher Fehlbetrag** bezeichnet. Es ist nochmals zu präzisieren, daß dieser Bedarf entsteht, weil die rein finanzwirtschaftlichen Maßnahmen bereits erschöpft sind, und damit die Finanzabteilung allein nicht mehr korrigierend wirken kann: Es sind **keine near-money-assets mehr vorhanden** und zugleich die **Grenzen der Außenfinanzierung erreicht** oder überschritten[138]. Der Liquiditätssaldo II ist kleiner als der MBLM oder gar kleiner Null. **Die Liquidität ist gefährdet.**

Liegt der Zustand der gefährdeten Liquidität **nur für eine begrenzte Zeit** innerhalb der Planungsperiode vor, und ist die Liquidität am Ende der Planungsperiode wieder gesichert, so handelt es sich um einen **Liquiditätsengpaß**. Dieser stellt einen **vorübergehenden zusätzlichen** Bedarf an liquiden Mitteln dar, der im Laufe der Planperiode durch erwartete Einzahlungen bereits wieder abgedeckt wird. Der zusätzliche Bedarf an liquiden Mitteln ist also zeitlich begrenzt. In Abb. C 16 tritt der Liquiditätsengpaß[139] bereits dann auf, wenn der prognostizierte Liquiditätssaldo (= Endbestand an liquiden Mitteln) zu einem

---

137 Zu möglichen Maßnahmen bei ungefährdeter Liquidität vgl.: Witte, E. (1983), S. 120–126. Vgl. auch: Glaser, H. (1982), S. 91–97.
138 Zum Problem der Finanzierungsgrenzen vgl.: Witte, E. (1983), S. 30 f.
139 K. Chmielewicz bezeichnet den Zustand einer vorübergehenden Zahlungsunfähigkeit als „Zahlungsstockung": Chmielewicz, K. (1976), S. 47.

Das Liquiditätsproblem als eigentlicher Anlaß zur Finanzplanung 239

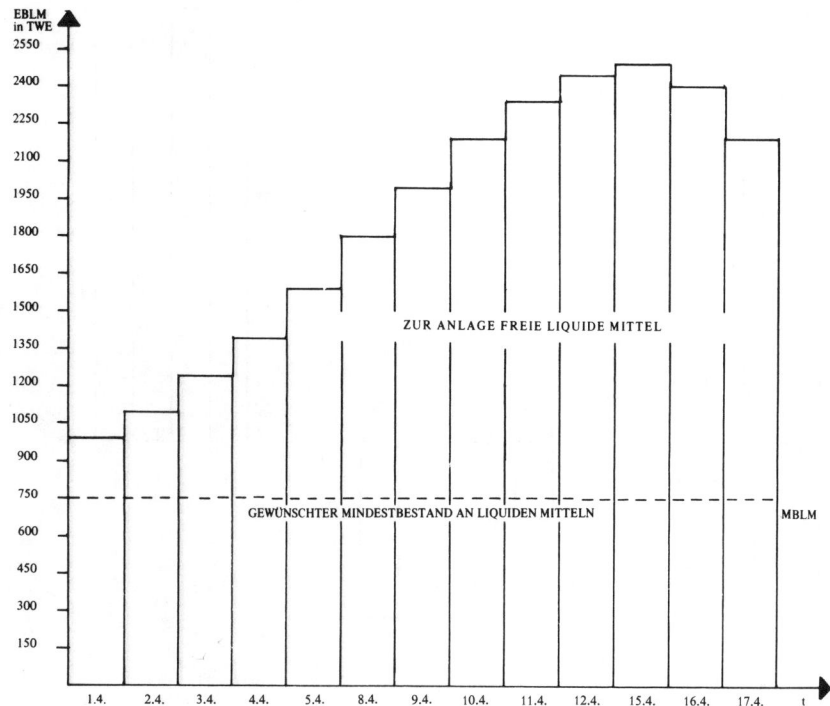

Abbildung C 15: Ungefährdete Liquidität[140]

bestimmten Zeitpunkt den **gewünschten Sicherheitsbestand** an liquiden Mitteln unterschreitet.

Das Ausmaß der Gefahr für die Zahlungsfähigkeit kann anhand folgender Merkmale beschrieben werden:

1. **Länge des Zeitraums**, der zwischen Betrachtungszeitpunkt und dem erstmaligen Auftreten eines zu finanzierenden Bedarfs an liquiden Mitteln liegt.
2. **Betrag an liquiden Mitteln**, der zu finanzieren ist, sowie die Entwicklung dieses Betrags im Zeitablauf.
3. **Dauer des Zeitraums**, in dem ein zu finanzierender Bedarf an liquiden Mitteln besteht.

Ist im betrachteten Zeitraum auch die Periodenliquidität nicht gegeben, dann muß festgestellt werden, bis zu welchem zukünftigen Zeitpunkt und in welcher Höhe ein nicht finanzierbarer Bedarf an liquiden Mitteln besteht. Um die Zeitdauer dieses Bedarfs zu ermitteln, muß der Planungshorizont verlängert wer-

---

140 EBLM in TWE = vorhergesagter Endbestand an liquiden Mitteln in Tausend Währungseinheiten; MBLM = gewünschter Mindestbestand an liquiden Mitteln. Aus den Darstellungen kann nicht entnommen werden, ob Liquiditätsreserven vorhanden und/oder die Grenzen der Außenfinanzierung bereits erreicht sind.

240 Finanzplanung

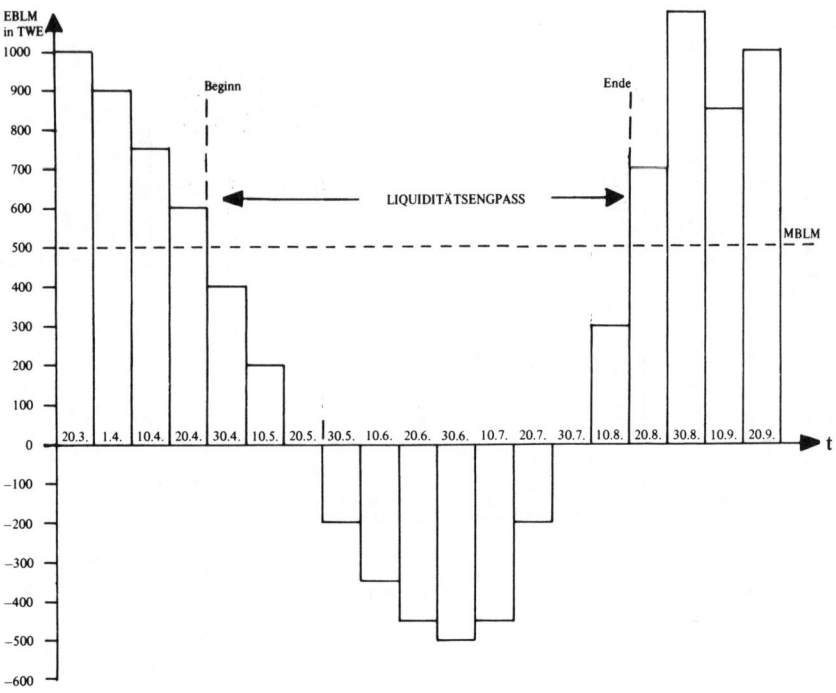

Abbildung C 16: Liquiditätsengpaß

den. Dabei stellt sich möglicherweise heraus, daß der festgestellte Bedarf **zeitlich begrenzt** ist. Diese zeitliche Begrenzung ließ sich zuvor aufgrund des gewählten Zeitpunkts für das Ende der Planungsperiode nicht erkennen (vgl. Abb. C 17). Es kann sich jedoch auch ergeben, daß der nicht finanzierbare Betrag an liquiden Mitteln mit zunehmender Verlängerung der Planungsperiode **nicht** mehr zurückgeht (definitiv gefährdete Liquidität).

b) Maßnahmen zur Behebung eines Liquiditätsengpasses

Soweit die Verlängerung des Planungshorizontes (vgl. Abb. C 17, Fall 1) ergibt, daß die prognostizierte Illiquidität **zeitlich begrenzt** ist, liegt wiederum ein **Liquiditätsengpaß** vor. Um die bei einem Liquiditätsengpaß drohende Illiquidität zu vermeiden, sind wiederum grundsätzlich Maßnahmen geeignet[141], die

– Auszahlungen vermeiden
– Auszahlungen zeitlich aufschieben

---

[141] Detaillierte Vorschläge wie z. B. ‚Neuinvestitionen stoppen', ‚mieten statt kaufen', ‚Rechnungen sofort schreiben' und ‚Steuerstundung beim Finanzamt' finden sich bei: Mandéry, W. (1983), S. 13 f. Vgl. auch: Witte, E. (1983), S. 127.

Das Liquiditätsproblem als eigentlicher Anlaß zur Finanzplanung 241

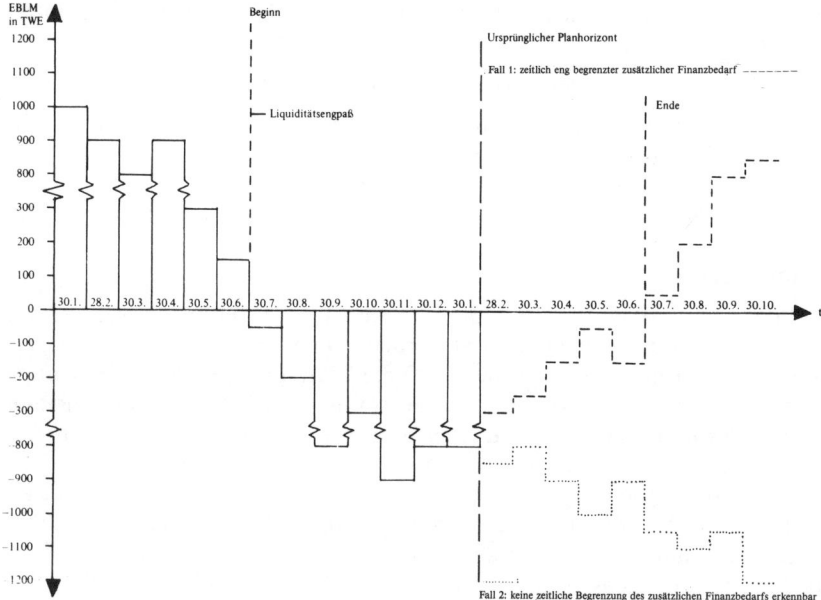

Abbildung C 17: Gefährdete Liquidität und Planungshorizont

- zusätzliche Einzahlungen bewirken
- Einzahlungen zeitlich vorziehen.

Im Hinblick auf die Deckung eines länger anhaltenden Liquiditätsengpasses durch die Gestaltung von **Einzahlungen** ist folgendes zu beachten: Ein Liquiditätsengpaß ist – wie erwähnt – dadurch gekennzeichnet, daß die Bestände an near-money-assets allein nicht ausreichen, um die erforderlichen liquiden Mittel zu beschaffen, oder dadurch, daß diese Bestände bereits aufgebraucht und die Grenzen der Außenfinanzierung erreicht sind (es ist keine weitere Aufnahme von Fremd- oder Eigenkapital möglich). Das Management muß zur Bewältigung von Situationen gefährdeter Liquidität jetzt also Maßnahmen ergreifen, die sonstige Finanzaktiva und **auch den leistungswirtschaftlichen Bereich** tangieren[142]. Zu solchen Maßnahmen zählen etwa:

- Verkauf von Forderungen aus dem Umsatzprozeß vor deren Fälligkeit (Factoring, Forfaitierung)
- Verkauf und zugleich Rückmietung von Aktiva (sale-and-lease-back)
- Sonderverkäufe von Fertigprodukten
- Veräußerung von nicht zur momentanen Produktion benötigten Roh-/Hilfs-/Betriebsstoffen
- Liquidation von Beständen an unfertigen Erzeugnissen

---

142 Vgl. grundsätzlich zu Maßnahmen bei gefährdeter Liquidität: Mandéry, W. (1983), S. 13 f. Witte, E. (1983), S. 126–134.

- Veräußerung weiterer, nicht zur Produktion benötigter Aktiva (z. B. unbebaute Grundstücke).

Zu den Maßnahmen, die der Vermeidung von **Auszahlungen** dienen, zählen:

- Aufschub bzw. Verzicht auf nicht zwingend notwendige Investitionen (z. B. Bau einer Kantine, Filialgründung)
- Verzögerung geplanter Wartungen und Reparaturen
- Verzicht auf die Ersatzbeschaffung von Werkstoffen und Betriebsmitteln.

c) Definitiv gefährdete Liquidität

Im Fall der prognostizierten Illiquidität, deren Ende auch durch Verlängerung des Planungshorizontes **nicht** erkannt werden kann (vgl. Abb. C 17, Fall 2), ist ein wesentliches Indiz dafür gegeben, daß die Liquiditätsprobleme des Unternehmens nicht allein finanzwirtschaftlich, sondern auch durch **fundamentale Störungen des leistungswirtschaftlichen Bereichs** bedingt sind[143]. Die langfristige Unterdeckung der erforderlichen Auszahlungen durch Einzahlungen läßt insbesondere darauf schließen, daß die geplanten Einzahlungen aus dem Absatz der Unternehmensprodukte unzureichend sind. Insofern ergibt sich die Gefährdung der Liquidität aus dem fundamentalen unternehmerischen Datengefüge (strukturelles Ungleichgewicht). Die Unternehmenspolitik (Produktions-, Absatz-, insbesondere die Produktpolitik) ist grundsätzlich in Frage zu stellen. Rein finanzwirtschaftliche Maßnahmen, ergänzt um befristete leistungswirtschaftliche Eingriffe, können keine Abhilfe schaffen.

Dieser Fall langfristiger finanzieller Unterdeckung führt in der Konsequenz gegebenenfalls zu einer **Neuorientierung der strategischen Unternehmensplanung**. Er erfordert strukturelle (das heißt langfristige, grundlegende und das Gesamtunternehmen betreffende) Anpassungsmaßnahmen. Wie bei der Diskussion der einzelnen Formen von Liquiditätsrechnungen noch deutlich zu machen ist, muß ein solches strukturelles Ungleichgewicht bereits im Rahmen des Kapitalbindungsplans[144], das heißt mit einem längeren zeitlichen Vorlauf, erkannt werden. Notwendige Maßnahmen können dann frühzeitig eingeleitet werden. In diesem Fall kann die Finanzplanung dazu beitragen, die Entscheidung der Unternehmensführung über zukünftige Investitionen zu unterstützen.

3.3. Betriebswirtschaftliche Bedeutung der Liquiditätssicherung

a) Direkte Kosten- und Ertragseffekte der Liquiditätssicherung

Die Verfügbarkeit über einen ausreichenden Bestand an liquiden Mitteln ist für ein Unternehmen zwingend notwendig, um die bei der **Durchführung der betrieblichen Leistungserstellung** anfallenden Auszahlungen tätigen zu können. Dies ist bereits bei der Gründung eines Unternehmens offensichtlich: Ohne über

---

143 Vgl. zu Liquiditätsproblemen als Folge leistungswirtschaftlicher Probleme: Köglmayr, H.-G./ Lingenfelder, M./Müller, S. (1988); Reuter, A./Schleppegrell, J. (1989).
144 Vgl. zum Kapitalbindungsplan: C.4.2.3.

liquide Mittel zu verfügen, kann es den Unternehmensgründern nicht gelingen, die zur Aufnahme der Produktion notwendigen Gebäude, Anlagen sowie die benötigten Arbeitskräfte zu beschaffen[145]. Während der Existenz des Betriebes sind zusätzlich zu den Auszahlungen aufgrund der Erfordernisse im leistungswirtschaftlichen Bereich (Beschaffung von Roh-, Hilfs- und Betriebsstoffen, Auszahlung von Löhnen und Gehältern, Vornahme von Erweiterungsinvestitionen) auch Zins- und Tilgungszahlungen auf das aufgenommene Fremdkapital sowie Ausschüttungen auf das Eigenkapital zu leisten.

Das Liquiditätsproblem wird noch dadurch verstärkt, daß – wie erwähnt – die betrachteten Zahlungsströme unsicher sind beziehungsweise Umfang und Zeitpunkte der durch den Leistungsbereich induzierten Zahlungsströme nicht immer exakt vorausgesagt werden können. Dies gilt insbesondere für die dem Unternehmen über die abgesetzten Güter oder Dienstleistungen zufließenden Verkaufserlöse. Diese können nur über Schätzungen der Absatz- und Preisentwicklung ungefähr vorausgesagt werden. Ob die erwarteten Mittel dem Unternehmen tatsächlich zur Verfügung stehen und somit wieder zur Vornahme von Auszahlungen verwandt werden können, bleibt jedoch ungewiß.

Generell tragen liquide Mittel und Liquiditätsreserven[146] eines Unternehmens – unabhängig von der Begründung ihrer Notwendigkeit – dazu bei, den Betriebszweck zu erreichen: Sie gewährleisten über die Einhaltung der Zahlungsfähigkeit einen ordnungsgemäßen Betriebsablauf, wodurch wiederum die Grundlage für die mit der Unternehmensgründung bezweckte Erzielung von Einkommen oder Gewinn geschaffen wird. Hier setzen jedoch aber auch mögliche Probleme im Zusammenhang mit der Haltung von Reserven an: Soweit zur Gewährleistung der Zahlungsfähigkeit statt längerfristiger, höher verzinslicher Anlagen jetzt zweckmäßigerweise kurzfristige und damit niedriger verzinsliche Anlagen (near-money-assets) getätigt werden, sofern die liquiden Mittel als unverzinsliche Sichtguthaben oder als Kassenbestand vorliegen, lassen sich dadurch nur niedrige oder **keine Zinserträge** erzielen. Die Beiträge des Finanzbereichs zur Gewinnerzielung sind in dieser Sicht also minimal oder fehlen gänzlich. Dies muß insbesondere vor dem Hintergrund als problematisch gesehen werden, als die dem Kassenbestand auf der Passivseite gegenüberstehenden Mittel Finanzierungskosten verursachen.

Durch die Einrichtung einer speziellen Finanzabteilung entstehen dem Unternehmen zudem erhöhte Aufwendungen[147]. Zusätzliche Mitarbeiter sind erforderlich, die entsprechende Infrastruktur, insbesondere ein Kommunikationssystem, ist bereitzustellen. Es ist zudem zu beachten, daß mit der Einrichtung dieser Abteilung Koordinationserfordernisse zwischen Finanzmanagement und dem Management des Gesamtunternehmens entstehen. Insofern sind höhere **Organisationskosten** zu erwarten, die ebenfalls die Ertragslage beeinträchtigen.

---

145 Vgl. Größl, L. (1988), S. 17.
146 Vgl. hierzu: C.3.2.4. Vgl. auch: C.3.1.1.
147 Vgl. Hauschild, J./Sachs, G./Witte, E. (1981), S. 63 f.

244 Finanzplanung

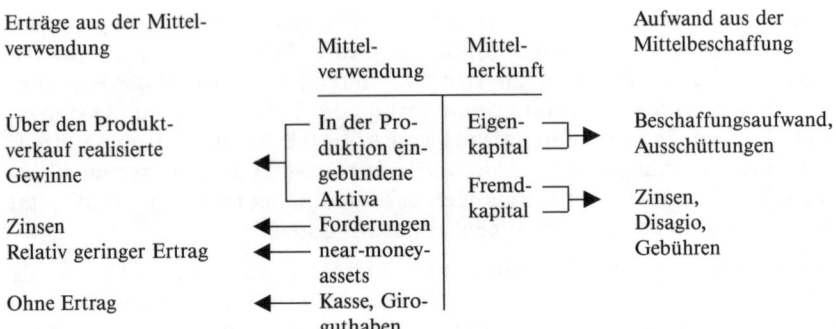

Abbildung C 18: Ertrag und Aufwand des Mitteleinsatzes in Unternehmen

Führt man, wie vorstehend geschehen, die Kosten der Liquiditätshaltung als negativen Einflußfaktor auf die Verfolgung des Ertragsziels an, so ist andererseits jedoch auch zu erkennen, daß mit einem ausreichenden Bestand an Zahlungsmitteln **direkte positive Effekte** für die Ertragslage verbunden sind, beziehungsweise daß hierdurch Kosten der Illiquidität vermieden werden können. Dies wird z. B. dann offensichtlich, wenn aufgrund der Liquiditätsplanung verhindert werden kann, daß

- wegen zu geringer Bestände an liquiden Mitteln Skonti aus Lieferantenrechnungen verfallen
- Mahnkosten und Verzugszinsen aufgrund verspäteter Zahlung anfallen
- zur Erfüllung zwingend fälliger Zahlungsverpflichtungen kurzfristig finanzielle Mittel zu einem relativ hohen Zinssatz aufgenommen werden müssen.

Geht man weiter davon aus, daß ein Unternehmen grundsätzlich liquide Mittel und Liquiditätsreserven halten muß, so kann über die Finanzplanung der Umfang dieser Positionen und damit auch deren Kosteneffekt optimiert werden. Bereits unter C.3.2.3 wurde außerdem darauf hingewiesen, daß ein Bestand an liquiden Mitteln es ermöglicht, unvermittelt sich ergebende Investitionschancen zu nutzen („optimale' Liquidität).

b) Indirekte Kosten- und Ertragseffekte der Liquiditätssicherung

Weniger quantitativ erfaßbar, aber in ihrer Bedeutung nicht weniger wichtig, sind mögliche Konsequenzen einer unzureichenden Zahlungsfähigkeit für den Aufbau neuer und die Pflege bestehender Geschäftsbeziehungen. Solche Geschäftsbeziehungen gründen auf das **Vertrauen in die Solidität** des jeweiligen Partners. Dies gilt insbesondere hinsichtlich der finanziellen Solidität der Beteiligten. Soweit Zahlungsschwierigkeiten oder auch nur Vermutungen darüber bekannt werden, leidet darunter der „gute Ruf" des Unternehmens im Geschäfts-

Das Liquiditätsproblem als eigentlicher Anlaß zur Finanzplanung 245

verkehr. Damit verbunden sind gegebenenfalls Konsequenzen für das Beziehungsverhältnis Betrieb-Umwelt [148]:

- **Lieferanten** reduzieren den Umfang ihrer Lieferungen auf Kredit und fordern Barzahlung oder schränken den Umfang ihrer Lieferungen ein. Als Folge dessen wiederum kann der Produktionsbetrieb teilweise oder ganz nicht mehr aufrecht erhalten werden. Die Suche nach neuen Lieferanten nimmt Zeit in Anspruch und führt eventuell nicht zum gewünschten Erfolg.
- Potentielle **Abnehmer** verlieren das Vertrauen in die generelle Leistungsfähigkeit des Unternehmens. Abnahmeverträge über Produkte des Unternehmens können nicht in erhofftem Umfang abgeschlossen werden. Umsatzstockungen treten auf.
- Abnehmer verweigern bisher übliche Anzahlungen.
- Bei unvermittelt auftretenden Liquiditätsengpässen ist die Bereitschaft von **Kreditgebern** − z. B. Kreditinstituten und privaten Geldgebern −, zusätzliche Mittel zur Verfügung zu stellen, geringer als wenn diese Situation bereits längerfristig erkannt wurde und Gegenmaßnahmen im voraus eingeleitet wurden.

Sofern dagegen über eine entsprechende Liquiditätspolitik dafür Sorge getragen wurde, solche Zahlungsschwierigkeiten zu vermeiden, treten auch die mit ihnen verbundenen negativen Konsequenzen für die Erfolgslage nicht ein. Gewinnbelastungen lassen sich vermeiden. Die Verfolgung des Liquiditätszieles strahlt insofern positiv auf die Erreichung des Rentabilitätszieles aus. Allerdings wird das Ausmaß der Erreichung des Rentabilitätsziels durch das gleichzeitige Verfolgen liquiditätspolitischer Zielsetzungen gemindert. Dies ist gleichbedeutend damit, daß der Zielerreichungsgrad liquiditätspolitischer Maßnahmen zum Teil komplementär, zum Teil konfliktär zum Zielerreichungsgrad rentabilitätspolitischer Maßnahmen steht.

Auf die mögliche Bedeutung eines ausreichenden Bestands an liquiden Mitteln für die Zwecke einer Bilanzpolitik soll hier nur verwiesen werden: Unter dem Begriff „**window dressing**" werden solche Maßnahmen im Zusammenhang mit der Bilanzerstellung verstanden, die darauf abzielen, im Jahresabschluß einen möglichst hohen Bestand an liquiden Mitteln auszuweisen [149]. Der Ausweis dieses Bestandes in der Bilanz soll den Bilanzadressaten die ausreichende Zahlungsfähigkeit des Unternehmens dokumentieren. Nicht zuletzt ist hierbei auch zu beachten, daß die Bilanz wesentlicher Ausgangspunkt für die Durchführung von Kreditwürdigkeitsprüfungen ist [150]. Die aus den Bilanzangaben gebildeten Kennziffern schließen auch sogenannte Liquiditätskennziffern ein [151].

---

148 Es wird hierbei davon ausgegangen, daß die Schwierigkeiten des Unternehmens allein im Zahlungsbereich auftreten. Dort sind sie z. B. durch eine unzureichende Finanzplanung oder durch unerwartete Auszahlungen bedingt. Häufig ergibt sich jedoch die Liquiditätskrise als Folge von leistungs- beziehungsweise absatzwirtschaftlichen Schwierigkeiten. Insofern handelt es sich bei der Liquiditätskrise also um eine Folgekrise. Köglmayr, H.-G./Lingenfelder, M./Müller, S. (1988), S. 49f., unterscheiden hier in ihrer Abfolge eine Strategie-, Erfolgs- und Liquiditätskrise. Reuter, A./Schleppegrell, J. (1989), S. 317f., differenzieren nach ihrer Abfolge: Strategische, Technologische, Produkt-, Absatz-, Erfolgs- und Liquiditätskrise.
149 Vgl. Eilenberger, G. (1989), S. 171 f.
150 Vgl. zur Kreditwürdigkeitsprüfung: Grill, W./Perczynski, H. (1987), S. 236−241; von Stein, J./Kirschner, M. (1988), S. 304−327.
151 Vgl. hierzu: C.4.3.

Neben den aufgezeigten Implikationen ist aus ordnungsrechtlicher Perspektive insbesondere die Bedeutung einer Illiquidität als Grund für die Einleitung des gerichtlichen Vergleichs- oder Konkursverfahrens hervorzuheben: Die amtliche Feststellung der Zahlungsunfähigkeit genügt zur Eröffnung des **Konkurs-** oder des **gerichtlichen Vergleichsverfahrens**[152]. Mit der Eröffnung eines dieser gerichtlich angeordneten Verfahren erlöschen die bisherigen Verfügungsrechte der Unternehmensleitung über Vermögen und Eigentum und gehen auf einen gerichtlich bestellten Konkurs- oder Vergleichsverwalter über.

Zwischen der tatsächlichen Unfähigkeit, alle fälligen Zahlungsverpflichtungen uneingeschränkt erfüllen zu können, und der amtlichen Feststellung dieses Sachverhalts ist allerdings streng zu unterscheiden. Voraussetzung für die **amtliche Feststellung der Zahlungsunfähigkeit** ist entweder ein Antrag durch mindestens einen Gläubiger oder das betroffene Unternehmen, da die Gerichte nicht von sich aus aktiv werden. Hat ein Gläubiger seine Forderung gegen das Unternehmen und die Zahlungsunfähigkeit des Unternehmens vor dem zuständigen Amtsgericht glaubhaft gemacht, genügt dies für die Zulassung seines Antrages, der auf die Eröffnung des Konkursverfahrens gerichtet sein kann. Im Unterschied dazu kann das betroffene Unternehmen zur Abwendung des Konkursverfahrens auch einen Antrag auf Eröffnung des gerichtlichen Vergleichsverfahrens stellen[153]. Nach der Eröffnung des Konkursverfahrens kann der Antrag auf Eröffnung des Vergleichsverfahrens nicht mehr gestellt werden.

Man kann davon ausgehen, daß das Konkursverfahren nicht an dem Tag beantragt oder eröffnet wird, an dem zum ersten Male eine fällige Zahlungsverpflichtung offen bleibt. Die betriebsinterne Feststellung der tatsächlichen aktuellen Zahlungsunfähigkeit schränkt aber den Entscheidungsspielraum der Unternehmensleitung erheblich ein, da die möglichen Folgen einer amtlichen Feststellung dieses Zustandes bekannt sind. Aus diesem Grunde wird die Unternehmensleitung in einer derartigen Situation ihr Interesse auf die Wiederherstellung der tatsächlichen Zahlungsfähigkeit konzentrieren. Längerfristige Zielsetzungen verlieren ihre aktuelle Handlungsrelevanz.

Von einer fehlenden Zahlungsfähigkeit betroffen sind darüber hinaus noch weitere mit dem Unternehmen verbundene Personen und Institutionen. Kurz angesprochen wurde die mögliche Reaktion von **Lieferanten** angesichts einer gegebenen oder vermuteten Illiquidität. Sofern die Zahlungsunfähigkeit des Unternehmens längerfristig besteht und gegebenenfalls zur Beendigung der Unternehmenstätigkeit führt, verliert der Lieferant einen Abnehmer und muß (bei gegebener Konkurseröffnung) mit einer erheblichen Verspätung von Zahlungseingängen, unter Umständen sogar mit dem **Totalausfall seiner Forderungen** rechnen. Die Verwertung eventuell vereinbarter Kreditsicherheiten verursacht darüber hinaus zunächst weitere Auszahlungen beim Lieferanten (z. B. Anwalts- oder Gerichtskosten, Marketing- oder Auktionskosten, ...). Zudem bleibt ungewiß, in welcher Höhe aus der Verwertung von Kreditsicherheiten Einzah-

---

152 Vgl. § 102 Konkursordnung sowie § 2, I (1) Vergleichsordnung.
153 Vgl. § 104, I, II Konkursordnung; zum zuständigen Gericht vgl.: § 71, I Konkursordnung.

Das Liquiditätsproblem als eigentlicher Anlaß zur Finanzplanung

lungen resultieren. Zu beachten ist auch, daß der Ausfall erwarteter Einzahlungen auch beim Lieferanten selbst zu Zahlungsschwierigkeiten führen kann und insofern dessen eigene Liquiditätsplanung beeinträchtigt wird.

Wie gezeigt, kann die fehlende Zahlungsfähigkeit letztlich zur Produktionseinschränkung und auch zur Produktionsaufgabe führen. Betroffen hiervon sind insbesondere die **Arbeitnehmer**. Sie erleiden Einbußen in Lohn- und Gehaltszahlungen. Zudem reduziert sich die Sicherheit ihres Arbeitsplatzes.

Die **Kunden** des betrachteten Unternehmens verlieren im Falle der Illiquidität einen Lieferanten. Dies kann zu Produktionsstockungen führen und damit die eigene Lieferbereitschaft beeinträchtigen. Gleichzeitig ist zu beachten, daß die Durchsetzung von Gewährleistungsansprüchen in Frage gestellt ist und nicht mehr mit Kundendienstleistungen und Ersatzteilen gerechnet werden kann. Schließlich besteht die Gefahr, daß Vorauszahlungen durch den Kunden ohne Gegenleistung bleiben.

Entsprechende Überlegungen können für die übrigen Anspruchsgruppen – **Management, Kreditgeber, Staat** – durchgeführt werden. Dabei ergibt sich, daß alle Organisationsteilnehmer an der Aufrechterhaltung der Liquidität interessiert sind, weil die Zahlungsfähigkeit des Unternehmens Voraussetzung für die Realisierung der eigenen Zielsetzungen ist. Insofern kann die Erhaltung der Liquidität neben der Wirtschaftlichkeit als eine weitere Mindestvoraussetzung bezeichnet werden, die an „ökonomische Alternativen" unbedingt zu stellen ist.

Aufgaben zur Selbstüberprüfung

1. Welche möglichen Verwendungen des Begriffs „Liquidität" lassen sich unterscheiden?
2. In welcher Hinsicht und für wen ist die „Einhaltung der betrieblichen Zahlungsfähigkeit" von Relevanz?
3. Welche Argumente sprechen gegebenenfalls für die Überlegung, das Postulat „Liquiditätssicherung" auf Teilbereiche von Unternehmen zu beziehen?
4. Worin liegt die besondere Bedeutung der Anforderung, zukünftige Liquiditätslagen möglichst frühzeitig zu erkennen?
5. In welchem Verhältnis stehen
   – „Momentanliquidität" und „gegenwärtige Liquidität"
   – „Momentanliquidität" und „Periodenliquidität"
   zueinander?
6. Liquide Mittel
   a) Welche Bestandteile zählen zu den liquiden Mitteln?
   b) Durch welche zentrale Eigenschaft sind liquide Mittel gekennzeichnet?
   c) Warum zählen geldnahe Aktiva nicht zu den liquiden Mitteln?
7. Wodurch läßt sich die Forderung begründen, einen „Mindestbestand an liquiden Mitteln" gewährleisten zu müssen?
8. Aus welchen Überlegungen heraus werden near-money-assets gehalten?

Die Musterlösungen zu diesen Aufgaben befinden sich im Anhang dieses Buches, Seite 320.

Weiterführende Literatur:

Chmielewicz, Klaus (1976), Betriebliche Finanzwirtschaft I, Berlin – New York 1976, S. 46 – 57, 88 – 94.
Däumler, Klaus-Dieter (1986), Betriebliche Finanzwirtschaft, 3., überarbeitete Auflage, Berlin 1986, S. 28 – 42.
Glaser, Horst (1982), Liquiditätsreserven und Zielfunktionen in der kurzfristigen Finanzplanung, Wiesbaden 1982, S. 1 – 71.
Jetter, Thomas (1987), Cash-Management-Systeme, Wiesbaden 1987, S. 57 – 74, 91 – 102.
Witte, Eberhard (1983), Finanzplanung der Unternehmung, Opladen 1983.

4. Instrumente zur Ermittlung und Gestaltung des Finanzierungsbedarfs (Liquiditätsrechnungen)

Im folgenden finden solche Verfahren nähere Beachtung, mit denen der **Bedarf (beziehungsweise der Überschuß) an liquiden Mitteln** *in einem Unternehmen ermittelt werden kann. In diese Verfahren gehen ausschließlich Bestände an liquiden Mitteln sowie deren Veränderungen durch Ein- und Auszahlungen ein. Sofern es sich, wie überwiegend der Fall, hierbei um* **zukünftige** *Ein- oder Auszahlungen handelt, sind diese unter Verwendung geeigneter Techniken zu prognostizieren. Aus der Gegenüberstellung des Anfangsbestands an liquiden Mitteln zuzüglich geplanter Einzahlungen einerseits und der Auszahlungen andererseits läßt sich der Bedarf (beziehungsweise der Überschuß) an liquiden Mitteln erkennen. Das Ergebnis dieser Gegenüberstellung bildet dann Ausgangspunkt für die* **Planung weiterer Maßnahmen**[154]. *Sofern ein* **Bedarf** *an liquiden Mitteln erkennbar ist, sind Schritte zur Beschaffung zusätzlicher Mittel zu überlegen, oder es ist zu fragen, ob geplante Auszahlungen tatsächlich durchgeführt werden müssen. Im Fall eines* **Überschusses** *an liquiden Mitteln sind Möglichkeiten zur Anlage dieser Mittel auszuwählen.*

4.1. Ansatzpunkte einer Ausgestaltung von Liquiditätsrechnungen

4.1.1. Grundsätzliche Anforderungen

a) Anforderungsprofil

Die Verfahren, die zur Ermittlung der Liquidität eines Unternehmens eingesetzt werden können, sind im folgenden als Liquiditätsrechnungen bezeichnet[155]. Im Hinblick auf die Bedeutung der Feststellung der Liquidität sowie der eventuell bei einem Liquiditätsbedarf notwendig werdenden Maßnahmen müssen Liquiditätsrechnungen bestimmten Anforderungen genügen. Diese Anforderungen

---

154 Wie dargelegt, werden die weiteren Maßnahmen allerdings in dieser Monographie nicht analysiert.
155 Synonym wird die Bezeichnung „Finanzrechnung" verwendet: Chmielewicz, K. (1976), S. 19, sowie die dort aufgeführte Literatur.

Instrumente zur Ermittlung und Gestaltung des Finanzierungsbedarfs 249

sollen insbesondere sicherstellen, daß die einzelnen Verfahrensschritte sich möglichst sachgerecht, exakt und transparent gestalten. Es handelt sich im einzelnen um folgende Anforderungen[156]:

1. **Zahlungsmittelbezug**: Die in die Liquiditätsrechnung einfließenden Größen sind der Bestand an liquiden Mitteln (Kasse, Bankgiro- und Postgiroguthaben, freie Kreditlinien) sowie anfallende Ein- und Auszahlungen. Die in der Bilanzbuchhaltung sowie in der Kosten- und Leistungsrechnung verwandten Elemente Aufwand/Ertrag, Kosten/Leistung oder Forderungen/Verbindlichkeiten sind für die direkte Übernahme in die Finanzplanung nicht geeignet.
2. **Zukunftsbezug**: Planung ist elementar durch eine Zukunftsbezogenheit gekennzeichnet. Insofern muß auch die Liquiditätsrechnung zukunftsbezogen sein und sich auf erwartete, zukünftige Zahlungsgrößen stützen.
3. **Vollständigkeit**: Es ist sicherzustellen, daß die relevanten Zahlungsgrößen möglichst vollständig und überschneidungsfrei vorliegen.
4. **Bruttoprinzip**: Es gilt ebenfalls die Anforderung, die jeweiligen Zahlungsgrößen isoliert, das heißt einzeln auszuweisen. Zusammenfassungen von Ein- oder Auszahlungen zu Gruppen beziehungsweise die Aufrechnung von Ein- mit Auszahlungen führen zu einer Einschränkung der Aussagefähigkeit und Nachvollziehbarkeit der Liquiditätsrechnung.
5. **Betragsgenauigkeit**: Die einbezogenen Zahlungen und Bestände an liquiden Mitteln sind so genau wie möglich anzugeben. Eine nur pauschale Betragsangabe – z. B. die Unterdeckung liegt zwischen DM 1.000 und DM 10 Millionen – würde insbesondere die Suche nach geeigneten Handlungsalternativen erschweren.
6. **Tagesausweis**: Idealerweise sollen Über- und Unterdeckungen an liquiden Mitteln für einzelne Tage und nicht für größere Zeitintervalle angegeben werden. Gefordert wird hiermit also der Ausweis von Momentan- und nicht von Periodenliquidität. Wie erwähnt, stellt der (Geschäfts-)Tag die relevante Zeiteinheit dar, zu der Zahlungen geleistet werden müssen.
7. **Aktualität**: Die in die Liquiditätsrechnung einzubeziehenden zukünftigen Größen müssen aufgrund der Informationen prognostiziert werden, die im Planungszeitpunkt vorliegen. Diese Informationen können sich aber im Zeitablauf ändern. Die Finanzplanung hat dies zu berücksichtigen und so jeweils eine Aktualität ihrer Ausgangsgrößen anzustreben.
8. **Kontrollierbarkeit**: Liquiditätsrechnungen sollen kontrollierbar sein[157]. Dieser Grundsatz verlangt die schriftliche Aufzeichnung der Rechnung und Kommentare, die das Zustandekommen einzelner Positionen erläutern. Von Bedeutung ist dieser Grundsatz, wenn das Ermittlungsergebnis bezweifelt wird, oder die zugrundegelegten Annahmen zu einem späteren Zeitpunkt überdacht werden sollen.

---

156 Vgl. zu Anforderungen an Liquiditätsrechnungen: Hauschild, J./Sachs, G./Witte, E. (1981), S. 76 f.; Wöhe, G./Bilstein, J. (1988), S. 303.
157 Vgl. Mandéry, W. (1983), S. 3.

9. **Zentralisierung**: Diese Anforderung richtet sich an die Organisation der Rechnungsdurchführung. Gefordert wird, daß für das Gesamtunternehmen eine einzige, zentrale Instanz mit der Feststellung der Liquidität betraut wird[158]. Die Liquiditätsplanung soll nicht in dem Sinn aufgeteilt werden, daß einzelne Abteilungen eine eigenständige, isolierte Liquiditätsrechnung durchführen. Dies entspringt letztlich auch der Auffassung, daß ‚Liquidität' als solche eine Eigenschaft des Gesamtunternehmens darstellt[159].

Allgemein ist zu fordern, daß die in die Liquiditätsrechnung eingehenden Größen **sorgfältig** verarbeitet oder verrechnet werden. Der Aufbau beziehungsweise die Gliederung der Rechnungsgrößen soll **systematisch** erfolgen.

b) Kritische Betrachtung des Anforderungsprofils

Von zentraler Bedeutung für die Zuverlässigkeit der Planungsergebnisse sind die Anforderungen hinsichtlich der Vollständigkeit und Genauigkeit der in die Liquiditätsrechnung einfließenden Angaben. Dies bedeutet konsequenterweise, daß der Finanzplaner bei der Überprüfung der Fragen

- „**Welche** liquiden Mittel und Zahlungen sind einzubeziehen?"
- „In **welcher Höhe** fallen Ein- und Auszahlungen an?" und
- „Zu **welchem Zeitpunkt** ist mit diesen Zahlungen zu rechnen?"

besondere Sorgfalt anzuwenden hat. Hierin liegt zugleich aber auch eine wesentliche Bedeutung der Liquiditätsrechnung: Sie schafft beim Finanzplaner zunächst das **Bewußtsein** für diese entscheidenden Fragen. Sie erfordert vom Anwender der Liquiditätsrechnung, kritisch darüber zu reflektieren,

- in welcher Vielfalt die für die Liquiditätsrechnung relevanten Rechengrößen auftreten können (z. B. Zahlungen im Zusammenhang mit Verkäufen, Käufen, Reparaturen, Wartungen, Lohn- und Gehaltsterminen, Zinsen, Tilgungen, Steuerterminen, Ausschüttungen, ...),
- wie die Prognosen hinsichtlich des Umfangs sowie des Zeitpunktes einzelner Zahlungen sachgerecht erstellt und hinreichend plausibel gemacht werden können.

Die Relevanz von Liquiditätsrechnungen besteht vor diesem Hintergrund also darin, den Finanzplaner zu einer sorgfältigen, umfassenden und methodischen Vorausschau, das heißt zu einer bewußten Auseinandersetzung mit dem Planungsproblem zu führen.

Dazu zählt auch die sorgfältige Vorbereitung und Durchführung der für die Finanzplanung erforderlichen Datenerhebung. Soweit die Finanzplanung auf relevante Angaben weiterer Abteilungen (etwa: Einkaufs-, Marketingabteilung) im Unternehmen zurückgreift, muß sichergestellt sein, daß diese Angaben auch sorgfältig und rechtzeitig erfolgen und somit verläßlich sind. Dies läßt sich unter anderem dadurch erreichen, daß der Finanzplaner den meldepflichtigen Stellen

---
158 Vgl. Hauschild, J./Sachs, G./Witte, E. (1981), S. 18 f.
159 Vgl. zur Anwendung der Eigenschaft ‚Liquidität' auf einzelne Teile von Unternehmen auch: C.3.1.2.

Instrumente zur Ermittlung und Gestaltung des Finanzierungsbedarfs 251

die Bedeutung dieser Angaben verdeutlicht. Außerdem sollten klare Anweisungen dahingehend bestehen, an welche Person, zu welchen Terminen und in welcher Form entsprechende Informationen zu erbringen sind[160].

Als schwerwiegendes Problem zeigt sich jedoch, daß das **gleichzeitige** Einhalten der Anforderungen: Zeitpunktgenauigkeit, Betragsgenauigkeit und Vollständigkeit zukünftiger Ein- und Auszahlungen um so schwieriger wird, je weiter der Zeitpunkt in der Zukunft liegt, für den die Zahlungsfähigkeit ermittelt werden soll. Dies steht dem Bestreben gegenüber, möglichst früh Über- und Unterdeckungen zu erkennen und somit genügend Zeit für die Suche, Beurteilung, Auswahl und Durchführung von finanzwirtschaftlichen Alternativen zu haben.

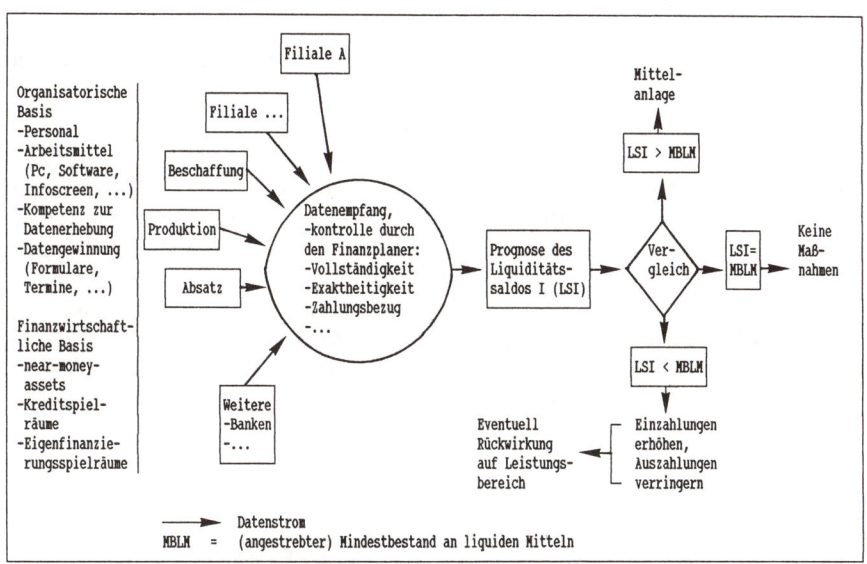

Abbildung C 19: Voraussetzungen, Struktur und Prozeß der Finanzplanung

Die genaue und sichere Prognose ist in der Regel nur für einen Teil der Zahlungen (z. B. für vereinbarte Tilgungsraten eines langfristigen Kredits) und nur für einen relativ kurzen Zeitraum möglich. Der Forderung nach tagesgenauem Ausweis kann mittel- und langfristig nicht entsprochen werden. Als Alternative bietet sich in diesem Fall die Ermittlung von **Periodenliquiditäten** für kurze Zeiträume (z. B. Wochen und Monate) an.

Zu beachten ist auch, daß zwar die Höhe zukünftiger Auszahlungen zum großen Teil von noch zu treffenden Entscheidungen der Unternehmensleitung abhängt (z. B. Auszahlungen für die Beschaffung von Produktionsfaktoren), daß jedoch

---

160 Vgl. zum „Kommunikationsproblem" zwischen Finanzabteilung und den ‚zahlungsauslösenden' oder ‚zahlungsgenerierenden' Bereichen Beschaffung, Produktion und Absatz: Hauschild, J./Sachs, G./Witte, E. (1981), S. 32–35.

252 Finanzplanung

die Höhe zukünftiger Einzahlungen nicht direkt vom Unternehmen beeinflußt werden kann (z. B. Höhe der Einzahlungen aus dem Umsatzprozeß). Hier bietet sich die Aufnahme von **Toleranzgrenzen** bei der Betragsangabe an (z. B. Einzahlungen aus betrieblichen Umsätzen im folgenden Jahr = DM 20 Millionen +/− 5%).

Zweckmäßigerweise verlangt man nicht die Einhaltung oder Preisgabe der Anforderungen an die Rechengrößen generell, sondern lockert diese in Abhängigkeit vom Planungshorizont und von der Art der Zahlungsgröße. Die Differenzierung der Anforderungen kann dazu beitragen, Scheingenauigkeiten zu vermeiden. Der Anschein inhaltlicher und zeitlicher Präzision ist gefährlicher als der offene Ausweis ungenauer Angaben.

4.1.2. Gestaltungselemente

Liquiditätsrechnungen können unterschiedlich aufgebaut sein. Mögliche Varianten betreffen ihre formale sowie ihre inhaltliche Gestaltung.

Unter **formalen** Gesichtspunkten kann die Liquiditätsrechnung in Staffel- oder in Kontenform dargestellt sein. Bei der **Staffelform** werden die relevanten Zahlungsgrößen ähnlich wie in einer Additions- oder Subtraktionsrechnung untereinander aufgeführt. Es erfolgt dann eine Zusammenrechnung von Beständen an liquiden Mitteln und Einzahlungen. Von dieser Summe sind anschließend die relevanten Auszahlungen in Abzug zu bringen. „Unter dem Bruchstrich" ergibt sich als Ergebnis der Bedarf beziehungsweise Überschuß an liquiden Mitteln. Ähnlich wie bei der traditionellen GuV-Rechnung sind dagegen bei der **Kontoform** die positiven und negativen Einflüsse auf die liquiden Mittel einander in einem Konto gegenübergestellt[161]. Der Saldo dieses Kontos ist dann gleichbedeutend mit einem Bedarf oder Überschuß an liquiden Mitteln.

Staffelform	Kontoform	
1. Bestand an liquiden Mitteln	Bestand an liquiden Mitteln	Auszahlungen
+ 2. Einzahlungen		
− 3. Auszahlungen		
= 4. Überschuß/Bedarf	Einzahlungen	
	Saldo (= Bedarf)	Saldo (= Überschuß)

Abbildung C 20: Staffel- und Kontoform als formale Aufbaumöglichkeiten von Liquiditätsrechnungen

Als weiteres formales Unterscheidungsmerkmal von Liquiditätsrechnungen läßt sich das Prinzip erkennen, nach dem die einzelnen Einzahlungen oder Auszahlungen gegliedert sind (unabhängig davon, ob die Konto- oder Staffelform gewählt ist). Denkbar ist hier zunächst, daß die einzelnen Zahlungsbewegungen

---
161 Vgl. Eilenberger, G. (1989), S. 242.

Instrumente zur Ermittlung und Gestaltung des Finanzierungsbedarfs

nicht mehr speziell unterteilt sind, sondern daß unter den Positionen „Einzahlungen" beziehungsweise „Auszahlungen" die Einzelgrößen nur enumerativ aufgeführt werden. Soweit innerhalb von „Einzahlungen" beziehungsweise „Auszahlungen" jedoch weiter untergliedert wird, kann dies z. B.

- nach der Zurechenbarkeit der Zahlungsgrößen zum Leistungs- oder zum Finanzbereich [162]
- nach der Zurechenbarkeit von Ein- und Auszahlungen zum Beschaffungs-, Produktions- oder Absatzbereich oder
- nach der Natur der einzelnen Zahlungen [163]
- nach dem Grad der Sicherheit der Zahlungen

geschehen.

Der **Inhalt** der Liquiditätsrechnung wird durch folgende Überlegungen bestimmt:

1. Sollen grundsätzlich **alle** in Betracht kommenden Zahlungen einbezogen werden? Oder genügt es gegebenenfalls, nur solche Zahlungen einzubeziehen, die ein bestimmtes Volumen aufweisen? Hintergrund ist hier, daß die Liquiditätsrechnung nicht zu stark aufgebläht und der Aufwand ihrer Durchführung in Grenzen gehalten werden soll. Ebenfalls ist zu beachten, daß bei der Vorausschau auf zukünftige Zahlungen vor allem solche Ungleichgewichte aufgedeckt werden sollen, die ausgeprägt sind, und denen mit langfristig angelegten Maßnahmen begegnet werden muß. Zahlungen mit geringerem Umfang sind eventuell zu vernachlässigen, beziehungsweise es wird angenommen, daß die aus ihnen resultierenden Ungleichgewichte ohne größeren Aufwand ausgeglichen werden können. Alternativ liegt dem auch der Gedanke zugrunde, daß die vernachlässigten Ein- und Auszahlungen sich bis zu einem bestimmten Grad kompensieren. Grundsätzlich jedoch bedeutet der Verzicht eine Abweichung vom geforderten Grundsatz der Vollständigkeit.
2. Es ist festzulegen, für welchen Zeitraum die Planung erfolgen soll (**Planungshorizont**). Wird für einen Tag im voraus geplant oder für einen Monat oder für ein Jahr?
3. Bezieht die Planung sich auf größere Zeiträume, so ist anzugeben, für welches **Zeitintervall** der Liquiditätssaldo zu berechnen ist. Sofern z. B. die Planung sich auf einen Zeitraum von einem Jahr erstreckt, ist zu überlegen, ob für jeden einzelnen Tag in diesem Zeitraum eine Berechnung angestellt werden soll, oder ob es ausreichend ist, den Saldo der liquiden Mittel zum Ende einer Woche oder eines Monats anzugeben. Eventuell bietet es sich auch an, zu Beginn des Planungszeitraums (wenn also die einzelnen Zahlungen noch relativ exakt vorhergesehen werden können) einen tagesgenauen Ausweis vorzusehen, danach auf einen wochengenauen und letztlich auf einen monatsgenauen Ausweis zu wechseln [164].

---

162 Vgl. etwa das Beispiel unter 4.2.2.2. Vgl. auch: Eilenberger, G. (1989), S. 243.
163 Z. B.: Personal, Miete, Heizung, ... Vgl. Däumler, K.-D. (1986), S. 44.
164 Vgl. hierzu auch die Darstellung im Rahmen des Finanzplans in Punkt C.4.2.2.1.

Finanzplanung

4. Schließlich ist festzulegen, zu welchem Zeitpunkt die Planung erneut durchzuführen oder mit aktuellen Informationen zu ergänzen ist (**Wiederholungszeitpunkt**). Beispielsweise kann es bei einer Liquiditätsrechnung, die auf ein Jahr angelegt ist, nicht genügen, erst nach Ablauf dieses Jahres eine weitere Planung durchzuführen. Würde man auf diese Weise verfahren, so hätte man mit Ablauf des Jahres überhaupt keine Vorausschau mehr: Am Ende des Jahres, das heißt am letzten Tag der Planungsperiode, enthält die Liquiditätsrechnung keine Angaben mehr über die weitere Zukunft. Es ist deshalb erforderlich, bereits zu einem früheren Zeitpunkt, z. B. nach Ablauf eines Monats, eine erneute Planung durchzuführen. Durch dieses Prinzip der sich jeweils erneuernden, vor Ablauf des Planungshorizontes vollständig wiederholten Planung ist immer wieder neu eine angemessene zeitliche Vorausschau möglich (revolvierende oder gleitende Planung)[165].

4.2. Formen von Liquiditätsrechnungen

4.2.1. Übersicht

Die im folgenden aufgeführten Liquiditätsrechnungen sind nach dem Zeitraum, auf den sich die Planung bezieht, unterschieden. Ihre Darstellung erfolgt im Hinblick auf die Merkmale

a) Zielsetzung
b) Zeitliche Struktur
c) Inhaltliche Struktur.

Dabei ist unter der Zielsetzung des Verfahrens der Planungszweck zu verstehen, zu dessen Erreichung das Verfahren beitragen soll. Im Hinblick auf die zeitliche Struktur der Verfahren ist zu fragen, welcher Planungshorizont und welche Ausweisintervalle (Tage,

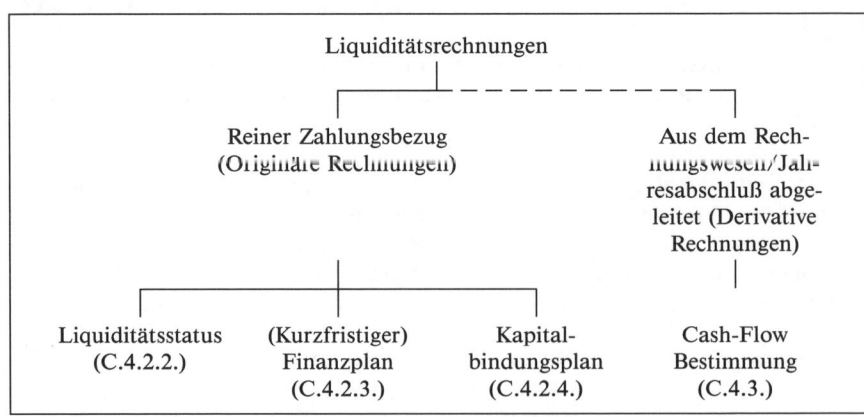

Abbildung C 21: Formen von Liquiditätsrechnungen

---

165 Vgl. zur „gleitenden" Finanzplanung auch: Eilenberger, G. (1989), S. 250. Vgl. auch den Aufbau des Finanzplans in Punkt C.4.2.2.1.

Instrumente zur Ermittlung und Gestaltung des Finanzierungsbedarfs 255

Wochen, Monate) gewünscht werden, sowie in welchen Abständen die Planung zu erneuern ist. Die inhaltliche Struktur betrifft schließlich die Frage, welche Rechengrößen Eingang in die Liquiditätsrechnung finden und wie diese untergliedert werden.

Der Schwerpunkt liegt im folgenden auf solchen Rechnungen, in die direkt Zahlungsgrößen einfließen (originäre Rechnungen). Ersatzweise kann auch versucht werden, die im betrieblichen Rechnungswesen bereits für andere Zwecke vorhandenen Buchwerte in Zahlungsgrößen zu transformieren. Eine solche Vorgehensweise ist insbesondere durch die Cash-Flow-Analyse gegeben.

Zum Verständnis der Liquiditätsrechnungen ist es wichtig, sich zu vergegenwärtigen, daß diese **nicht isoliert oder alternativ** zu sehen sind. Sie ergänzen sich vielmehr wie folgt: Der Kapitalbindungsplan schafft durch eine langfristige Vorausschau sowie durch die Planung fundamentaler Maßnahmen die Basis für die zukünftige Liquiditätssituation eines Unternehmens. Es handelt sich allerdings um noch relativ grobe Rahmenvorgaben, die mit der generellen Unternehmensplanung abgestimmt sind. Dieser Datenkranz wird durch den kürzerfristig ausgerichteten (kurzfristigen) Finanzplan verdichtet. Schließlich hat der Liquiditätsstatus die Aufgabe, die Liquidität des Unternehmens an einem einzelnen Tag zu dokumentieren. Der Liquiditätsstatus stellt letztlich die aktuelle Liquidität des Unternehmens fest. Maßnahmen zur Korrektur der festgestellten Liquidität sind auf seiner Basis aber kaum mehr durchzuführen. Diese könnten sich zudem nur sehr begrenzt in dem von Kapitalbindungsplan und Finanzplan vorgezeichneten Rahmen bewegen.

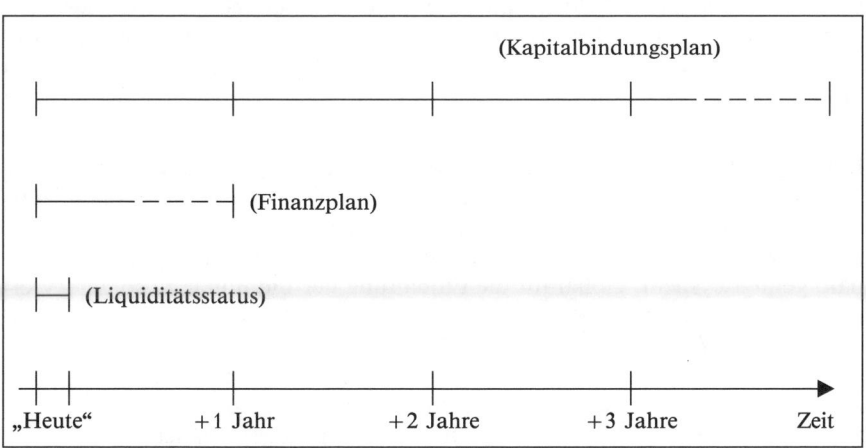

Abbildung C 22: Zeitlicher Bezug der Liquiditätsrechnungen

4.2.2. Bestimmung der gegenwärtigen Liquidität

4.2.2.1. Der Liquiditätsstatus

a) Zielsetzung

Der Liquiditätsstatus soll es ermöglichen, die **gegenwärtige** beziehungsweise **aktuelle** Liquidität festzustellen. Hierbei ist unter ‚aktueller Liquidität' die Liquidität des Unternehmens **am heutigen Planungstag** zu verstehen. Der Liquiditätsstatus soll die voraussichtliche Über- oder Unterdeckung an liquiden Mitteln angeben, die sich für das Unternehmen „heute" ergibt, wenn es fällige Auszahlungen sowie die aus weiteren Gründen geplanten Auszahlungen tätigt. Die aus weiteren Gründen geplanten Auszahlungen sind deshalb zu berücksichtigen, weil der Endbestand an liquiden Mitteln nicht nur durch Erfüllung zwingend fälliger Auszahlungen beeinflußt wird, sondern auch dadurch, daß das Unternehmen beispielsweise aus Kulanzgründen Auszahlungen vor ihrer eigentlichen Fälligkeit leistet.

Im Fall eines **erwarteten Defizits** an liquiden Mitteln soll der Liquiditätsstatus Entscheidungen über Maßnahmen erleichtern, die zur Vermeidung des tatsächlichen Eintritts des Defizits am (heutigen) Planungstag gegebenenfalls noch getroffen werden können[166]. Er sichert dadurch die **situative Liquidität** des Unternehmens. Für solche Maßnahmen muß die Zeit ausreichend sein, die ab dem Zeitpunkt der Feststellung der Unterdeckung bis zum Ende des Geschäftstages noch verbleibt. In dieser kurzen Frist ist es meist allerdings schwierig oder sogar unmöglich, liquide Mittel über die Inanspruchnahme von Finanzierungsreserven oder die Veräußerung von near-money-assets[167] zu beschaffen. Möglich ist aber in der Regel das **Aufschieben von nicht zwingend fälligen Auszahlungen**. Solche Dispositionen werden deshalb auch als „Notmaßnahmen"[168] bezeichnet.

Der Liquiditätsstatus hat zudem die Aufgabe einer Feinsteuerung. Er soll Möglichkeiten aufzeigen, wie die relevanten Auszahlungen (sowie in **Ausnahmefällen** auch die geplanten Einzahlungen) konkret gesteuert werden können: Soweit beispielsweise ein Unternehmen bei mehreren Kreditinstituten Konten unterhält, genügt es nicht, global für die Einhaltung der Liquidität zu sorgen. Vielmehr muß speziell angegeben werden, **bei welchem Institut** ein Defizit auszugleichen ist (oder bei welchem Institut liquide Mittel zur Verwendung verfügbar sind). Auch muß bezeichnet werden, **welche** beziehungsweise **in welcher Höhe Auszahlungen** aufgeschoben werden sollen. Dies kann jedoch nur solche Auszahlungen betreffen, die das Unternehmen nicht zwingend zu leisten hat: Z. B.

---

[166] Grundsätzlich ist umstritten, ob der Liquiditätsstatus überhaupt Maßnahmen ermöglichen soll oder nur zur reinen Feststellung der Liquidität dient. In der vorliegenden Monographie wird der Liquiditätsstatus als „Finanzdispositionsrechnung" verstanden: Auf seiner Basis sollen Maßnahmen am Planungstag eingeleitet werden. Vgl. Hauschild, J./Sachs, G./Witte, E. (1981), S. 77–79. Vgl. auch: Mandéry, W. (1983), S. 21.
[167] Vgl. zu deren Bestandteilen: C.3.1.1., C.3.2.4.
[168] Größl, L. (1988), S. 50.

Instrumente zur Ermittlung und Gestaltung des Finanzierungsbedarfs 257

fällt darunter der Aufschub von geplanten Zahlungen an Lieferanten, obwohl hierdurch Skonti verfallen. Handelt es sich dagegen um **definitiv fällige Auszahlungen**, so kann das Unternehmen diese nicht aufschieben, ohne daß es hierdurch illiquide wird.

Soweit der Liquiditätsstatus Aufschluß über einen erwarteten **Überschuß** an liquiden Mitteln gibt, sind Maßnahmen zu deren Verwendung zu treffen. Soweit das Unternehmen diese Mittel z. B. zinsbringend anlegen möchte, ist der Zinsgewinn um so höher, je früher die Mittelanlage erfolgt. Im Idealfall sollte die Verwendung der Mittel noch am Planungstag selbst erfolgen.

b) Zeitliche Struktur

Seiner Zielsetzung entsprechend umfaßt der Liquiditätsstatus liquide Mittel und Zahlungsbewegungen ausschließlich des gegenwärtigen (heutigen) Tages. Eine weitere Unterteilung dieses Planungszeitraumes von einem Tag findet nicht statt. Aus der Aufgabenstellung des Liquiditätsstatus ergibt sich außerdem, daß dieser Tag für Tag erneut aufzustellen ist.

Der Liquiditätsstatus ist also „eine tagesbezogene und damit extrem kurzfristige Liquiditätsrechnung, in der alle finanzwirtschaftlichen Tatbestände, die für die heutige Liquidität ausschlaggebend sind, zusammengestellt werden"[169]. Bereits über die Zahlungsfähigkeit des folgenden Tages kann der Liquiditätsstatus keine Aussage mehr machen.

c) Inhaltliche Struktur

Für die Berechnung des gegenwärtigen (momentanen) Liquiditätssaldos sind folgende Positionen maßgebend:

1. tatsächlicher Anfangsbestand an liquiden Mitteln am Planungstag (beziehungsweise festgestellter Endbestand am Vortag)
2. zuzüglich der am Planungstag bereits eingegangenen Einzahlungen
3. abzüglich der am Planungstag bereits geleisteten Auszahlungen
4. zuzüglich der am Planungstag erwarteten weiteren Einzahlungen (fällige Zahlungsansprüche und sonstige erwartete Einzahlungen)
5. abzüglich der am Planungstag geplanten weiteren Auszahlungen (fällige Zahlungsverpflichtungen und sonstige geplante Auszahlungen).

Der Liquiditätsstatus wird im **Verlauf eines Geschäftstages** durchgeführt. Seit Beginn des Geschäftstages bis zur Durchführung des Liquiditätsstatus sind üblicherweise aber bereits wieder Ein- und Auszahlungen angefallen[170]. Diese haben den für den Beginn des Geschäftstages festgestellten Bestand an liquiden Mitteln verändert und sind deshalb für die Feststellung der aktuellen Liquidität auch zu berücksichtigen. Diese Zahlungsbewegungen können sowohl in Bar- als auch in Buchgeld erfolgt sein, sie haben gegebenenfalls den Kassenbestand im Unternehmen oder das Giroguthaben bei Kreditinstituten verändert.

---

169 Witte, E. (1983), S. 38.
170 Vgl. Mandéry, W. (1983), S. 20.

258 Finanzplanung

	A. Kassenstand			B. Giroguthaben				C. Freie Kreditlinien			Σ
	Zentrale	Filiale ...	Σ	Bank A	Bank ...	Post	Σ	Bank A	Bank ...	Σ	A+B+C
1. Stand zu Beginn des Planungstages											
2. Bereits erfolgte Einzahlungen am Planungstag											
3. Bereits erfolgte Auszahlungen am Planungstag											
4. Aktueller Stand (1+2−3) (Alternativ: ggfs. direkt über BTX, Cash Management)											
5. Weiter erwartete „sichere" Einzahlungen											
6. Weiter zu leistende zwingende Auszahlungen											
7. Erwarteter (vorläufiger) Endstand am Planungstag (4+5−6 = Liquiditätssaldo I)											
8. Ausgleichsmaßnahmen bei negativem Liquiditätssaldo I − Umbuchung von Girobeständen − Einreichung von Schecks − Bareinzahlungen (− geplante, nicht zwingende Auszahlungen vermeiden)											
9. Ausgleichsmaßnahmen bei positivem Liquiditätssaldo I − weitere nicht zwingende Auszahlungen möglich − Mittelanlage											
10. Korrigierter erwarteter Endstand (7+8 bzw. 7−9)											

Abbildung C 23: Grundstruktur des Liquiditätsstatus

Instrumente zur Ermittlung und Gestaltung des Finanzierungsbedarfs 259

Die genannten Zahlungsbewegungen können eventuell nur schwierig für die Zwecke des Liquiditätsstatus erfaßt werden. Soweit sie sich in einer Veränderung des Kassenbestandes im Unternehmen niederschlagen, muß für die Durchführung des Liquiditätsstatus eine Art ‚**Kassenzwischenstand**' ermittelt und an den Finanzplaner gemeldet werden. Bei Ein- und Auszahlungen auf das Konto des Unternehmens bei Kreditinstituten ist als Problem zu sehen, daß Informationen hierüber für das Unternehmen eventuell nicht unmittelbar erhältlich sind. Beispielsweise ist eine Auszahlung durch das Unternehmen bereits per Überweisung verfügt worden, oder ein Scheck wurde zum Einzug vorgelegt, aber diese Geschäftsvorfälle konnten durch das Kreditinstitut noch nicht auf dem Unternehmenskonto belastet oder gutgeschrieben werden. Wenn z. B. ein Kreditinstitut generell Zahlungen, die nach einer bestimmten Uhrzeit (z. B. 12.00 Uhr) eingehen, erst am folgenden Geschäftstag verbucht, hat das Unternehmen einen ‚**Buchungsschnitt**' zu beachten[171]. In der Regel ist auch davon auszugehen, daß Kontoauszüge nur für das Ende oder den Beginn eines Geschäftstages erhältlich sind.

Mit zunehmender **Automatisierung des Zahlungsverkehrs** beziehungsweise mit dem zunehmenden Einsatz elektronischer Datenverarbeitungstechniken in Kreditinstituten zur Abwicklung des Zahlungsverkehrs dürften die genannten Schwierigkeiten jedoch vermindert werden. Insbesondere bieten neue Dienstleistungen auf dem Gebiet des **electronic banking**, wie etwa Kontoauszugsdrucker und Informationsmöglichkeiten per Bildschirmtext, den Unternehmen bessere Möglichkeiten zur aktuellen Abfrage von Kontoständen[172]. Wie nachfolgend noch darzustellen ist, bieten Cash-Management-Systeme nicht nur aktuelle Informations-, sondern auch sofortige Reaktionsmöglichkeiten.

Zweckmäßigerweise wird der **Bestand an liquiden Mitteln** nicht nur in einem Betrag ausgewiesen, sondern so untergliedert, daß die Höhe des Kassenbestandes, die Höhe der bei den verschiedenen Geldinstituten unterhaltenen Sichtguthaben und die Höhe der nicht in Anspruch genommenen Kredite ersichtlich sind[173]. Wenn die Zusammensetzung der liquiden Mittel offen ausgewiesen wird, erleichtert dies die Auswahl des Geldinstituts, bei dem empfangene Schecks zum Einzug oder zur Gutschrift einzureichen sind, sowie die Entscheidung, über welche Konten per Scheck, per Überweisung oder bar verfügt wird.

Da in Unternehmungen aus den verschiedensten Gründen und in Abhängigkeit von der Betriebsgröße auch von verschiedenen Personen täglich Verfügungen über liquide Mittel getroffen werden, ist es zweckmäßig, zur vollständigen und überschneidungsfreien Erfassung der geplanten Verfügungen Formulare[174] zu verwenden, so daß möglichst keine Verfügungsabsicht übersehen wird.

---

171 Vgl. Hauschild, J./Sachs, G./Witte, E. (1981), S. 78.
172 Vgl. zu Aspekten des electronic banking: Epple, M. (1987), insbesondere S. 50–63.
173 In den Liquiditätsstatus sind nur verbindlich zugesagte, nicht ausgenutzte Kreditlinien aufzunehmen, nicht aber lediglich vermutete Kreditlininien. Zum Problem latenter Kreditspielräume vgl.: Harms, J. (1973), S. 31 f.
174 Vgl. 4.2.2. Zu Formularen für die Finanzplanung vgl. auch: Arbeitskreis Krähe (1964); Kleinebeckel, H. (1988), S. 353.

Außerdem sollte bei den einzelnen Auszahlungsarten unterschieden werden zwischen **fälligen Zahlungsverpflichtungen**, aus **wirtschaftlichen Gründen nicht aufschiebbaren Zahlungen** und **Zahlungen, die weder aus juristischen noch aus wirtschaftlichen Gründen zwingend** zu erfüllen sind[175]. „Das ist besonders für die Begleichung von Lieferantenverbindlichkeiten unter Ausnutzung von Skonto wichtig. Erst wenn sich herausstellt, daß die Zahlungskraft hierzu nicht ausreicht, werden diese Zahlungsvorhaben verschoben"[176]. Die Untergliederung der Planauszahlungen unter diesem Gesichtspunkt ist vor allem für den Fall der **Unterdeckung** von erheblicher Bedeutung, da die Unternehmensleitung dann schnell entscheiden muß, welche Zahlungen an diesem Tage zu leisten sind und welche Zahlungen verschoben werden können. Bei den **Planeinzahlungen** erweist sich die Bildung von Teilmengen besonders im Hinblick auf die **Sicherheit, mit der die Einzahlungen erwartet werden**, als zweckmäßig.

Als Ergebnis der erstmaligen Durchführung des Liquiditätsstatus (führt zu Liquiditätssaldo I) sind folgende Fälle denkbar:

(1) $ABLM_t + e_t - a_t > MBLM$
(2) $ABLM_t + e_t - a_t = MBLM$
(3) $ABLM_t + e_t - a_t < MBLM$.

Diese Salden sind in geeigneter Weise − z. B. für jede Bankverbindung differenziert − aufzustellen. In den Fällen (1) und (2) ist die aktuelle Liquidität gewährleistet. Darüber hinaus werden im ersten Fall die überschüssigen, d. h. zur Anlage freien Mittel betragsgenau angegeben.

Im Fall (3) reichen die vorhandenen und erwarteten liquiden Mittel nicht aus, um den MBLM sicherzustellen. Eventuell führen die fälligen Zahlungsverpflichtungen und die zusätzlich geplanten Auszahlungen sogar zu einem Saldo < 0. Dies bedeutet noch nicht tatsächliche Illiquidität: Der Finanzplaner hat eventuell noch Korrekturmöglichkeiten. Beispielsweise können unerwünschte Salden bei einzelnen Banken durch Umbuchung überschüssiger Guthaben bei anderen Banken oder durch eine spezielle Scheckeinreichung ausgeglichen werden. In einem Liquiditätsstatus können − wie erwähnt − auch geplante Auszahlungen enthalten sein, die noch nicht zwingend fällig und damit aufschiebbar sind. Dazu zählen insbesondere Rechnungsüberweisungen, mit denen ein Skonto erzielt werden soll. Soweit erforderlich, können diese Überweisungen zurückgestellt werden, was allerdings den teuren Verzicht auf Skonto zur Folge hat. Eventuell ist es sogar möglich, durch ein Telefonat mit der Bank kurzfristig einen erweiterten Kreditrahmen zu erhalten.

Soweit dagegen weitere Auszahlungen **nicht verschoben** (zwingend fällig) werden können, keine weiteren Kreditlinien beschaffbar sind und der korrigierte Liquiditätssaldo nicht nur < MBLM, sondern sogar < 0 gerät, ist für den Planungstag eine tatsächliche Illiquidität zu erwarten (near-money-assets sind definitionsgemäß am selben Tag nicht beziehungsweise nur ausnahmsweise veräußerbar).

---

[175] Zur Unterscheidung dieser Planzahlungen vgl.: Witte, E. (1983), S. 39.
[176] Witte, E. (1963), S. 141.

4.2.2.2. Cash-Management-Systeme als Weiterentwicklung des Liquiditätsstatus in der Praxis

a) Motive für die Entwicklung von Cash-Management-Systemen

Bei der Ermittlung der aktuellen Liquidität ergibt sich als Problem, daß benötigte Informationen über Kassenbestände, eingegangene und ausgegangene Zahlungen sowie über am Planungstag weiter erwartete Zahlungsströme relativ kurzfristig eingeholt werden müssen. Soweit – in Abhängigkeit vom Resultat der Liquiditätsrechnung – Dispositionen über Zahlungsmittel zu erfolgen haben, sind diese ohne größere Zeitverzögerung durchzuführen. Diese Anforderung, **unmittelbar auf relevante Informationen zugreifen** und **Korrekturmaßnahmen sofort durchführen** zu können, wird insbesondere für solche Unternehmen zum Problem, die über unterschiedliche, regional verstreut liegende Unternehmensbereiche verfügen.

Gerade bei Unternehmen mit differenzierter Organisationsstruktur und internationalen Niederlassungen ist aber auch die Notwendigkeit, Zahlungsgrößen zentral zu verwalten, besonders ausgeprägt: Die einzelnen Unternehmensbereiche verfügen in der Regel über geschäftspolitische und damit auch finanzielle Autonomie. Zahlungsbewegungen werden von den Organisationseinheiten jeweils unabhängig voneinander vorgenommen. Diese Zahlungsdispositionen werden dabei so gestaltet, daß sie den Erfordernissen des jeweiligen Unternehmensbereiches adäquat sind. Dadurch werden **Partialoptima** angestrebt, die sich auf der Ebene des Gesamtunternehmens aber nicht notwendigerweise zu einem Totaloptima ergänzen müssen:

– Unternehmensteil A verfügt über einen Überschuß an Zahlungsmitteln und legt diesen zu einem Zinssatz von 5% an. Dagegen steht Unternehmensteil B vor dem Problem, ein Zahlungsmitteldefizit nur durch Inanspruchnahme eines Kredits zu einem Zinssatz von 6% decken zu können. Sofern die beiden Zahlungsmittelungleichgewichte untereinander ausgeglichen werden, lassen sich Zinskosten einsparen.

Ähnliche Probleme einer unzureichenden oder nicht schnell genug herstellbaren Übersicht über die relevanten liquiden Mittel können auch dann bestehen, wenn ein Unternehmen zwar einheitlich organisiert ist, jedoch eine Vielzahl von Konten bei Kreditinstituten sowie vielfältige finanzielle Verflechtungen mit Lieferanten und Abnehmern unterhält.

b) Leistungsmerkmale von Cash-Management-Systemen

Cash-Management-Systeme[177] stellen Instrumente zur Bewältigung der aufgezeigten Handlungserfordernisse dar. Als Cash-Management-System ist ein **rechner- und kommunikationsgestütztes Finanzinformations- und Finanztransaktionsinstrument** zu verstehen. Der Leistungsumfang solcher Systeme, die üblicherweise von Kreditinstituten angeboten werden, beinhaltet neben der

---

[177] Vgl. grundsätzlich: Carstensen, M. (1988), S. 603–612; Glaum, M. (1987); Jetter, T. (1987); Kremar, H./Schwabe, G. (1991). Zur finanzpolitischen Bedeutung von Cash-Management: Hagemann, H. (1992); May, F. (1992).

Schaffung einer Informationsbasis für die Finanzplanung auch Elemente der Finanzdisposition und -kontrolle. Im einzelnen bieten sich dem Nutzer
- Informationsbeschaffungsmöglichkeiten
- Informationsverarbeitungsmöglichkeiten sowie
- Transaktionsmöglichkeiten

im Zusammenhang mit weltweiten Zahlungsmittelbeständen und -strömen[178].

Die **Informationsbeschaffungsfunktion** eines Cash-Management-Systems besteht insbesondere darin,
- über Kassen- und Kontenstände („**balance reporting**") sowie über bestimmte Zahlungsmittelansprüche und -verbindlichkeiten der Unternehmensteile weltweit Auskunft zu geben
- Vorschläge und Konditionen zur Deckung von Defiziten an liquiden Mitteln oder zur Anlage überschüssiger Gelder zu liefern
- auf Zinsänderungs- und Währungsrisiken hinzuweisen.

Im Rahmen der durch das Cash-Management-System bewirkten **Informationsverarbeitung** ergeben sich folgende Leistungen:
- **Sorting:** die Angaben über Konten- oder Liquiditätssalden können unter anderem nach Währungen und Umsätzen geordnet werden
- **Translation:** Fremdwährungspositionen lassen sich in Inlandswährung umrechnen; zusätzlich lassen sich **Simulationsrechnungen** für alternative Wechselkursentwickungen durchführen
- **Pooling**: Die jeweiligen, eventuell in unterschiedlicher Währung geführten Einzelkonten der an das Cash-Management-System angeschlossenen Unternehmensteile werden zusammengefaßt und auf einem zentralen Clearing-Konto verdichtet
- **Netting**: Soweit zwischen den einzelnen Unternehmensteilen Zahlungsansprüche oder -verbindlichkeiten bestehen, werden diese unternehmensintern aufgerechnet. Ebenfalls findet ein Ausgleich von Zahlungsansprüchen und -verpflichtungen der Unternehmensteile gegenüber dem gleichen Schuldner oder Gläubiger statt.

Beispiel:
Die Forderung (1) von Unternehmensteil A gegenüber Kunde 1 kann mit der Verbindlichkeit (2) von Unternehmensteil B gegenüber demselben Kunden 1 aufgerechnet („genettet") werden (**Netting I**). Dadurch entsteht im Innenverhältnis eine Forderung von A gegenüber B (Forderung (3)). Falls nun B wiederum eine Forderung (4) gegenüber A besitzt, kann ein weiterer Ausgleich erfolgen (**Netting II**). In diesem Fall wäre keine Zahlungstransaktion notwendig.

---

178 Glaum, M. (1987), S. 15–17, unterscheidet als weitere Leistung noch Zusatzfunktionen, die dadurch ermöglicht werden, daß das Unternehmen unternehmensinterne Software in das Cash-Management-System einbringt. Vgl. ebenfalls zu Leistungsmerkmalen: Jetter, T. (1987), S. 35–46.

Instrumente zur Ermittlung und Gestaltung des Finanzierungsbedarfs

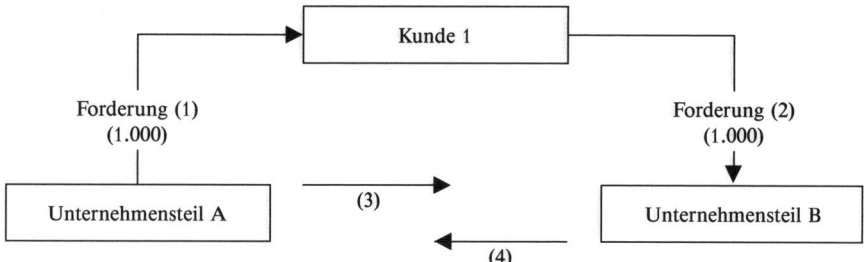

Abbildung C 24: Netting als Leistungsbestandteil von Cash-Management-Systemen

Soweit eine solche Forderung von B gegenüber A nicht existiert, besteht der Vorteil des Cash-Management-Systems darin, die notwendigen Zahlungsmittelbewegungen von zwei (Kunde an A, B an Kunde) auf eine (B an A) reduziert zu haben. Eine solche Einsparung von Zahlungsmittelbewegungen mit der damit einhergehenden Einsparung von Transaktionskosten kann in der Praxis bis zu 50% und mehr gegenüber einer Situation ohne Cash-Management ausmachen.

Schließlich ermöglicht es das Cash-Management-System dem Benutzer im Sinne einer **Transaktionsleistung**, konkrete Zahlungsbewegungen durchzuführen („**money transfer**")[179]. Möglich sind z. B. die Begleichung von Lieferantenrechnungen, die Anweisung von Zins- und Tilgungszahlungen, der Ausgleich unternehmensinterner Konten sowie die Anlage überschüssiger Mittel gemäß den vom System vorgeschlagenen Alternativen.

c) Struktur von Cash-Management-Systemen

Das Angebot von Cash-Management-Systemen wurde aufgrund der weitreichenden Entwicklungen in der Datenverarbeitungs- und Datenübertragungstechnik möglich. Der technische Aufbau des Systems läßt sich dabei wie folgt skizzieren:

1. Die zentrale Finanzabteilung als Benutzer des Cash-Management-Systems ist über ein **Terminal** an ein Kommunikations- und Rechnernetz angeschlossen[180].
2. In dieses Netz werden von den **Systembeteiligten** aktuelle Zahlungsmittelbestände und -bewegungen eingegeben. Diese Eingabe erfolgt einmal durch die ebenfalls an das Netz angeschlossenen Unternehmensteile (beispielsweise über die selbst unterhaltenen Kassenbestände). Weiter erhält der zentrale Rechner auch Daten von solchen Kreditinstituten, bei denen das Unternehmen oder die Unternehmensteile Konten unterhalten, und die **zugleich ebenfalls Teilnehmer** an diesem Kommunikations- und Rechenverbund sind.

---

179 Vgl. Carstensen, M. (1988), S. 608 f.
180 Es kann sich hierbei um ein bankeigenes Netz oder um ein Netz handeln, in das die Kreditinstitute sich einmieten können.

3. Eingegebene Informationen werden über ein Datenübertragungsnetz (z. B. Mark III, Datex P) weitergeleitet. Die interkontinentale Übertragung erfolgt z. T. über Satellit.
4. Mit Hilfe der dem System zugrundeliegenden Software können nun die eingegebenen Daten verarbeitet werden (Pooling, Netting, ...).
5. Der Finanzmanager kommuniziert über seinen Anschluß mit dem System und
   – ruft Informationen ab
   – nimmt – soweit erforderlich – Transaktionen vor.

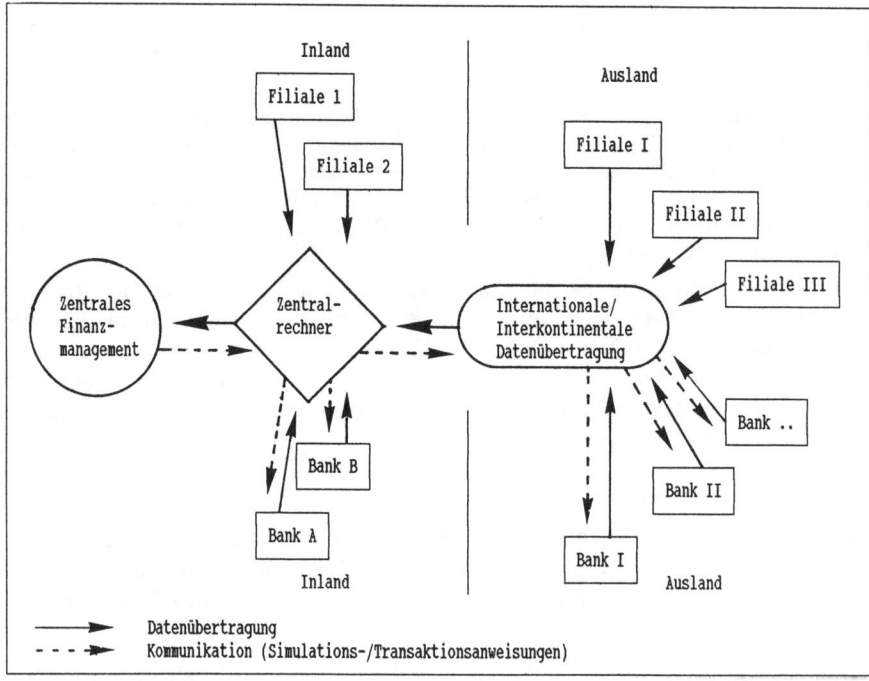

Abbildung C 25: Struktur von Cash-Management-Systemen

d) Kritische Beurteilung

Der Nutzen von Cash-Management-Systemen ist insbesondere darin zu sehen, die finanziellen Verflechtungen innerhalb von Unternehmen mit mehreren selbständigen Unternehmensteilen sowie einer Vielzahl von Kunden- oder Bankverbindungen **transparent** zu machen. Das zentrale Finanzmanagement erhält tagesgenaue, aktuelle Informationen zu unterschiedlichen entscheidungsrelevanten Sachverhalten. Hierzu lassen sich z. B. das Geflecht der zwischen den Unternehmensteilen bestehenden Zahlungsansprüche und -verbindlichkeiten sowie die finanziellen Beziehungen der Unternehmensteile zu gemeinsamen Kunden anführen.

Über die gesamtheitliche Erfassung der Zahlungsmittelbestände können die **Kosten der Kassenhaltung** gesenkt werden: Ein Überschuß an liquiden Mitteln wird unmittelbar ersichtlich und kann ebenfalls unmittelbar angelegt werden. Umgekehrt können Kosten einer Illiquidität durch frühzeitige Dispositionen vermieden werden. Die durch das Cash-Management-System verbesserte Informationslage ermöglicht es generell, den Umfang des als Zahlungskraftreserve gehaltenen MBLM zu senken.

Besonders hervorzuheben ist, daß durch das Netting unter den Unternehmensteilen einerseits beziehungsweise zwischen den Unternehmensteilen und ihren Abnehmern oder Lieferanten andererseits **Zahlungsbewegungen** verringert werden können oder nur ein Ausgleich von Spitzenbeträgen stattfindet[181]. Daraus resultiert eine Senkung der Kosten des Zahlungsverkehrs. Dies gilt auch im Hinblick auf den sogenannten **Float**: Einzahlungen beziehungsweise Zahlungen zugunsten eines Unternehmens werden oft nicht tagesgenau, das heißt am Tage der Anweisung gutgeschrieben. Die zinsrechnerische Gutschrift (Wertstellung) erfolgt vielmehr einen oder mehrere Tage später, so daß das Konto des Unternehmens verspätet entlastet wird beziehungsweise die Einzahlung verspätet gutgeschrieben wird. Hieraus resultieren Zinsverluste oder, im Fall einer durch die verspätete Gutschrift eingetretenen Kontoüberziehung, erhöhte Zinsaufwendungen[182]. Dagegen ermöglicht die Disposition über das Cash-Management-System eine augenblickliche, d. h. „real-time" Verbuchung.

Die Nutzung von Cash-Management-Systemen ist dagegen auch mit einem nicht unerheblichen Aufwand verbunden. Der Finanzmanager muß über ein entsprechendes **Terminal** und **Anschlußleitungen** zum Datennetz oder Rechner verfügen. Pro Monat ergeben sich fixe **Bereitstellungsgebühren** in Höhe von mehreren Hundert DM sowie weitere in der Regel nutzungszeit- oder transaktionsmengenbezogene **variable Kosten**[183]. Ebenso sind entsprechende Hardware-Ausstattungen bei den einzelnen Unternehmensteilen notwendig.

Die zum Teil interkontinentale Übertragung von Daten innerhalb des Cash-Management-Netzes sowie die Datenverarbeitung durch das systeminhärente Softwarepaket basieren auf hohen technischen Standards. Daraus resultiert zugleich eine erhebliche **Anfälligkeit** gegenüber Störungen der Übertragungskanäle sowie des Rechners. Spezielle **Paßwörter** sollen den Zugang zum System beziehungsweise zu bestimmten Datensegmenten schützen und so die Datensicherheit gewährleisten. Denkbar ist, daß Unternehmensexterne in das Datennetz eindringen und unbewußt oder vorsätzlich Fehlbuchungen verursachen.

Die Effizienz der Cash-Management-Systeme hängt davon ab, von wievielen relevanten Stellen Meldungen an das System fließen. Dies betrifft insbesondere die Kreditinstitute, mit denen die Unternehmensteile Kontoverbindungen unter-

---

181 Vgl. Carstensen, M. (1988), S. 604.
182 Dies gilt insbesondere dann, wenn die Überweisungsaufträge per Post ausgeführt werden und so von den Postlaufzeiten abhängen. Vgl. Jetter, T. (1987), S. 245−247.
183 M. Glaum schätzt die notwendigen Anfangsinvestitionen auf etwa 80000−100000 DM; als Grundgebühr pro Monat gibt er 800−1.500 DM an. Vgl. Glaum, M. (1987), S. 18 f.

halten. Aus Wettbewerbs-[184] und zum Teil auch aus Sicherheitsgründen sind jedoch viele Kreditinstitute nicht bereit, entsprechende Angaben in die Datennetze einzugeben, die von einem anderen Institut angeboten werden.

I. Generelles Eignungsprofil (Bedarfsanalyse)
- Hoher Umfang an Bank-/Kontenverbindungen?
- Ausgeprägte Filialisierung bzw. internationale/interkontinentale Unternehmensstruktur?
- Hohe Anzahl täglicher Zahlungsbewegungen?
- Gegebene Notwendigkeit einer einheitlichen Unternehmensführung (Produktprogramm, Beziehungsgeflecht, ...)?

(Cash-Management ist um so vorteilhafter, je mehr diese Kriterien zutreffen)

II. Leistungsangebot (Angebotsanalyse)
- Dateneinspeisung aus Niederlassungs-Ländern?
- Meldungen von verbundenen Banken?
- Verarbeitungskapazität des Systems?
- Technische Anforderungen der Implementierung?

(Das betreffende System muß dem Anforderungsprofil des Unternehmens entsprechen)

III. Quantitative Aspekte (Ertrags-/Kosten-Analyse)
+ Geschätzte Reduzierung der Zahlungsvorgänge * ⌀ Buchungsgebühr/Vorgang
+ Zahl der über das System abgewickelten Transaktionen * ⌀ eingesparte Buchungsgebühr
+ Float-Gewinn: schnellere Verfügbarkeit über Gelder (in Tagen) * ⌀ Anlagezins/360
+ Verbesserter Anlageertrag durch unternehmensinterne Verwendung bzw. durch Bündelung freier Gelder
+ Verminderung Finanzierungskosten durch unternehmensinternen Ausgleich
+ Verminderung der Kosten der Kassenhaltung (MBLM)
- Kosten der Hardware und des Leitungsanschlusses
- Personal: Höhere Qualifikation, Einsparung
  Nutzungskosten des Systems
- Leitungskosten
- Wartungskosten

Abbildung C 26: Eignungs-Checkliste für Cash-Management-Systeme

---

[184] Die Kreditinstitute würden ansonsten das Cash-Management-Angebot des Konkurrenzinstitutes noch effizienter machen. Die deutschen Banken sind allerdings im Begriff, ein vereinheitlichtes, von mehreren Banken gespeistes System (Multi Cash) zu entwickeln; vgl. Krcmar, H./Schwabe, G. (1991), S. 341.

4.2.3. Bestimmung der kurzfristigen Liquidität

4.2.3.1. Der (kurzfristige) Finanzplan

a) Zielsetzung

Die Grenzen des Liquiditätsstatus bestehen darin, daß er die (aktuelle) Liquidität des Unternehmens zwar ermitteln kann, aber dem Finanzmanagement kaum Zeit beläßt, festgestellte Ungleichgewichte zu beheben. Notwendige Maßnahmen müssen zwangsläufig noch während des laufenden Geschäftstags getroffen werden. Dieses betrifft vorrangig die Vermeidung von geplanten, aber nicht zwingend fälligen Auszahlungen. Soweit ein Defizit an liquiden Mitteln festgestellt wird und dieses auch durch Maßnahmen der Mittelbeschaffung behoben werden soll, ist weitere Voraussetzung, daß die potentiellen Mittelgeber (Banken, andere Unternehmen, ...) bereit sind, diese Mittel auch unverzüglich zur Verfügung zu stellen.

Nur ausnahmsweise läßt sich eine Aufstockung des Kreditrahmens durch einen einfachen Anruf bei der Hausbank regeln. Auch ist die Möglichkeit, über die eigene Teilnahme am Geldmarkt kurzfristige Gelder aufnehmen zu können, nur wenigen, großen Unternehmen gegeben. Diese Möglichkeiten setzen außerdem voraus, daß die Grenzen der Außenfinanzierung noch nicht erreicht sind. I. d. R. kann es sich dabei nur um relativ kurzfristige und begrenzte Geldaufnahmen handeln. Soweit jedoch Mittel in großem Umfang und für größere Zeiträume beschafft werden sollen, bedarf ihre Einräumung einer längeren Vorbereitungszeit[185]. Für die Geldbeschaffung am Planungstag bleibt die Verwertung von near-money-assets außer acht: Deren Monetisierung ist definitionsgemäß nicht an einem Geschäftstag möglich.

Der Liquiditätsstatus vermag darüber hinaus nicht anzugeben, für **wie lange** die eventuell zu beschaffenden liquiden Mittel benötigt werden oder wie lange überschüssige Mittel zur Anlage frei sind. Er konstatiert lediglich, daß sie (mindestens) am Planungstag fehlen oder als Überschuß vorliegen.

Zur **Ergänzung** des Liquiditätsstatus ist daher eine Planungsrechnung erforderlich, die sich über den gegenwärtigen Planungstag hinaus erstreckt und einen weiteren (zukünftigen) Horizont erfaßt. Bei der Konzeptionierung einer solchen Liquiditätsrechnung muß zugleich jedoch beachtet werden, daß der Planungshorizont sich nicht zu weit in die Zukunft hinein erstreckt, da ansonsten ein Vorteil kurzfristiger Rechnungen – die relativ sichere Angabe einfließender Größen – zunehmend verloren geht. Der zu treffende Kompromiß liegt also darin, zwar über den aktuellen Geschäftstag hinaus zu planen, den Planungszeitraum jedoch andererseits auch überschaubar und noch relativ exakt einsehbar zu halten.

---

185 Z. B. müssen die Kapitalgeber ihrerseits die benötigten Mittel mobilisieren; sie werden zudem nur dann zur Mittelvergabe bereit sein, wenn eine Kreditwürdigkeitsprüfung zu einem positiven Ergebnis führte. Für diese Dispositionen muß aber den Mittelgebern eine entsprechende Zeit zur Verfügung stehen.

268 Finanzplanung

Ein solcher Kompromiß kann mit Hilfe des (kurzfristigen) Finanzplans[186] erreicht werden. Der Betrachtungszeitraum innerhalb eines Finanzplans ist üblicherweise nicht länger als ein Jahr[187]. Dies erlaubt den relativ vollständigen Einbezug zukünftiger Ein- und Auszahlungen „mit weitgehend präzisen Angaben über die Zahlungszeitpunkte"[188], und über die Zahlungsvolumina. Spezielle Zielsetzung beim Einsatz des Finanzplans ist es, für die **nahe Zukunft den Saldo an liquiden Mitteln eines Unternehmens betrags- und zeitpunktgenau** zu ermitteln. Die Information über die voraussichtliche Entwicklung des Liquiditätssaldos (i. S. des Liquiditätssaldos I) wird mit dem angestrebten Saldo (i. S. des MBLM) verglichen. Bestehen Soll-/Ist- Abweichungen, so sind vom Unternehmen Ausgleichsmaßnahmen durchzuführen.

Für die Vorbereitung und Durchführung entsprechender Ausgleichsmaßnahmen verbleibt dem Finanzmanagement jetzt ein zeitlicher Spielraum. Dieser Spielraum soll speziell gewährleisten, daß das Finanzmanagement aufgrund eigenständig durchführbarer, das heißt finanzwirtschaftlicher Maßnahmen den gewünschten Liquiditätssaldo erreicht. Wenn also z. B. zunächst ein negativer Liquiditätssaldo prognostiziert wird, führt dies dazu, daß geeignete Finanzierungsreserven (z. B. Aufnahme eines Darlehens) oder near-money-assets (z. B. Diskontierung von Wechseln) in Anspruch genommen werden. Die Durchführung derartiger kurz- bis mittelfristiger Ausgleichsmaßnahmen, die dadurch charakterisiert sind, daß sie sich **ohne grundlegende Eingriffe in das leistungswirtschaftliche Unternehmensgeschehen** vollziehen lassen, wird als **dispositive Liquiditätssicherung** bezeichnet[189].

Mit Hilfe des Finanzplans soll zum einen die Ermittlung des Liquiditätssaldos für jeden Tag, der sich innerhalb des Planungshorizonts befindet, gelingen (Ermittlung von **Momentanliquiditäten**). Zum anderen ergibt sich als Ergebnis des Finanzplans, inwieweit die Liquidität des Unternehmens am Ende der Planungsperiode, das heißt die **Periodenliquidität**, gewahrt ist oder nicht. Da der Finanzplan die zeitliche Verteilung der Ein- und Auszahlungen innerhalb des Planungshorizonts explizit berücksichtigt, vermag er zudem anzugeben, ob sich in der Planungsperiode (geplante) **Liquiditätsengpässe** befinden, und von welcher Dauer diese sind. Er erlaubt dadurch zeitlich exakt festgelegte Reaktionen des Finanzmanagements.

Neben der Angabe, in welchem Umfang, ab welchem Zeitpunkt und für welchen Zeitraum in der Zukunft liquide Mittel benötigt werden, soll der Finanzplan für den Fall eines festgestellten Überschusses an liquiden Mitteln analog bestimmen, in welchem Umfang, ab wann und für wie lange Mittel zur **Anlage** durch

---

186 Im folgenden wird nur noch die Bezeichnung ‚Finanzplan' verwandt, gemeint ist damit aber jeweils der kurzfristige Finanzplan.
187 Vgl. Eilenberger, G. (1989), S. 250.
188 Witte, E. (1983), S. 41.
189 Im Gegensatz hierzu stehen Maßnahmen der **strukturellen** Liquiditätssicherung: Zur Sicherung der strukturellen Liquidität sind lediglich kurzfristig wirkende Maßnahmen nicht ausreichend, sondern fundamentale, strategisch ausgerichtete Eingriffe erforderlich. Diese betreffen stets auch den Leistungsprozeß.

das Unternehmen frei werden. Schließlich soll der Finanzplan einen Einblick in die **Struktur** zukünftiger Ein- und Auszahlungen erlauben. Er soll insbesondere die Unterscheidung ermöglichen zwischen solchen Zahlungen, die aus Entscheidungen im Leistungsbereich des Unternehmens resultieren, und solchen Zahlungen, die allein die Finanzsphäre betreffen.

Zusammenfassend kann die Bedeutung des Finanzplans darin gesehen werden, als Instrument der **Liquiditätsfeinsteuerung** für das Unternehmen zu dienen. Unter der Voraussetzung, daß die fundamentalen, insbesondere durch den Leistungsbereich geprägten Ein- und Auszahlungsströme sich im wesentlichen entsprechen und insofern von einem grundsätzlichen Gleichgewicht von Ein- und Auszahlungen (**strukturelle Liquidität**) ausgegangen werden kann, erlaubt der Finanzplan solche Maßnahmen, die kurzfristig auftretende, in ihrem Umfang begrenzte Ungleichgewichte zwischen verfügbaren und benötigten liquiden Mitteln ausgleichen.

b) Zeitliche Struktur

Um die unter (a) erwähnten Aufgaben erfüllen zu können, muß der Finanzplan einen Mindestplanungshorizont aufweisen, der eine noch ausreichende Reaktionszeit des Finanzmanagements ermöglicht. Als Mindestanforderung an die durch einen Finanzplan ermöglichte Vorschau gilt hierbei eine Periode von vier Monaten[190]. Die Erklärung für diesen Zeitraum ergibt sich wie folgt: Bei der in der Praxis recht üblichen monatlichen Revision (siehe unten) des Finanzplanes beträgt die **Restvorausschau** mindestens drei Monate (nämlich am letzten Tag vor der Revision). Aufgrund dieses Planungshorizontes ist es gewährleistet, daß Zahlungsbewegungen, die durch **Besitz- und Schuldwechsel** ausgelöst werden, stets erkennbar sind. Die Laufzeit dieser Wechsel beträgt nämlich üblicherweise drei Monate.

Der Finanzplan sollte es idealerweise ermöglichen, den Liquiditätssaldo für jeden einzelnen Tag der Planungsperiode festzustellen. Mit zunehmendem Planungshorizont wird die Prognose von Momentanliquiditäten jedoch schwieriger. In diesem Fall geht man dazu über, nicht mehr den Saldo pro Planungstag (das heißt **Momentanliquiditäten**) zu ermitteln, sondern den Saldo pro Woche beziehungsweise den Saldo pro Monat (das heißt **Periodenliquiditäten**) zu berechnen. Folgende Unterteilung des Gesamtplanungshorizontes kann dabei als (unverbindlicher) Anhaltspunkt dienen:

- Für die Wochen 1 bis 4 ist ein **tagesgenauer** Ausweis des Liquiditätssaldos anzustreben (Ermittlung von Momentanliquiditäten)
- Für die Wochen 5 bis 20 (2. bis 4. Monat) ist die Periodenliquidität für **einzelne Wochen** festzustellen
- Schließlich genügt es, für die Wochen 21 bis 52 (5. bis 12. Monat) einen Ausweis der Periodenliquidität **pro Monat** anzustreben.

---

190 Vgl. Witte, E. (1983), S. 56.

Konsequenz dessen ist, daß der Finanzplan nach dem Ende der vierten Woche nicht mehr alle Liquiditätsengpässe aufzeigen kann, sondern nur noch jene, die über das Ende der jeweiligen Teilperioden (Wochen, Monate) hinaus bestehen.

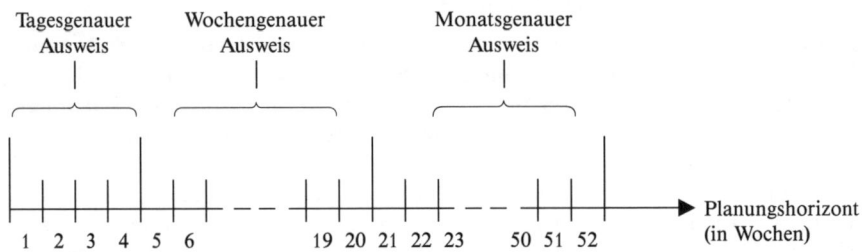

Abbildung C 27: Zeitliche Unterteilung des Finanzplans

Die im Rahmen des Finanzplans zugrundegelegte Planungsperiode von z. B. einem Jahr hat nicht zur Konsequenz, daß ein neuer Finanzplan erst wieder nach einem Jahr aufgestellt wird. Vielmehr ist der Finanzplan in kürzeren Zeitabständen erneut zu erstellen[191]. Im betrachteten Fall ist z. B. daran zu denken, nach Ablauf der ersten vier Wochen den Finanzplan zu erneuern. Dieser neue ‚Finanzplan II' kann dabei zum Teil auf den Daten des alten ‚Finanzplans I' aufbauen: Die ersten elf Monate, die er umfaßt, bilden die Monate 2 bis 12 des ersten Plans. Der Finanzplan II führt den **ursprünglichen Planungshorizont um einen Monat weiter** (Dieser Monat stellt dann den Monat 12 im zweiten Plan dar).

Das eben erörterte Prinzip, den Finanzplan nach Ablauf eines Monats zu erneuern, das heißt den ‚Restplanungshorizont' von elf Monaten auf zwölf Monate zu verlängern (rollierende Planung), hat allerdings als Konsequenz, daß nach Ablauf von vier Wochen zwar noch eine Vorausschau von elf Monaten besteht, aber in dieser Vorausschau dann aber **kein tagesgenauer** Ausweis (Momentanliquidität) vorhanden ist: Momentanliquiditäten wurden annahmegemäß ja nur für die ersten vier Wochen ermittelt. In der Praxis ist deshalb folgende Konstellation anzutreffen: Man revidiert beziehungsweise ‚**rolliert**' **zweifach.** Z. B. wird die Planung nach Ablauf einer Woche in der Form erneuert, daß für die ursprünglich fünfte Woche – die nur als Periodenliquidität im Ausgangsplan enthalten war – jetzt tagesgenaue Ausweise geplant werden. Dies gilt entsprechend für die zweite und dritte Woche. Dagegen wird der Gesamtplanungshorizont noch nicht verlängert. Dieser wird erst mit Ablauf der vierten Woche um einen Monat nach vorne getragen. Gleichzeitig mit diesem Vortrag wird die (auf den Ausgangsplan bezogene) achte Woche tagesgenau ausgewiesen.

Für den Finanzplaner besteht im Rahmen der Erstellung des Finanzplans II weiter die Notwendigkeit, die im Finanzplan I gemachten Angaben über geplante Ein- und Auszahlungen zu **kontrollieren** und zu **aktualisieren**. Die im Laufe des ersten Monats angefallenen Informationen sind einzubeziehen, soweit sie den Bestand an liquiden Mitteln zu Beginn des zweiten Monats und die Zahlungen

---

191 Vgl. hierzu auch das Prinzip der gleitenden Planung in: C.4.1.2.

Instrumente zur Ermittlung und Gestaltung des Finanzierungsbedarfs

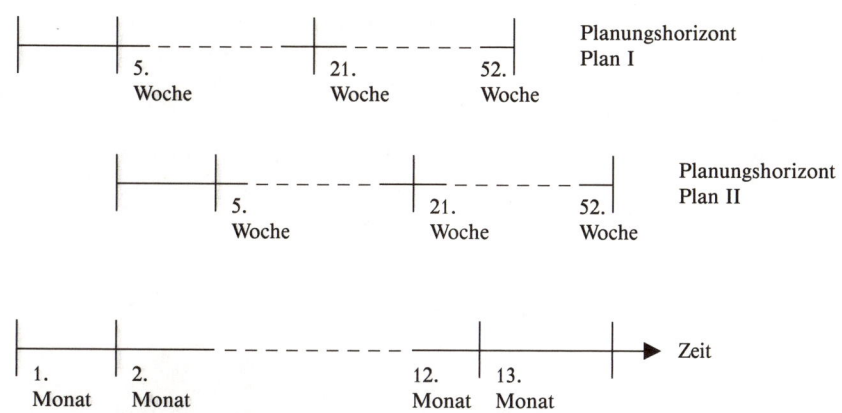

Abbildung C 28: Erneuerung von Finanzplänen

in den darauffolgenden 11 Monaten betreffen. Der neue Anfangsbestand an liquiden Mitteln zu Beginn des zweiten Monats (das heißt zu Beginn der Planungsperiode von Plan II) ergibt sich aus den tatsächlichen Zahlungsbewegungen im abgelaufenen Monat. Er ist definitiv feststellbar.

Die künftigen Zahlungen sind auch durch Entscheidungen beeinflußt, die im abgelaufenen ersten Monat neu getroffen wurden. Ebenfalls haben veränderte Umweltbedingungen Einfluß auf die einzubeziehenden Größen. Solche veränderten Umweltbedingungen kommen z. B. in einer Revision der Absatzprognose, die den im Finanzplan bisher ausgewiesenen Verkaufserlösen zugrunde lag, zum Ausdruck.

Weiter müssen die Angaben für die ersten vier Wochen in Plan II (das heißt die Wochen 5 bis 8 in Plan I), für die in Plan I nur ein Wochenausweis bestand, jetzt in **Momentanliquiditäten** für die einzelnen Geschäftstage angegeben werden. Lediglich in Ausnahmefällen werden die als Ergebnis der Korrekturen und Umrechnungen ausgewiesenen neuen Werte am Ende der Wochen 1 bis 4 im Plan II mit den Ergebnissen für die Wochen 5 bis 8 im Plan I übereinstimmen.

Das regelmäßige Aufstellen und Revidieren von Finanzplänen erleichtert das Erkennen von Planungsfehlern. Dieser Aspekt ist für die Genauigkeit der Finanzplanung von erheblicher Bedeutung. Neben der regelmäßigen Neuplanung ist vorzusehen, daß beim Eintreten bestimmter Ereignisse (z. B. dem Konkurs eines wichtigen Kunden) und beim Eintreten bestimmter Abweichungen von den Plansätzen zusätzlich eine außerordentliche Planrevision stattfindet.

c) Inhaltliche Struktur

Wie jede Form der Liquiditätsrechnung enthält auch der Finanzplan Angaben zu folgenden Positionen:

272 Finanzplanung

(I) (Plan-)Anfangsbestand an liquiden Mitteln
(II) Planeinzahlungen
(III) Planauszahlungen
(IV) Planendbestand an liquiden Mitteln.

Das folgende Beispiel zeigt einen Finanzplan in Form einer Matrix, deren Vorspalte die Grundpositionen und deren Kopfzeile die einzelnen Teilperioden (Tage, Wochen, Monate) des Planungszeitraums aufnehmen.

Grund-positionen	Planintervalle (Tage, Wochen, ...)						
	1. Tag	2. Tag	...	20. Tag	5. Woche	6. Woche	...
I. Anfangsbestand an liquiden Mitteln	+120	+ 20	...	− 80	−130	− 50	...
II. Planeinzahlungen	+200	+150	...	+150	+950	+920	...
III. Planauszahlungen	−300	−250	...	−200	−870	−830	...
IV. Planendbestand an liquiden Mitteln	+ 20	− 80	...	−130	− 50	+ 40	...

Abbildung C 29: Inhaltliche und zeitliche Grundstruktur des Finanzplans

Da der vom Finanzplan erfaßte Zeitraum in Teilperioden unterteilt wird, sind die einzelnen Grundpositionen jeweils für die einzelnen Teilperioden zu ermitteln. Im Beispiel sind dies zu Beginn der Planperiode einzelne Tage und danach Wochen. Der prognostizierte Endbestand an liquiden Mitteln für die einzelne Teilperiode gibt die Überdeckung (positives Vorzeichen) oder die Unterdeckung (negatives Vorzeichen) betragsgenau an.

Soweit der ermittelte Liquiditätssaldo (Position IV) ausgeglichen werden soll, enthält der Finanzplan weiter die Information über geplante Ausgleichsmaßnahmen und deren Konsequenzen für den geplanten Bestand an liquiden Mitteln (z. B. Neukreditaufnahme in Höhe von ..., Unterlassung von Auszahlungen in Höhe von ...):

(V) Ausgleichsmaßnahmen
(VI) Korrigierter geplanter Endbestand an liquiden Mitteln.

Nach welchem **Kriterium** und wie tief die Positionen (I) bis (IV) weiter **untergliedert** werden, läßt sich nicht allgemein bestimmen. Dies hängt unter anderem von der konkreten Geschäftstätigkeit des jeweiligen Unternehmens ab (z. B. kann es für ein Handelsunternehmen interessant sein, Einzahlungen aus Verkäufen nach Abnehmern zu klassifizieren, während ein Produktionsunternehmen die Erlöse nach Produkten differenziert), von der gewünschten Detailliertheit der Rechnung sowie letztlich auch von den Informationsverarbeitungs- oder Rechnerkapazitäten des Unternehmens. Unabhängig davon, ob die Liquiditätsplanung ‚per Hand' oder auf EDV-Basis durchgeführt wird, sollte ein festes Schema bzw. Formblatt zugrunde liegen.

Dadurch läßt sich weitgehend sicherstellen, daß
- Planein- und Planauszahlungen vollständig erfaßt werden
- Doppelerfassungen vermieden werden.

Ein Beispiel für den möglichen Aufbau eines Finanzplans ist in Abb. C 30 gegeben (vgl. auch die Anwendung in C.4.2.3.2).

In dieser Form läßt sich der Finanzplan weitgehend unabhängig von Größe und Branche[192] des Unternehmens verwenden. Eine weniger tief gegliederte Übersicht erscheint nicht zweckmäßig, da dann die Angaben zu pauschal sind. Dagegen ist eine **weitergehende Detaillierung** der geplanten Zahlungsströme durchaus möglich. Sie läßt sich in folgender Weise erreichen:

- In bezug auf die Einzahlungen durch eine stärkere Differenzierung der Einzahlungsquellen etwa nach Produkten, Kunden, Regionen, ...
- In bezug auf die Auszahlungen durch eine stärkere Differenzierung nach den Gründen für diese Auszahlungen oder nach den Empfängern dieser Zahlungen.

Als formale Hilfe bei der weiteren Untergliederung der Positionen des Finanzplans bietet sich der **Kontenplan** des Rechnungswesens an. Dieser ist jedoch nur unter Beachtung folgender Gesichtspunkte verwendbar:

Für viele Geschäftsvorfälle werden üblicherweise nur dann **eigene Konten** eingerichtet, wenn sie häufig vorkommen. Die getrennte Erfassung bestimmter Vorgänge (z. B. Umsätze verschiedener Produkte oder Produktgruppen) in der Buchhaltung kann dann als Anzeichen für die Zweckmäßigkeit einer getrennten Erfassung im Finanzplan betrachtet werden. Bei der Orientierung am Kontenplan einer Unternehmung ist jedoch zu beachten, daß **bestimmte Unterscheidungen** in der Finanzbuchhaltung für die Finanzplanung **unwichtig** sind. Dies gilt z. B. für alle Konten, die ausschließlich nicht zahlungswirksame Vorgänge erfassen. Da für die verschiedenen Branchen detaillierte Kontenpläne ausgearbeitet sind, ist eine branchenspezifische Detaillierung der Planzahlungen relativ leicht. Die Frage nach einer weitergehenden Detaillierung von Finanzplänen wird an dieser Stelle jedoch nicht näher verfolgt[193].

4.2.3.2 Anwendungsbeispiel

Die Durchführung einer Liquiditätsrechnung mit Hilfe des Finanzplans ist im weiteren an einem Beispiel veranschaulicht. Der Finanzplan weist folgende Merkmale auf:

---

192 Ausnahmen hiervon bilden insbesondere die Kreditinstitute, deren Liquiditätsrechnung nach anderen Kriterien (bei den Einzahlungen z. B.: Einzahlungen auf Spar-, Termingeld- und Girokonten) unterteilt ist. Kreditinstitute verfolgen mit Liquiditätsrechnungen auch noch weitere Zielsetzungen: So lassen sich aus der Struktur eingezahlter Gelder unter anderem Rückschlüsse auf die Belastung mit Mindestreserve ziehen.
193 Vgl. hierzu: Witte, E. (1983), S. 51–55.

274 Finanzplanung

	Tagesgenauer Ausweis 1.–4. Woche (1. Monat)	Wochengenauer Ausweis 5.–20. Woche (2.–4. Monat)	Monatsgenauer Ausweis 21.–52. Woche (5.–12. Monat)
I. Geplanter Anfangsbestand an liquiden Mitteln 1. Kasse 2. Bankgiroguthaben 3. Postgiroguthaben 4. Freie Kreditlinien			
Gesamtbestand			

II. Planeinzahlungen
1. Leistungsbereich
  1.1 Produktverkauf
  1.2 Anlagenverkauf
  1.3 Lizenzen, Mieten
  1.4 Weitere
2. Finanzbereich
  2.1 Eigenkapitalerhöhung
  2.2 Fremdkapitalaufnahme
  2.3 Erträge aus Finanzaktiva
  2.4 Rückfluß/Verkauf Finanzaktiva
  2.5 Weitere			

Gesamtbetrag Einzahlungen			

III. Planauszahlungen
1. Leistungsbereich
  1.1 Betriebsmittel
  1.2 Werkstoffe
  1.3 Löhne, Gehälter
  1.4 Weitere
2. Finanzbereich
  2.1 Rückzahlung von Fremd- und Eigenkapital
  2.2 Zinszahlungen
  2.3 Ausschüttungen
  2.4 Finanzinvestitionen
  2.5 Steuern
  2.6 Weitere			

Gesamtbetrag Auszahlungen			
IV. Geplanter Endbestand an liquiden Mitteln (I + II − III)			
V. Eventuelle Ausgleichsmaßnahmen			
VI. Korrigierter geplanter Endbestand an liquiden Mitteln			

Abbildung C 30: Kurzfristiger Finanzplan − Beispielhafter Aufbau

Instrumente zur Ermittlung und Gestaltung des Finanzierungsbedarfs 275

(1) Der Finanzplan erfaßt einen Planungszeitraum von 4 Monaten.
(2) Die Planung für die ersten vier Wochen erfolgt tagesgenau, für die 5. bis 20. Woche wochengenau.
(3) Das betrachtete Unternehmen revidiert den Finanzplan wöchentlich (im Hinblick auf den Ausweis von Momentanliquiditäten in der jeweils vierten Woche) und monatlich (Verlängerung des Planungshorizonts um einen Monat).
(4) Der Finanzplaner verfügt bereits über die Informationen, welche relevanten Größen in diesem Zeitraum zu erwarten sind. Diese Informationen wurden ihm von den betroffenen Abteilungen (Beschaffungs-, Produktions-, Absatzbereich) im Unternehmen zur Verfügung gestellt.

Die Annahme (4) bestimmt im wesentlichen den Erfolg der Finanzplanung und bedarf insofern einer kritischen Betrachtung: Selbst wenn Übertragungs- und Rechenfehler vollkommen ausgeschlossen werden, kann das Ergebnis der Liquiditätsfeststellung letztlich nur so vollständig und exakt sein wie die **Eingangsinformationen** über die geplanten Ein- und Auszahlungen, aus denen sich dieses Ergebnis ableitet. Im betrachteten Fall heißt dies: Wenn das Finanzmanagement darauf vertrauen kann, von den betroffenen weiteren Stellen im Unternehmen **vollständig** und mit größtmöglicher **Sorgfalt** über zahlungsrelevante Vorgänge informiert worden zu sein, so kann das Finanzmanagement auch weitgehend sicher sein, daß der errechnete Liquiditätssaldo im wesentlichen eintritt[194]. Soweit Ausgleichsmaßnahmen zu treffen sind, können diese detailliert vorbereitet werden.

Das hier zugrundegelegte Beispiel klammert also ein grundsätzliches Problem der Finanzplanung aus: Das Problem der **Datenbeschaffung**. Es wird davon ausgegangen,

– daß das Finanzmanagement Meldungen von allen Stellen erhält, die mit der Durchführung von Ein- oder Auszahlungen befaßt sind
– daß die meldepflichtigen Stellen im Unternehmen von der Bedeutung der Finanzplanung wissen und zahlungsrelevante Vorgänge vollständig und rechtzeitig melden
– daß entsprechende Prognosetechniken bewußt verwandt werden, und somit die geplanten Zahlungen hinsichtlich Höhe und Entstehungszeitpunkt präzise vorhergesehen werden.

Sofern diese Bedingungen tatsächlich eingehalten werden, kann die Finanzplanung auf einem weitgehend verläßlichen Datenfundament aufbauen.

Dem Finanzmanagement verbleiben im vorliegenden Fall also ‚nur' noch folgende Aufgaben:

– Die Aufgabe der **Datenauswahl**: Sind tatsächlich alle gemeldeten Daten planungswirksam? Zu überprüfen ist, ob die Daten aufgrund des **Datums** ihres

---
194 Es verbleibt grundsätzlich jedoch die Unsicherheit der geplanten Zahlungen; das heißt die Anfälligkeit der Planwerte gegenüber zukünftigen Ereignissen, die als solche nicht voraussehbar sind.

276 Finanzplanung

Anfalls in den betrachteten Planungszeitraum aufzunehmen sind. Ebenfalls muß gefragt werden, ob es sich jeweils um **liquiditätswirksame** Geschäftsvorfälle handelt, oder ob nicht die meldende Stelle – etwa aus Unkenntnis über die Zahlungswirksamkeit oder aus Gründen der Vollständigkeit der Meldung – rein buchmäßige Bewegungen weitergegeben hat. Soweit buchmäßige Daten vorliegen, ist es erforderlich, diese Daten in zahlungswirksame Vorgänge zu transformieren: Sind z. B. Umsatz**erlöse** gemeldet, so kann das Finanzmanagement aufgrund von Erfahrungswerten (etwa: Zahlungsmoral, Ausnutzung gewährter Skonti durch die Abnehmer)[195] sowie statistischer Auswertungen der Informationen über Umsätze darauf schließen, in welchem Umfang und zu welchem Zeitpunkt hieraus **Einzahlungen** resultieren[196].

- Die Aufgabe der **Datenverarbeitung**: Hierunter ist zu verstehen, daß die einzelnen Zahlungsgrößen betragsmäßig und zeitlich korrekt in den Finanzplan[197] übertragen und dort an der richtigen Stelle verbucht werden. Dies erfolgt im wesentlichen noch manuell, während für die anschließende Verrechnung der Daten (Addition jeweils von Ein- und Auszahlungen; Saldierung) in der Regel EDV-Unterstützung zur Verfügung steht[198].
- Die Aufgabe der **Dateninterpretation und Reaktionsplanung**: Welche Reaktion soll auf einen festgestellten negativen oder positiven Liquiditätssaldo erfolgen? Soweit ein Liquiditätsbedarf festgestellt wird, wie kann dieser gedeckt oder vermieden werden? Welche Finanzierungsinstrumente sind zu wählen? Welche Auszahlungen sind zu verschieben oder zu vermeiden? Für welchen Zeitraum müssen liquide Mittel beschafft werden?

Die genannten Aufgaben der Datenauswahl, Datenverarbeitung und Datenauswertung sollen im Beispiel verdeutlicht werden. Dem Finanzmanagement liegen folgende Informationen vor:

a) Kassenbestand am Abend des 31.8.: 10 000
b) Giroguthaben bei Kreditinstituten am Abend des 31.8.: 200 000
c) Am 20.8. geleistete Anzahlung für den Bezug an Rohstoffen, deren Lieferung am 2.9. erfolgt: 20 000
d) Prognostizierte Einzahlungen aus Umsatzerlösen
   vom 1. 9.–30. 9.: täglich 20 000
   vom 1. 10.–31. 10.: täglich 25 000
   vom 1. 11.–31. 12.: täglich 30 000
   ab 1. 1.: täglich 20 000
e) Schuldwechsel, fällig am 3. 9.: 50 000
f) Löhne und Gehälter, fällig zum Monatsersten: 300 000
   Am 15. 8. wurde ein Lohnvorschuß auf die Septemberlöhne überwiesen von: 50 000
g) Außerordentlicher Aufwand aus der Neubewertung der $-Guthaben: 40 000

---

195 Vgl. Mandéry, W. (1983), S. 8.
196 Vgl. zur Frage der hiermit angesprochenen „Verweilzeit" von Zahlungen: Eilenberger, G. (1989), S. 251–253.
197 Dessen Struktur ist ebenfalls von der Finanzplanung festzulegen.
198 Vgl. zur Liquiditätsplanung mit dem Personal Computer z. B.: Brüna, M. (1986); Kleinebeckel, H. (1988), S. 285–314.

h) Körperschaftsteuervorauszahlung am 15. 10, 15. 1., 15. 4. und 15. 7. von jeweils: 30000
i) Bezug von Rohstoffen am 3. 9.; Zahlungsziel bis 10. 9. mit 2% Skonto: 30000
j) Erwerb von 100 Aktien aus der Neuemission der J-AG am 4. 9. zum Emissionskurs von: 1000 am 4. 9.

Datenauswahl

a) Der Kassenbestand am Abend des 31. 8. bildet zugleich den Anfangsbestand am 1. 9. und ist somit einzubeziehen.
b) Ebenfalls zählt das Giroguthaben zum Anfangsbestand an liquiden Mitteln am 1. 9.
c) Diese Anzahlung war bereits liquiditätswirksam und ist deshalb im laufenden Finanzplan nicht zu berücksichtigen (Sie ist eigentlich „indirekt" bereits enthalten, denn ohne diese Zahlung wäre der Bestand an liquiden Mitteln am Abend des 31. 8. um 20000 höher).
d) Die prognostizierten Einzahlungen aus Umsatzerlösen sind grundsätzlich einzubeziehen. Da der Finanzplan sich über einen Zeitraum von vier Monaten erstreckt, sind die Erlöse bis zum 31. 12. maßgeblich. Sie werden
   – bis zum 30. 9. jeweils täglich in Höhe von 20000 aufgenommen
   – vom 1. 10. bis 31. 10. mit dem Erlös pro Woche von 125000 und
   – vom 1. 11. bis 31. 12. mit dem Erlös pro Woche von 150000 in den Finanzplan eingetragen.
e) Der Schuldwechsel ist einzulösen und führt zu einer Auszahlung am 3. 9. in Höhe von 50000.
f) Zum 1. 9. sind Lohnauszahlungen mit einem Betrag von 250000 zu tätigen (Vorschuß war bereits am 15. 8. liquiditätswirksam), zum 1. 10., 1. 11. und 1. 12. jeweils Auszahlungen von 300000.
g) Hier handelt es sich um einen rein bilanz- beziehungsweise aufwandswirksamen Sachverhalt. Die buchmäßige Neubewertung der $-Guthaben führt nicht zu einer Auszahlung. Auch ist die Konsequenz des gesunkenen $-Kurses, daß nämlich das $-Guthaben bei einem Umtausch in DM (zu einem unbekannten Zeitpunkt in der Zukunft) 40000 DM weniger an Einzahlungen bringen wird, im Finanzplan nicht zu berücksichtigen.
h) Für den betrachteten Planungshorizont ist die Vorauszahlung zum 15. 10. in Höhe von 30000 relevant.
i) Das Unternehmen schiebt die Rechnungserfüllung bis zum letzten Tag hinaus, an dem noch Skonto geltend gemacht werden kann: Auszahlung am 10.9. in Höhe von 29400 (30000 − 600).
j) Sofern eine Zuteilung der gewünschten Aktien erfolgt, führt dies am 4.9. zu einer Auszahlung von 100000. Da das Unternehmen mit der Zuteilung rechnet, plant es die Auszahlung fest ein.

Datenverarbeitung

Die gemeldeten und auf ihre Liquiditätswirksamkeit hin überprüften Sachverhalte sind jetzt in den Finanzplan **einzutragen** und miteinander zu **verrechnen**. Sofern eine Finanzplanungs-Software benutzt wird, erfolgt durch das Programm im Anschluß an die Dateneingabe die Addition von geplanten Einzahlungen einerseits und geplanten Auszahlungen andererseits. Ebenfalls findet die **Saldierung** von Anfangsbeständen und Veränderungen an liquiden Mitteln für die jeweilige Zeiteinheit (Tag, Woche) statt. Der sich ergebende geplante Endbe-

278 Finanzplanung

stand an liquiden Mitteln für den betrachteten Planungstag (beziehungsweise die betrachtete Planungswoche) wird dann jeweils als geplanter Anfangsbestand für den folgenden Tag (beziehungsweise die folgende Woche) übertragen.

Im betrachteten Fall sollen diese Schritte exemplarisch nur für die erste Woche im Planungszeitraum, die Woche vom 1. 9. bis 5. 9., nachvollzogen werden:

	1. 9.	2. 9.	3. 9.	4. 9.	5. 9.
I. Geplanter Anfangsbestand an liquiden Mitteln	a) 10 000 b) 200 000 = 210 000	−20 000	0	−30 000	−110 000
II. Geplante Einzahlungen	d) 20 000	d) 20 000	d) 20 000	d) 20 000	d) 20 000
III. Geplante Auszahlungen	f) 250 000		e) 50 000	j) 100 000	
IV. Geplanter Endbestand	−20 000	0	−30 000	−110 000	−90 000
V. Geplante Ausgleichsmaßnahmen	?	?	?	?	?
VI. Korrigierter geplanter Endbestand	?	?	?	?	?

Abbildung C 31: Finanzplan, Planungsstufe I [199]

Datenauswertung

Aufgrund der reinen Verrechnung der in den Finanzplan einfließenden Daten kann der unter Nr. IV. ausgewiesene (vorläufige) Endbestand an liquiden Mitteln geplant werden (Planungsstufe I bzw. Liquiditätssaldo I). Dem Finanzmanagement fällt nun die Aufgabe zu, darüber zu entscheiden, ob die für die Tage 1. 9. bis 5. 9. geplante Momentanliquidität als solche auch realisiert werden soll, oder ob **Ausgleichsmaßnahmen** zu planen und durchzuführen sind (Planungsstufe II). Z. B. kann im Fall eines prognostizierten Überschusses überlegt werden, ob kleinere prognostizierte positive Liquiditätssalden ausreichend sind, oder im Hinblick auf das Risiko von Planungsfehlern vorsorglich aufgestockt werden sollen. Der Finanzplan weist im Beispiel für einzelne Tage sowie auch für die Periodenliquidität am Ende der betrachteten Woche jedoch ein Defizit an liquiden Mitteln aus.

---

[199] Vgl. zu den Stufen der Finanzplanung: C.3.2.4.

Instrumente zur Ermittlung und Gestaltung des Finanzierungsbedarfs 279

Im betrachteten Fall wird das Finanzmanagement versuchen, das prognostizierte Defizit zu vermeiden. Die möglichen Maßnahmen lassen sich in die folgenden vier Kategorien einteilen:

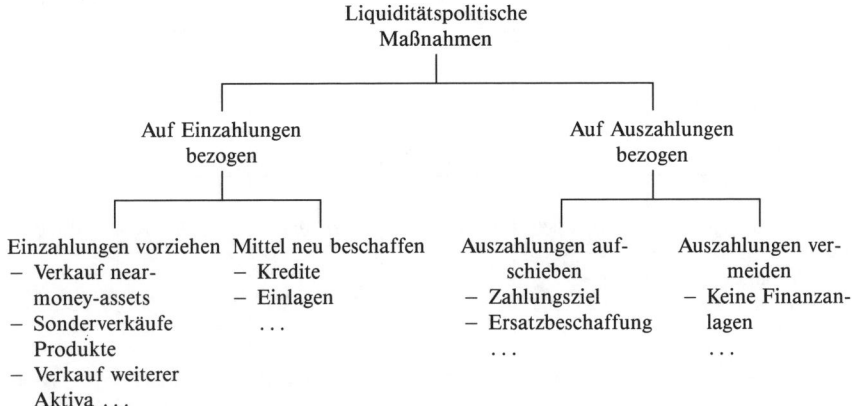

Abbildung C 32: Maßnahmen zur Sicherung der Liquidität

Das Finanzmanagement bezieht alle Möglichkeiten ein. Es prüft deshalb auch, ob der unter j) beschriebene Erwerb von Aktien notwendig ist. Da mit dem vorgesehenen Erwerb der Aktien keine unternehmenspolitisch wichtige Beteiligungsabsicht verbunden war, sondern lediglich ein Spekulationsinteresse bestand, wird vom Finanzmanagement entschieden, den geplanten Erwerb nicht durchzuführen.

Allein durch den Verzicht auf den Aktienerwerb könnte sich am Ende der ersten Woche ein prognostizierter Überschuß in Höhe von 10 000 einstellen. Wäre dies nicht der Fall, und würde sich auch nach dem Verzicht auf den Aktienerwerb noch ein Defizit ergeben, so müßte – wie unter C.3.2.4 beschrieben –, um die Dauer der Unterdeckung festzustellen, der Planungshorizont verlängert werden. Dies kann gegebenenfalls auch das Ergebnis erbringen, daß das geplante Defizit nur vorübergehend vorliegt: Die für die weiteren Tage zu erwartenden Einzahlungen aus Verkäufen tragen im folgenden zu einer Verbesserung der Liquiditätslage bei.

Im betrachteten Fall kommt das Finanzmanagement deshalb zu folgenden Ergebnissen:
- Unter Berücksichtigung des Wegfalls der Auszahlung j) ist für die Woche vom 1.9. bis 5.9. ein maximales Defizit von etwa 30 000 zu erwarten. Dieses soll vermieden werden.
- Das Defizit stellt lediglich einen kurzfristigen Liquiditätsengpaß dar, insofern ist nur eine kurzfristige Finanzierung erforderlich.
- Unter möglichen Alternativen [200] wird die Einräumung eines Kontokorrentkredites [201] und die Diskontierung mehrerer Besitzwechsel (Einzahlungen hieraus: 10 000) gewählt.

---
200 Vgl. zu Alternativen der kurzfristigen Finanzierung: Däumler, H.-D. (1986), S. 158–217; Süchting, J. (1989), S. 155–174.
201 Der Kontokorrentkredit ist dadurch gekennzeichnet, daß der vereinbarte Kreditbetrag (beziehungsweise die Kreditlinie) variabel in Anspruch genommen werden kann: Das Unternehmen

280 Finanzplanung

- Um ein gewisses Reservoir an liquiden Mittel zu besitzen, wird eine Kreditlinie von 40 000 beantragt.
- Der Kontokorrentkredit wird für den 1.9. bis 5.9. geplant.

	1. 9.	2. 9.	3. 9.	4. 9.	5. 9.
I. Geplanter Anfangsbestand an liquiden Mitteln	a) 10 000 b) 200 000 = 210 000	30 000	50 000	20 000	40 000
II. Geplante Einzahlungen	d) 20 000	d) 20 000	d) 20 000	d) 20 000	d) 20 000
III. Geplante Auszahlungen	f) 250 000		e) 50 000	j) 100 000	
IV. Geplanter Endbestand	−20 000	50 000	20 000	−60 000	60 000
V. Geplante Ausgleichsmaßnahmen	Kontokorrentkredit (40 000) Wechseldiskont (10 000)	−	−	Aktien werden nicht erworben	Tilgung des aufgenommenen Kredits (40 000)
VI. Korrigierter geplanter Endbestand	30 000	50 000	20 000	40 000	20 000

Abbildung C 33: Finanzplan, Planungsstufe II

Die Ausführungen zeigen, daß das Finanzmanagement zu unterschiedlichen Überlegungen hinsichtlich der Behandlung der ausgewiesenen Liquiditätssalden kommen kann. Beispielsweise zählt dazu die Frage, ob drohende Defizite nur durch die Gestaltung von Auszahlungen oder nur durch die Beschaffung neuer Gelder vermieden werden sollen. Der Umfang des durch die Korrekturmaßnahmen anzustrebenden Mindestbestands an liquiden Mitteln ist festzulegen. Es kann sich daher als vorteilhaft erweisen, im voraus ‚Grundsätze für die Liquiditätsplanung' zu formulieren, die als Anhaltspunkte für die Auswahl von Maßnahmen dienen. Die zu formulierenden Kriterien sollten bereits an den Grundfragen des Finanzmanagements ansetzen (z. B. Umfang liquider Mittel im Verhältnis zum Umsatz; anzustrebender Anteil von near-money-assets an der Bilanzsumme; Akzeptanz offener Währungspositionen, . . .). In ihrer Gesamtheit bilden diese Grundsätze eine Art Philosophie des Finanzmanagements.

---

kann (innerhalb der vereinbarten Kreditlinie und Laufzeit) betrags- und zeitpunktmäßig frei die zugesagten Mittel abrufen. Vgl. im einzelnen: Grill, W./Perczynski, H. (1987), S. 292–296; Süchting, J. (1989), S. 158 f.

Die getroffenen Entscheidungen führen im betrachteten Beispiel zum (korrigierten) Finanzplan in Abbildung C 33.

4.2.4. Ermittlung der mittel- und langfristigen Liquidität

4.2.4.1. Der Kapitalbindungsplan

a) Zielsetzung

Ein Kapitalbindungsplan spiegelt die monetären Konsequenzen der **strategischen Unternehmenspolitik** wider. Seine Aufgabe besteht generell darin, die langfristigen unternehmenspolitischen Entscheidungen in ihren finanziellen Folgen sichtbar zu machen. Er erlaubt dem Management, unerwünschte Entwicklungen frühzeitig zu erkennen und zu korrigieren.

Ein Unternehmen kann Investitionsvorhaben projektieren, die mit umfangreichen Auszahlungserfordernissen verknüpft sind. Das Unternehmensmanagement kann z. B. daran denken, ein anderes Unternehmen aufzukaufen oder eine Beteiligung in größerem Unfang an diesem einzugehen. Oder es kann im Rahmen einer geplanten Produktionsausweitung erforderlich sein, neue Grundstücke zu erwerben und weitere Gebäude zu errichten. Eventuell ist eine neue Filiale oder eine neue Produktlinie geplant.

Die mit diesen Vorhaben einhergehenden **Auszahlungsverpflichtungen** können die für das Unternehmen kurzfristig verfügbaren oder beschaffbaren Mittel übersteigen. Auch ist zu bedenken, daß – sofern Gelder in beträchtlichem Umfang kurzfristig beschafft werden können – eine solche unmittelbare und umfangreiche Mittelaufnahme von den Geldgebern – falls überhaupt – meist nur gegen Entrichtung eines vergleichsweise höheren Zinses akzeptiert wird [202]. Es ist vielmehr davon auszugehen, daß die Mobilisierung der benötigten Mittel längere Zeit in Anspruch nimmt. Dies hat als Konsequenz, daß auch der Bedarf an diesen Geldern längerfristig vorhergesehen werden muß. Umgekehrt ist auch denkbar, daß der Kapitalbindungsplan auf längerfristig verfügbare Bestände an liquiden Mitteln hinweist, für die eine **rentable Anlagemöglichkeit** gefunden werden soll.

Das Erfordernis, die Liquiditätslage der Unternehmung längerfristig vorherzusehen, stellt sich aber auch aufgrund folgender Überlegung. **Unternehmenspolitische Entscheidungen** lassen sich in ihren eigentlichen Konsequenzen für die Ebene der Zahlungsmittel erst über größere Zeiträume hinweg vollständig erkennen [203]. Z. B. führt die Inbetriebnahme einer neuen Produktionsanlage in der ersten Periode zu Anlaufauszahlungen, während Einzahlungen aus dem Verkauf der durch diese Anlage erstellten Produkte erst in späteren Perioden anfallen. Oder es fallen am Ende der Nutzungsdauer eines Gebäudes Auszahlungen für den Abriß an. Die von der Unternehmensleitung umgesetzten Maßnahmen haben also **langfristige Konsequenzen im Leistungsbereich**, die auch in ihren Wirkungen auf der **Ebene der Zahlungsmittel langfristig** abzubilden sind. Dies

---
202 Vgl. hierzu: C.1.1.2.
203 Vgl. ähnlich: Chmielewicz, K. (1976), S. 64.

läßt sich auch dahingehend formulieren, daß aus den Konsequenzen von Investitionsprojekten für den Finanzbereich wiederum **Rückschlüsse auf den Erfolg** dieser Investitionsprojekte gezogen werden sollen. Der Kapitalbindungsplan hat insofern auch die Aufgabe aufzuzeigen, ob das Unternehmen **mittel- und langfristig erfolgreich** arbeitet. Z. T. wird hierzu bemerkt, daß im Mittelpunkt der langfristigen Finanzplanung nicht mehr allein die ‚Liquiditätsgarantie' steht, sondern auch der ‚Gewinn'[204].

Grundsätzlich ist aus dem geschilderten Sachverhalt erkennbar, daß der Kapitalbindungsplan auf einen **Handlungsbedarf von größerem Ausmaß** aufmerksam machen soll. Notwendige Korrekturmaßnahmen können zum einen den leistungswirtschaftlichen Bereich, zum anderen fundamentale Finanzierungsentscheidungen betreffen: Es handelt sich um ‚strukturelle' Maßnahmen. Die Probleme, die durch den Kapitalbindungsplan festgestellt werden sollen, lassen sich nicht mit rein kurzfristig realisierbaren, wenig umfangreichen (‚dispositiven') Maßnahmen wie z. B. dem Verkauf von near-money-assets bewältigen. Dies unterscheidet den Kapitalbindungsplan wesentlich vom Finanzplan, auf dessen Basis solche dispositiven Maßnahmen getroffen werden sollen.

Die durch den Finanzplan ermöglichte Vorschau von bis zu einem Jahr ist deshalb vor dem skizzierten Hintergrund in der Regel zu knapp. Das Management benötigt vielmehr ein Planungsinstrument, das einen weitergehenden Planungshorizont umfaßt. Ein solches Instrument stellt der Kapitalbindungsplan dar, der von den betrachteten Liquiditätsrechnungen am weitesten in die Zukunft reicht[205].

- Die in den Kapitalbindungsplan einfließenden Größen liegen teilweise bis zu mehreren Jahren vom Planungszeitpunkt entfernt. Ihre exakte und vollständige Angabe ist so kaum möglich. Konsequenz für die Gestaltung des Kapitalbindungsplans ist deshalb, die weniger bedeutenden, geringen Zahlungsströme durch pauschale Schätzungen zusammenzufassen. Im Mittelpunkt stehen vielmehr die ‚**fundamentalen**', das heißt das Unternehmen nachhaltig beeinflussenden Zahlungsbewegungen. Diese sind vor allem durch die durchgeführten Einzelinvestitionsprojekte des Unternehmens sowie durch Mittelaufnahmen und -rückzahlungen größeren Umfangs geprägt.
- Spezielle Zielsetzung des Kapitalbindungsplans ist es außerdem zu erkennen, ob die bezeichneten fundamentalen Ein- und Auszahlungsströme sich **als solche** im Gleichgewicht befinden. Konkret wird damit aber gefragt, ob die pro geplante Periode sich **neu** ergebenden Ein- und Auszahlungen einander die Waage halten. Dies ist gleichbedeutend damit, daß der Anfangsbestand an liquiden Mitteln zu Beginn der betrachteten Periode nicht beziehungsweise nur im Ausnahmefall (s. u.) in den Kapitalbindungsplan einbezogen wird. Analysiert wird folglich, wie der Liquiditätssaldo einer Periode sich ‚netto', das heißt nur aufgrund der Betrachtung der Zahlungsmittelströme und folglich **ohne Berücksichtigung des Anfangsbestandes** an liquiden Mitteln, gestaltet. Ergebnis dieser Liquiditätsrechnung ist deshalb auch nicht ein Periodenendbestand an liquiden Mitteln, sondern die Differenz zwischen Einzahlungen und Auszahlungen in dieser Periode. Diese kann sich als Einzahlungs- oder als Auszahlungsüberschuß darbieten.

---

204 Vgl. Mandéry, W. (1983), S. 17.
205 Vgl. zum ‚Hintereinanderschalten' von Kapitalbindungsplänen im folgenden (b).

Würde man die Anfangsbestände an liquiden Mitteln ebenfalls einbeziehen, so ergäbe sich folgendes Problem: Ein Prognosefehler zu Beginn der Planung würde sich über alle weiteren Perioden des Planungshorizonts fortsetzen (Dominoeffekt). Stellt man dagegen nur auf die jeweiligen Ein- und Auszahlungen einer Periode ab, betrifft ein Prognosefehler auch immer nur diese Periode.

Nicht zuletzt ist festzustellen, daß dem Anfangsbestand an liquiden Mitteln im Rahmen eines Kapitalbindungsplans auch nur relativ geringes Gewicht zukommt: Ihm stehen die gesamten Ein- und Auszahlungen einer Periode (in der Regel ein Jahr) gegenüber. Im Rahmen des Finanzplans dagegen stehen dem Anfangsbestand nur die Ein-/Auszahlungen eines Tages, einer Woche oder eines Monats gegenüber.

Neben der Ermittlung des Ein- oder Auszahlungsüberschusses soll es der Kapitalbindungsplan auch ermöglichen, die **Struktur** der zukünftigen Ein- und Auszahlungen zu erkennen[206]. Die in den Kapitalbindungsplan eingehenden Größen sind deshalb zweckmäßigerweise nach den Ursachen von Auszahlungen und den Quellen von Einzahlungen zu unterteilen. Von besonderem Interesse ist es in diesem Zusammenhang festzustellen, ob das bisherige Geschäftsvolumen auch in der Zukunft beibehalten werden kann, ohne daß hierzu neues Eigen- oder Fremdkapital erforderlich ist. Der Kapitalbindungsplan muß somit insbesondere darüber Aufschluß geben, ob während der einzelnen Perioden die Einzahlungen aus den Produktverkäufen ausreichend sind, um die notwendigen Ersatzinvestitionen, Tilgungen fälliger Kredite, Zinszahlungen, Ausschüttungen und Steuerzahlungen leisten zu können.

Sofern sich als Ergebnis des Kapitalbindungplans ein **Überschuß der Periodeneinzahlungen** über die Periodenauszahlungen ergibt, bedeutet dies, daß die Periodenliquidität gewahrt ist, da man davon ausgeht, daß das Unternehmen am Anfang der Planungsperiode liquide war[207]. Der festgestellte Einzahlungsüberschuß ist ein Anzeichen dafür, daß Spielräume für kapazitätserweiternde Investitionen gegeben sind[208].

Die Tatsache, daß die geplanten Auszahlungen der Periode durch die Planeinzahlungen gedeckt sind, wird auch als Einhaltung des **strukturellen Gleichgewichts** bezeichnet. Zu beachten ist jedoch, daß dieses Gleichgewicht nur in bezug auf die Periodenliquidität definiert ist: Die Momentanliquidität innerhalb der Periode kann gegebenenfalls nicht erfüllt sein. In diesem Fall ist die Liquidität jedoch nicht langfristig, sondern nur kurzfristig durch Spitzenbelastungen bedroht. Die Beseitigung solcher Spitzen ist dann Aufgabe des kurzfristigen Finanzplanes.

Liegt dagegen als Ergebnis des Kapitalbindungsplans ein **Auszahlungsüberschuß** vor, so muß dieser mit dem geplanten Anfangsbestand an liquiden Mitteln in der betrachteten Periode verglichen werden. Dieser (positive) Anfangsbestand reduziert den festgestellten Auszahlungsüberschuß. Soweit sich hieraus

---

206 Dies stellt K. Chmielewicz als grundsätzliche Anforderung an Liquiditätsrechnungen heraus: vgl. Chmielewicz, K. (1976), S. 79.
207 Wie erwähnt, wird der zu Beginn der Periode gegebene Anfangsbestand an liquiden Mitteln zur Feststellung der Periodenliquidität nicht einbezogen.
208 Vgl. Witte, E. (1983), S. 41.

284 Finanzplanung

ein positiver Endbestand ergibt, ist wiederum die Periodenliquidität gewahrt[209]. Falls aber auch nach Einrechnung des Anfangsbestandes noch ein Defizit verbleibt, ist dies als Hinweis zu betrachten, daß bisher nicht eingeplante Finanzierungsmaßnahmen notwendig sind[210], und/oder das geplante Investitionsprogramm nicht in der vorgesehenen Weise finanzierbar ist.

b) Zeitliche Struktur

Die einzelne Periode, die durch einen Kapitalbindungsplan erfaßt wird, beträgt in der Regel ein Jahr[211]. Innerhalb dieses Zeitraums findet keine weitere Unterteilung statt. Die **Mittel- bis Langfristigkeit** der Kapitalbindungsplanung ergibt sich nun daraus, daß mehrere Perioden – in der Praxis bis zu zwölf Perioden[212] – hintereinandergeschaltet sind (dies wird in der Literatur auch dahingehend beschrieben, daß einzelne Kapitalbindungspläne von je einer Periode Planungshorizont aneinandergereiht werden[213]). Einzelne Arten von Ein- und Auszahlungen, wie z. B. Einzahlungen aus Produktverkäufen oder Auszahlungen aufgrund von Kreditrückführungen, werden also jeweils in einem Betrag für die gesamte Periode ausgewiesen.

Würde man als Planungsperiode insgesamt nur ein Jahr wählen[214] und erst am Ende dieser Periode einen erneuten Kapitalbindungsplan erstellen, so wäre unter anderem die gewünschte Langfristigkeit der Vorausschau nicht gegeben[215]. Am Ende der Periode hätte der Kapitalbindungsplan kaum noch einen Informationswert. Soweit das Unternehmen einen Finanzplan unterhält, würde dieser dann weiter in die Zukunft reichen als der Kapitalbindungsplan. Deshalb ist zu fordern, mindestens über zwei zukünftige Perioden hinweg zu planen.

Beispiel:
Ein Unternehmen setzt sich zum Ziel, für die auf das jeweilige Geschäftsjahr folgenden zwei Perioden einzelne Kapitalbindungspläne zu erstellen. Im laufenden Jahr (1994) wird also für 1995 und 1996 je ein Kapitalbindungsplan erarbeitet. Nach Ende des laufenden Geschäftsjahres, das heißt im neuen Jahr 1995, erfolgt dann die Revision des Planes von 1996 und zugleich eine Neuaufstellung für 1997. Es wird also das Prinzip der **rollierenden Planung** angewandt[216].

Sofern das Unternehmen bereits einen Finanzplan erstellt, werden – bei unterstelltem Planungshorizont von einem Jahr – die auf den Planungszeitpunkt

---

209 Alternativ kann auch gefordert werden, daß sich nach Einrechnung des Anfangsbestandes ein „Mindestbestand an liquiden Mitteln" ergeben muß, damit die Liquidität gesichert erscheint.
210 Vgl. Witte, E. (1983), S. 41.
211 Vgl. etwa das Beispiel bei: Eilenberger, G. (1989), S. 243 f. Vgl. auch: Witte, E. (1983), S. 41.
212 Vgl. Witte, E. (1983), S. 41.
213 Vgl. Eilenberger, G. (1989), S. 242.
214 Dies ist gleichbedeutend damit, daß nur ein einziger Kapitalbindungsplan erstellt wird.
215 Vgl. Mandéry, W. (1983), S. 17.
216 Vgl. zu diesem Prinzip C.4.2.2. Bei K. Chmielewicz findet sich hierfür auch der Begriff „Gleitende Mehrperiodenplanung": Chmielewicz, K. (1976), S. 63.

folgenden zwölf Monate bereits durch den Finanzplan erfaßt. Für diesen Zeitraum ist also ein Kapitalbindungsplan überflüssig, zumal auch der Finanzplan durch die Unterteilung dieser Planperiode in Tage, Wochen und Monate detailliertere Angaben liefern kann. Zweckmäßigerweise setzt in diesem Fall die Kapitalbindungsplanung erst für das zweite, auf den gegebenen Planungszeitpunkt folgende Jahr ein.

Beispiel:
Am 1. 7. 1994 wird der **Finanzplan** für die Periode 1. 7. 1994 bis 30. 6. 1995 erstellt. Zugleich erfolgt für die Periode 1. 7. 1995 bis 30. 6. 1996 die Vorausschau in einem **Kapitalbindungsplan (I)** sowie für die Periode 1. 7. 1996 bis 30. 6. 1997 im **Kapitalbindungsplan (II)**.

Der Finanzplan wird im folgenden am ersten eines Monats erneuert. Dagegen bleiben die Kapitalbindungspläne (I) und (II) zunächst unverändert.

Am 1. 7. 1995 erfaßt der Finanzplan die Periode 1. 7. 1995 bis 30. 6. 1996. Der bisherige Kapitalbindungsplan (I) ist jetzt hinfällig. Es erfolgt nun die Korrektur des Kapitalbindungsplans (II) und die Erstellung eines neuen Kapitalbindungsplans (III) für die Periode 1. 7. 1997 bis 30. 6. 1998.

c) Inhaltliche Struktur

In einem Kapitalbindungsplan sind die Anfangsbestände an liquiden Mitteln nicht ausgewiesen. Der Kapitalbindungsplan stellt lediglich die geplanten Einzahlungen der Periode den geplanten Auszahlungen gegenüber. Dies unterscheidet ihn unter anderem vom Liquiditätsstatus und dem Finanzplan. Zur formalen Abbildung der einbezogenen Planzahlungen wird die Kontoform herangezogen. Das Kapitalbindungskonto weist folgende grundsätzliche Struktur auf[217]:

In der Grundstruktur des Kapitalbindungsplans (vgl. Abb. C 34 und C 35) sind unter Nr. 1 **Investitionen** als **kapitalbindende Auszahlungen** aufgeführt. Hier kann zunächst unterschieden werden zwischen Auszahlungen für geplante Investitionen im Leistungs- und solchen im Finanzbereich. Investitionen im **Leistungsbereich** können zum einen darauf ausgerichtet sein, die im Rahmen der Produktion abgenutzten Betriebsmittel (z. B. Maschinen, Anlagen, aber auch Gebäude) zu ersetzen. Es handelt sich dann um Maßnahmen zur Ersatzbeschaffung (Ersatzinvestitionen). Ersatzinvestitionen erlauben es, das bisherige Produktionsvolumen aufrecht zu halten. Dagegen ermöglichen es Erweiterungsinvestitionen, die bisherige Produktionskapazität zu erhöhen. Eine weitergehende Untergliederung der geplanten Auszahlungen kann an den einzelnen neu geplanten Investitionsprojekten ansetzen. Der getrennte Ausweis von Auszahlungen für ganze Investitionsprojekte ist zweckmäßig, weil bei längerfristigen

---

[217] Vgl. auch: Witte, E. (1983), S. 40. E. Witte differenziert nach „Kapitalverwendung" und „Kapitalherkunft". Diese Bezeichnungen erscheinen jedoch im Hinblick auf die zahlungsbezogene Betrachtung nicht ganz passend und sind durch „Planeinzahlungen" sowie „Planauszahlungen" in obigem Konto ersetzt.

Planauszahlungen (Kapitalverwendung)	Planeinzahlungen (Kapitalherkunft)
1. Für Investitionen (Kapitalbindende Auszahlungen) 2. Zur Definanzierung (Kapitalentziehende Auszahlungen)	3. Aus der Innenfinanzierung (Kapitalfreisetzende und ggfs. -zuführende Einzahlungen) 4. Aus der Außenfinanzierung (Kapitalzuführende Einzahlungen[218])
Ggfs. Saldo (Einzahlungsüberschuß)	Ggfs. Saldo (Auszahlungsüberschuß)

Abbildung C 34: Kapitalbindungsplan − Grundstruktur

Planungen nicht einzelne Auszahlungen, sondern ganze Projekte zur Disposition stehen. Bei Investitionen im **Finanzbereich** können z. B. geplante Auszahlungen für den Erwerb von Beteiligungen, für den Kauf von Anleihen und für eigene Darlehensgewährungen unterschieden werden.

Die **Definanzierung** oder **kapitalentziehende Auszahlung** (Nr. 2 der Grundstruktur) betrifft insbesondere den Finanzbereich. Sie führt zu einem Abfluß von Geldern, der nicht mit dem Erwerb eines Gutes einhergeht. Zu unterscheiden sind Auszahlungen für geplante Fremdkapitaltilgungen, Eigenkapitalrückführungen, Ausschüttungen sowie für die zu erwartenden Gewinn- und Vermögensteuern. Innerhalb dieser Gruppe besitzen in der Regel Kreditrückzahlungen ein besonderes Gewicht. Daher kann es aufschlußreich sein, diese Rückzahlungen nach den einzelnen zurückgezahlten Krediten aufzuteilen.

Die im Rahmen der **Innenfinanzierung** (Nr. 3 der Grundstruktur) erzielten Einzahlungen resultieren aus dem Geschäftsverlauf als Folge von Entscheidungen des Managements. Es handelt sich um Zahlungsströme, die auf **unternehmensinterne** Dispositionen zurückzuführen sind. Sie betreffen sowohl den Leistungsbereich als auch den Finanzbereich. Betrachtet man zunächst die Einzahlungen im Finanzbereich, so sind hier die Zuflüsse an Zahlungsmitteln aus dem erwarteten Rückfluß eigener Ausleihungen, aus dem geplanten Verkauf von Beteiligungen und Wertpapieren sowie aus den erwarteten Finanzierungserträgen enthalten.

Größeres Gewicht als den genannten Einzahlungen aus dem Finanzbereich kommt im Rahmen der Innenfinanzierung von Unternehmen den Einzahlungen aus dem **Leistungsbereich** zu. Hierin enthalten sind in erster Linie die erwarteten

---

218 Der Teil der Verkaufseinzahlungen, der die Produktions- bzw. Beschaffungsauszahlungen für die Produkte deckt, entspricht dem Umfang der Desinvestition. Dies gilt analog für die weiteren veräußerten Aktiva. In dem Umfang, in dem die Verkaufseinzahlungen die Produktions- bzw. Beschaffungsauszahlungen übersteigen (Gewinn), findet eine Kapitalzuführung statt.

Instrumente zur Ermittlung und Gestaltung des Finanzierungsbedarfs 287

Planauszahlungen (Mittelabfluß)	Planeinzahlungen (Mittelzufluß)

1. **Investitionen** (Kapitalbindung)
 1.1. Leistungssphäre
   (1) für Ersatzinvestitionen
     – Anlage 1
     – Anlage 2
     ...
	3. **Innenfinanzierung** (Kapitalfreisetzung/-erhöhung)
	 3.1. Leistungssphäre
	   (1) Einzahlungs**überschuß** aus dem Absatz betrieblicher Leistungen

(2) für Erweiterungsinvestitionen
     – Lagerinvestition
     – Projekt 1
     ...
 1.2. Finanzsphäre
   (1) für Beteiligungen
   (2) für Wertpapieranlagen
   (3) für Kreditvergaben
	(2) Veräußerung von Betriebsmitteln
	   (3) Veräußerung von Werkstoffen
	
	 3.2. Finanzsphäre
	   (1) Anlageerträge
	   (2) Anlagerückflüsse
	   (3) Verkauf Finanzaktiva

2. **Definanzierung** (Kapitalentzug)
 2.1. Eigenkapitalrückzahlung
 2.2. Fremdkapitaltilgung
   (1) Kredit 1
   (2) Wertpapier 1
   ...
 2.3. Steuern
 2.4. Gewinnausschüttung
	4. **Außenfinanzierung** (Kapitalzuführung)
	 4.1. Beteiligungsfinanzierung
	 4.2. Kreditfinanzierung
	   (1) Kredit A
	   (2) Wertpapier A
	   ...
	 4.3. Mischfinanzierung
	   (1) Genußschein A
	   ...
	 4.4. Weitere
	   (1) Subventionen
	   ...

Σ Planauszahlungen	Σ Planeinzahlungen
Saldo (Σ Planeinzahlungen – Σ Planauszahlungen) = Geplante Veränderung der liquiden Mittel	

Abbildung C 35: Kapitalbindungsplan – erweiterte inhaltliche Struktur

Einzahlungen aus dem Absatz betrieblicher Leistungen[219]. In zweiter Linie fließen Einzahlungen aus der geplanten Veräußerung von Betriebsmitteln und Werkstoffen ein. Die Herstellung der abgesetzten Produkte war zuvor mit Auszahlungen z. B. für Material und Personal verbunden. Dies gilt entsprechend für

---

[219] Darunter sind die verkauften Waren oder Produkte sowie auch erbrachte Dienstleistungen zu verstehen.

die Auszahlungen bei der Beschaffung von Betriebsmitteln und Werkstoffen. Der Absatz dieser Aktiva am Markt ermöglicht es, die in ihnen gebundenen Gelder durch Verkaufseinzahlungen wiederzugewinnen: Es liegt eine Desinvestition vor. Übersteigen die Einzahlungen aus dem Verkauf die in den Aktiva gebundenen Gelder, d. h. es kann ein Veräußerungsgewinn erzielt werden, so findet in diesem Umfang eine Kapitalzuführung statt.

Im **Unterschied** zu allen anderen Positionen des Kapitalbindungsplans werden die **Verkaufseinzahlungen** aus dem Absatz betrieblicher Leistungen **nicht brutto** ausgewiesen. Vielmehr werden sie mit bestimmten (laufenden) Auszahlungen verrechnet, die mit der Herstellung der betrieblichen Leistungen verbunden sind. Hierzu gehören die Mittelabflüsse für die geplante Ersatzbeschaffung **verbrauchter Werkstoffe** (Materialauszahlungen), die geplanten Auszahlungen für die Beschaffung von **Arbeits- und Dienstleistungen** sowie geplante **Zinszahlungen** (Diese Zahlungen sind insofern im Kapitalbindungsplan nicht getrennt ausgewiesen). Der Saldo, der sich durch die Verrechnung der genannten Auszahlungen für die Herstellung der Betriebsleistungen mit den beim Absatz der Betriebsleistungen erzielten Einzahlungen ergibt, stellt den Überschuß oder den Fehlbetrag an Zahlungsmitteln aus der laufenden Produktion dar. Man bezeichnet ihn als **Einzahlungs-** beziehungsweise **Auszahlungsüberschuß aus betrieblichen Leistungen**.

Dieser Überschuß stellt als Saldo eine **Ausnahme vom ansonsten geforderten Bruttoprinzip** bei der Durchführung von Liquiditätsrechnungen dar. Die Saldierung läßt sich dadurch rechtfertigen, daß diese Zahlungen im Rahmen des ‚kurzfristigen Zahlungskreislaufs' eines Unternehmens einen logischen Zusammenhang aufweisen: Die Einzahlungen aus dem Verkauf von Fertigprodukten müssen speziell die Auszahlungen für Werkstoffe und Arbeitsleistungen ausgleichen, die bei der Produktion der Produkte angefallen sind. Der Saldo liefert damit einen wichtigen Hinweis zur Vorteilhaftigkeit der Produktion.

Im Regelfall liegt der Zahlungssaldo aus betrieblichen Leistungen als **Einzahlungsüberschuß** vor. Dies ist eine erste, wenn auch noch nicht hinreichende Voraussetzung für die Vorteilhaftigkeit des Produktionsprogramms. Der Überschuß ist nun mit weiteren, aus dem Produktionsbetrieb resultierenden Auszahlungen zu vergleichen. Dazu zählen zunächst die geplanten Auszahlungen für die **Ersatzbeschaffung von Betriebsmitteln**. Der Saldo soll ausreichend sein, um die in der betreffenden Periode geplanten Ersatzinvestitionen abdecken zu können. Dahinter verbirgt sich die Idee, daß die in einer Periode geplanten Ersatzinvestitionen auch dem tatsächlichen Werteverzehr von Betriebsmitteln durch die Produktion der Periode entsprechen. Der sich nach Einbezug der Ersatzinvestitionen neu ergebende Saldo ist in Abb. C. 35 durch eine unterbrochene Linie gekennzeichnet.

Weiterhin ist der durch die Auszahlungen für Ersatzinvestitionen geminderte Saldo aus betrieblichen Leistungen mit den zu erwartenden **Steuern** und **Ausschüttungen** als ebenfalls leistungsbezogenen, laufenden Zahlungen zu vergleichen. Liegt auch nach dieser Verrechnung noch ein Überschuß vor, so wird dieser zur Tilgung fälliger Kredite herangezogen. Sollte danach noch ein finanzieller Spielraum bestehen, so kann das Unternehmen diesen zur Tilgung weiterer, noch nicht fälliger Kredite oder für die Finanzierung von Erweiterungsinvestitionen nutzen.

Beispiel: In den Kapitalbindungsplan fließen folgende Daten ein (in Mio. DM):
- Verkaufseinzahlungen 100
- Lohn- und Materialzahlungen 60
- Zinszahlungen 5
- Auszahlungen für Ersatzinvestitionen 20
- Steuern 6
- Ausschüttungen 4
- Fällige Kredite 20

Der Einzahlungsüberschuß aus betrieblichen Leistungen beträgt im betrachteten Beispiel 35 (100−60−5). Hieraus können die Ersatzinvestitionen vollständig finanziert werden und mit dem verbleibenden Saldo von 15 (35−20) auch Steuer- und Ausschüttungszahlungen bestritten werden. Der Restsaldo von 5 (15−6−4) reicht nur teilweise aus, um die fälligen Kredite in Höhe von 20 ablösen zu können. Der restliche Tilgungsbetrag von 15 kann eventuell durch Einzahlungen aus dem Finanzbereich abgedeckt werden. Ansonsten ist an die Aufnahme eines Anschlußkredites zu denken.

Anders ist dagegen der Sachverhalt zu beurteilen, wenn der Saldo aus betrieblichen Leistungen als solcher oder nach Verrechnung mit den Ersatzinvestitionen, Steuern und Dividenden **negativ** ist. In diesem Fall liegt ein **leistungswirtschaftliches Einzahlungsdefizit** (bzw. ein Auszahlungsüberschuß) vor. Prinzipiell ist hieraus zu folgern, daß die gegebene beziehungsweise die geplante Produktionsstruktur unwirtschaftlich ist. Es sind Korrekturen im Leistungsbereich erforderlich. Jedoch kann dieser Zustand kurzfristig eventuell als Folge einer Umstellung des Leistungsprogramms oder aus konjunkturellen Ursachen heraus erklärt werden. Soll vor diesem Hintergrund das festgestellte Defizit − für eine kurze Frist − gedeckt werden, so bieten sich folgende Möglichkeiten an:

- Die aus Anlagen im Finanzbereich (soweit gegeben) resultierenden Ertragszahlungen und Mittelrückflüsse können zum Ausgleich des leistungswirtschaftlichen Einzahlungsdefizits herangezogen werden.
- Vermögensgegenstände des Finanzbereichs (insbesondere near-money-assets, aber auch weitere Wertpapiere und Beteiligungen) und/oder des Leistungsbereichs (z. B. Vorräte, Anlagen) sind gegebenenfalls zu veräußern.
- Kapitalzuführende Einzahlungen wie z. B. die Aufnahme neuer Kredite oder eine Eigenkapitalerhöhung sind zu erwägen.
- Der bisher im Kapitalbindungsplan noch nicht einbezogene Anfangsbestand an liquiden Mitteln wird berücksichtigt. Dieser (positive) Bestand mindert das Ausmaß des Einzahlungsdefizits.

Tritt **wiederholt** oder **über eine längere Frist** der genannte Fall ein, daß zur Deckung eines Auszahlungsüberschusses aus betrieblichen Leistungen und/oder für die Ersatzinvestition von Betriebsmitteln, für Gewinnausschüttungen und für Steuerzahlungen zusätzliche Gelder beschafft werden müssen, dann reduzieren sich nach und nach die Zahlungskraft-, Liquiditäts- und Finanzierungsreserven des Unternehmens. Die Finanzierung der erwarteten, unvorteilhaften Produktionsstruktur ist folglich nur dadurch zu gewährleisten, daß Einzahlungen aus anderen Bereichen quasi als „Subventionen" herangezogen werden: Kredite müssen über das notwendige Maß hinaus in Anspruch genommen werden, Eigentümer müssen zur Defizitdeckung ihre Einlagen erhöhen, durch die Veräußerung von near-money-assets und anderer nicht für die Produktion benötigter Vermögensgegenstände verliert das Unternehmen an Substanz.

Eine solche Situation kann u. a. – wie erwähnt – kurzfristig bei der Anpassung an geänderte Marktkonstellationen beziehungsweise bei der Neuorientierung der Produktionspalette gegeben sein. Sie darf sich jedoch nicht über längere Zeit hinweg fortsetzen, da sie letztlich als eine **unwirtschaftliche Leistungserstellung** zu interpretieren ist. Gelingt es dem Management nicht, die zugrunde liegenden Mängel zu beheben, so führen die überzogenen Auszahlungen bzw. der anhaltende Verlust an Zahlungskraft-, Liquiditäts- und Finanzierungsreserven letztlich zur Illiquidität. Korrekturmaßnahmen des Managements müssen vielmehr danach ausgerichtet sein, den Einzahlungsüberschuß aus betrieblichen Leistungen so zu gestalten, daß daraus die Auszahlungen für Ersatzinvestitionen, Steuern, Ausschüttungen sowie für weitere Auszahlungen gedeckt werden. Der Kapitalbindungsplan dient in diesem Zusammenhang also als Controlling-Instrument, das leistungswirtschaftliche Probleme aufzeigen soll.

Die Grundstruktur des Kapitalbindungsplans enthält schließlich als Nr. 4 Einzahlungen aus der **Außenfinanzierung**. Die daraus zufließenden Mittel weisen als Besonderheit auf, daß sie dem Unternehmen durch außerhalb des Unternehmens stehende Personen zur Verfügung gestellt werden. Es handelt sich um **kapitalzuführende Einzahlungen**, die speziell den Finanzbereich betreffen.

Im Rahmen der Außenfinanzierung zu unterscheiden sind Einzahlungen aus einer geplanten **Beteiligungsfinanzierung**, aus geplanten **Kreditfinanzierungen** und u. a. aus erwarteten staatlichen Subventionen im untersuchten Zeitraum. Diese Positionen lassen sich in geeigneter Weise weiter untergliedern. Z. B. kann die Beteiligungsfinanzierung danach unterteilt werden, ob bestehende Gesellschafter ihre Einlagen erhöhen, oder ob neue Einlagen durch die Aufnahme weiterer Gesellschafter erreicht werden sollen. Neue Kreditaufnahmen lassen sich u. a. nach dem kreditgewährenden Institut differenzieren.

4.2.4.2. Der Kapitalbindungsplan im Rahmen der Gesamtunternehmensplanung: Ein Beispiel

Bei mittleren und größeren Unternehmen ist es selbstverständlich, eine mehrjährige Finanzplanung auf Basis eines Kapitalbindungsplans vorzunehmen und diese jährlich fortzuschreiben. Die Finanzplanung ist hierbei eingebettet in die gesamte mittel- bis langfristige Planung des Unternehmens[220]. Neben der **gleichzeitig vorgenommenen Beschaffungs-, Produktions- und Absatzplanung** zählt hierzu insbesondere auch die Erstellung von **Planbilanzen und Planergebnisrechnungen** für den betrachteten Zeithorizont[221].

Bei kleineren Unternehmen wird demgegenüber zum Teil auf eine integrierte, umfassende Bilanz-, Erfolgs- und Finanzplanung verzichtet. Diese Unternehmen bewerten den mit einer solchen Gesamtplanung verbundenen Aufwand höher als dessen Nutzen. Sie behelfen sich mit einfachen Schätzungen der zukünftigen Finanzlage. Die Notwendigkeit einer systematisch-methodischen, bewußten Planung wird für sie in der Regel erst dann ersichtlich, wenn externe Kapitalgeber, z. B. Kreditinstitute, ihre Bereitschaft zur Mittelvergabe an die Vorlage solcher Planungsrechnungen knüpfen. Die Kapitalgeber verfolgen damit die Zielsetzung, die Unternehmensplanung aus dem Bereich der Intuition des Unternehmers zu lösen und auf eine verläßlichere Grundlage zu stellen.

Das gewählte Beispiel bezieht sich auf die Situation der „Anlagenbau-Export GmbH". Nach Jahren einer konstanten, zufriedenstellenden Ertragsentwicklung muß dieses Unternehmen im Jahr 1994 erkennen, daß aufgrund der Zahlungsunfähigkeit von Abnehmern in Osteuropa und in Lateinamerika mit mehreren schwerwiegenden Forderungsausfällen zu rechnen ist. Zudem ist zu erwarten, daß das Geschäft mit diesen Abnehmern sich zurückbildet; die Unternehmensleitung rechnet daher mit einem Rückgang der Umsatzerlöse von DM 1,5 Mrd. auf DM 1,1 Mrd. jährlich.

Planergebnisrechnung 1995–1999 (in Mio. DM)	1995	1996	1997	1998	1999
Umsatzerlöse	1117,7	1112,6	1168,2	1258,5	1286,7
Bestandsänderung fertige und unfertige Erzeugnisse	− 39,4	− 15,3	+ 2,3	+ 16,7	+ 3,3
aktivierte Eigenleistung	+ 56,5	+ 63,7	+ 67,0	+ 70,3	+ 71,0
Betriebsleistung	**1134,8**	**1161,0**	**1237,5**	**1345,5**	**1361,0**
Variable Materialkosten	−286,7	−295,8	−322,5	−353,5	−357,0
Sonstige variable Kosten	−437,8	−471,0	−500,0	−540,5	−543,0
Deckungsbeitrag	**410,3**	**394,2**	**415,0**	**451,5**	**461,0**
Fixe Kosten	−463,6	−472,6	−464,5	−467,0	−465,0
Kostenrechnerische Korrekturen	+ 22,7	+ 35,9	+ 34,0	+ 32,5	+ 34,0
Netto-Betriebsergebnis	**− 30,6**	**− 42,5**	**− 15,5**	**+ 17,0**	**+ 30,0**
+ Neutraler Ertrag	+ 55,0	+ 26,0	+ 8,0	+ 9,5	+ 12,0
./. Neutraler Aufwand	− 23,4	− 14,5	− 15,0	− 15,0	− 9,0
./. Steuern	− 1,0	− 0,5	− 0,5	− 2,0	− 3,0
Jahresüberschuß/-verlust	**−,−**	**− 31,5**	**− 23,0**	**+ 9,5**	**+ 30,0**

---

220 Vgl. zur Integration von Finanz-, Bilanz- und Erfolgsrechnung: Chmielewicz, K. (1976), S. 84–109; Kleinebeckel, H. (1988).
221 Vgl. Wöhe, G./Bilstein, J. (1988), S. 301.

292 Finanzplanung

Planbilanzen 1995–1999

AKTIVA (in Mio. DM)	31.12.94	1995	1996	1997	1998	1999
Sachanlagen	180,5	135,5	132,0	132,0	132,0	132,0
Finanzanlagen	12,0	12,0	12,0	12,0	12,0	12,0
Summe Anlagevermögen	**192,5**	**147,5**	**144,0**	**144,0**	**144,0**	**144,0**
Vorräte, fertige u. unfertige Erzeugnisse	342,0	277,0	285,0	286,0	320,0	340,0
Forderungen a.L.u.L.	425,0	393,0	405,0	428,0	445,5	465,5
Flüssige Mittel	1,0	1,5	2,0	2,0	2,5	2,5
near-money-assets	9,5	7,5	–	2,0	2,0	2,0
Sonstiges Umlaufvermögen	28,0	28,0	28,0	28,0	28,0	28,0
Summe Umlaufvermögen	**805,5**	**707,0**	**720,0**	**746,0**	**798,0**	**838,0**
Bilanzsumme	**998,0**	**854,5**	**864,0**	**890,0**	**942,0**	**982,0**

Sachanlagenänderung (in Mio. DM)	1995	1996	1997	1998	1999
Sachanlagenzugang	42,5	52,5	50	50	50
Sachanlagenabgang	34,0	4,0	–	–	–
Abschreibungen	53,5	52,0	50	50	50
Saldo	–45,0	– 3,5	–	–	–

In Anbetracht der zu erwartenden Entwicklung erachtet die Geschäftsführung der „Anlagenbau-Export GmbH" eine Planungskonferenz als notwendig. In dieser sollen mögliche Reaktionen des Unternehmens erwogen werden. Die Planungsrunde setzt sich sinnvollerweise aus den Verantwortlichen aller zentralen Unternehmensbereiche zusammen. Hierzu zählen neben der Geschäftsführung u. a. – soweit diese die jeweiligen Funktionen nicht selbst übernommen hat – die Verantwortlichen für Beschaffung, Produktion und Absatz, die Leitung des Rechnungswesens, der Personalchef ... und das Finanzmanagement. Die Aufgabe des Finanzmanagers ist es dabei, den Planungsprozeß aktiv zu unterstützen. Dies erfolgt beispielsweise durch die Beurteilung der Finanzierbarkeit erwogener Maßnahmen, der Einschätzung dieser Maßnahmen in bezug auf ihr Aus-/Einzahlungsprofil oder deren Konsequenzen für das Zinsänderungs- und Währungsrisiko des Unternehmens.

Das „round-table"-Planungstreffen führt zu konkreten Beschlüssen, mit denen dem erwarteten Umsatzrückgang entgegenzuwirken ist. Die aufgrund dieser Maßnahmen sowie der generellen Unternehmenssituation zu erwartenden Erfolgs- und Vermögensdaten sind in den Übersichten zu Planergebnissen und Planbilanzen ersichtlich. Es handelt sich im einzelnen um folgende Beschlüsse:

a) Auf den Nachfragerückgang ist mit einem teilweisen Abbau der Kapazität, d. h. mit einem Verkauf von Anlagen zu antworten.

Instrumente zur Ermittlung und Gestaltung des Finanzierungsbedarfs 293

PASSIVA (in Mio. DM)	31.12.94	1995	1996	1997	1998	1999
Stammkapital	90,0	90,0	90,0	90,0	90,0	90,0
offene Rücklagen	73,5	73,5	73,5	73,5	73,5	73,5
Sonderposten mit Rücklageanteil	12,5	10,0	–	–	–	–
Bilanzverlust	–	–	–31,5	–54,5	–45,0	–15,0
Eigenkapital	**176,0**	**173,5**	**132,0**	**109,0**	**118,5**	**148,5**
Wertberichtigungen	7,5	5,5	5,5	7,5	8,0	8,5
Pensionsrückstellungen	48,5	48,5	49,5	49,5	49,5	49,5
Andere Rückstellungen	79,0	74,0	69,5	73,5	81,0	85,0
Wertberichtigungen und Rückstellungen	**135,0**	**128,0**	**124,5**	**130,5**	**138,5**	**143,0**
Refinanz. Exportkredite	82,5	59,0	95,5	92,5	98,0	103,0
Hypothekendarlehen	84,0	56,5	50,5	46,5	42,5	38,5
Sonstige	21,5	25,0	21,0	23,0	24,0	25,0
Langfristige Verbindlichkeiten	**188,0**	**140,5**	**167,0**	**162,0**	**164,5**	**166,5**
Lieferantenverbindlichkeiten	56,0	54,0	40,0	57,5	62,5	65,0
Schuldwechsel	54,5	39,5	35,0	40,0	47,5	50,0
Refinanz. Exportforderungen	109,5	111,0	78,5	82,5	93,5	90,0
Sonstige Bankverbindlichkeiten	69,5	46,0	137,5	143,5	144,5	146,5
Erhaltene Anzahlungen	69,0	42,5	35,0	45,0	50,0	50,0
Sonstige Verbindlichkeiten	140,5	119,5	114,5	120,0	122,5	122,5
Kurz- und mittelfristige Verbindlichkeiten	**499,0**	**412,5**	**440,5**	**488,5**	**520,5**	**524,0**
Bilanzsumme	**998,0**	**854,5**	**864,0**	**890,0**	**942,0**	**982,0**

b) Aufgrund der verringerten Produktion kann auch der Vorrat an Werkstoffen abgebaut werden.
c) Die Entlassung von Personal soll vermieden werden.
d) Mit dem Kapazitätsabbau sind Reorganisationsmaßnahmen im Unternehmen und damit ein erhöhter Aufwand verbunden. Dieser kann zum Teil durch außerordentliche Erträge beim Verkauf der Anlagen ausgeglichen werden. Zum anderen ist vorgesehen, den Sonderposten mit Rücklageanteil und Teile der Rückstellungen erfolgswirksam aufzulösen.
e) Für die Jahre 1996 und 1997 ist mit einem Verlust zu rechnen. In den Folgejahren führen die ergriffenen Maßnahmen jedoch zu einem Gewinn (bzw. zu einer Minderung des Verlustvortrags in der Bilanz).

Die unter a) bis e) aufgeführten Beschlüsse stellen die Eckpunkte für die Erstellung des Kapitalbindungsplans dar. Dieser darf jedoch nicht nur als bloße Konsequenz der Vorgaben anderer Unternehmensbereiche verstanden werden. Bereits innerhalb der Planungsrunde hat das Finanzmanagement eigene Anregungen und Bewertungen eingebracht. Der Kapitalbindungsplan hat jedoch die Aufgabe, die beschlossenen Maßnahmen zusammenfassend in ihren Zahlungswirkungen darzustellen. Hierbei sind folgende Aspekte zu beachten:

1) Durch den Rückgang oder Ausfall von Produktverkäufen (und vor dem Hintergrund konstanter Lohnzahlungen) reduziert sich in den ersten Planungsjahren der **Einzahlungsüberschuß aus betrieblichen Leistungen**.
2) Der Einzahlungsüberschuß aus betrieblichen Leistungen ist in den Jahren 1995 und 1996 nicht ausreichend, um notwendige **Ersatzinvestitionen** zu finanzieren. Die gegebene Finanzierungslücke wird weiter dadurch vergrößert, daß in diesen Jahren Kredite in größerem Umfang zu tilgen sind.
3) Mit dem prognostizierten Rückgang des Umsatzes gehen auch künftige **Anzahlungen** zurück. Die Finanzierungsmöglichkeiten über Wechsel und Lieferantenkredite nehmen aus diesem Grund ebenfalls ab. Der zu erwartende Verlustausweis kann bewirken, daß die Lieferanten nicht mehr in gewohntem Umfang **Zahlungsziele** gewähren.
4) Das zu erwartende Finanzierungsdefizit kann im Jahr 1995 teilweise durch Einzahlungen aus dem **Verkauf von Anlagen** sowie aus dem Verkauf von nicht (in diesem Umfang) benötigten **Vorräten** an Roh-/Hilfs- und Betriebsstoffen ausgeglichen werden. Aus dem Verkauf ausstehender **Forderungen** (z. B. über Forfaitierung) sind weitere Einzahlungen zu erwarten. Dagegen stehen **near-money-assets** nur in sehr begrenztem Umfang zur Verfügung. (Dies verdeutlicht wiederum, daß die eigentliche Bedeutung der near-money-assets im kurzfristigen Liquiditätsmanagement liegt; strukturelle Ungleichgewichte müssen dagegen ursachenorientiert auf anderem Weg bewältigt werden.) Die unter d) aufgeführte Auflösung des **Sonderpostens** sowie von Teilen der **Rückstellungen** sind rein buchtechnische Maßnahmen und bewirken keine Einzahlungen.
5) Im Jahr 1996 muß das Finanzmanagement zur Deckung der Finanzierungslücke auf neue Kredite bzw. auf **Anschlußkredite** in größerem Umfang zurückgreifen.
6) Die Anpassungsmaßnahmen bewirken, daß sich der Einzahlungsüberschuß aus betrieblichen Leistungen in den Restjahren der Planung stabilisiert. Aus den Überschüssen der Jahre 1998 und 1999 lassen sich wiederum die Ersatzinvestitionen und Steuern vollständig finanzieren. Ein danach weiter verbleibender Überschuß kann zur Tilgung fälliger Kredite oder für die Durchführung von Erweiterungsinvestitionen verwandt werden. Eventuell ist an das Auffüllen der near-money-assets zu denken.

Die genannten Sachverhalte sind in ihren Wirkungen für die Zahlungssphäre in der Kapitalbindungsplanung für die Jahre 1995 bis 1999 aufgezeigt. Das vorliegende Beispiel zur mittel- bis langfristigen Finanzplanung der Anlagen-Export GmbH vermag auch aufzuzeigen, wie wichtig eine gegenseitige Abstimmung der einzelnen Teilpläne eines Unternehmens ist. Im betrachteten Fall ergibt sich z. B. im Jahr 1996 ein außergewöhnlich **hoher Bedarf** an langfristigen Bank- und Exportkrediten. Die Deckung dieses neuen Kreditbedarfs − der die Höhe des Stammkapitals übersteigt − läßt schwierige Gespräche mit den Kreditgebern erwarten. Deshalb ist ein **ausreichender zeitlicher Spielraum** für die Sicherung der Liquidität unerläßlich. Wie erwähnt, soll der Kapitalbindungsplan diese Handlungsfrist ermöglichen. Zudem kann aufgrund der Ergebnisse der Planung, insbesondere des geplanten Überschusses in den Jahren 1998 und 1999, potentiellen Kreditgebern überzeugender dargelegt werden, daß eine Mittelüberlassung an das Unternehmen von Vorteil ist. Insofern ermöglicht der Kapitalbindungsplan nicht nur ausreichenden zeitlichen Spielraum, sondern stellt eine Argumentationshilfe gegenüber den Kreditgebern dar. Die Beurteilung und Umsetzung der vom Unternehmen geplanten Anpassungsmaßnahmen ist damit aber entscheidend an die Unterstüzung durch die Finanzplanung gebunden.

Kapitalbindungsplan 1995–1999

Planauszahlungen (in Mio. DM)	1995	1996	1997	1998	1999
1. Kapitalbindende Auszahlungen (Investitionen)					
1.1 Leistungsbereich					
1.1.1 Ersatzinvestitionen	42,5	52,5	40,0	40,0	50,0
1.1.2 Erweiterungsinvestitionen (Lager, Anlagen)	–	8,0	1,0	34,0	20,0
1.2 Finanzbereich					
1.2.1 Erhöhung d. Forderung aus Liefg. u. Leistg.	–	12,0	23,0	17,5	20,0
1.2.2 Erwerb near-money-assets	–	–	2,0	–	–
2. Kapitalentziehende Auszahlungen (Definanzierung)					
2.1 Tilgung langfristiges Fremdkapital					
2.1.1 Exportkredite	23,5	–	3,0	–	–
2.1.2 Hypothekendarlehen	26,5	6,0	4,0	4,0	4,0
2.1.3 Sonstige Verbindlichkeiten	–	4,0	–	–	–
2.2 Tilgung kurz-/mittelfristiges Fremdkapital					
2.2.1 Lieferantenkredite	2,0	14,0	–	–	–
2.2.2 Wechselkredite	15,0	4,5	–	–	–
2.2.3 Exportkredite	–	32,5	–	–	–
2.2.4 Sonst. Bankkredite	23,5	–	10,0	10,0	3,5
2.2.5 Erhaltene Anzahlungen	26,5	7,5	–	–	–
2.2.6 Sonstige Verbindlichkeiten	21,0	5,0	–	–	–
2.3 Steuerzahlungen	1,0	0,5	0,5	2,0	3,0
2.4 Gewinnausschüttungen	–	–	–	–	–
Planauszahlungen insgesamt:	**181,5**	**146,5**	**83,5**	**107,5**	**100,5**

296 Finanzplanung

Planeinzahlungen (in Mio. DM)	1995	1996	1997	1998	1999
3. Innenfinanzierung					
3.1 Leistungsbereich					
3.1.1 Einzahlungsüberschuß betriebliche Leistungen	19,0	7,5	33,5	69,5	87,5
3.1.2 Veräußerung Betriebsmittel	59,0	4,0	–	–	–
3.1.3 Abbau Vorräte	65,0	–	–	–	–
3.2 Finanzbereich					
3.2.1 Abbau Forderungen	32,0	–	–	–	–
3.2.2 Verkauf near-money-assets	2,0	7,5	–	–	–
4. Außenfinanzierung					
4.1 Erhöhung langfristige Kredite					
4.1.1 Exportkredite	3,5	36,5	2,0	6,5	6,0
4.1.2 Bankkredite	–	81,5	–	–	–
4.2 Erhöhung kurz-/mittelfristige Kredite					
4.2.1 Lieferantenkredite	–	–	17,5	5,0	2,5
4.2.2 Wechselkredite	–	–	5,0	7,5	2,5
4.2.3 Exportkredite	1,5	–	4,0	11,0	–
4.2.4 Sonstige Bankkredite	–	10,0	6,0	1,0	2,0
4.2.5 Erhaltene Anzahlungen	–	–	10,0	5,0	–
4.2.6 Sonstige	–	–	5,5	2,5	–
Planeinzahlungen insgesamt	**182,0**	**147,0**	**83,5**	**108,0**	**100,5**
Saldo Ein- ./. Auszahlungen = Veränderung liquide Mittel	+0,5	+0,5	–	+0,5	–

4.2.5. Vergleichende Gegenüberstellung der Liquiditätsrechnungen

Liquiditätsstatus, Finanzplan und Kapitalbindungsplan haben als Erscheinungsformen von Liquiditätsrechnungen vorstehend eine besondere Betrachtung erfahren. Als Ergebnis der Analyse läßt sich zunächst festhalten, daß diese einzelnen Formen von Liquiditätsrechnungen **nicht** als alternative, sich gegenseitig ersetzende Instrumente zu verstehen sind. Soweit z. B. ein Unternehmen seine mittel- bis langfristige Liquiditätsplanung unter Verwendung des Kapitalbindungsplans durchführt, ersetzt dies nicht eine gesonderte, spezielle Planung der kurzfristigen oder aktuellen Liquidität mit Hilfe des Finanzplans oder des Liquiditätsstatus[222].

---

[222] Vgl. ähnlich: Wöhe, G./Bilstein, J. (1988), S. 305.

Liquiditätsstatus, Finanzplan und Kapitalbindungsplan stellen sich ergänzende, im Idealfall gleichzeitig einzusetzende Instrumente dar.
Der Kapitalbindungsplan bildet in gewissem Sinn das „**Fundament**" der unternehmerischen Liquiditätsplanung und -disposition. Seine Aufgabe ist es, diejenigen Zahlungsströme offenzulegen, die mittel- und langfristig entscheidenden Einfluß auf die betriebliche Liquiditätslage ausüben. Aufgrund seiner längerfristigen Orientierung sowie aufgrund der Tatsache, daß nur solche Zahlungsströme einbezogen werden, die für die Liquidität von wesentlicher Bedeutung sind, ermittelt der Kapitalbindungsplan die grundsätzliche **Struktur** zukünftiger Planeinzahlungen und Planauszahlungen. Die in den Kapitalbindungsplan einfließenden Werte stellen relativ grobe Größen dar (**Grobplanung**). Dagegen beziehen Finanzplan und Liquiditätsstatus sämtliche die Liquiditätslage der Unternehmung beeinflussenden Zahlungsgrößen ein, soweit diese für den Finanzplaner ersichtlich sind. Aufgrund des weniger weit in die Zukunft reichenden Planungshorizontes sind die durch diese Instrumente festgestellten Liquiditätssalden auch relativ exakter angegeben, das heißt es kann mit vergleichsweise größerer Sicherheit angenommen werden, daß die geplanten Salden auch tatsächlich eintreten.

Liquiditätsstatus, Finanzplan und Kapitalbindungsplan unterscheiden sich hinsichtlich der Detailliertheit, Vollständigkeit und Sicherheit der Planungsergebnisse.

Der (negativen) Kritik am Kapitalbindungsplan steht gegenüber, daß das Finanzmanagement durch ihn gravierende Ungleichgewichte bereits **frühzeitig** erkennen kann. Er ermöglicht insbesondere auch Rückschlüsse auf den Leistungsbereich von Unternehmen. Dem Finanzmanagement verbleibt damit auch ein entsprechender Zeitraum, um Maßnahmen zur Beseitigung dieser strukturellen Ungleichgewichte vorbereiten und durchführen zu können. Idealerweise ist die Kapitalbindungsplanung von Beginn an in die Gesamtunternehmensplanung eingebunden. Dadurch lassen sich leistungswirtschaftliche Projekte bereits in ihrer Entstehung auch an finanzwirtschaftlichen Vorgaben ausrichten. Soweit damit auf Basis des Kapitalbindungsplans größere Liquiditätssalden vermieden werden können, kommt dem Finanzplan sowie dem Liquiditätsstatus die Aufgabe einer **Feinplanung** beziehungsweise Feinsteuerung zu: Noch verbleibende Ungleichgewichte in geringerem Ausmaß können durch sie erkannt und mit relativ wenig Zeitaufwand behoben werden.

Liquiditätsstatus, Finanzplan und Kapitalbindungsplan unterscheiden sich hinsichtlich des von ihnen erfaßten Planungshorizonts und damit hinsichtlich der Reaktionszeit, die sie dem Finanzplaner zur Vermeidung festgestellter Ungleichgewichte ermöglichen.

Kriterium	Liquiditätsstatus	Finanzplan	Kapitalbindungsplan
Zielsetzung	Feststellen der aktuellen Liquidität, d.h. der Liquidität am Planungstag. Eventuell Basis für Reaktionen am Planungstag (Situative Liquidität).	Feststellen der Liquidität in der nahen Zukunft. Ausweis von Momentan- und Periodenliquiditäten. Basis für Finanzierungs- und Anlagemaßnahmen mit kurzer Vorbereitungszeit (Dispositive Liquidität).	Feststellen der mittel- bis langfristig bedeutsamen Zahlungsströme (strukturelles Gleichgewicht). Erkennen des mittel- bis langfristigen Handlungsbedarfs – ggfs. auch für den Leistungsbereich (Strukturelle Liquidität).
Zeitliche Struktur – Planungshorizont – Planwiederholung – Unterteilung des Planungshorizonts	1 Tag. Täglich. Keine.	Circa 4 Monate bis 1 Jahr. In der Regel monatlich. Zu Beginn tagesgenauer Ausweis (erste 30 Tage), danach Wochen-/Monatsausweis.	Mindestens 2 Jahre durch Hintereinanderschaltung. Jährlich. In der Regel jährlicher Ausweis des Liquiditätssaldos.
Inhaltliche Struktur	Tatsächlicher Anfangsbestand an liquiden Mitteln + am Planungstag bereits realisierte sowie weiter geplante Einzahlungen – am Planungstag bereits realisierte sowie weiter geplante Auszahlungen = Planendbestand an liquiden Mitteln	Tatsächlicher (am 1. Tag) beziehungsweise geplanter Anfangsbestand an liquiden Mitteln + Planeinzahlungen – Planauszahlungen = Planendbestand an liquiden Mitteln	+ Planeinzahlungen aus der Außenfinanzierung und der Innenfinanzierung – Planauszahlungen für Investitionen und für Definanzierungen = Struktureller Liquiditätssaldo
Anwendungsprobleme	Ausgleichsmaßnahmen aus zeitlichen Gründen eventuell nicht mehr durchführbar. Meist nur noch Auszahlungen aufschiebbar.	Prognoseproblem wird bedeutsam. Meldungen über zahlungsbezogene Vorgänge an den Finanzplaner sind zu organisieren. Zum Teil nur Ausweis von Periodenliquidität.	Prognoseproblem ausgeprägt. Nicht alle, nur fundamentale Zahlungsströme einbezogen. Anfangsbestände ausgeklammert. Nur Periodenliquidität erkennbar.

Abbildung C 36: Gegenüberstellung der Instrumente der Finanzplanung

Die für die Finanzplanung erforderlichen Eingabedaten brauchen in bezug auf die einzelnen Formen von Liquiditätsrechnungen nicht jeweils neu beschafft zu werden. Vielmehr fließen viele Größen zugleich z. B. in den Finanzplan als auch in den Kapitalbindungsplan ein (etwa: Kreditrückzahlung in acht Monaten), oder es bildet der festgestellte Anfangsbestand an liquiden Mitteln sowohl Ausgangspunkt für den Liquiditätsstatus als auch für den Finanzplan. Insofern sind **komplementäre Effekte** bei der Datenbeschaffung für die einzelnen Planungsinstrumente feststellbar. In der Praxis jedoch wird der Aufwand, der mit der gleichzeitigen Anwendung aller drei Formen von Liquiditätsrechnungen verbunden ist, oft als zu hoch empfunden. Viele Unternehmen entscheiden sich deshalb dafür, nur eines der drei Instrumente anzuwenden. Die Abbildung C 36 stellt eine Zusammenfassung der wesentlichen Merkmale von Liquiditätsstatus, Finanzplan und Kapitalbindungsplan dar und kann insofern als Entscheidungshilfe bei der Auswahl eines konkreten Instrumentes dienen.

Aufgaben zur Selbstüberprüfung

1. Nach welchen Kriterien können Liquiditätsrechnungen grundsätzlich ausgestaltet sein?
2. In welchen logischen Schritten vollzieht sich grundsätzlich der Ablauf einer Liquiditätsrechnung?
3. Welche Anforderungen an Liquiditätsrechnungen sind als besonders problematisch zu beurteilen?
4. Inwiefern kann der Liquiditätsstatus Maßnahmen zum Ausgleich des Liquiditätssaldos ermöglichen?
5. Welche Vorteile bietet ein Cash-Management-System für Unternehmen?
6. Woraus erklärt sich die Unterteilung des Finanzplans in unterschiedliche Planungsintervalle?
7. In welcher Form kann sich eine „rollierende" Planung im Rahmen des Finanzplans vollziehen?
8. Welche grundsätzlichen Zielsetzungen werden durch den Kapitalbindungsplan verfolgt?
9. Welche Folgerungen sind aus der Tatsache zu schließen, daß ein „leistungswirtschaftlicher Auszahlungsüberschuß" im Rahmen des Kapitalbindungsplans ermittelt wird?

Die Musterlösungen zu diesen Aufgaben befinden sich im Anhang dieses Buches, Seite 322.

Weiterführende Literatur:

Carstensen, Meinhard (1988); Cash Management, in: Obst, Georg/Hintner, Otto; Geld-, Bank- und Börsenwesen, hrsg. von: Kloten, Norbert/von Stein, Johann, 38., völlig neu bearbeitete und erweiterte Auflage, Stuttgart 1988, S. 603 – 612.
Däumler, Klaus-Dieter (1986); Betriebliche Finanzwirtschaft, 3., überarbeitete Auflage, Herne – Berlin 1986, S. 42 – 48.
Eilenberger, Guido (1989); Betriebliche Finanzwirtschaft, 3., vollständig überarbeitete und erweiterte Auflage, München – Wien – Oldenburg 1989, S. 240 – 256.
Jetter, Thomas (1987); Cash-Management-Systeme, Wiesbaden 1987.
Mandéry, Willy (1988); Finanzplanung, in: agplan-Handbuch zur Unternehmensplanung, hrsg. von: Grünewald, Hans-Günter/Kilger, Wolfgang/Seiff, Wolfgang, Loseblattsammlung Stand: 1983, 3. Band, Abschnitt 4312, S. 1 – 25.
Perridon, Louis/Steiner, Manfred (1988); Finanzwirtschaft der Unternehmung, München 1988, S. 386 – 397.
Witte, Eberhard (1983); Finanzplanung der Unternehmung, 3. Auflage, Opladen 1980, S. 33 – 61.

4.3. Der Jahresabschluß als Basis einer Liquiditätsplanung

4.3.1. Grundsätzliche Probleme

Der mit der Finanzplanung verbundene Aufwand wäre reduziert, wenn das Finanzmanagement auf bereits vorliegende Informationen zurückgreifen könnte. Zu denken ist hierbei insbesondere an die Daten, die für die Erstellung des Jahresabschlusses[223] in der Buchführung von Unternehmen verarbeitet werden. Das Finanzmanagement kann sich in diesem Zusammenhang speziell auf die Verbuchung einzelner Geschäftsvorfälle im Rahmen des externen Rechnungswesens stützen. Dieses dokumentiert sich insbesondere in Bilanz sowie Gewinn- und Verlustrechnung als Elementen des Jahresabschlusses[224]. Bilanz sowie Gewinn- und Verlustrechnung sind auch deshalb bedeutsam, weil sie von unternehmensexternen Stellen, wie z.B. Bilanzanalysten oder Anlageberatern, dazu verwandt werden, mit Hilfe von „Liquiditätskennziffern" oder des „cash flow" die Liquidität eines Unternehmens zu beurteilen (externe Finanzanalyse)[225].

Die Kritik am Rechnungswesen bzw. am Jahresabschluß als Basis einer Liquiditätsplanung ist zu **differenzieren**. Als Datengrundlage kommt zum einen die für **vergangene** Perioden erstellte, eventuell bereits geprüfte und publizierte Rechnungslegung in Betracht. Neben ihrer erwähnten Bedeutung für unternehmensexterne Stellen kann diese Datengrundlage dem Finanzplaner u.a. dazu dienen, einen Ausgangsbestand an liquiden Mitteln festzustellen, deren vergangene Entwicklung zu kontrollieren oder anhand von Bilanzbeständen auf zukünftige

---

223 Vgl. zum Jahresabschluß: Bauch, G./Oestreicher, A. (1989); Eisele, W. (1989).
224 Der Anhang als mögliches weiteres Element des Jahresabschlusses sowie der Lagebericht werden hier nicht berücksichtigt. Vgl. Eisele, W. (1989), S. 195, 289 – 291.
225 Vgl. Perridon, L./Steiner, M. (1988), S. 327.

Ein- und Auszahlungen zu schließen. Bei der Verwendung von vergangenheitsbezogenen Daten des Rechnungswesens ergeben sich jedoch eine Reihe von Problemaspekten. An diese knüpft die im folgenden geäußerte Kritik unter 1) bis 4) an. Danach wird berücksichtigt, daß das Rechnungswesen auch **zukunftsorientierte**, prognostizierte Größen bereitstellen kann. Es handelt sich dann z. B. um Planbilanzen und Plan-GuV's, für die die Kritik entsprechend zu modifizieren ist.

1) Als grundlegende Schwierigkeit erweist sich der **Vergangenheitsbezug**: In der Buchhaltung werden nur die **bereits realisierten Geschäftsvorfälle** erfaßt. Für die Finanzplanung ist jedoch die Prognose **zukünftiger Größen** von zentraler Bedeutung. Die Betrachtung von Vergangenheitswerten kann allerdings zu Kontrollzwecken dienen: Geht man von der Annahme einer korrekten Buchführung aus, so sind alle Zahlungsvorgänge betrags- und zeitpunktgenau erfaßt.

Dies läßt jedoch keinen Rückschluß darauf zu, ob die in der Vergangenheit **realisierten** Zahlungen auch betrags- und terminkonform geleistet wurden. Für die Zwecke einer Kontrolle sind zusätzliche Unterlagen hinsichtlich der **vereinbarten** Termine und Beträge notwendig. Die Bilanzbuchhaltung gibt auch darüber keinen Aufschluß, welche zugesagten aber noch nicht beanspruchten Kreditlinien vorhanden sind. Sie kann damit nur Bar- und Buchgeldbestände erfassen, nicht aber die liquiden Mittel insgesamt.

Im Hinblick auf die Gewinnung von Informationen über zukünftige Ein- und Auszahlungen aus der Buchführung können die Bestände an Forderungen und Verbindlichkeiten **als Anhaltspunkte** dienen: Diese weisen auf Ein- und Auszahlungen in der Zukunft hin.

Ebenso kann der Lagerbestand an Fertig- und Halbfertigerzeugnissen als Indiz für zukünftige Einzahlungen gesehen werden. Für die übrigen Bilanzpositionen lassen sich ähnliche Überlegungen anstellen, so daß die Bilanz bei dieser Interpretation letztlich insgesamt einen Vorrat an Informationen über künftige Zahlungsbewegungen enthält.

2) Die **Beträge**, zu denen insbesondere die Vermögensgegenstände in der Bilanz ausgewiesen sind, stimmen in der Regel nicht mit den Einzahlungen überein, die aus ihnen zu erwarten sind. Z. B. können sich Forderungen als uneinbringlich erweisen, für die am Bilanzstichtag noch kein Abschreibungsbedarf ersichtlich war. Andererseits kann die Veräußerung von Aktienbeständen zum Kurswert zu Einzahlungen führen, die den Bilanzwert dieser Papiere um ein Vielfaches übersteigen. Unterstellt man einen „normalen" Geschäftsverlauf, so werden aus der Veräußerung von Fertigprodukten Einzahlungen resultieren, die über dem Buchwert liegen. Aus der Bilanz läßt sich aber nicht entnehmen, ob eine Verwertung der Erzeugnisse am Markt überhaupt möglich ist.

3) Die Buchführung vermag darüber hinaus nur **einen Teil** der relevanten Sachverhalte anzugeben, die in späteren Perioden zu Zahlungsbewegungen führen. Erfaßt werden nicht solche Vorgänge, die am Stichtag bereits rechtlich fixiert, aber z. B. aufgrund des Realisationsprinzips[226] noch nicht gebucht sind. Dazu zählen z. B. die aufgrund bestehender Arbeitsverträge sich ergebenden zukünfti-

---

226 Vgl. Bauch, G./Oestreicher, A. (1989), S. 62–64.

gen Lohn- und Gehaltszahlungen sowie Miet-, Pacht-, Leasing- und Versicherungszahlungen. Soweit Verträge über die Beschaffung von Betriebsmitteln und Werkstoffen abgeschlossen sind, ist dies nur dann zu berücksichtigen, wenn die entsprechenden Rechnungen am Bilanzstichtag vorliegen. Die Buchführung gibt prinzipiell zu solchen Tatbeständen keine Auskunft, die **zu einem späteren Zeitpunkt als dem Bilanzstichtag** geplant und realisiert werden und dabei zu Zahlungsbewegungen führen. Hierzu zählt z. B. die Wahrnehmung einer sich unmittelbar neu ergebenden Beteiligungschance an einem anderen Unternehmen.

4) Zudem ist zu beachten, daß zwischen Bilanzstichtag und Tag der Bilanzerstellung beziehungsweise des Vorliegens der Bilanz einige Zeit vergeht. Die in der Bilanz enthaltenen Informationen sind damit aber im Moment der Verfügbarkeit über die Bilanz **nicht mehr aktuell**.

Die bisher geäußerte Kritik betraf Daten des Rechnungswesens über bereits realisierte Vorgänge. Anders ist dagegen der Sachverhalt zu beurteilen, wenn **Plandaten** zur Verfügung stehen: Es handelt sich speziell um Planbilanzen und Plan-GuV's (vgl. dazu auch das Beispiel zum Kapitalbindungsplan unter C.4.2.4.2). Für unternehmensexterne Stellen sind solche Plandaten meist nicht zugänglich (I.d.R. dienen sie jedoch als Unterlage in Kreditverhandlungen mit Banken). Ihre eigentliche Bedeutung ist darin zu sehen, daß sie das Ergebnis der Planungstätigkeit des Managements darstellen und die strategische Ausrichtung des Unternehmens definieren. Der Finanzplaner befaßt sich auf zweifache Weise mit ihnen: Zum einen bringt er in die Bilanz- und GuV-Planung die Vorstellungen des Finanzmanagements mit ein. Zum anderen vermag er aus diesen Unterlagen eine Liquiditätsplanung abzuleiten (derivative Liquiditätsrechnung). Er muß hierbei folgendes beachten:

5) Die Positionen in einer Plan-Bilanz oder Plan-GuV geben keine oder nur sehr pauschale Angaben über den **Zeitpunkt** der einzelnen Zahlungen. Wann es zu einem Verkauf der gelagerten Fertigprodukte und − daraus abgeleitet − zu Zahlungen kommt[227] bleibt unersichtlich. Auch lassen Angaben über die Restlaufzeiten von Forderungen und Verbindlichkeiten nicht ausreichend exakt erkennen, **zu welchem Zeitpunkt** die entsprechende Leistung zu erbringen ist, und ob es auch tatsächlich an diesem Termin zu einer Zahlung kommt. Prinzipiell lassen sich auch deshalb keine genauen Zeitpunkte aus den Bilanzangaben ersehen, da unter der gleichen Bilanzposition mehrere Sachverhalte mit unterschiedlichen Realisationszeitpunkten zusammengefaßt sind.

6) Durch **bilanzpolitische Maßnahmen** sind die in der Bilanz ausgewiesenen Werte eventuell verändert: Maßnahmen vor dem Bilanzstichtag sowie die Ausübung von Bilanzierungswahlrechten tragen insbesondere dazu bei, einen entsprechenden Liquiditätsausweis zu erreichen. Die Bilanzwerte stellen zum Teil also „geschönte" Werte dar.

7) Planbilanzen und Plan-GuV's werden meist von mehreren Planungsteilnehmern aus wichtigen Unternehmensbereichen konzipiert. Deren „Planungsden-

---

[227] Vgl. Witte, E. (1983), S. 19 f.

ken" ist üblicherweise von den Kategorien des Rechnungswesens geprägt: Zugrunde liegen Erträge, Aufwendungen, Gewinne bzw. Umsatzerlöse, Abschreibungen, Herstellungskosten usw. Für den Finanzmanager bedeutet dies zum einen, das Planungsdenken in diesen Größen ebenfalls zu beherrschen. Zum anderen stellt sich ihm das generelle Problem, die Daten des Rechnungswesens in Zahlungsgrößen zu transformieren bzw. zu „übersetzen": Werden z. B. Umsatzerlöse dadurch erzielt, daß Zahlungsziele gewährt werden, so gehen damit keine Einzahlungen einher. Ist dagegen das Planergebnis der GuV durch Abschreibungen gemindert, so führt dies nicht zu Auszahlungen.

Die vorstehenden Ausführungen grenzen die Verwendbarkeit der Buchführung für die Zwecke der Finanzplanung ein. Die geäußerte Kritik gilt generell für alle Versuche, aus der Analyse des Jahresabschlusses Rückschlüsse auf die Liquidität eines Unternehmens zu ziehen. Soweit einzelne, auf Basis des Jahresabschlusses gebildete Kennzahlen zugrunde gelegt werden, ergeben sich spezielle Kritikpunkte. Dies sei im folgenden aufgezeigt.

4.3.2. Ermittlung von Cash Flow und Netto-Liquidität

Für den Cash Flow existieren unterschiedliche Definitionsansätze[228]. Von diesen sind im folgenden nur die liquiditätsorientierten, nicht aber die ertragsorientierten Ansätze einbezogen. Aus liquiditätsorientierter Perspektive läßt sich im **strengen Sinn** der Cash Flow verstehen als der Überschuß an liquiden Mitteln, den ein Unternehmen aufgrund seiner gewöhnlichen Geschäftstätigkeit in einer Periode erzielt. Dieser Überschuß ist gekennzeichnet durch

— die Entstehung im laufenden Geschäft. Außerordentliche Ein- und Auszahlungen wie z. B. aus dem Verkauf von Betriebsmitteln wurden nicht einbezogen.
— die Entstehung im gewöhnlichen Geschäft des Leistungsbereichs (insbesondere über Umsatzeinzahlungen) und des Finanzbereichs (etwa: Zinszahlungen).

Der Cash Flow gibt Aufschluß über einen finanziellen Spielraum, den ein Unternehmen aus eigener Kraft geschaffen hat. Er stellt damit ein (teilweises) Maß für die Innenfinanzierungskraft eines Unternehmens dar[229]. Ist der Cash Flow positiv, so bedeutet dies, daß dem Unternehmen nach Erfüllung der mit dem laufenden Geschäftsbetrieb verbundenen Auszahlungserfordernisse (wie z. B. Material-, Lohn-, Miet-, Zinszahlungen) noch weitere liquide Mittel zur Verfügung stehen. Das Unternehmen kann mit diesen Mitteln zusätzliche Auszahlungen z. B. für Investitionen, Ausschüttungen oder Tilgungen tätigen.

Für die Berechnung des Cash Flow bestehen zwei grundsätzliche Möglichkeiten. Zum einen können die mit dem laufenden Geschäftsbetrieb verbundenen Zahlungen **direkt** erfaßt und in einer Liquiditätsrechnung saldiert werden. Diese

---
228 Vgl. grundsätzlich: Juesten, W./Villiez, C. (1992). Vgl. einzelne Ansätze bei: Eilenberger, G. (1989), S. 93; Gerke, W./Philipp, F. (1985), S 139f.; Wöhe, G./Bilstein, J. (1988), S. 26f.
229 Vgl. Chmielewicz, K. (1976), S. 199.

Möglichkeit steht im Prinzip allerdings nur unternehmensinternen, mit der Zahlungsabwicklung befaßten Stellen offen. Geht man dagegen von unternehmensexternen Personen aus, so muß der Rückschluß auf die Finanzlage des Unternehmens **indirekt** aus dem Datenmaterial erfolgen, das über das Unternehmen veröffentlicht ist. Die Cash Flow-Ermittlung stützt sich dann insbesondere auf die Analyse von Bilanz und GuV. Ein ähnliches Vorgehen wendet die unternehmensinterne Finanzplanung dann an, wenn auf eine eigenständige Liquiditätsrechnung verzichtet wird, oder wenn – wie unter C.4.2.4.2. angeführt – aus Planbilanzen und Plan-GuV's auf Zahlungssalden geschlossen werden soll.

Um die indirekte Cash Flow-Berechnung zu verdeutlichen, erscheint es sinnvoll, kurz auf den Aufbau der GuV einzugehen. Diese legt die Quellen und den Umfang des Periodenerfolgs wie folgt offen (vereinfachte Darstellung auf Basis des Gesamtkostenverfahrens):

```
   Ertrag aus dem gewöhnlichen Geschäft
   • Umsatzerlöse
   • Bestandserhöhung
   • Aktivierte Eigenleistung
./. Aufwand aus dem gewöhnlichen Geschäft wie z. B.
   • Löhne
   • Material
   • Abschreibungen
   • Zinsen
   • Zuführung Rückstellungen
   • Bestandsminderung
 = Ergebnis der gewöhnlichen Geschäftstätigkeit
 + außerordentlicher Ertrag
./. außerordentlicher Aufwand
./. Steuern
 = Jahresüberschuß/-fehlbetrag
```

Abbildung C 37: Grundstruktur der GuV

Eine Vorgehensweise zur Ableitung eines Zahlungsüberschusses aus der GuV besteht darin, von den Umsatzerlösen nur den Aufwand abzuziehen, der auch mit einer Auszahlung einhergeht. Der dann verbleibende Rest der Umsatzerlöse – soweit diese als Zahlungen eingingen – muß den Bestand an liquiden Mitteln im Unternehmen erhöht haben.

Jedoch wird in der Praxis meist ein **umgekehrtes Vorgehen** gewählt: Hier dient als Ausgangspunkt der in der GuV ausgewiesene Jahresüberschuß. Dieser muß jedoch um diejenigen Größen korrigiert werden, die **nicht zahlungswirksam** waren. Die notwendigen Korrekturen resultieren letztlich aus einer Überprüfung des Zahlungscharakters der in die GuV einbezogenen Positionen.

Bei der Ermittlung des Jahresüberschusses wirken Aufwendungen erfolgsmindernd. Allerdings führen nicht alle erfolgsmindernden Aufwendungen auch zu Auszahlungen, womit auch der Bestand an liquiden Mitteln nicht verringert

Instrumente zur Ermittlung und Gestaltung des Finanzierungsbedarfs

wird. Dies trifft insbesondere für die verrechneten Abschreibungen zu. Deshalb sind dem Jahresüberschuß all die Aufwendungen wieder hinzuzurechnen, die nicht mit einer Auszahlung einhergehen. Es ist umgekehrt auch zu berücksichtigen, daß bestimmte Erträge des Unternehmens nicht zu Einzahlungen führen. Dies betrifft speziell die ausgewiesenen Bestandserhöhungen: Durch die Produktion auf Lager fließen keine liquiden Mittel zu[230]. Der Jahresüberschuß ist in diesem Umfang zu kürzen, wenn aus ihm die Veränderung der liquiden Mittel ersichtlich sein soll. Die Cash Flow-Ermittlung erfolgt vor diesem Hintergrund nach folgendem (vereinfachtem) Schema:

Jahresüberschuß
+ Abschreibungen ⎤ (nicht auszahlungswirksamer
+ Zuführung zu den Rückstellungen ⎦ Aufwand)
+ Bestandsminderungen
./. Bestandserhöhungen ⎤ (nicht einzahlungswirksamer
./. Aktivierte Eigenleistung ⎦ Ertrag)

= Cash Flow

Diesem vereinfachten Schema sind jedoch mehrere Einwände entgegenzuhalten:

- Im Jahresüberschuß sind neben den Erträgen und Aufwendungen aus dem gewöhnlichen Geschäft auch die Erträge und Aufwendungen aus dem **außerordentlichen** Geschäft enthalten.
- Der Jahresüberschuß ist maßgeblich durch die Umsatzerlöse beeinflußt. Diese gehen oft mit der Gewährung von Zahlungszielen einher[231]. Liegen aber die **Zahlungstermine nach dem Bilanzstichtag**, so stehen die Mittel dem Unternehmen am Periodenende nicht zur Verfügung[232]. In der GuV sind sie gleichwohl als Ertrag verbucht.
- Erträge aus der **Zuschreibung** oder Wertaufholung bei Vermögensgegenständen[233] sowie Erträge aus der **Auflösung von Rückstellungen** führen ebenfalls nicht zu Einzahlungen.
- Soweit der Gewinn tatsächlich mit einem Zufluß an liquiden Mitteln einherging, bedeutet dies nicht notwendigerweise, daß diese Mittel sich auch noch **im Unternehmen selbst** befinden. Soweit das Unternehmen z. B. diese Mittel (erfolgsneutral und deshalb nicht in der GuV ersichtlich) dazu verwandt hat, Kredite zu tilgen oder neue Investitionen zu tätigen, sind die Mittel bereits wieder abgeflossen[234].

Berücksichtigt man diese Kritikaspekte weitgehend, so gelangt man zu dem in Abb. C 38 dargestellten erweiterten Schema für die Cash-Flow-Berechnung.

---
230 Vgl. ähnlich: Kleinebeckel, H. (1988), S. 28.
231 Vgl. detailliert: Chmielewicz, K. (1985), S. 199–208.
232 Vgl. ähnlich: Perridon, L./Steiner, M. (1988), S. 350.
233 Vgl. zur Wertaufholung: Bauch, G./Oestreicher, A. (1989), S. 56f., 142–146.
234 Vgl. Witte, E. (1983), S. 20; Wöhe, G./Bilstein, J. (1988), S. 27.

Finanzplanung

	1. Ergebnis der gewöhnlichen Geschäftstätigkeit
+	2. Aufwand aus der gewöhnlichen Geschäftstätigkeit, der nicht mit einer Auszahlung einhergeht, insbesondere: – Abschreibung – Zuführung zu den Rückstellungen – Bestandsminderung
./.	3. Ertrag aus der gewöhnlichen Geschäftstätigkeit, der nicht mit einer Einzahlung einhergeht, insbesondere: – Verkäufe mit Zahlungsziel über das Periodenende hinaus – Bestandserhöhung – Aktivierte Eigenleistung – Auflösung von Rückstellungen
./.	4. Steuern auf das gewöhnliche Betriebsergebnis
=	5. **Cash Flow aus gewöhnlicher Geschäftstätigkeit (Cash Flow im strengen Sinn)***
+	6. Einzahlungen aus der Monetisierung von Aktiva in Höhe des Buchwertes (Desinvestition wie z. B. Verkauf Betriebsmittel, Eingang von Forderungen)
+	7. Außerordentlicher Ertrag, der mit einer Einzahlung einhergeht (z. B. Veräußerungserlös eines Aktivums über den Buchwert hinaus)
./.	8. Außerordentlicher Aufwand, der mit einer Auszahlung einhergeht
./.	9. Steuern auf das außerordentliche Betriebsergebnis
=	10. **Cash Flow aus gewöhnlicher und außergewöhnlicher Geschäftstätigkeit (Cash Flow in verbreiteter Fassung)***
+	11. Zuführung neuen Eigen- und Fremdkapitals
./.	12. Rückzahlung von Eigen- und Fremdkapital
./.	13. Auszahlungen für den Erwerb von Aktiva (Investition wie z. B. Kauf Betriebsmittel, Wertpapier)
=	14. **Veränderung der Netto-Liquidität (auch: „totaler Cash Flow")***
* jeweils verwendbar für: (weitere) Sachinvestitionen, (weitere) Finanzanlagen, (weitere) Tilgungen, Ausschüttungen	

Abbildung C 38: Formen und Ermittlungsstufen des Cash Flow

In Abb. C 38 drückt der Saldo unter Nr. 5 den Cash Flow aus, wie er der zu Beginn vorgestellten strengen Definition entspricht. Es ist der Überschuß an liquiden Mitteln aus dem gewöhnlichen Geschäft.

Dagegen entspricht der Saldo unter Nr. 10 der in der Praxis verbreiteten Fassung des Cash Flow: Er umfaßt den Mittelüberschuß aus dem gewöhnlichen und außergewöhnlichen Geschäft. Die Verbreitung in der Praxis mag darin begründet liegen, daß es zum Teil Probleme bereitet, Positionen des gewöhnlichen und des außergewöhnlichen Geschäfts zu trennen. Dies gilt etwa für die Aufteilung der Steuerzahlungen (Nr. 4, 9), die in der GuV nicht getrennt ausgewiesen werden. Oft sind in Kurzfassungen zu Bilanz und GuV nur wenige Erfolgskomponenten angegeben und erlauben so keine detaillierte Analyse. Letztlich mag es bedeutender erscheinen, den finanziellen Spielraum des Unternehmens als solchen in seinem Volumen zu kennen als in seinen Quellen.

In Abb. C 38 ging die Berechnung des Cash Flow in seiner verbreiteten Fassung (Nr. 10) vom **Ergebnis der gewöhnlichen Geschäftstätigkeit** aus, das entsprechend korrigiert wurde. Er läßt sich auch auf eine andere – in der Praxis übliche – Weise errechnen. Ausgangspunkt ist dabei der in der GuV ausgewiesene **Jahresüberschuß**. Dieser wird durch finanzwirtschaftliche Korrekturen ergänzt (vgl. dazu auch die Übersicht zur GuV in Abb. C 37):

Jahresüberschuß
+ Aufwand, der nicht Auszahlung darstellt (Abschreibung, Zuführung Rückstellung, Bestandsminderung, ...)
./. Ertrag, der nicht Einzahlung darstellt (Bestandserhöhung, periodenübersteigende Zielverkäufe, aktivierte Eigenleistung, Auflösung Rückstellungen, ...)
+ erfolgsneutrale Einzahlungen (Buchwerterlöse).

Die bisher betrachteten Zahlungsbewegungen bzw. Korrekturen der GuV-Werte resultieren aus der laufenden Geschäftstätigkeit eines Unternehmens. Sie sind dadurch gekennzeichnet, daß sie mit dem (gewöhnlichen und außergewöhnlichen) Umsatzprozeß verbunden sind. Zu ihrer Ermittlung wurden zum einen **Positionen der GuV** herangezogen. Die Zahlungssituation eines Unternehmens ist darüber hinaus auch durch Maßnahmen beeinflußt, die nicht aus dem erfolgswirksamen Betrieb heraus entstehen, sondern **erfolgsneutralen** Charakter haben. Die GuV kann zu diesen Zahlungsbewegungen keinen Hinweis liefern. Dazu zählen z. B. der Kauf oder der Verkauf von Betriebsmitteln (z. B. Erwerb Gebäude) und der Erwerb sowie die Monetisierung von Finanzaktiva (z. B. Eingang von Forderungen). Um diese Bewegungen erkennen zu können, sind die entsprechenden Bilanzpositionen auf Veränderungen zu überprüfen. Wertvolle Hilfestellung bietet hierbei der im Jahresabschluß von Kapitalgesellschaften ausgewiesene Anlagespiegel, der Veränderungen im Sach- und Finanzanlagevermögen ausweist. Alternativ hierzu können auch aktuelle Bilanz und Bilanz des Vorjahres herangezogen und miteinander verglichen werden.

Während der Cash Flow (Nr. 10) noch durch Entscheidungen der Unternehmensleitung beeinflußt ist und damit den Charakter eines eigenständig erzielten Liquiditätssaldos besitzt (er ist insofern Maß für die Innenfinanzierung), trifft dies für die weiteren zahlungsrelevanten Vorgänge unter Nr. 11 und Nr. 12 nicht mehr zu. Es sind noch die Veränderungen an liquiden Mitteln einzubeziehen, die durch die Neuaufnahme sowie die Rückzahlung von Fremd- und Eigenkapital entstehen. Nach Einbezug dieser Zahlungsströme der Außenfinanzierung sowie dem Abzug der Auszahlungen für den Erwerb von Aktiva ergibt sich die gesamte Veränderung der liquiden Mittel eines Unternehmens in einer Periode. Sie ist als „Veränderung der Netto-Liquidität" bezeichnet.

4.3.3. Bilanzorientierte Liquiditätskennziffern

Im Rahmen von "**Liquiditätskennziffern**"[235] wird versucht, die Liquidität eines Unternehmens durch die Gegenüberstellung von Zahlungsmitteln, Zahlungsforderungen (zukünftige Einzahlungen) und Zahlungsverpflichtungen (zukünftige Auszahlungen) zu ermitteln. Hinweise auf die entsprechenden Zahlungspositionen werden insbesondere **aus der Bilanz** gewonnen. Um die Liquiditätskennziffern sachgerecht zu interpretieren, erscheint es sinnvoll, eine Kurzdarstellung der verfügbaren Bilanzdaten vorab zu geben:

Anlagevermögen	Eigenkapital
1. Immaterielle Vermögensgegenstände	1. Gezeichnetes Kapital
2. Sachanlagevermögen	2. Kapitalrücklage
3. Finanzanlagevermögen	3. Gewinnrücklage
	4. Gewinn-/Verlustvortrag
	5. Jahresüberschuß/-fehlbetrag
	Rückstellungen
Umlaufvermögen	Verbindlichkeiten
1. Vorräte	1. aus Anleihen
2. Forderungen	2. gegenüber Kreditinstituten
3. Wertpapiere	3. aus Lieferungen und Leistungen
4. Kasse, Giroguthaben	4. ...

Abbildung C 39: Grundstruktur der Bilanz

Neben den direkt aus der Bilanz ersichtlichen Daten sind für die Ermittlung der Kennziffern insbesondere die im Anhang des Jahresabschlusses zu treffenden Erläuterungen von Wichtigkeit. Bei Kapitalgesellschaften enthält dieser insbesondere die nach §§ 268, 285 HGB erforderliche Unterteilung der Verbindlichkeiten nach Restlaufzeiten bis zu 1 Jahr und über 5 Jahre. Zu den Pflichtangaben für Kapitalgesellschaften zählt weiter der Ausweis von Forderungen mit einer Restlaufzeit größer 1 Jahr.

Üblicherweise werden die folgenden Kennziffern unterschieden:

$$\text{Liquidität 1. Grades} = \frac{\text{Kasse} + \text{Giroguthaben}^{236}}{\text{Kurzfristige Verbindlichkeiten}}$$

$$\text{Liquidität 2. Grades} = \frac{\text{Kasse} + \text{Giroguthaben} + \text{kurzfristige Forderungen} + \text{Wertpapiere des Umlaufvermögens}}{\text{Kurzfristige Verbindlichkeiten}}$$

---

[235] Vgl. hierzu: Gerke, W./Philipp, F. (1985), S. 137f.; Grill, W./Perczynski, H. (1987), S. 239f.; Perridon, L./Steiner, M. (1988), S. 15f.; von Stein, J./Kirschner, M. (1988), S. 315–324.
[236] Der Zähler wird zum Teil noch um die kurzfristigen Forderungen ergänzt.

Liquidität 3. Grades = $\dfrac{\text{Kasse + Giroguthaben + kurzfristige Forderungen + Wertpapiere des Umlaufvermögens + Vorräte}}{\text{Kurzfristige Verbindlichkeiten}}$

Die Idee der Kennziffern besteht jeweils darin, aus der Gegenüberstellung geeignet erscheinender Zahlungspositionen auf die Zahlungsfähigkeit eines Unternehmens zu schließen. Betrachtet man hierzu z. B. die Liquidität 1. Grades, so erscheint die Zahlungsfähigkeit gesichert, wenn der gebildete Quotient größer 1 ist[237]. Dies bedeutet letztlich, daß mit den vorhandenen Zahlungsmitteln bereits sämtliche kurzfristigen Kredite zurückgezahlt werden könnten – auch wenn diese im Augenblick noch nicht fällig sind.

Entsprechend lassen sich die Liquiditätsgrade 2 und 3 interpretieren. Diese beziehen neben den Zahlungsmitteln auch solche Aktiva ein, die als relativ geldnah gelten können. Im Rahmen der Wertpapiere des Umlaufvermögens zählen dazu z. B. Titel aus den near-money-assets. Von kurzfristigen Forderungen und den Vorräten nimmt man an, daß sie in einem überschaubaren Zeitrahmen monetisiert werden und dann als Zahlungsmittel zur Verfügung stehen. Geht man davon aus, daß der Zeitraum der Monetisierung auch dem Zeitraum entspricht, in dem die kurzfristigen Verbindlichkeiten fällig werden, so ist letztlich eine Fristenkongruenz von Vermögens- und Schuldenpositionen gegeben und damit die Zahlungsfähigkeit des Unternehmens gewährleistet.

Anwendung und Interpretation der Kennzahlen werfen demgegenüber die folgenden Probleme auf:

- Festzulegen ist die **Zeitspanne**, die als kurzfristig aufgefaßt wird. Je nach Festlegung ergibt sich aber ein unterschiedlicher Wert für Zähler sowie Nenner und damit für die Kennziffer insgesamt. Zu beachten ist, daß aus den Pflichtangaben in Bilanz und Anhang nur Fristen bis zu einem Jahr oder darüber bekannt werden.
- Innerhalb der kurzfristigen Forderungen und speziell der kurzfristigen Verbindlichkeiten mit Restlaufzeiten ≤ 1 Jahr sind Positionen mit unterschiedlicher **Fälligkeit** zusammengefaßt. Die Kennzahl vermag so nur einen Hinweis zur Periodenliquidität, nicht aber zu Momentanliquiditäten zu geben. Für den Rückschluß auf die Zahlungsfähigkeit kann aber die Betrachtung einer Zeitspanne von einem Jahr nicht ausreichend sein.
- Nicht alle zukünftigen **Auszahlungsverpflichtungen** eines Unternehmens sind – wie erwähnt – in der Bilanz erfaßt[238]. Soweit z. B. zu Beginn eines Geschäftsjahres Mietraten fällig werden, erhöhen diese den Umfang der Verbindlichkeiten, die tatsächlich in die Kennziffer einzubeziehen wären. Zugleich kann der in der Bilanz angegebene Mittelbestand auch für andere Zwecke als zur Erfüllung von Verbindlichkeiten verwandt werden.
- Der Übernahme der Bilanzwerte in die Kennziffern liegt die Annahme zugrunde, daß sich die entsprechenden Werte auch tatsächlich **realisieren** las-

---
237 Vgl. Witte, E. (1983), S. 35 f.
238 Vgl. Wöhe, G./Bilstein, J. (1988), S. 25.

sen. Es muß jedoch auch berücksichtigt werden, daß es zu Ausfällen bei Forderungen, zu einem Kursverfall bei Wertpapieren oder zu einer Mindereinnahme bei Fremdwährungspositionen kommen kann.

Nicht zuletzt ist auf die in Kapitel C.4.3.1. angeführte grundsätzliche Kritik an Daten des Jahresabschlusses zu erinnern, die sich insbesondere an deren Vergangenheitsbezug und eventueller Manipuliertheit entzündet.

> **Aufgaben zur Selbstüberprüfung**
> 1. Inwiefern lassen sich die Angaben im Jahresabschluß als zukunftsgerichtet interpretieren?
> 2. Welche Prinzipien für die Ausgestaltung von Liquiditätsrechnungen verletzen die Angaben im Jahresabschluß?
> 3. Welche speziellen Probleme ergeben sich daraus, daß die Bilanzdaten sich auf einen vergangenen Zeitpunkt beziehen?
>
> Die Musterlösungen zu diesen Aufgaben befinden sich im Anhang dieses Buches, Seite 323.

Weiterführende Literatur:

Chmielewicz, Klaus (1976); Betriebliche Finanzwirtschaft I, Berlin – New York 1976, S. 199 – 208.
Gerke, Wolfgang/Philipp, Fritz (1985); Finanzierung, Stuttgart – Berlin – Köln – Mainz 1985, S. 137 – 140.
Perridon, Louis/Steiner, Manfred (1988); Finanzwirtschaft der Unternehmung, 5., unveränderte Auflage, München 1988, S. 327 – 358.
Wöhe, Günter/Bilstein, Jürgen (1988); Grundzüge der Unternehmensfinanzierung, 5., überarbeitete Auflage, München 1988, S. 24 – 28.

Lösungen der Aufgaben zur Selbstüberprüfung

Lösungen zu Gliederungspunkt B. 3.2.1. (Kapitalwertmethode)

1a.
C_0 für $i = 0\% = 90 - 30 - 30 - 30 - 30 = -30$
C_0 für $i = 10\% = 90 + (-30 \cdot 0{,}90909) + (-30 \cdot 0{,}82645) + (-30 \cdot 0{,}75131)$
$\qquad\qquad\qquad + (-30 \cdot 0{,}68301) = +90{,}00$
$\qquad\qquad\qquad\qquad\qquad\qquad\qquad\qquad -27{,}27$
$\qquad\qquad\qquad\qquad\qquad\qquad\qquad\qquad -24{,}79$
$\qquad\qquad\qquad\qquad\qquad\qquad\qquad\qquad -22{,}54$
$\qquad\qquad\qquad\qquad\qquad\qquad\qquad\qquad -20{,}49$
$\qquad\qquad\qquad\qquad\qquad\qquad\qquad\quad -\ 5{,}09 = C_0$

Der C_0 für $i \to \infty = C_0$ geht gegen $+90$, da der Barwert der nach t_0 anfallenden Auszahlungen gegen Null geht.

1b.
Das Projekt ist absolut unvorteilhaft, da der C_0 negativ ist. Der Investor würde Zinsauszahlungen mit einem Barwert von 5,09 Geldeinheiten ersparen, wenn er anstelle dieser Finanzierung eine Kreditaufnahme am Restkapitalmarkt durchführen würde.

1c.
Die Kapitalwertfunktion eines Finanzierungsprojektes steigt mit wachsendem Zinssatz am Restkapitalmarkt an, da die Zinsauszahlungen, die bei Finanzierung über den vollkommenen Restkapitalmarkt anfallen würden, mit steigendem i anwachsen. Das durch die obige Zahlungsreihe explizit dargestellte Projekt ist also um so günstiger zu bewerten, je teurer die Alternative „Finanzierung am Restkapitalmarkt" ist. Genau dieser Zusammenhang kommt auch im Kapitalwertkurvenverlauf zum Ausdruck.

2.
Hierunter versteht man eine Pauschalannahme über alternative Anlagen oder Kredite am Vollkommenen Restkapitalmarkt. Mit Hilfe dieser Annahme ist es möglich, auch bei einer isolierten Vorteilhaftigkeitsanalyse zu einer eindeutigen Entscheidung zu gelangen, da der Einkommensvor- oder -nachteil gegenüber der Restkapitalmarkttransaktion ermittelt werden kann. Die Bezeichnung „Nullalternative" rührt von der Tatsache her, daß Anlagen und Finanzierungen am Restkapitalmarkt einen Kapitalwert von Null erzielen.

3.
C_0 für $i = 10\% = -450 + (200 \cdot 0{,}90909) + (200 \cdot 0{,}82645) + (200 \cdot 0{,}75131) =$
$\qquad\qquad\qquad\quad -450{,}00$
$\qquad\qquad\qquad\quad +181{,}82$
$\qquad\qquad\qquad\quad +165{,}29$
$\qquad\qquad\qquad\quad +150{,}26$
$\qquad\qquad\qquad = +\ 47{,}37$

Periode	ZR	KB	Zins	KB	Rest-KB
t_0	−497,37*	−497,37	−	−	−497,37
t_1	+200,00	−497,37	−49,74	150,26	−347,11
t_2	+200,00	−347,11	−34,71	165,29	−181,82
t_3	+200,00	−181,82	−18,18	181,82	0,00

* Dieser Betrag ist wie folgt zu interpretieren: Neben dem Kapitalbedarf für das Investitionsprojekt finanziert der Investor auch den Kapitalwert am vollkommenen Kapitalmarkt.

4.
Bei vollständiger Fremdfinanzierung entspricht der Kapitalwert eines Projektes exakt dem auf t_0 bezogenen Einkommenszuwachs des Investors aus diesem Projekt. Entnimmt der Investor das Einkommen ganz oder teilweise zu einem späteren Zeitpunkt, so wächst dieses aufgrund des Zins- und Zinseszinseffektes entsprechend an.

Verwendet der Investor ganz oder teilweise Eigenkapital zur Finanzierung, so ist sein Einkommen − bezogen auf t_0 − um den Barwert der ersparten Zinszahlungen größer als der Kapitalwert.

Lösungen zu Gliederungspunkt B.3.2.2. (Annuitätenmethode)

1.
Nein, das ist ausgeschlossen, da beide Methoden auf Vorteilhaftigkeitskriterien aufbauen, die über einen konstanten Faktor (nämlich den Wiedergewinnungs- bzw. Rentenbarwertfaktor) gegenseitig ineinander überführt werden können.

2.
Die rechentechnisch etwas kompliziertere Vorgehensweise hat den Vorteil, daß der Entscheidungsträger aufgrund der geringeren Aggregation der Daten einen Vergleich zwischen der absoluten Höhe des Kapitaldienstes und der Überschußannuität vornehmen kann. Diese Information kann unter Risikoüberlegungen relevant sein, da eine Saldierung das Gesamtvolumen des Projektes nicht mehr erkennen läßt.

3.
Ausgehend von den Aufzinsungsfaktoren, die für den situationsadäquaten Zinssatz vorliegen, werden zunächst die Abzinsungsfaktoren durch Kehrwertbildung ermittelt. Die Abzinsungsfaktoren werden anschließend für die Jahre 1 bis n aufsummiert. Die Summe stellt den Rentenbarwertfaktor für i% und n Jahre dar. Der gesuchte Wiedergewinnungsfaktor ergibt sich als Kehrwert des entsprechenden Rentenbarwertfaktors.

4.
Zahlungsreihen der Alternativen:

	t_0	t_1	t_2	t_3	t_4
A	−	−	+4000,−	+4000,−	+4000,−
B	+10000,−				

Berechnung des Barwertes der Alternative A bei 5 % bzw. 10%.

a) Hierzu wird zunächst die Annuität mit dem Rentenbarwertfaktor in einem Rechengang auf t_1 bezogen.

bei 5%: 4000,– × 2,7232 = +10.892,80
bei 10%: 4000,– × 2,4868 = + 9.947,20

Diese Ergebnisse sind als ökonomischer Wert der Zahlungsreihe bezogen auf t_1 zu verstehen.

Durch einfaches Abzinsen auf t_0 kann nun der Gegenwartswert ermittelt werden.

bei 5%: +10.892,80 × 0,95238 = 10.374,09
bei 10%: + 9.947,20 × 0,90909 = 9.042,90

Während es also ökonomisch rational wäre, bei einem Zinsniveau von 10 % die einmalige Zahlung in t_0 zu wählen, sollte bei einem Zinsniveau von nur 5% lieber die Rente gewählt werden.

Lösungen zu Gliederungspunkt B. 3.2.3. (Internen-Zinsfuß-Methode)

1.
Die interne Rendite stellt eine Verhältniszahl dar, welche die Einkommensleistung eines Projektes in Relation zu der (in jedem Jahr unterschiedlich großen) Kapitalbindung angibt. Folglich ist es zu einer vollständigen Interpretation der Rendite erforderlich, stets auch den Nenner der Verhältniszahl, nämlich die Kapitalbindung des betrachteten Projektes zu berücksichtigen.

2.
Während es bei der Kapitalwertmethode erforderlich ist, das Projekt entsprechend der aktuellen Zinssituation neu durchzurechnen, um den adäquaten Kapitalwert zu ermitteln, genügt für die Neubewertung mit Hilfe der Internen-Zinsfuß-Methode die Gegenüberstellung der einmal ermittelten Rendite mit dem geänderten Kalkulationszinssatz. Insofern bietet die Interne-Zinsfuß-Methode gegenüber der Kapitalwertrechnung in der Situation stark variierender Zinssätze einen gewissen Handhabungsvorteil.

3.
Als „reine Projekte" bezeichnet man Investitionen und Finanzierungen, deren Zahlungsreihe nur **einen** Vorzeichenwechsel besitzt. Da die Interne Verzinsung eines Projektes die Nullstelle der Kapitalwertkurve darstellt und jeder Vorzeichenwechsel zu einer Nullstelle führen kann, ist ein eindeutiges Ergebnis nur bei reinen Projekten gewährleistet.

4.
Für Projekt A ergibt sich mit Hilfe der Strahlensatzmethode eine interne Rendite von 20%.

Bei Projekt B kann man die interne Rendite bereits anhand der Zahlungsreihe erkennen. Sie beträgt 10%.

Beurteilung: Projekt A ist relativ vorteilhafter, da $r_A > r_B$. Diese Entscheidung kann eindeutig gefällt werden, da neben der Rendite auch die Kapitalbindung von Projekt A höher ist als von Projekt B.

Daraus folgt, daß es keinen Schnittpunkt im ökonomisch relevanten Bereich der Kapitalwertfunktionen geben kann, d. h., das Projekt mit der größeren Rendite erzielt auch stets das höhere Einkommen.

5.
Bei beiden Investitionen handelt es sich um reine Projekte. Folglich ist der Kapitalwertkurvenverlauf monoton fallend. Die Kurvensteigung nimmt jedoch mit wachsendem i betragsmäßig ab, d. h., es liegt jeweils ein konvexer Kurvenverlauf vor. Die Anwendung des Strahlensatzes bedeutet das Legen einer Sekante durch den Kurvenverlauf. Folglich muß der Schnittpunkt zwischen Abszisse und Sekante stets rechts vom Schnittpunkt der Kapitalwertfunktion mit der Abszisse liegen. Es kommt somit immer zu einer Überschätzung der Rendite. Dieser Sachverhalt kann durch Abzinsung der jeweiligen Zahlungsreihe mit dem ermittelten Renditeergebnis nachgewiesen werden.

6.
Weil es sich bei der Rendite lediglich um eine Verhältniszahl handelt. Somit kann eine hohe Rendite auf eine kleine Kapitalbindung durchaus ein geringeres Einkommen erzeugen, als eine geringere Rendite auf eine vergleichsweise höhere Kapitalbindung. Dies wird auch als **Basiseffekt** bezeichnet.

Lösungen zu Gliederungspunkt B. 3.2.4. (Dynamische Amortisationsrechnung)

1.
Der Ermittlung von Amortisationsdauern liegt die Annahme zugrunde, daß ein Investitionsvorhaben um so stärker durch Risiken gefährdet ist, um so mehr das hierin gebundene Kapital bis zum Rückfluß beim Investor benötigt. Folglich will man über die Auswahl von Projekten mit möglichst schneller Rückgewinnung des Kapitals eine Risikobegrenzung erreichen.

2.
Alle Einzahlungsüberschüsse, die bis zum „Pay-Off" anfallen, werden zur Verzinsung des gebundenen beziehungsweise zur Tilgung des eingesetzten Kapitals benötigt. Die nach diesem Zeitpunkt zufließenden Einzahlungsüberschüsse verbleiben hingegen einkommens-/vermögenswirksam beim Investor. Insofern gibt der pay-off-Zeitpunkt den kritischen Punkt an, ab welchem ein Projekt lohnend wird und kann als break-even-Punkt verstanden werden.

3.
Dies ist aufgrund unterschiedlicher technischer Lebensdauer der Aggregate möglich. Eine Anlage mit einer recht kurzen Kapitalrückgewinnungsdauer kann bei nur geringer technischer Lebenserwartung eine ungünstigere relative Amortisationsdauer aufweisen, als ein Vergleichsaggregat mit höherem absolutem pay-off aber gleichzeitig erheblich längerer technischer Nutzungsdauer.

4.
Neben der gesamten konzeptionellen Kritik an der Amortisationsdauerrechnung ergibt sich die fehlende Eignung der Pay-off-Methode zur alleinigen Vorteilhaftigkeitsanalyse von Projekten aus der Tatsache, daß lediglich Risikoziele, nicht aber Einkommensziele verfolgt werden. Folglich ist es durchaus möglich, daß die Einkommensziele der Entscheidungsträger aufgrund der Empfehlungen der pay-off-Methode verletzt werden. In Wirklichkeit sind Investoren jedoch durchaus bereit, höhere Risiken in Kauf zu nehmen, wenn sie hierfür zusätzliches Einkommen erzielen können. Es wäre folglich notwendig, Einkommens- und Risikoziele der Entscheidungsträger simultan zu beachten, um eine Abwägung zu ermöglichen.

5.
Die Kritik ergibt sich aus der Zielsetzung der dynamischen Amortisationsrechnung. Mit diesem Verfahren sollen ja gerade Risikoabwägungen ermöglicht werden, während die anderen vorgestellten Verfahren auf die Einkommenswirkungen von Investitionsprojekten eingehen. Während die Ermittlung der Einkommmenswirkungen von Investitionsprojekten unter Annahme sicherer Erwartungen sinnvoll ist, erscheint es widersinnig, die Risikowirkungen von Investitionsprojekten unter der Annahme sicherer Erwartungen hinsichtlich des Eintretens von Zahlungen zu analysieren.

6.
Absolute Pay-off-Dauer:

Projekt A:

t	Zahlungen	Faktor	Barwerte	Barwertsummen
0	−50000,00	1,0	−50000,00	
1	+20000,00	0,89286	+17857,20	17857,20 < a_o
2	+15000,00	0,79719	+11957,85	29815,05 < a_o
3	+10000,00	0,71178	+ 7117,80	36932,85 < a_o
4	+15000,00	0,63552	+ 9532,80	46465,65 < a_o
5	+10000,00	0,56743	+ 5674,30	52139,95 > a_o

Die absolute Pay-off-Periode beträgt 5 Jahre

Projekt B:

t	Zahlungen	Faktor	Barwerte	Barwertsummen
0	−57000,00	1,0	−57000,00	
1	+25000,00	0,89286	+22321,50 n=1	22321,50 < a_o
2	+25000,00	0,79719	+19929,75 n=2	42251,25 < a_o
3	+20000,00	0,71178	+14235,60 n=3	56486,85 < a_o
4	+20000,00	0,63552	+12710,40 n=4	69197,25 > a_o

Die absolute Pay-off-Periode beträgt 4 Jahre.
Bei Vergleich der absoluten Pay-off-Dauer erhält Projekt B den Vorzug.
Relative Pay-off-Dauer:

$$A = \frac{5 \cdot 100}{6} = 83,33\% \qquad B = \frac{4 \cdot 100}{4} = 100\%$$

Bei Vergleich der relativen Pay-off-Dauer erhält Projekt A den Vorzug.

Gegenüberstellung zum Kapitalwertvergleich:

Projekt A: $C_0 = + 6.192,99$
Projekt B: $C_0 = +12.197,25$

Bei Vergleich der Kapitalwerte erhält Projekt B den Vorzug.

316 Lösungen der Aufgaben zur Selbstüberprüfung

Lösungen zu Gliederungspunkt B. 3.2.5. (Duration)

1.
Die Duration sowie die auf sie aufbauende Zinselastizität gibt lediglich eine Information über die durch Änderungen des Zinsniveaus verursachten *relativen* Ertragswertänderungen eines Projektes. Über die absolute Höhe des Ertragswertes wird hingegen nicht informiert. Folglich kann es durchaus vorkommen, daß ein Projekt trotz großer Zinsempfindlichkeit aufgrund des höheren Ertrags- bzw. Kapitalwertes für den Investor relativ vorteilhafter ist, als eine zinsstabilere aber weniger einkommensstarke Alternative.

2.
Nein, diese – häufig verwendete – Interpretation der durchschnittlichen Kapitalbindungsdauer ist falsch. Die Duration sagt lediglich, wie lange der Investor *im gewogenen Durchschnitt* unter Berücksichtigung des Zins- und Zinseszinseffektes auf das aus der Zahlungsreihe zufließende Geld warten muß. Hieraus kann man jedoch lediglich auf das Zinsänderungsrisiko eines Projektes, nicht jedoch auf tatsächliche Rückgewinnungszeiträume schließen.

3.
Die Zinselastizität gibt das Steigungsmaß der Ertragswertkurve in einem bestimmten Punkt wieder. Da die Ertragswertkurve jedoch keine konstante Elastizität aufweist, hängt die Elastizität von der Höhe des Zinsniveaus ab, das heißt, bei unterschiedlichen Zinssätzen liegen auch unterschiedliche Elastizitäten vor. Die Elastizität gibt Ertragswertschwankungen somit nur für infinitesimal kleine Zinsänderungen korrekt an. Daher steigt die Ungenauigkeit von Ertragswertänderungen, die mit Hilfe einer Elastizität ermittelt wurden, um so mehr an, je größer der Betrag der auslösenden Zinsvariation ist.

4.
Nach einjähriger Anlagedauer, d. h. im Zeitpunkt des eventuell erforderlichen Verkaufs, ergibt sich folgende Restzahlungsreihe für die beiden Wertpapieralternativen:

	t_1	t_2	t_3	t_4	t_5
Wertpapier I:	–	–	–	–	+3000
Wertpapier II:	–	+140	+140	+140	+2140

Die Duration beträgt bei Wertpapier I 5 Jahre und bei Wertpapier II 3,62 Jahre; die entsprechenden Zinselastizitäten lauten für die Anlage I auf 0,327 und die Anlage II auf 0,237.

Um die Gefahr von Verlusten bei befürchteten Zinssteigerungen zu minimieren, sollte der Entscheidungsträger also das Wertpapier II wählen.

Die näherungsweise Bestimmung des zu erwartenden Kursverlustes für den Fall einer Marktzinssteigerung von 0,25 Prozentpunkten, d. h. von jetzt 7% auf 7,25% nach einjähriger Anlagedauer ergibt sich wie folgt:

Rechnerischer Kursverlust von Wertpapier I:

BW = (2000 DM · 0,25% · 0,327)/7% = 23,36 DM

Herleitung: $E = \dfrac{BW \cdot i}{i \cdot BW} \Rightarrow BW = \dfrac{E \cdot i \cdot BW}{i}$

Rechnerischer Kursverlust von Wertpapier II:

BW = (2000 DM · 0,25% · 0,237)/7% = 16,93 DM

Herleitung wie bei Wertpapier I.

Hiermit wird die obige Entscheidung bestätigt und betragsmäßig konkretisiert.

Lösungen zu Gliederungspunkt B. 4. (statische klassische Partialmodelle)

1.
Hinsichtlich folgender Merkmale bestehen grundlegende Unterschiede:
- Verwendete Rechenelemente
- Art der Datenerfassung und -verarbeitung
- Berücksichtigung des Zinseszinseffektes
- Bezug der Ersatzzielgrößen zum Einkommensziel.

2.
Ungenauigkeiten oder Fehler können dadurch entstehen, daß mit Größen der Erfolgs- oder Kostenrechnung gearbeitet wird, obwohl der Investor seine Konsumziele nur mit Einkommen (Zahlungsmitteln) erreichen kann. Weichen Erträge/Erlöse von den Einzahlungen und Aufwendungen/Kosten von den Auszahlungen ab, so ergeben sich hieraus Genauigkeitsverluste. Darüber hinaus können dadurch Fehler bewirkt werden, daß die Daten nicht gemäß ihrem tatsächlichen zeitlichen Anfall − und damit mit dem exakten Barwert − berücksichtigt werden, sondern lediglich in eine Durchschnittsrechnung eingehen. Dies führt besonders bei stark unregelmäßigem Verlauf der Daten zu unbefriedigenden Ergebnissen. Schließlich wird duch die Konstruktion statischer Verfahren als Einperiodenmodelle auch der Zinseszinseffekt vernachlässigt, wodurch Projekte tendenziell zu gut bewertet werden.

3.
Aufgrund der Einbeziehung der Erlöskomponente können auch Projekte, bei denen der Output qualitativ unterschiedlich ist, verglichen werden. Außerdem ist auch eine Entscheidung über die absolute Vorteilhaftigkeit von Projekten möglich. Vgl. ergänzend auch Abb. B 18.

4.
Die statische Amortisationsrechnung ist aufgrund zahlreicher konzeptioneller Mängel grundsätzlich abzulehnen. Der Unterschied bei Rechnung mit kalkulatorischen und pagatorischen Gewinnen liegt in der Berücksichtigung der Eigenkapitalzinsen des Entscheidungsträgers. Die entgangenen Zinsen auf das vom Investor eingebrachte Kapital finden lediglich Berücksichtigung, wenn mit kalkulatorischen Gewinnen gearbeitet wird. Hingegen liegt beim mit pagatorischen Gewinnen ermittelten pay-off lediglich eine nominelle Kapitalerhaltung für den Investor vor. Es ist jedoch nicht einzusehen, warum der Entscheidungsträger auf die Verzinsung des von ihm eingebrachten Kapitals verzichten sollte.

5.
Die durchschnittliche Kapitalbindung wird als einfaches arithmetisches Mittel aus der Anfangskapitalbindung und der Restkapitalbindung zu Beginn der letzten Periode eines Projektes gebildet. Während die Anfangskapitalbindung durch die Höhe der Anschaffungsauszahlung a_0 angegeben werden kann, ergibt sich die Restkapitalbindung der letzten Periode als Summe aus dem Restverkaufserlös sowie der Höhe einer Abschreibung. Vgl. auch Abb. Nr. B 19.

318 Lösungen der Aufgaben zur Selbstüberprüfung

6.
Nein, vernachlässigt wird lediglich der Zinseszinseffekt. Zinsen werden – wenn auch in vereinfachter Form – in Höhe des erwarteten Kapitalkostensatzes auf die durchschnittliche Kapitalbindung des Projektes in Rechnung gestellt.

7.
Die Ursache hierfür liegt in der Vernachlässigung des Zinseszinseffektes durch die statischen Verfahren. Als Folge werden die tatsächlich auftretenden Zinskosten tendenziell etwas unterschätzt und die Projekte zu gut bewertet. Dieser Effekt ist um so stärker, je größer die Laufzeit der Projekte und je höher der Zinssatz ist.

Lösungen zu Gliederungspunkt B. 5. (Grenzen der klassischen Partialmodelle und Ansätze zu ihrer Überwindung)

1.
Folgende Informationen müßten im Idealfall vorliegen:

- Entwicklung des Restverkaufserlöses
- Erzielbare Einzahlungsüberschüsse im Verlängerungszeitraum

Letztere könnten absinken, wegen Unmodernwerdens, nachlassender Qualität etc. Außerdem ist ein Prognose der Auszahlungserfordernisse für die Verlängerung des Betriebs erforderlich. Hierbei sind gleichermaßen ordentliche Auszahlungen für den Betrieb (RHB-Verbrauch, übliche Wartung) wie auch außerordentliche Auszahlungserfordernisse (Großreparaturen, nutzungsbedingter Ausfall von Teilelementen etc.) zu berücksichtigen.

2.
Erstens ist eine eindeutige Nutzungsdauer oft deshalb nicht anzugeben, weil sich die Qualitätsverschlechterung der Leistungsabgabe eines Aggregates nur schleichend einstellt.

Außerdem kann die technische Lebenserwartung durch Instandhaltungsmaßnahmen oftmals nahezu beliebig ausgedehnt werden. Schließlich fällt es schwer zu unterscheiden, wann noch eine Reparatur und wann bereits ein Neuaggregat unter Verwendung von Altteilen vorliegt.

3.
Bei einmaliger Investition erfolgt der Abbruch des Projektes aus wirtschaftlichen Gründen erst dann, wenn die bei Verlängerung der Nutzungszeit erzielbare Rentabilität unter die Höhe des Kalkulationszinssatzes gefallen ist. Unterstellt man hingegen die Möglichkeit einer identischen Reinvestition, so ist der Abbruch bereits dann sinnvoll, wenn die bei Verlängerung der Nutzungsdauer zusätzlich zu erwartende Rendite unter den Wert sinkt, der sich für die Reinvestitionsalternative ergibt. Da die identische Reinvestition – wie das Ursprungsprojekt auch – nur dann realisiert wird, wenn eine mindestens dem Kalkulationszins entsprechende Rentabilität erzielbar ist, kann die optimale Nutzungsdauer im Reinvestitionsfalle nie über der entsprechenden Nutzungsdauer bei Einmalinvestition liegen.

4a.
Der adäquate Kalkulationszins wird als gewogenes Mittel der Finanzierungskosten errechnet.

Eigenkapital = 300.000,– zu 6,50% · 0,3 = 1,95%
Sonderkredit = 250.000,– zu 4,00% · 0,25 = 1,0%
Darlehen = 450.000,– zu 8,50% · 0,45 = 3,825%
                                       —————
                                       6,775%

Die Basis für den situationsadäquaten Kalkulationszinsfuß beträgt 6,78 %.

4b.
Durch eine ungleichmäßige Tilgung der Darlehen im Zeitablauf ergeben sich Schwankungen in den relativen Gewichten der Teilfinanzierungen und somit eine Änderung von i. Der Kalkulationszinsfuß hat also strenggenommen lediglich für das erste Jahr Gültigkeit. Etwas anderes gilt nur, wenn die Finanzierungsstruktur für die gesamte Laufzeit des Projektes konstant gehalten wird.

5.
Die Information über die „richtige" Kalkulationsbasis, also dem endogenen Zinsfuß, liegt erst *nach* Bestimmung des optimalen Investitions- und Finanzierungsbudgets vor, und damit zu einem Zeitpunkt, in dem die Anwendung von IZM oder C_0 – Methode nicht mehr relevant ist, da die Auswahl von vorteilhaften und unvorteilhaften Projekten bereits erfolgt ist.

Lösungen zu Gliederungspunkt C. 2. (Struktur der Finanzplanung):

1.
Primär **liquiditätsbezogene Konsequenzen:**
– Dringend fällige Auszahlungen können nicht mehr geleistet werden. Das Unternehmen wird zahlungsunfähig.
– Unter bestimmten Umständen kann die Zahlungsunfähigkeit des Unternehmens zum Konkurs führen.

Primär **rentabilitätsbezogene Konsequenzen:**
– Es entsteht gegebenenfalls ein hoher Bestand an liquiden Mitteln, der nicht rentabel verwandt werden kann.
– Sofern zum Ausgleich eines nicht vorhergesehenen Zahlungsdefizits Gelder kurzfristig zu beschaffen sind, kann dies nur zu relativ ungünstigen Konditionen geschehen.
– Aufgrund eines zu geringen Bestands an liquiden Mitteln können eventuell sich neu ergebende Investitionschancen nicht genutzt werden.

Weitere Konsequenzen:
– Die Finanzlage des Unternehmens wird von externer Seite unter Umständen als unvorteilhaft beurteilt.
– Aufgrund nicht koordinierter Gestaltung von Laufzeiten, Zinscharakteristika, Währungen entstehen Finanzstrukturrisiken.

2.
– **Finanzplanung:** Alle Vorgänge, die zukünftige Finanzmaßnahmen gedanklich vorwegnehmen. Einbezogen sind auch solche Überlegungen, die sich auf die spätere Umsetzung und Kontrolle von Finanzmaßnahmen beziehen. Diese Maßnahmen selbst zählen jedoch nicht mehr zur Planung.
– **Finanzdisposition:** Maßnahmen, die der praktischen Durchführung (Realisation) von Finanzmaßnahmen zuzurechnen sind. Sie bewirken Veränderungen in der Realität.

320 Lösungen der Aufgaben zur Selbstüberprüfung

- **Finanzkontrolle:** Maßnahmen zur Feststellung und zur Analyse der Wirkungen von Finanzmaßnahmen. Sie umfaßt einen Vergleich der durch Finanzentscheidungen bezweckten und tatsächlich bewirkten Ergebnisse (Vergleich von Soll- und Istwerten). Die Ursachen gegebener Abweichungen werden analysiert.

3.
- **Liquiditätsziel:** Gewährleistung eines gewünschten Liquiditätssaldos; insbesondere Erhalt der betrieblichen Zahlungsfähigkeit. Zentrale Elemente der Liquiditätsplanung sind die Bestände an liquiden Mitteln und Veränderungen dieser Bestände durch Ein- und Auszahlungen.
- **Rentabilitätsziel:** Gewinnoptimale Gestaltung der Finanzsphäre. Dies läßt sich insbesondere durch die möglichst günstige Beschaffung finanzieller Mittel, die Anlage überschüssiger Mittel zu optimalen Konditionen sowie die Vermeidung von Risikokosten erreichen. Relevant sind die Finanzgüter insgesamt.
- **Sicherheitsziel:** Vermeidung von Risiken, die durch unkontrolliertes Eingehen insbesondere von Währungs- und Zinspositionen entstehen.

4.
- Generelle Aufgabe ist die Gewährleistung der gegenwärtigen und zukünftigen Liquidität.
- Dies gelingt weitgehend durch die systematische, vollständige und korrekte Prognose zukünftiger Zahlungsmittelbestände und -bewegungen sowie der Planung von Maßnahmen zur Mittelbeschaffung und Mittelanlage.

Lösungen zu Gliederungspunkt C.3. (Liquiditätsproblem):

1.
Der Begriff Liquidität wird verwandt, um
- auf einen Bestand an liquiden Mitteln hinzuweisen
- die leichte Veräußerbarkeit (Monetisierbarkeit) von Vermögensgegenständen auszudrücken
- die Zahlungsfähigkeit eines Unternehmens auszudrücken.

2.
Die Zahlungsfähigkeit soll
- **an jedem Tag** und
- **für das gesamte Unternehmen** gegeben sein.

Neben dem Unternehmen sind von einer Zahlungsunfähigkeit direkt auch die Lieferanten, Fremdkapital- und Eigenkapitalgeber sowie die Arbeitnehmer betroffen. Sofern die Illiquidität zum Konkurs führt, fällt das Unternehmen für die Nachfrager als Anbieter von Waren und Dienstleistungen auf dem Markt aus.

3.
- Der Sachverhalt, daß den Unternehmensbereichen weitgehende **geschäftspolitische Autonomie** zugewiesen ist, die auch finanzielle Selbständigkeit beinhalten sollte.
- **Organisatorische Schwierigkeiten** bei der Abstimmung von Teilbereichen.
- **Besonderheiten der Finanzsphären** der Teilbereiche wie z. B. unterschiedliche Währungen, Einbindung in nationale Finanzmärkte.

4.

Das frühzeitige Erkennen von Ungleichgewichten in der Zahlungsmittelsphäre ermöglicht eine zeitlich ausreichende Vorbereitung und Durchführung von Reaktionen. Dies trägt insbesondere dazu bei, das prognostizierte Ungleichgewicht zu vermeiden. Zudem können die Kosten der Liquiditätssicherung sowie die Erträge aus der Mittelverwendung optimiert werden.

5.
- Die „**gegenwärtige Liquidität**" (Liquidität am Planungstag) ist immer eine Momentanliquidität. **Momentanliquiditäten** (tagesgenaue Liquiditätssalden) lassen sich aber auch für vergangene und zukünftige Zeitpunkte feststellen.
- Eine **Planungsperiode** besteht in der Regel aus mehreren Tagen. Hierbei gilt folgendes:
  - Ist die Momentanliquidität an jedem Tag der Planungsperiode gegeben, so ist auch die Periodenliquidität gegeben.
  - Ist die Periodenliquidität gegeben, so ist auch die Momentanliquidität am letzten Tag der Planungsperiode gegeben.
  - Ist die Periodenliquidität gegeben, so kann jedoch nicht darauf geschlossen werden, daß die Momentanliquidität auch an jedem Tag der Planungsperiode gegeben ist.

6.
a) Zu den **liquiden Mitteln** zählen die Bestände an Bargeld (Kasse), an Buchgeld (insbesondere täglich fällige Gelder auf Girokonten bei Kreditinstituten) sowie die freien Kreditlinien.
b) Liquide Mittel stellen Zahlungsmittel dar, über die direkt verfügt werden kann beziehungsweise Zahlungsmittel, die unmittelbar und ohne Verluste beschafft werden können. Diese Zahlungsmittel lassen sich wiederum uneingeschränkt zur Erfüllung von Zahlungsverpflichtungen verwenden.
c) **Geldnahe Aktiva** sind als solche nicht unmittelbar Zahlungsmittel. Zur Umwandlung ist eine gewisse Zeitspanne einzurechnen. Zum Teil kann die Liquidation nur unter Inkaufnahme von Verlusten erfolgen. Gläubiger müssen geldnahe Aktiva (z. B. Wechsel) nicht zwingend zur Erfüllung von Verbindlichkeiten akzeptieren.

7.
- aus Liquiditäts-/Sicherheitsperspektive: Ein Mindestbestand soll eventuellen **Planungsfehlern** sowie **unerwarteten Auszahlungen** begegnen.
- aus Rentabilitätsperspektive: Eine Reaktion auf **unerwartete Investitionschancen** soll möglich sein (sofern die Mittel hierfür nicht auch durch die Veräußerung von near-money-assets beschaffbar sind).

8.
- **Near-money-assets** sind solche Aktiva, die möglichst kurzfristig und möglichst problemlos zu Geld umgewandelt werden können (geldnahe Aktiva).
- Sie ermöglichen, auf ein prognostiziertes Defizit in kurzer Zeit zu reagieren, sofern dieses entsprechend frühzeitig erkannt wurde. (In der Regel kann eine Vorausschau von etwa 2 Tagen genügend sein, um z. B. börsengehandelte Wertpapiere zu veräußern.)
- Sie können herangezogen werden, um kurzfristig sich ergebende Investitionschancen nutzen zu können. (Eine solche Investitionschance kann z. B. auch der Erwerb einer Beteiligung an einem anderen Unternehmen sein.)

Lösungen zu Gliederungspunkt C. 4.2. (Liquiditätsrechnungen):

1.
Inhaltlich zu differenzieren nach:
- Planungshorizont
- Umfang der einbezogenen Elemente (z. B. Anfangsbestand enthalten oder nicht)
- Unterteilung in Teil-Planperioden beziehungsweise Ausweis von Momentan- und Periodenliquiditäten
- Zeitpunkt der Erneuerung/Wiederholung der Planung.

Formal aufzubauen in:
- Konten- oder Staffelform.

2.
a) **Vorbereitung:** Festlegung der Charakteristika beziehungsweise Elemente der Liquiditätsrechnung.
b) **Planungsstufe I:** Prognose der zukünftigen Ein- und Auszahlungen beziehungsweise der zukünftigen Bestände an liquiden Mitteln, ohne daß diese durch spezielle finanzwirtschaftliche (Korrektur-) Maßnahmen beeinflußt sind. Feststellung eines Handlungsbedarfs.
c) **Planungsstufe II:** Analyse notwendiger Ausgleichsmaßnahmen. Ergänzung der zuerst prognostizierten Werte um die Wirkungen der Ausgleichsmaßnahmen.

3.
- Genauigkeit und Sicherheit der Betragsangaben
- Genauigkeit und Sicherheit der Zeitpunktangaben
- Vollständigkeit der Angaben
- Möglichst langfristige Vorausschau

4.
- Aufschub von nicht zwingend fälligen Auszahlungen
- Strukturierung von Ein- und Auszahlungen (z. B. Angabe der Konten oder Institute, die für die Ausführung oder den Empfang von Zahlungen herangezogen werden)
- Eventuell Beschaffung liquider Mittel noch am Planungstag möglich (z. B. Aufnahme eines neuen Kredits)

5.
- Ausweis aktueller, tagesgleicher Informationen zur Liquiditätslage
- Weltweite Kontenübersicht
- Zusammenfassung von Einzelkonten (Pooling)
- Aufrechnung von Forderungen und Verbindlichkeiten unternehmensintern und gegenüber bestimmten externen Stellen (Netting)
- Simulationen der Wirkungen alternativer Wechselkurse und Zinssätze
- Information über Anlage- und Sicherungsmöglichkeiten
- Möglichkeiten zur Durchführung finanzieller Transaktionen weltweit

6.
Dies ist im wesentlichen durch Probleme bei der tagesgenauen Prognose zukünftiger Zahlungen bedingt. Die Unterteilung ist gleichbedeutend mit dem Übergang von Momentanliquiditäten auf Periodenliquiditäten.

7.
Das Rollieren kann prinzipiell mehrfach erfolgen: Z. B.
- kann von Woche zu Woche der tagesgenaue Ausweis zukünftiger Liquiditätssalden ebenfalls um eine Woche vorgetragen werden
- kann nach Ablauf eines Monats zusätzlich zum „Wochenvortrag" auch der Gesamtplanungshorizont um einen Monat nach vorne getragen werden.

Zusätzlich zum jeweiligen Vortrag sind die bisherigen Angaben im Finanzplan zu aktualisieren und eventuell zu korrigieren.

8.
Generell sollen „strukturelle Ungleichgewichte" erkannt werden. Diese treten auf in Form
- eines fundamentalen Mittelbedarfs
- eines unvorteilhaften Leistungsprogramms (darauf kann über die finanziellen Konsequenzen des Leistungsprogramms rückgeschlossen werden).

Die Zielsetzungen berühren neben der Liquiditäts- auch die Rentabilitätssphäre. Es können sich auch Konsequenzen für den Leistungsbereich ergeben.

9.
Ein **leistungswirtschaftlicher Auszahlungsüberschuß** ist gleichbedeutend damit, daß die Auszahlungen für Arbeitskräfte und die Ersatzbeschaffung von Roh-, Hilfs- und Betriebsstoffen die Einzahlungen aus dem Umsatzprozeß übersteigen.

Er läßt den Schluß zu, daß die betriebliche Leistungserstellung sich nicht selbst trägt und somit unvorteilhaft ist: Durch die Umsatzeinzahlungen lassen sich nicht einmal die kurzfristigen Auszahlungserfordernisse abdecken.

Der Auszahlungsüberschuß wird zum Teil aber auch durch Umstrukturierungsmaßnahmen bedingt oder liegt im Produkt-Lebenszyklus begründet. Sofern ein Ausgleich des Auszahlungsüberschusses erforderlich ist, kann dies über eine Erhöhung der Außenfinanzierung, Desinvestitionsmaßnahmen oder den Verzicht auf geplante Investitionen geschehen.

Längerfristig sind allerdings leistungswirtschaftliche Maßnahmen erforderlich.

Lösungen zu Gliederungspunkt C. 4.3. (Jahresabschluß):

1.
Indizien für zukünftige Zahlungen lassen sich insbesondere gewinnen aus am Bilanzstichtag bestehenden
- Forderungen
- Verbindlichkeiten
- Beständen an Halb- und Fertigprodukten.

Diese sind jedoch mit mehreren Problemen behaftet:
- Der genaue Zahlungszeitpunkt ist nicht ersichtlich (Wann vereinbart? Wann tatsächlich geleistet?)
- Einzelne Tatbestände sind in den Bilanzangaben zusammengefaßt
- Die Höhe der Bilanzpositionen entspricht nicht zwingend deren Zahlungswirksamkeit.

2.
- **Zukunftsbezug:** Auf Stichtag in der Vergangenheit bezogen
- **Aktualität:** Bilanzstichtag und Zeitpunkt der Verfügbarkeit über die Bilanz differieren zum Teil erheblich
- **Zahlungsmittelbezug:** Elemente des externen Rechnungswesens
- **Bruttoprinzip:** Zusammenfassung in Gruppen
- **Vollständigkeit:** Neu geplante Zahlungen nicht enthalten.

3.
- Seit dem Bilanzstichtag bis zum **Moment der Bilanzverfügbarkeit** haben sich neue, in der Bilanz nicht berücksichtigte Entwicklungen ergeben. Dazu zählt insbesondere, daß die eventuell aus der Bilanz erkenntlichen liquiden Mittel bereits wieder abgeflossen sind.
- In der Zukunft **neu geplante** Ein- und Auszahlungen sind nicht erfaßt.

Kurzanleitung zur Verwendung der finanzmathematischen Faktoren

Problem	Bezeichnung des geeigneten Faktors	Formel	Anwendungsbeispiele
Der Wert einer **einzelnen Zahlung** soll auf einen späteren Zeitpunkt bezogen werden	Aufzinsungsfaktor	$(1 + i)^n$	– Ermittlung des Endbetrages eines gegebenen Vermögens (oder einer gegebenen Schuld) mit Zins und Zinseszins bei konstantem Zinsfluß in einer bestimmten Anzahl von Jahren – Ermittlung der Entwicklung eines Indices (z.B. für die Kaufkraftentwicklung bei Annahme konstanter Wachstumsraten und einer bestimmten Anzahl von Jahren)
Der Wert einer **einzelnen Zahlung** soll auf einen früheren Zeitpunkt bezogen werden	Abzinsungsfaktor	$\dfrac{1}{(1 + i)^n}$	– Feststellung des gegenwärtigen Vermögens (oder der gegenwärtigen Schuld) aus dem in einer künftigen Periode gegebenen Betrag – Deflationierung von Zahlungsausprägungen auf ihre Basisperiode
Der Wert einer **regelmäßigen Reihe von Zahlungen**, die im Jahr nach dem Entscheidungszeitpunkt beginnt (= t_1) soll auf den Entscheidungszeitpunkt t_0 bezogen werden	Diskontsummenfaktor Rentenbarwertfaktor	$\dfrac{(1 + i)^n - 1}{i \cdot (1 + i)^n}$	– Gegenwartsbezogener, absoluter oder relativer Vorteilhaftigkeitsvergleich von Bauspar-, Ratenspar- oder kapitalbildenden Lebensversicherungsverträgen mit regelmäßigen Kapitaleinzahlungen – Gegenwartsbezogene Vorteilhaftigkeitsanalyse von Miet-, Pacht- sowie Leasinggeschäften im Vergleich zueinander oder im Vergleich zum Kauf der Aktivposten in der Gegenwart

Anwendungshilfe für finanzmathematische Faktoren

Problem	Bezeichnung des geeigneten Faktors	Formel	Anwendungsbeispiele
Der Wert einer **regelmäßigen Reihe von Zahlungen**, die im Jahr nach dem Entscheidungszeitpunkt beginnt (= Rente), soll auf das letzte Jahr der Rente bezogen werden	Endwertfaktor	$\dfrac{(1+i)^n - 1}{i}$	– Absoluter oder relativer Vorteilhaftigkeitsvergleich von Bauspar-, Ratenspar- oder kapitalbildenden Lebensversicherungsverträgen mit regelmäßigen Kapitaleinzahlungen, bezogen auf den Ablaufzeitpunkt
Aus einem **in der Zukunft liegenden Betrag** (= Endwert) soll eine gleichmäßige Reihe von jährlichen Zahlungen abgeleitet werden, die erstmals im Jahr nach dem Entscheidungszeitpunkt (= t_1) beginnt und in dem Jahr endet, in dem auch der Endwert anfiel	Restwertverteilungsfaktor	$\dfrac{i}{(1+i)^n - 1}$	– Vorteilhaftigkeitsvergleich von Ratenspar- bzw. kapitalbildenden Lebensversicherungsverträgen durch Transformation des Endkapitals (der Ablaufleistung) auf die Perioden der Sparleistung (Beitragsleistung) – Sichtbarmachung der Auswirkungen von Restwertschwankungen auf das jährliche Ergebnis bzw. die jährlichen Überschüsse
Aus einem **im Entscheidungszeitpunkt t_0 liegenden Betrag** (= Barwert) soll eine gleichmäßige Reihe von jährlichen Zahlungen abgeleitet werden, die erstmals im Jahr nach dem Entscheidungszeitpunkt (= t_1) beginnt	Annuitätenfaktor Wiedergewinnungsfaktor	$\dfrac{i \cdot (1+i)^n}{(1+i)^n - 1}$	– Darstellung des Kapitaldienstes einer Darlehensschuld, ausgehend von fester Darlehenshöhe, gegebenem Zinsniveau und gegebener Rückführungszeit – Ermittlung des entnahmefähigen jährlichen Einkommens aus einem gegebenen Kapitalwert oder einer zur Verfügung stehenden Vermögensmasse – Vorteilhaftigkeitsvergleich zwischen Miete/Leasing einerseits und fremdfinanziertem Kauf andererseits auf Basis der laufenden Belastungen

Zeichenerklärung: i = Marktzinssatz in Dezimalschreibweise
n = Anzahl der Jahre/Rechenperioden

Finanzmathematische Tabellen

328 Finanzmathematische Tabellen

Aufzinsungsfaktor: Bezieht eine Zahlung auf einen späteren Zeitpunkt

Zinssatz	0,50%	1,00%	1,50%	2,00%	2,50%	3,00%	3,50%	4,00%	4,50%	5,00%
Jahre										
1	1,00500	1,01000	1,01500	1,02000	1,02500	1,03000	1,03500	1,04000	1,04500	1,05000
2	1,01003	1,02010	1,03023	1,04040	1,05063	1,06090	1,07123	1,08160	1,09203	1,10250
3	1,01508	1,03030	1,04568	1,06121	1,07689	1,09273	1,10872	1,12486	1,14117	1,15763
4	1,02015	1,04060	1,06136	1,08243	1,10381	1,12551	1,14752	1,16986	1,19252	1,21551
5	1,02525	1,05101	1,07728	1,10408	1,13141	1,15927	1,18769	1,21665	1,24618	1,27628
6	1,03038	1,06152	1,09344	1,12616	1,15969	1,19405	1,22926	1,26532	1,30226	1,34010
7	1,03553	1,07214	1,10984	1,14869	1,18869	1,22987	1,27228	1,31593	1,36086	1,40710
8	1,04071	1,08286	1,12649	1,17166	1,21840	1,26677	1,31681	1,36857	1,42210	1,47746
9	1,04591	1,09369	1,14339	1,19509	1,24886	1,30477	1,36290	1,42331	1,48610	1,55133
10	1,05114	1,10462	1,16054	1,21899	1,28008	1,34392	1,41060	1,48024	1,55297	1,62889
11	1,05640	1,11567	1,17795	1,24337	1,31209	1,38423	1,45997	1,53945	1,62285	1,71034
12	1,06168	1,12683	1,19562	1,26824	1,34489	1,42576	1,51107	1,60103	1,69588	1,79586
13	1,06699	1,13809	1,21355	1,29361	1,37851	1,46853	1,56396	1,66507	1,77220	1,88565
14	1,07232	1,14947	1,23176	1,31948	1,41297	1,51259	1,61869	1,73168	1,85194	1,97993
15	1,07768	1,16097	1,25023	1,34587	1,44830	1,55797	1,67535	1,80094	1,93528	2,07893
16	1,08307	1,17258	1,26899	1,37279	1,48451	1,60471	1,73399	1,87298	2,02237	2,18287
17	1,08849	1,18430	1,28802	1,40024	1,52162	1,65285	1,79468	1,94790	2,11338	2,29202
18	1,09393	1,19615	1,30734	1,42825	1,55966	1,70243	1,85749	2,02582	2,20848	2,40662
19	1,09940	1,20811	1,32695	1,45681	1,59865	1,75351	1,92250	2,10685	2,30786	2,52695
20	1,10490	1,22019	1,34686	1,48595	1,63862	1,80611	1,98979	2,19112	2,41171	2,65330

Finanzmathematische Tabellen 329

Aufzinsungsfaktor: Bezieht eine einzelne Zahlung auf einen späteren Zeitpunkt

Zinssatz Jahre	5,50%	6,00%	6,50%	7,00%	7,50%	8,00%	8,50%	9,00%	9,50%	10,00%
1	1,05500	1,06000	1,06500	1,07000	1,07500	1,08000	1,08500	1,09000	1,09500	1,10000
2	1,11303	1,12360	1,13423	1,14490	1,15563	1,16640	1,17723	1,18810	1,19903	1,21000
3	1,17424	1,19102	1,20795	1,22504	1,24230	1,25971	1,27729	1,29503	1,31293	1,33100
4	1,23882	1,26248	1,28647	1,31080	1,33547	1,36049	1,38586	1,41158	1,43766	1,46410
5	1,30696	1,33823	1,37009	1,40255	1,43563	1,46933	1,50366	1,53862	1,57424	1,61051
6	1,37884	1,41852	1,45914	1,50073	1,54330	1,58687	1,63147	1,67710	1,72379	1,77156
7	1,45468	1,50363	1,55399	1,60578	1,65905	1,71382	1,77014	1,82804	1,88755	1,94872
8	1,53469	1,59385	1,65500	1,71819	1,78348	1,85093	1,92060	1,99256	2,06687	2,14359
9	1,61909	1,68948	1,76257	1,83846	1,91724	1,99900	2,08386	2,17189	2,26322	2,35795
10	1,70814	1,79085	1,87714	1,96715	2,06103	2,15892	2,26098	2,36736	2,47823	2,59374
11	1,80209	1,89830	1,99915	2,10485	2,21561	2,33164	2,45317	2,58043	2,71366	2,85312
12	1,90121	2,01220	2,12910	2,25219	2,38178	2,51817	2,66169	2,81266	2,97146	3,13843
13	2,00577	2,13293	2,26749	2,40985	2,56041	2,71962	2,88793	3,06580	3,25375	3,45227
14	2,11609	2,26090	2,41487	2,57853	2,75244	2,93719	3,13340	3,34173	3,56285	3,79750
15	2,23248	2,39656	2,57184	2,75903	2,95888	3,17217	3,39974	3,64248	3,90132	4,17725
16	2,35526	2,54035	2,73901	2,95216	3,18079	3,42594	3,68872	3,97031	4,27195	4,59497
17	2,48480	2,69277	2,91705	3,15882	3,41935	3,70002	4,00226	4,32763	4,67778	5,05447
18	2,62147	2,85434	3,10665	3,37993	3,67580	3,99602	4,34245	4,71712	5,12217	5,55992
19	2,76565	3,02560	3,30859	3,61653	3,95149	4,31570	4,71156	5,14166	5,60878	6,11591
20	2,91776	3,20714	3,52365	3,86968	4,24785	4,66096	5,11205	5,60441	6,14161	6,72750

Abzinsungsfaktor: Bezieht eine einzelne Zahlung auf einen früheren Zeitpunkt

Zinssatz	0,50%	1,00%	1,50%	2,00%	2,50%	3,00%	3,50%	4,00%	4,50%	5,00%
Jahre										
1	0,99502	0,99010	0,98522	0,98039	0,97561	0,97087	0,96618	0,96154	0,95694	0,95238
2	0,99007	0,98030	0,97066	0,96117	0,95181	0,94260	0,93351	0,92456	0,91573	0,90703
3	0,98515	0,97059	0,95632	0,94232	0,92860	0,91514	0,90194	0,88900	0,87630	0,86384
4	0,98025	0,96098	0,94218	0,92385	0,90595	0,88849	0,87144	0,85480	0,83856	0,82270
5	0,97537	0,95147	0,92826	0,90573	0,88385	0,86261	0,84197	0,82193	0,80245	0,78353
6	0,97052	0,94205	0,91454	0,88797	0,86230	0,83748	0,81350	0,79031	0,76790	0,74622
7	0,96569	0,93272	0,90103	0,87056	0,84127	0,81309	0,78599	0,75992	0,73483	0,71068
8	0,96089	0,92348	0,88771	0,85349	0,82075	0,78941	0,75941	0,73069	0,70319	0,67684
9	0,95610	0,91434	0,87459	0,83676	0,80073	0,76642	0,73373	0,70259	0,67290	0,64461
10	0,95135	0,90529	0,86167	0,82035	0,78120	0,74409	0,70892	0,67556	0,64393	0,61391
11	0,94661	0,89632	0,84893	0,80426	0,76214	0,72242	0,68495	0,64958	0,61620	0,58468
12	0,94191	0,88745	0,83639	0,78849	0,74356	0,70138	0,66178	0,62460	0,58966	0,55684
13	0,93722	0,87866	0,82403	0,77303	0,72542	0,68095	0,63940	0,60057	0,56427	0,53032
14	0,93256	0,86996	0,81185	0,75788	0,70773	0,66112	0,61778	0,57748	0,53997	0,50507
15	0,92792	0,86135	0,79985	0,74301	0,69047	0,64186	0,59689	0,55526	0,51672	0,48102
16	0,92330	0,85282	0,78803	0,72845	0,67362	0,62317	0,57671	0,53391	0,49447	0,45811
17	0,91871	0,84438	0,77639	0,71416	0,65720	0,60502	0,55720	0,51337	0,47318	0,43630
18	0,91414	0,83602	0,76491	0,70016	0,64117	0,58739	0,53836	0,49363	0,45280	0,41552
19	0,90959	0,82774	0,75361	0,68643	0,62553	0,57029	0,52016	0,47464	0,43330	0,39573
20	0,90506	0,81954	0,74247	0,67297	0,61027	0,55368	0,50257	0,45639	0,41464	0,37689

Finanzmathematische Tabellen 331

Abzinsungsfaktor: Bezieht eine einzelne Zahlung auf einen früheren Zeitpunkt

Zinssatz	5,50%	6,00%	6,50%	7,00%	7,50%	8,00%	8,50%	9,00%	9,50%	10,00%
Jahre										
1	0,94787	0,94340	0,93897	0,93458	0,93023	0,92593	0,92166	0,91743	0,91324	0,90909
2	0,89845	0,89000	0,88166	0,87344	0,86533	0,85734	0,84946	0,84168	0,83401	0,82645
3	0,85161	0,83962	0,82785	0,81630	0,80496	0,79383	0,78291	0,77218	0,76165	0,75131
4	0,80722	0,79209	0,77732	0,76290	0,74880	0,73503	0,72157	0,70843	0,69557	0,68301
5	0,76513	0,74726	0,72988	0,71299	0,69656	0,68058	0,66505	0,64993	0,63523	0,62092
6	0,72525	0,70496	0,68533	0,66634	0,64796	0,63017	0,61295	0,59627	0,58012	0,56447
7	0,68744	0,66506	0,64351	0,62275	0,60275	0,58349	0,56493	0,54703	0,52979	0,51316
8	0,65160	0,62741	0,60423	0,58201	0,56070	0,54027	0,52067	0,50187	0,48382	0,46651
9	0,61763	0,59190	0,56735	0,54393	0,52158	0,50025	0,47988	0,46043	0,44185	0,42410
10	0,58543	0,55839	0,53273	0,50835	0,48519	0,46319	0,44229	0,42241	0,40351	0,38554
11	0,55491	0,52679	0,50021	0,47509	0,45134	0,42888	0,40764	0,38753	0,36851	0,35049
12	0,52598	0,49697	0,46968	0,44401	0,41985	0,39711	0,37570	0,35553	0,33654	0,31863
13	0,49856	0,46884	0,44102	0,41496	0,39056	0,36770	0,34627	0,32618	0,30734	0,28966
14	0,47257	0,44230	0,41410	0,38782	0,36331	0,34046	0,31914	0,29925	0,28067	0,26333
15	0,44793	0,41727	0,38883	0,36245	0,33797	0,31524	0,29414	0,27454	0,25632	0,23939
16	0,42458	0,39365	0,36510	0,33873	0,31439	0,29189	0,27110	0,25187	0,23409	0,21763
17	0,40245	0,37136	0,34281	0,31657	0,29245	0,27027	0,24986	0,23107	0,21378	0,19784
18	0,38147	0,35034	0,32189	0,29586	0,27205	0,25025	0,23028	0,21199	0,19523	0,17986
19	0,36158	0,33051	0,30224	0,27651	0,25307	0,23171	0,21224	0,19449	0,17829	0,16351
20	0,34273	0,31180	0,28380	0,25842	0,23541	0,21455	0,19562	0,17843	0,16282	0,14864

Rentenbarwertfaktor (= Diskontsummenfaktor): Bildet den Gegenwartswert einer Rente

Zinssatz	0,50%	1,00%	1,50%	2,00%	2,50%	3,00%	3,50%	4,00%	4,50%	5,00%
Jahre										
1	0,99502	0,99010	0,98522	0,98039	0,97561	0,97087	0,96618	0,96154	0,95694	0,95238
2	1,98510	1,97040	1,95588	1,94156	1,92742	1,91347	1,89969	1,88609	1,87267	1,85941
3	2,97025	2,94099	2,91220	2,88388	2,85602	2,82861	2,80164	2,77509	2,74896	2,72325
4	3,95050	3,90197	3,85438	3,80773	3,76197	3,71710	3,67308	3,62990	3,58753	3,54595
5	4,92587	4,85343	4,78264	4,71346	4,64583	4,57971	4,51505	4,45182	4,38998	4,32948
6	5,89638	5,79548	5,69719	5,60143	5,50813	5,41719	5,32855	5,24214	5,15787	5,07569
7	6,86207	6,72819	6,59821	6,47199	6,34939	6,23028	6,11454	6,00205	5,89270	5,78637
8	7,82296	7,65168	7,48593	7,32548	7,17014	7,01969	6,87396	6,73274	6,59589	6,46321
9	8,77906	8,56602	8,36052	8,16224	7,97087	7,78611	7,60769	7,43533	7,26879	7,10782
10	9,73041	9,47130	9,22218	8,98259	8,75206	8,53020	8,31661	8,11090	7,91272	7,72173
11	10,67703	10,36763	10,07112	9,78685	9,51421	9,25262	9,00155	8,76048	8,52892	8,30641
12	11,61893	11,25508	10,90751	10,57534	10,25776	9,95400	9,66333	9,38507	9,11858	8,86325
13	12,55615	12,13374	11,73153	11,34837	10,98318	10,63496	10,30274	9,98565	9,68285	9,39357
14	13,48871	13,00370	12,54338	12,10625	11,69091	11,29607	10,92052	10,56312	10,22283	9,89864
15	14,41662	13,86505	13,34323	12,84926	12,38138	11,93794	11,51741	11,11839	10,73955	10,37966
16	15,33993	14,71787	14,13126	13,57771	13,05500	12,56110	12,09412	11,65230	11,23402	10,83777
17	16,25863	15,56225	14,90765	14,29187	13,71220	13,16612	12,65132	12,16567	11,70719	11,27407
18	17,17277	16,39827	15,67256	14,99203	14,35336	13,75351	13,18968	12,65930	12,15999	11,68959
19	18,08236	17,22601	16,42617	15,67846	14,97889	14,32380	13,70984	13,13394	12,59329	12,08532
20	18,98742	18,04555	17,16864	16,35143	15,58916	14,87747	14,21240	13,59033	13,00794	12,46221

Finanzmathematische Tabellen 333

Rentenbarwertfaktor (= Diskontsummenfaktor): Bildet den Gegenwartswert einer Rente

Zinssatz	5,50%	6,00%	6,50%	7,00%	7,50%	8,00%	8,50%	9,00%	9,50%	10,00%
Jahre										
1	0,94787	0,94340	0,93897	0,93458	0,93023	0,92593	0,92166	0,91743	0,91324	0,90909
2	1,84632	1,83339	1,82063	1,80802	1,79557	1,78326	1,77111	1,75911	1,74725	1,73554
3	2,69793	2,67301	2,64848	2,62432	2,60053	2,57710	2,55402	2,53129	2,50891	2,48685
4	3,50515	3,46511	3,42580	3,38721	3,34933	3,31213	3,27560	3,23972	3,20448	3,16987
5	4,27028	4,21236	4,15568	4,10020	4,04588	3,99271	3,94064	3,88965	3,83971	3,79079
6	4,99553	4,91732	4,84101	4,76654	4,69385	4,62288	4,55359	4,48592	4,41983	4,35526
7	5,68297	5,58238	5,48452	5,38929	5,29660	5,20637	5,11851	5,03295	4,94961	4,86842
8	6,33457	6,20979	6,08875	5,97130	5,85730	5,74664	5,63918	5,53482	5,43344	5,33493
9	6,95220	6,80169	6,65610	6,51523	6,37889	6,24689	6,11906	5,99525	5,87528	5,75902
10	7,53763	7,36009	7,18883	7,02358	6,86408	6,71008	6,56135	6,41766	6,27880	6,14457
11	8,09254	7,88687	7,68904	7,49867	7,31542	7,13896	6,96898	6,80519	6,64730	6,49506
12	8,61852	8,38384	8,15873	7,94269	7,73528	7,53608	7,34469	7,16073	6,98384	6,81369
13	9,11708	8,85268	8,59974	8,35765	8,12584	7,90378	7,69095	7,48690	7,29118	7,10336
14	9,58965	9,29498	9,01384	8,74547	8,48915	8,24424	8,01010	7,78615	7,57185	7,36669
15	10,03758	9,71225	9,40267	9,10791	8,82712	8,55948	8,30424	8,06069	7,82818	7,60608
16	10,46216	10,10590	9,76776	9,44665	9,14151	8,85137	8,57533	8,31256	8,06226	7,82371
17	10,86461	10,47726	10,11058	9,76322	9,43396	9,12164	8,82519	8,54363	8,27604	8,02155
18	11,24607	10,82760	10,43247	10,05909	9,70601	9,37189	9,05548	8,75563	8,47127	8,20141
19	11,60765	11,15812	10,73471	10,33560	9,95908	9,60360	9,26772	8,95011	8,64956	8,36492
20	11,95038	11,46992	11,01851	10,59401	10,19449	9,81815	9,46334	9,12855	8,81238	8,51356

Annuitätenfaktor: Formt einen Barwert in eine Rente um

Zinssatz	0,50%	1,00%	1,50%	2,00%	2,50%	3,00%	3,50%	4,00%	4,50%	5,00%
Jahre										
1	1,00500	1,01000	1,01500	1,02000	1,02500	1,03000	1,03500	1,04000	1,04500	1,05000
2	0,50375	0,50751	0,51128	0,51505	0,51883	0,52261	0,52640	0,53020	0,53400	0,53780
3	0,33667	0,34002	0,34338	0,34675	0,35014	0,35353	0,35693	0,36035	0,36377	0,36721
4	0,25313	0,25628	0,25944	0,26262	0,26582	0,26903	0,27225	0,27549	0,27874	0,28201
5	0,20301	0,20604	0,20909	0,21216	0,21525	0,21835	0,22148	0,22463	0,22779	0,23097
6	0,16960	0,17255	0,17553	0,17853	0,18155	0,18460	0,18767	0,19076	0,19388	0,19702
7	0,14573	0,14863	0,15156	0,15451	0,15750	0,16051	0,16354	0,16661	0,16970	0,17282
8	0,12783	0,13069	0,13358	0,13651	0,13947	0,14246	0,14548	0,14853	0,15161	0,15472
9	0,11391	0,11674	0,11961	0,12252	0,12546	0,12843	0,13145	0,13449	0,13757	0,14069
10	0,10277	0,10558	0,10843	0,11133	0,11426	0,11723	0,12024	0,12329	0,12638	0,12950
11	0,09366	0,09645	0,09929	0,10218	0,10511	0,10808	0,11109	0,11415	0,11725	0,12039
12	0,08607	0,08885	0,09168	0,09456	0,09749	0,10046	0,10348	0,10655	0,10967	0,11283
13	0,07964	0,08241	0,08524	0,08812	0,09105	0,09403	0,09706	0,10014	0,10328	0,10646
14	0,07414	0,07690	0,07972	0,08260	0,08554	0,08853	0,09157	0,09467	0,09782	0,10102
15	0,06936	0,07212	0,07494	0,07783	0,08077	0,08377	0,08683	0,08994	0,09311	0,09634
16	0,06519	0,06794	0,07077	0,07365	0,07660	0,07961	0,08268	0,08582	0,08902	0,09227
17	0,06151	0,06426	0,06708	0,06997	0,07293	0,07595	0,07904	0,08220	0,08542	0,08870
18	0,05823	0,06098	0,06381	0,06670	0,06967	0,07271	0,07582	0,07899	0,08224	0,08555
19	0,05530	0,05805	0,06088	0,06378	0,06676	0,06981	0,07294	0,07614	0,07941	0,08275
20	0,05267	0,05542	0,05825	0,06116	0,06415	0,06722	0,07036	0,07358	0,07688	0,08024

Annuitätenfaktor: Formt einen Barwert in eine Rente um

Zinssatz	5,50%	6,00%	6,50%	7,00%	7,50%	8,00%	8,50%	9,00%	9,50%	10,00%
Jahre										
1	1,05500	1,06000	1,06500	1,07000	1,07500	1,08000	1,08500	1,09000	1,09500	1,10000
2	0,54162	0,54544	0,54926	0,55309	0,55693	0,56077	0,56462	0,56847	0,57233	0,57619
3	0,37065	0,37411	0,37758	0,38105	0,38454	0,38803	0,39154	0,39505	0,39858	0,40211
4	0,28529	0,28859	0,29190	0,29523	0,29857	0,30192	0,30529	0,30867	0,31206	0,31547
5	0,23418	0,23740	0,24063	0,24389	0,24716	0,25046	0,25377	0,25709	0,26044	0,26380
6	0,20018	0,20336	0,20657	0,20980	0,21304	0,21632	0,21961	0,22292	0,22625	0,22961
7	0,17596	0,17914	0,18233	0,18555	0,18880	0,19207	0,19537	0,19869	0,20204	0,20541
8	0,15786	0,16104	0,16424	0,16747	0,17073	0,17401	0,17733	0,18067	0,18405	0,18744
9	0,14384	0,14702	0,15024	0,15349	0,15677	0,16008	0,16342	0,16680	0,17020	0,17364
10	0,13267	0,13587	0,13910	0,14238	0,14569	0,14903	0,15241	0,15582	0,15927	0,16275
11	0,12357	0,12679	0,13006	0,13336	0,13670	0,14008	0,14349	0,14695	0,15044	0,15396
12	0,11603	0,11928	0,12257	0,12590	0,12928	0,13270	0,13615	0,13965	0,14319	0,14676
13	0,10968	0,11296	0,11628	0,11965	0,12306	0,12652	0,13002	0,13357	0,13715	0,14078
14	0,10428	0,10758	0,11094	0,11434	0,11780	0,12130	0,12484	0,12843	0,13207	0,13575
15	0,09963	0,10296	0,10635	0,10979	0,11329	0,11683	0,12042	0,12406	0,12774	0,13147
16	0,09558	0,09895	0,10238	0,10586	0,10939	0,11298	0,11661	0,12030	0,12403	0,12782
17	0,09204	0,09544	0,09891	0,10243	0,10600	0,10963	0,11331	0,11705	0,12083	0,12466
18	0,08892	0,09236	0,09585	0,09941	0,10303	0,10670	0,11043	0,11421	0,11805	0,12193
19	0,08615	0,08962	0,09316	0,09675	0,10041	0,10413	0,10790	0,11173	0,11561	0,11955
20	0,08368	0,08718	0,09076	0,09439	0,09809	0,10185	0,10567	0,10955	0,11348	0,11746

Endwertfaktor: Ermittelt den Endwert einer Rente

Zinssatz	0,50%	1,00%	1,50%	2,00%	2,50%	3,00%	3,50%	4,00%	4,50%	5,00%
Jahre										
1	1,00000	1,00000	1,00000	1,00000	1,00000	1,00000	1,00000	1,00000	1,00000	1,00000
2	2,00500	2,01000	2,01500	2,02000	2,02500	2,03000	2,03500	2,04000	2,04500	2,05000
3	3,01502	3,03010	3,04522	3,06040	3,07563	3,09090	3,10622	3,12160	3,13703	3,15250
4	4,03010	4,06040	4,09090	4,12161	4,15252	4,18363	4,21494	4,24646	4,27819	4,31013
5	5,05025	5,10101	5,15227	5,20404	5,25633	5,30914	5,36247	5,41632	5,47071	5,52563
6	6,07550	6,15202	6,22955	6,30812	6,38774	6,46841	6,55015	6,63298	6,71689	6,80191
7	7,10588	7,21354	7,32299	7,43428	7,54743	7,66246	7,77941	7,89829	8,01915	8,14201
8	8,14141	8,28567	8,43284	8,58297	8,73612	8,89234	9,05169	9,21423	9,38001	9,54911
9	9,18212	9,36853	9,55933	9,75463	9,95452	10,15911	10,36850	10,58280	10,80211	11,02656
10	10,22803	10,46221	10,70272	10,94972	11,20338	11,46388	11,73139	12,00611	12,28821	12,57789
11	11,27917	11,56683	11,86326	12,16872	12,48347	12,80780	13,14199	13,48635	13,84118	14,20679
12	12,33556	12,68250	13,04121	13,41209	13,79555	14,19203	14,60196	15,02581	15,46403	15,91713
13	13,39724	13,80933	14,23683	14,68033	15,14044	15,61779	16,11303	16,62684	17,15991	17,71298
14	14,46423	14,94742	15,45038	15,97394	16,51895	17,08632	17,67699	18,29191	18,93211	19,59863
15	15,53655	16,09690	16,68214	17,29342	17,93193	18,59891	19,29568	20,02359	20,78405	21,57856
16	16,61423	17,25786	17,93237	18,63929	19,38022	20,15688	20,97103	21,82453	22,71934	23,65749
17	17,69730	18,43044	19,20136	20,01207	20,86473	21,76159	22,70502	23,69751	24,74171	25,84037
18	18,78579	19,61475	20,48938	21,41231	22,38635	23,41444	24,49969	25,64541	26,85508	28,13238
19	19,87972	20,81090	21,79672	22,84056	23,94601	25,11687	26,35718	27,67123	29,06356	30,53900
20	20,97912	22,01900	23,12367	24,29737	25,54466	26,87037	28,27968	29,77808	31,37142	33,06595

Finanzmathematische Tabellen 337

Endwertfaktor: Ermittelt den Endwert einer Rente

Zinssatz	5,50%	6,00%	6,50%	7,00%	7,50%	8,00%	8,50%	9,00%	9,50%	10,00%
Jahre										
1	1,00000	1,00000	1,00000	1,00000	1,00000	1,00000	1,00000	1,00000	1,00000	1,00000
2	2,05500	2,06000	2,06500	2,07000	2,07500	2,08000	2,08500	2,09000	2,09500	2,10000
3	3,16803	3,18360	3,19923	3,21490	3,23063	3,24640	3,26223	3,27810	3,29403	3,31000
4	4,34227	4,37462	4,40717	4,43994	4,47292	4,50611	4,53951	4,57313	4,60696	4,64100
5	5,58109	5,63709	5,69364	5,75074	5,80839	5,86660	5,92537	5,98471	6,04462	6,10510
6	6,88805	6,97532	7,06373	7,15329	7,24402	7,33593	7,42903	7,52333	7,61886	7,71561
7	8,26689	8,39384	8,52287	8,65402	8,78732	8,92280	9,06050	9,20043	9,34265	9,48717
8	9,72157	9,89747	10,07686	10,25980	10,44637	10,63663	10,83064	11,02847	11,23020	11,43589
9	11,25626	11,49132	11,73185	11,97799	12,22985	12,48756	12,75124	13,02104	13,29707	13,57948
10	12,87535	13,18079	13,49442	13,81645	14,14709	14,48656	14,83510	15,19293	15,56029	15,93742
11	14,58350	14,97164	15,37156	15,78360	16,20812	16,64549	17,09608	17,56029	18,03852	18,53117
12	16,38559	16,86994	17,37071	17,88845	18,42373	18,97713	19,54925	20,14072	20,75218	21,38428
13	18,28680	18,88214	19,49981	20,14064	20,80551	21,49530	22,21094	22,95338	23,72363	24,52271
14	20,29257	21,01507	21,76730	22,55049	23,36592	24,21492	25,09887	26,01919	26,97738	27,97498
15	22,40866	23,27597	24,18217	25,12902	26,11836	27,15211	28,23227	29,36092	30,54023	31,77248
16	24,64114	25,67253	26,75401	27,88805	29,07724	30,32428	31,63201	33,00340	34,44155	35,94973
17	26,99640	28,21288	29,49302	30,84022	32,25804	33,75023	35,32073	36,97370	38,71350	40,54470
18	29,48120	30,90565	32,41007	33,99903	35,67739	37,45024	39,32300	41,30134	43,39128	45,59917
19	32,10267	33,75999	35,51672	37,37896	39,35319	41,44626	43,66545	46,01846	48,51345	51,15909
20	34,86832	36,78559	38,82531	40,99549	43,30468	45,76196	48,37701	51,16012	54,12223	57,27500

Finanzmathematische Tabellen

Restwertverteilungsfaktor: Formt einen Endwert in eine Rente um

Zinssatz	0,50%	1,00%	1,50%	2,00%	2,50%	3,00%	3,50%	4,00%	4,50%	5,00%
Jahre										
1	1,00000	1,00000	1,00000	1,00000	1,00000	1,00000	1,00000	1,00000	1,00000	1,00000
2	0,49875	0,49751	0,49628	0,49505	0,49383	0,49261	0,49140	0,49020	0,48900	0,48780
3	0,33167	0,33002	0,32838	0,32675	0,32514	0,32353	0,32193	0,32035	0,31877	0,31721
4	0,24813	0,24628	0,24444	0,24262	0,24082	0,23903	0,23725	0,23549	0,23374	0,23201
5	0,19801	0,19604	0,19409	0,19216	0,19025	0,18835	0,18648	0,18463	0,18279	0,18097
6	0,16460	0,16255	0,16053	0,15853	0,15655	0,15460	0,15267	0,15076	0,14888	0,14702
7	0,14073	0,13863	0,13656	0,13451	0,13250	0,13051	0,12854	0,12661	0,12470	0,12282
8	0,12283	0,12069	0,11858	0,11651	0,11447	0,11246	0,11048	0,10853	0,10661	0,10472
9	0,10891	0,10674	0,10461	0,10252	0,10046	0,09843	0,09645	0,09449	0,09257	0,09069
10	0,09777	0,09558	0,09343	0,09133	0,08926	0,08723	0,08524	0,08329	0,08138	0,07950
11	0,08866	0,08645	0,08429	0,08218	0,08011	0,07808	0,07609	0,07415	0,07225	0,07039
12	0,08107	0,07885	0,07668	0,07456	0,07249	0,07046	0,06848	0,06655	0,06467	0,06283
13	0,07464	0,07241	0,07024	0,06812	0,06605	0,06403	0,06206	0,06014	0,05828	0,05646
14	0,06914	0,06690	0,06472	0,06260	0,06054	0,05853	0,05657	0,05467	0,05282	0,05102
15	0,06436	0,06212	0,05994	0,05783	0,05577	0,05377	0,05183	0,04994	0,04811	0,04634
16	0,06019	0,05794	0,05577	0,05365	0,05160	0,04961	0,04768	0,04582	0,04402	0,04227
17	0,05651	0,05426	0,05208	0,04997	0,04793	0,04595	0,04404	0,04220	0,04042	0,03870
18	0,05323	0,05098	0,04881	0,04670	0,04467	0,04271	0,04082	0,03899	0,03724	0,03555
19	0,05030	0,04805	0,04588	0,04378	0,04176	0,03981	0,03794	0,03614	0,03441	0,03275
20	0,04767	0,04542	0,04325	0,04116	0,03915	0,03722	0,03536	0,03358	0,03188	0,03024

Finanzmathematische Tabellen 339

Restwertverteilungsfaktor: Formt einen Endwert in eine Rente um

Zinssatz	5,50%	6,00%	6,50%	7,00%	7,50%	8,00%	8,50%	9,00%	9,50%	10,00%
Jahre										
1	1,00000	1,00000	1,00000	1,00000	1,00000	1,00000	1,00000	1,00000	1,00000	1,00000
2	0,48662	0,48544	0,48426	0,48309	0,48193	0,48077	0,47962	0,47847	0,47733	0,47619
3	0,31565	0,31411	0,31258	0,31105	0,30954	0,30803	0,30654	0,30505	0,30358	0,30211
4	0,23029	0,22859	0,22690	0,22523	0,22357	0,22192	0,22029	0,21867	0,21706	0,21547
5	0,17918	0,17740	0,17563	0,17389	0,17216	0,17046	0,16877	0,16709	0,16544	0,16380
6	0,14518	0,14336	0,14157	0,13980	0,13804	0,13632	0,13461	0,13292	0,13125	0,12961
7	0,12096	0,11914	0,11733	0,11555	0,11380	0,11207	0,11037	0,10869	0,10704	0,10541
8	0,10286	0,10104	0,09924	0,09747	0,09573	0,09401	0,09233	0,09067	0,08905	0,08744
9	0,08884	0,08702	0,08524	0,08349	0,08177	0,08008	0,07842	0,07680	0,07520	0,07364
10	0,07767	0,07587	0,07410	0,07238	0,07069	0,06903	0,06741	0,06582	0,06427	0,06275
11	0,06857	0,06679	0,06506	0,06336	0,06170	0,06008	0,05849	0,05695	0,05544	0,05396
12	0,06103	0,05928	0,05757	0,05590	0,05428	0,05270	0,05115	0,04965	0,04819	0,04676
13	0,05468	0,05296	0,05128	0,04965	0,04806	0,04652	0,04502	0,04357	0,04215	0,04078
14	0,04928	0,04758	0,04594	0,04434	0,04280	0,04130	0,03984	0,03843	0,03707	0,03575
15	0,04463	0,04296	0,04135	0,03979	0,03829	0,03683	0,03542	0,03406	0,03274	0,03147
16	0,04058	0,03895	0,03738	0,03586	0,03439	0,03298	0,03161	0,03030	0,02903	0,02782
17	0,03704	0,03544	0,03391	0,03243	0,03100	0,02963	0,02831	0,02705	0,02583	0,02466
18	0,03392	0,03236	0,03085	0,02941	0,02803	0,02670	0,02543	0,02421	0,02305	0,02193
19	0,03115	0,02962	0,02816	0,02675	0,02541	0,02413	0,02290	0,02173	0,02061	0,01955
20	0,02868	0,02718	0,02576	0,02439	0,02309	0,02185	0,02067	0,01955	0,01848	0,01746

Literaturverzeichnis

Selbständige Bücher und Schriften

Adelberger, Otto / Günther, Horst (1982); Fall- und Projektstudien zur Investitionsrechnung, München 1982
Altrogge, Günter (1988); Investition, München 1988
Antl, Boris (Editor) (1983); Swap Financing Techniques, London 1983
Arbeitskreis Krähe (1964); Arbeitskreis Krähe der Schmalenbach-Gesellschaft, Finanzorganisation. Finanzielle Unternehmensführung, Köln und Opladen 1964
Arndt, Andreas (1986); Die Besteuerung internationaler Geschäftstätigkeit deutscher Banken, Baden-Baden 1986
Bäuerle, Paul (1987); Finanzielle Planung mit Hilfe heuristischer Kalküle, Frankfurt am Main/Bern/New York 1987
Bauch, Günter/Oestreicher, Andreas (1989); Handels- und Steuerbilanzen, Heidelberg 1989
Beyer, Horst-Tilo/Bestmann, Uwe (1989); Finanzlexikon, 2. Auflage, München 1989
Biergans, Enno (1973); Investitionsrechnung − Verfahren der Investitionsrechnung und ihre Anwendung in der Praxis, Nürnberg 1973
Blohm, Hans/Lüder, Klaus (1988); Investition, 6. Auflage, München 1988
Brealey, R. A./Myers, S. C. (1988); Principles of Corporate Finance, 3. Auflage, New York 1988
Brüna, Manfred (1986); Liquiditätsplanung, München/Wien 1986
Bühler, Wolfgang/Gehring, Hermann/Glaser, Horst (1979); Kurzfristige Finanzplanung unter Sicherheit, Risiko und Ungewißheit, Wiesbaden 1979
Büschgen, Hans (1986b); Internationales Finanzmanagement, Frankfurt 1986
Chmielewicz, Klaus (1976); Betriebliche Finanzwirtschaft I, Berlin/New York 1976
Däumler, Klaus-Dieter (1989); Grundlagen der Investitions- und Wirtschaftlichkeitsrechnung, 6. Auflage, Berlin 1989
Däumler, Klaus-Dieter (1988); Praxis der Investitions- und Wirtschaftlichkeitsrechnung, 2. Auflage, Berlin 1988
Däumler, Klaus-Dieter (1986); Betriebliche Finanzwirtschaft, 6., überarbeitete Auflage, Herne/Berlin 1986
Däumler, Klaus-Dieter (1981); Sonderprobleme der Investitions- und Wirtschaftlichkeitsrechnung, Berlin 1981
Dombret, Andreas (1987); Die Verbriefung als innovative Finanzierungstechnik, Frankfurt 1987
Dorow, Wolfgang (1982); Unternehmenspolitik, Stuttgart/Berlin/Köln/Mainz 1982
Drukarczyk, Jochen (1986); Finanzierung, 3. Auflage, Stuttgart 1986
Drukarczyk, Jochen (1980); Finanzierungstheorie, München 1980
Eichhorn, Wolfgang (1979); Die Begriffe Modell und Theorie in der Wirtschaftswissenschaft, in: Raffée, Hans/Abel, Bodo; Wissenschaftstheoretische Grundfragen der Wirtschaftswissenschaften, München 1979
Eilenberger, Guido (1989); Betriebliche Finanzwirtschaft, München/Wien 1989
Epple, Manfred (1987); Die Kundenselbstbedienung im Marketing der Kreditinstitute, Frankfurt/Bern/New York/Paris 1987
Franke, Günther/Hax, Herbert (1988); Finanzwirtschaft des Unternehmens und Kapitalmarkt, Heidelberg 1988

Literaturverzeichnis

Gans, Bernd/Looss, Wolfgang/Zickler, Dieter (1977); Investitions- und Finanzierungstheorie, 3. Auflage, München 1977
Gerke, Wolfgang/Philipp, Fritz (1985); Finanzierung, Stuttgart/Berlin/Köln/Mainz 1985
Glaser, Horst (1982); Liquiditätsreserven und Zielfunktionen in der kurzfristigen Finanzplanung (lineare Ansätze zur Finanzplanung), Wiesbaden 1982
Glogowski, Erhard/Münch, Manfred (1986); Neue Finanzdienstleistungen, Wiesbaden 1986
Götzinger, Manfred/Michael, Horst (1985); Kosten- und Leistungsrechnung, 3., überarbeitete und erweiterte Auflage, Heidelberg 1985
Grill, Wolfgang/Perczynski, Hans (1987); Wirtschaftslehre des Kreditwesens, 22., überarbeitete und erweiterte Auflage, Bad Homburg 1987
Grob, Heinz Lothar (1989); Investitionsrechnung mit vollständigen Finanzplänen, München 1989
Größl, Lothar (1988); Betriebliche Finanzwirtschaft, Stuttgart 1988
Hahn, Oswald (1983); Finanzwirtschaft, 2., überarbeitete und erweiterte Auflage, Landsberg/Lech 1983
Harms, Jens E. (1973); Die Steuerung der Auszahlungen in der betrieblichen Finanzplanung, Wiesbaden 1973
Haumer, Heinrich (1983); Sequentielle stochastische Investitionsplanung, Wiesbaden 1983
Hauschild, Jürgen (1977); Entscheidungsziele, Tübingen 1977
Hauschild, Jürgen/Sachs, Gerd/Witte, Eberhard (1981); Finanzplanung und Finanzkontrolle, München 1981
Hax, Herbert (1985); Investitionstheorie, 5. Auflage, Würzburg/Wien 1985
Heinen, Edmund (1980); Einführung in die Betriebswirtschaftslehre, 7., verbesserte und erweiterte Auflage, Wiesbaden 1980
Heinen, Edmund (1976a); Grundfragen der entscheidungsorientierten Betriebswirtschaftslehre, München 1976
Heinen, Edmund (1976b); Grundlagen betriebswirtschaftlicher Entscheidungen, 3. Auflage, München 1976
Heinen, Edmund (1966); Das Zielsystem der Unternehmung, Wiesbaden 1966
Jarchow, Hans-Joachim (1979); Theorie und Politik des Geldes, II. Geldmarkt und geldpolitische Instrumente, 3., überarbeitete und erweiterte Auflage, Göttingen 1979
Jarchow, Hans-Joachim (1978); Theorie und Politik des Geldes, I. Geldtheorie, 4., veränderte und erweiterte Auflage, Göttingen 1978
Jetter, Thomas (1987); Cash-Management-Systeme, Wiesbaden 1987
Kern, Werner (1976); Grundzüge der Investitionsrechnung, Stuttgart 1976
Kilger, Wolfgang/Scheer, August-Wilhelm (Hrsg.) (1981); Investitions- und Finanzplanung, Wiesbaden/Würzburg/Wien 1981
Kleinebeckel, Herbert (1988); Finanz- und Liquiditätssteuerung, Freiburg 1988
Krüger, Wilfried (1983); Grundlagen der Organisationsplanung, Gießen 1983
Kruschwitz, Lutz (1987); Investitionsrechnung, 3. Auflage, Berlin 1987
Kugler, Albert (1985); Konzeptionelle Ansätze zur Analyse und Gestaltung von Zinsänderungsrisiken in Kreditinstituten, Frankfurt/Bern/New York 1985
Lachhammer, Johann (1977); Investitionsrechnung und Investitionsentscheidungsprozeß I, München 1977
Lerbinger, Paul (1988); Zins- und Währungsswaps, Wiesbaden 1988
Leutiger, Ingo (1979); Entscheidungsorientiertes Cash-Flow-Management, München 1979
Lücke, Wolfgang (1975); Investitionslexikon, München 1975

Lücke, Wolfgang (1962); Finanzplanung und Finanzkontrolle, Wiesbaden 1962
Lüder, Klaus (1977); Investitionsplanung, München 1977
Macaulay, Frederick (1938); Some Theoretical Problems Suggested by the Movements of Interest Rates, Bond Yields, and Stock Prices in the United States since 1856, New York 1938
Mellwig, Winfried (1985); Investition und Besteuerung − Ein Lehrbuch zum Einfluß der Steuern auf die Investitionsentscheidung, Wiesbaden 1985
Möser, Heinz-Dieter (1988); Finanz- und Investitionswirtschaft in der Unternehmung, Landsberg am Lech 1988
Möser, Heinz-Dieter (1988); Praktisches Lehrbuch der betrieblichen Finanz- und Investitionspolitik, München 1988
Nirk, Rudolf (1985); Das Kreditwesengesetz, 8., völlig neu bearbeitete und stark erweiterte Auflage, Frankfurt 1985
Olfert, Klaus (1988); Investition, 4. Auflage, Ludwigshafen 1988
Orth, Ludwig (1961); Die kurzfristige Finanzplanung industrieller Unternehmungen, Köln/Opladen 1961
Perridon, Louis/Steiner, Manfred (1988); Finanzwirtschaft der Unternehmung, 5., überarbeitete Auflage, München 1988
Prätsch, Joachim (1986); Langfristige Finanzplanung und Simulationsmodelle − Methodologische Grundlegung sowie Beurteilung der Eignung der Simulation für die langfristige Finanzplanungspraxis, Frankfurt 1986
Raffée, Hans (1974); Grundprobleme der Betriebswirtschaftslehre, Göttingen 1974
Rolfes, Bernd (1985); Die Steuerung von Zinsänderungsrisiken in Kreditinstituten, Frankfurt 1985
Schmidt, Matthias (1987); Anpassungsfähigkeit als Systemziel von Unternehmungen, Spardorf 1987
Schmidt, Reinhard H. (1986); Grundzüge der Investitions- und Finanzierungstheorie, 2. Auflage, Wiesbaden 1986
Schneider, Dieter (1980); Investition und Finanzierung, 5., neu bearbeitete Auflage, Wiesbaden 1980
Schütt, Hartmut (1979); Finanzierung und Finanzplanung deutscher Industrieunternehmungen − eine empirische Untersuchung, Darmstadt 1979
Schulde, Karl-Werner (1975); Optimale Nutzungsdauer und Optimaler Ersatzzeitpunkt bei Entnahmemaximierung, Meisenheim am Glan 1975
Spremann, Klaus (1986); Finanzierung, 2. Auflage, München 1986
Süchting, Joachim (1989); Finanzmanagement, 5., vollständig überarbeitete und erweiterte Auflage, Wiesbaden 1989
Swoboda, Peter (1981); Betriebliche Finanzierung, Würzburg 1981
Uhlir, Helmut/Steiner, Peter (1986); Wertpapieranalyse, Heidelberg/Wien 1986
Ulrich, Peter/Fluri, Edgar (1988); Management, 5. Aufl., Bern/Stuttgart, 1988
Vieweg, Rolf (1971); Finanzplanung und Finanzdisposition, Gütersloh/Berlin 1971
Wiefels, Josef (1967); Bürgerliches Recht, Recht der Schuldverhältnisse, 1. Teil: Allgemeines Schuldrecht, Düsseldorf 1967
Witte, Eberhard (1983); Finanzplanung der Unternehmung, Prognose und Disposition, 3. Auflage, Opladen 1983
Witte, Eberhard (1963); Die Liquiditätspolitik der Unternehmung, Tübingen 1963
Wöhe, Günter (1986); Einführung in die Allgemeine Betriebswirtschaftslehre, 16., überarbeitete Auflage, München 1986
Wöhe, Günter/Bilstein, Jürgen (1988); Grundzüge der Unternehmensfinanzierung, 5., überarbeitete Auflage, München 1988

Beiträge in Zeitschriften und Sammelwerken

Bartels, Hans G. (1986); Die Berechnung von internen Zinsfüßen und Kapitalwerten, in: Das Wirtschaftsstudium, 15. Jg. (1986), S. 533–536

Bierwag, G. (1977); Immunization, Duration, and the Term Structure of Interest Rates, in: Journal of Financial and Quantitative Analysis, 12. Jg. (1977), S. 725–742

Bierwag, G./Kaufmann, G./Toevs, A. (1983); Duration: Its Development and Use in Bond Portfolio Management, in: Financial Analysts Journal, 39. Jg. (1983), S. 15–35

Braun, Günther (1985); Kapitalwertmethode, in: Das Wirtschaftsstudium, 14. Jg. (1985), S. 473–475

Bühler, Wolfgang (1983); Anlagestrategien zur Begrenzung des Zinsänderungsrisikos von Portefeuilles aus festverzinslichen Titeln, in: Gessner, Peter/Schneider, Dieter/Zink, Achim (Hrsg.); Kapitalanlageplanung mit Hilfe der Finanzierungstheorie bei Versicherungen und Bausparkassen, Zeitschrift für betriebswirtschaftliche Forschung, Sonderheft 16 (1983), S. 82–137

Büschgen, Hans (1986a); Finanzinnovationen, in: Zeitschrift für Betriebswirtschaft, 56. Jg. (1986), S. 299–336

Bundesgerichtshof (1956); Urteil vom 5.11.1956, in: RGZ 50, S. 39

Bußmann, Johannes (1989); Tests verschiedener Zinsänderungsmaße mit Daten des deutschen Rentenmarktes, in: Zeitschrift für Betriebswirtschaftliche Forschung, 59. Jg. (1989), S. 747–765

Carstensen, Meinhard (1988); Cash Management, in: Obst, Georg / Hintner, Otto; Geld-, Bank- und Börsenwesen, hrsg. von: Kloten, Norbert/von Stein, Johann, 38., völlig neu bearbeitete und erweiterte Auflage, Stuttgart 1988, S. 603 – 612

Diller, Klaus-Dieter (1988); Opportunitätskosten, in: Das Wirtschaftsstudium, 17. Jg. (1988), S. 261

Drukarczyk, Jochen (1983); Finanzierung, in: Bea, Franz/Dichtl, Erwin/Schweitzer, Marcell (Hrsg.); Allgemeine Betriebswirtschaftslehre, Band 3: Prozesse, Stuttgart/New York 1983, S. 185–241

Eisele, Wolfgang (1989); Das Rechnungswesen als Informationssystem, in: Bea, Franz/Dichtl, Erwin/Schweitzer, Marcell (Hrsg.); Allgemeine Betriebswirtschaftslehre, Band 2: Führung, 4., durchgesehene Auflage, Stuttgart/New York 1989, S. 189–199

Eisele, Wolfgang (1985); Die Amortisationsdauer als Entscheidungskriterium für Investitionsmaßnahmen, in: Wirtschaftswissenschaftliches Studium, 14. Jg. (1985), S. 373–381

Glaum, Martin (1987); Internationale Cash-Management-Systeme von Banken, in: bank und markt, 16. Jg. (1987), S. 14–19

Gondring, Hanspeter/Hermann, Albrecht (1986); Zins- und Währungsswaps in bankbetrieblicher Sicht, in: Österreichisches Bank Archiv, 34. Jg. (1986), S. 327–339

Gramlich, Dieter/Walz, Hartmut (1991); Duration und Zinselastizität als Instrumente des Zinsrisiko-Managements, in: WiSt-Wirtschaftswissenschaftliches Studium, 20. Jg. (1991), Heft 7, S. 327–332, 378–380

Gushee, Charles (1981); How to Hedge a Bond Investment, in: Financial Analysts Journal, 37. Jg. (1981), S. 44–51

Hagemann, H. (1992); Von der Finanzabteilung zur „Corporate Bank" in: gi-geldinstitute, o. Jg. (1992), Nr. 1/2, S. 14

Hahn, Dietger (1975); Integrierte ergebnis- und liquiditätsorientierte Planungs- und Kontrollrechnung als Instrument der Unternehmensführung, in: Ulrich, Hans (Hrsg.); Unternehmensplanung, Wiesbaden 1975, S. 49 – 81

Herget, Volker (1992); Einsatzmöglichkeiten der Duration, in: Der langfristige Kredit, 43. Jg. (1992), Heft 9, S. 305–310

Hoffmann, Friedrich (1975); Organisation der Unternehmensplanung, in: Ulrich, Hans (Hrsg.); Unternehmensplanung, Wiesbaden 1975, S. 29 – 48

Ingersoll, Jonathan/Skelton, Jeffrey/Weil, Roman (1978); Duration Forty Years Later, in: Journal of Financial and Quantitative Analysis, 13. Jg. (1978), S. 627–652

Köglmayr, Hans-Georg/Lingenfelder, Michael/Müller, Stefan (1988); Die Unternehmenskrise als führungspolitische Herausforderung, in: Zeitschrift für betriebswirtschaftliche Forschung, 58. Jg. (1988), S. 49–70

Krcmar, Helmut/Schwabe, Gerhard (1991); Trends bei Cash-Management-Systemen, in: Die Bank, 31. Jg. (1991), Nr. 6, S. 341–344

Krümmel, Hans-Joachim (1964); Grundsätze der Finanzplanung, in: Fuchs, Josef (Hrsg.); Unbewältigte Probleme der Planungsrechnung, 8. Plankostentagung, Schriftenreihe der AGPLAN, Wiesbaden 1964, S. 56–71

Kruschwitz, Lutz/Schöbel, Rainer (1986); Duration – Grundlagen und Anwendungen eines einfachen Risikomaßes zur Beurteilung festverzinslicher Wertpapiere, in: Das Wirtschaftsstudium, 15. Jg. (1986) Teil I, S. 550–554, Teil II, S. 603–608

Lerbinger, Paul (1985); Swap-Transaktionen als Finanzinstrumente, in: Die Bank, o.Jg. (1985), S. 245–249

Lucke, Bernd (1987); Die Duration – ein Anlagekriterium, in: Zeitschrift für das gesamte Kreditwesen, 40. Jg. (1987), S. 1079–1080

Mandéry, Willy (1983); Finanzplanung, in: agplan-Handbuch zur Unternehmensplanung, hrsg. von: Grünewald, Hans-Günter/Kilger, Wolfgang/Seiff, Wolfgang, 3. Band, Loseblattsammlung Stand: 1983, Abschnitt 4312, S. 1–25

May, Friedrich (1992); Konzerne: Volle Kassen auch ohne Banken, in: Bankkaufmann, o. Jg. (1992), S. 29–35

Philipp, Fritz (1970); Modelle der Finanzierung, in: Handwörterbuch des Rechnungswesens, Stuttgart 1970, Spalte 1145 – 1160

Reuter, Arnold/Schleppegrell, Jürgen (1989); Die Portfolio-Analyse für das Firmenkundengeschäft, in: Die Sparkasse, 106. Jg. (1989), S. 317–323

Rolfes, Bernd (1989); Risikosteuerung mit Zinselastizitäten, in: Zeitschrift für das gesamte Kreditwesen, 42. Jg. (1989), S. 196–201

Rolfes, Bernd (1986); Dynamische Verfahren der Wirtschaftlichkeitsrechnung, in: Das Wirtschaftsstudium, 15. Jg. (1986), S. 481–486

Rolfes, Bernd (1986); Statische Verfahren der Wirtschaftlichkeitsrechnung, in: Das Wirtschaftsstudium, 15. Jg. (1986), S. 411–417

Rosenberg, Joel (1986); The Joys of Duration, in: The Bankers Magazine, 1986, S. 62–67

Rudolph, Bernd (1981); Duration: Eine Kennzahl zur Beurteilung der Zinsempfindlichkeit von Vermögensanlagen, in: Zeitschrift für das gesamte Kreditwesen, 34. Jg. (1981), S. 137–140

Rudolph, Bernd (1979); Zinsänderungsrisiken und die Strategie der durchschnittlichen Selbstliquidationsperiode, in: Kredit und Kapital, 12. Jg. (1979), S. 181–206

Schanz, Günther (1988); Wissenschaftsprogramme der Betriebswirtschaftslehre, in: Bea, Franz/Dichtl, Erwin/Schweitzer, Marcell (Hrsg.); Allgemeine Betriebswirtschaftslehre, Band 1: Grundfragen, 4., überarbeitete und erweiterte Auflage, Stuttgart/New York 1988, S. 49–114

Scherrer, Gerhard (1989); Kostenrechnung, in: Bea, Franz/Dichtl, Erwin/Schweitzer, Marcell; Allgemeine Betriebswirtschaftslehre, Band 2: Führung, 4., durchgesehene Auflage, Stuttgart/New York 1989, S. 338–412

Schweitzer, Marcell (1989); Planung und Kontrolle, in: Bea, Franz/Dichtl, Erwin/ Schweitzer, Marcell; Allgemeine Betriebswirtschaftslehre, Band 2: Führung, 4., durchgesehene Auflage, Stuttgart/New York 1989, S. 9–72

Troßmann, Ernst (1987); Pay-off-Methode, in: Das Wirtschaftsstudium, 16. Jg. (1987), S. 13–15

Uhlir, Helmut/Steiner, Peter (1983); Analyse wertpapierspezifischer Risiken, in: Zeitschrift für Betriebswirtschaft, 53. Jg. (1983), S. 632–657

Ulrich, Hans (1975); Unternehmensplanung – Einleitende Bemerkungen zum Planungsthema, in: Ulrich, Hans (Hrsg.); Unternehmensplanung, Wiesbaden 1975, S. 13–27

von Stein, Johann/Kirschner, Manfred (1988); Kreditleistungen, in: Obst, Georg/Hintner, Otto; Geld-, Bank- und Börsenwesen, hrsg. von: Kloten, Norbert/von Stein, Johann, 38., völlig neu bearbeitete und erweiterte Auflage, Stuttgart 1988, S. 304–442

Walz, Hartmut (1987); Begrenzen Sie Ihre Risiken bei der Kapitalanlage in festverzinslichen Wertpapieren, in: Theunissen, Axel (Hrsg.); Geldtips – Handbuch der günstigen Geldanlage, Bd. I, Gruppe 5a, S. 1–20

Walz, Hartmut/Gramlich, Dieter (1991 a); Duration und Zinselastizität im Rentenmanagement, in: Die Bank, 31. Jg. (1991), S. 208–213

Walz, Hartmut/Gramlich, Dieter (1991 b); Zinsrisiko-Management von Rentenportefeuilles, in: Anlagepraxis, o. Jg. (1991), Nr. 3, S. 28–31, Nr. 4, S. 22–26

Weil, Roman (1973); Macaulay's Duration: An Appreciation, in: The Journal of Business, 46. Jg. (1973), S. 589–592

Sachregister

Abzinsungsfaktor 54
Agency-Theorie 113
Amortisation(s) 145
— dauer 104, 106, 110, 156, 158
— rechnung, dynamische **104**, 108, 111
— rechnung, statische **156**
Annuität 175
   Äquivalente 72, 74
   Überschuß- 75, 80
Annuitäten
— methode **71**, 77
— faktor 72, 74
— zahlung 176
Anspruchsgruppe 22, 24, 27
Aufwand 51, 215
Aufzinsungsfaktor 53
Ausgabe 213
Außenfinanzierung 238, 241, 267, 290
   Grenzen der — 241
Auswahlproblem 141
Auszahlung(en) 208, **213**, 279
   Aufschieben von 260
   Kapitalbindende 285
   Kapitalentziehende 286
Auszahlungs
— erfordernis 201
— überschuß 108, 283, **288**

Balance reporting 262
Bargeld 212
Barwert 54, 55
Bruttoprinzip 240, 288
Buchgeld 212
Buchungsschnitt 259

cash-flow 300, **303**, **306**
Cash-Management-System **261**

Definanzierung 214, 286
Desinvestition 172, **214**, 288
Dynamische Verfahren 52, 55
Duration(s) **114**, 120
— formel **122**
Durchschnitts
— kosten 143
— zinskosten 144

Effektivzinssatz 81, 170
Eigenkapitalzinsen
   Kalkulatorische 157
Einkommenszahlung 25, 26, 45, 48
Einnahme 213
Einzahlung(en) 145, 208, **213**, 279
— defizit 289
— überschuß 27 f, 108, 283, **288**, 294
Einzahlungen,
   Kapitalfreisetzende 286
   Kapitalzuführende 286, 288
Einzelprojekt 37
Endwert 53, 54
Entscheidung(s)
— alternative 29, 40
   Auswahl- 38
   Einzelprojekt- 37
   Ersatz- 38
— modell 42
   Programm- 37
   Prozeß- 41
— regel 99, 123
— situation 29, 36–40
— theoretischer Ansatz 29, 196
Erlöse 276
Ersatz
— problem 141
— zeitpunkt 175, 178
Ertrag(s) 51, 215
— wert **56**, 73

Finanz
— bereich, finanzieller Bereich 16
— disposition 20, 200
— investition 88
— kontrolle 20, 194, **198**, **199**, 200, 226
— lenkung 193
— markt 189, 207
— organisation 18
— plan 45, 255, **267**, 274, **297**
— umwelt 219
Finanzielles
   Gleichgewicht 195, **201**
Finanzier 207
Finanzierung(s) 214
— alternative 45, **209**

Sachregister

Außen- 209, 238, 241, 267, 290
—bedarf 238
De- 214, 286
Differenz- 100
—entscheidung **197**, 198, 199
Innen- 209, 286, 303, 307
—instrument 20, 207
—projekt 29, **36**, 184
—reserve 233, 236, 290
Finanzplanung **21**, 187, 192, **193**, **196**, 199, 208
 Aufgaben der 197
 Instrumente der 188, 248
 Rollierende, Revolvierende 270, 284
 Zielsetzung der 21, **192**, **200**
Finanzwirtschaft 15, **16**, 18
 Formale 19
 Institutionelle 20
 Instrumentelle 20
Fremdwährungsposition 203, 207
Float 265

Geldnahe Aktiva **215**
Gewinn 25
 Bilanzieller 149
 Durchschnittlicher 147
 Kapital- 149
 Kalkulatorischer **148**, 151, 157
 Pagatorischer 148, 160
 Perioden- 150
—ziel 24
Gleichgewicht, strukturelles 283
Grundsätze der Liquiditätsplanung 280

Interdependenzen 31—34
Interner Zinsfuß 81
Interne-Zinsfuß-Methode 62
Investition(s) 213, 285
—alternative 32, 45
 Ausgleichs- 93
 Des- 288
 Differenz- 98, 100, 137
 Ersatz- 154, 288
 Finanz- 90, 168
—kette 172, 176
 Komplement- 69, 71, 93, 94, 96, 100, 137, 150
—projekt 27, 29, 32 f, **36**, 218

Rationalisierungs- 158
—rechnung, dynamische 51, 52, **55**
—rechnung, statische **140**
 Sach- 89, 118, 151, 168, 171
Investitionsplanung 20, **29**, 51
 Annahmen der **188**
 Zielsetzung der 20
Isomorphie 43

Jahresabschluß 300

Kalkulationszinssatz 38, **49**, 53, 55, 98, **169**, 177
Kapital 213
—bindung 50, 93, 96, 108
—bindungsplan 255, **281**, 287
—bindungsdauer, durchschnittliche **114**, **120**, 122, **144**, 152
—dienst 76, 79
—einsatz 150
—gewinn 149, 150
—kosten 148
—rentabilität 151
—strukturrisiko 193, 202
—strukturziel 195
—verzinsung 152
Kapitalwert **56**, 57, 59, **64**, 174
—funktion 60—62, 83, 99
—kriterium 64, 66, 67
—methode 55, 160
—rechnung 68, 78
Kassenzwischenstand 259
Kontoform 252, 285
Kosten 51, 215
 Opportunitäts- 115, 157
—vergleichsrechnung **141**
Kreditlinien, freie 213
Kritischer Zins 82, 95, 102

Laufzeit
 Ökonomische 120
 Rest- 120
Leistung 51, 215
Leistungswirtschaftlicher Bereich 241
Leverage-Effekt 154
Liquide(n) Mittel(n) **212**, **213**, 217
 Bedarf an 207, 248
 Defizit an 256

Mindestbestand an 229
Sicherheitsbestand an 239
Überschuß an 248, 257
Liquidierbarkeit 220
Liquidierungs
−betrag 220
−dauer 220
−disagio 221
Liquidität(s) **217, 222**
  als Zielsetzung 18, 19, 192, 201, 203
  Bedeutung der 242
  Dispositive 268, 298
−engpaß 237, **238**, 240, 268, 279
  Erscheinungsformen der 222
−feinsteuerung 269
  Gefährdete **234, 237**, 238
  Gegenwärtige 223, 226, 256
−kennziffer 202, 300, **308**
  Kurzfristige 267
  Momentan- 222, **224**, 237, 268
  Netto- 303, 307
  Optimale 229, **230**
  Perioden- 222, **223**, 224, 237, 251, 268
−planung 187, 210
−rechnung **248**, 254, **296**, 302
−reserve 215, 216, 232, 233, 243, 290
−saldo **228, 235**
−sicherung 279
  Situative 256, 298
−status 255, **256, 298**
  Strukturelle 269, **282**, 298
  Über- 229, **230**
−überlegungen 71
  Ungefährdete **234**, 237
  Unter- 229, **230**
  Vergangene 223
  Zukünftige 223, 227

Mischfinanzierung 170
Mischverzinsung 97
Mittlere Fälligkeit 120
Modell 42
  Dean- 44, **177**
  Entscheidungs- 42
  finanzwirtschaftliches 43
  Mehrperioden- 50
−problem 42

Total- 37, 44 f, 169, 177
−übersicht 44
Monetisierbarkeit 220
Money transfer 263

Nachschüssige
  Verzinsung 53
Near-money-assets **215**, 232, 236
Neo-Institutionalistische
  Finanzierungstheorie 113
Netting 262
Nullalternative 66, 67
Nutzungsdauer 38, 106, 147, **168**, 171
  Technische 172
  Wirtschaftliche 172

Partialmodell 46, 52
  dynamisches 44, 50, **51**
  klassisches 43, 44, **47**, 53, 168, 183
  kombinatorisches 44, **46**
  statisches 44, 50, 51, 140
Pay-off 108
−Dauer 161
−Kennziffer 161
−Methode 104, 106, 108, 156, 159
−Periode 159
−Zeitpunkt 108, 157
Planhorizont, Planungshorizont 39, 51, 227, 239, 253, 270, 297
Planung (s) 20, **197**
  Grob- 297
  Fein- 297
  finanzwirtschaftliche 20
  Revolvierende,
  Rollierende 270, 284
−stufe **236**, 278
Pooling 262
Prognose
  der Planungselemente 204
−verfahren 205
  Statistisch-formale 205
  Subjektiv-pragmatische 204
  Status-quo- 235, 236
  Wirkungs- 236
Projekt(e)
  Gemischte 87
−kette 39
  Reine 87, 92

Rendite 81
  Eigenkapital- 152
  Gesamtkapital- 153
  Interne 83, 85, **87**, 152
  Über- 151, 152, 154
  −vergleichsrechnung 156
  −verwässerung 98
Rentabilität(s) 49, **150**, 153
  als Zielsetzung 17, 18, 192, 202
  −kennziffer 151, 155
  −vergleichsrechnung **150**
Rente 105
Rentenbarwertfaktor 72, 73, 163
Restverkaufserlös 143, 159
Risiko
  finanzwirtschaftliches 20
  Investitions- 109
  Kurs- 115 f
  −neigung 35
  −prämie 190
  −ursachen 110

Selbstliquidationsperiode,
  durchschnittliche 120
Sicherheit
  als Zielsetzung 18, 159
  von Erwartungen 41
Simulationsrechnung 262
Sorting 262
Staffelform 252
Synchronisation 197, 201, 203

Transferable-Loan-Instrument 216
Translation 262

Vollkommener Kapitalmarkt,
  Vollkommener
  Restkapitalmarkt 37, 39, **49**, 53, 57, 66, 169, 183, 188
Vorteilhaftigkeit(s)
  absolute 38, 58, 62, 66, 148
  −entscheidung 177
  −kriterium 66, 91, 104, 118, 140, 168
  relative 38, 67

Währungsstruktur 201
Wiederanlageprämisse 94
Wiedergewinnungs
  −faktor 74, 78, 79

−rechnung **104**, 112, **156**
−zeitraum 109, 110, 158
Window dressing 245

Zahlung(s)
  −bereich **16**, 20, 27
  −fähigkeit 50, 218, **222**
  −forderung 214
  −kraftreserve 231, 233, 290
  −unfähigkeit 51, 52, 246
  −verbindlichkeit 214, 218
  −verpflichtung 212, 260
Zahlungsmittel 15, 16, **212**, 217
  Anspruch auf 16
  −bestand 194
  −ebene 281
  Verbindlichkeit in 16
Zahlungsstrom 31
  Derivativer 15
  Originärer 16
Zeitpräferenz 26
Ziel(e) 200, 201
  −antinomie 21
  −aushandlungsprozeß 22
  −begriff **21**
  Ersatz- 62, 63
  −diskussion 22−28
  Finanz-
  −hierarchie 22
  −konflikt 21, 113
  Monetäre 24 f
  Nichtmonetäre 24
  Wirtschaftliche 24, 27
Zins
  −charakteristika 201
  −elastizität 114, 126, 128
  −empfindlichkeit 117, 129
  Kalkulatorischer 148, 149
  −kosten, durchschnittliche 144
  −struktur 191
Zinsänderungsrisiko 33, 114, 123, 206
  absolutes 115
  barwertbezogenes 116
  endwertbezogenes 116
  relatives 115
Zinseszinseffekt 162
Zuordnungsregel 177, 179, 181

Stracke/Geitner

Finanzdienstleistungen

Handbuch über den Markt und die Anbieter

Von Dr. **Guido Stracke** und Dr. **Dirk Geitner**.
1992, 844 Seiten mit 234 Abbildungen und 152 Unternehmensportraits, Leinen. ISBN 3-8005-2007-9
Bücher des Betriebs-Beraters

Das Handbuch über den Markt von Finanzdienstleistungen und deren Anbieter stellt eine gelungene systematische und globale Gesamtschau des Marktes dar. Von den historischen Wurzeln der Finanzdienstleistungen in Deutschland über die Angebots- und Nachfrageseite bis hin zu den facettenreichen Vertriebsfragen und Produktgenerationen bietet das Werk einen erschöpfenden und umfassenden Einblick in diesen Markt. Eine Vielzahl von Tabellen, Schaubildern und Unternehmensportraits bieten sowohl dem Fachmann wie auch dem mit der Materie nicht Vertrauten die Möglichkeit, sich schnell in die komplexe Thematik einzufinden.

Aus dem Inhalt

Financial Services: Grundsätzliches zu einem neuen Marktphänomen

Financial Services in Europa und den USA

Historisch-systematische Darstellung der Anbieter von Finanzdienstleistungen für die Privatkunden in der Bundesrepublik Deutschland

Die veränderten strukturellen Rahmenbedingungen auf dem deutschen Finanzdienstleistungsmarkt

Darstellung der Wettbewerber auf dem Finanzdienstleistungsmarkt

Zukünftige Entwicklungen des Finanzdienstleistungsmarktes für Privatkunden

152 Unternehmensportraits

**Verlag Recht und Wirtschaft
Heidelberg**

Grundstudium Betriebswirtschaftslehre

Band 1: Handels- und Steuerbilanzen
Einschließlich der Systematik betrieblicher Ertrags- und Substanzsteuern und der Vermögensaufstellung
Von Dipl.-Hdl. OStR Günter Bauch und
Dipl.-Kfm. Andreas Oestreicher.
5., überarbeitete Auflage 1993,
ca. 300 Seiten mit ca. 50 Abb. und Tab., Kt.
ISBN 3-8005-2013-3

Band 2: Kosten- und Leistungsrechnung
Eine Einführung
Von Dipl.-Kfm. Manfred K. Götzinger und Dipl.-Kfm. Dr. Horst Michael.
6., überarbeitete und erweiterte Auflage 1993,
268 Seiten, Kt.
ISBN 3-8005-2012-5

Band 3: Investitions- und Finanzplanung
Eine Einführung in finanzwirtschaftliche Entscheidungen unter Sicherheit
Begründet von Dr. Thomas Veit und Dipl.-Kfm. Werner Straub,
fortgeführt von Prof. Dr. Hartmut Walz und Prof. Dr. Dieter Gramlich.
4., neubearbeitete Auflage 1993,
350 Seiten mit 69 Abb. und Tab., Kt.
ISBN 3-8005-2014-1

Band 4: Produktionswirtschaft
Eine Einführung mit Anwendungen und Kontrollfragen
Von Prof. Dr. Egon Jehle, Dipl.-Kfm. Dr. Klaus Müller
und Dipl.-Kfm. Dr. Horst Michael.
Mit einem Geleitwort von Prof. Dr. Gert von Kortzfleisch.
3., überarbeitete und erweiterte Auflage 1990,
229 Seiten mit 94 Abb. und Tab., Kt.
ISBN 3-8005-6287-1

Verlag Recht und Wirtschaft Heidelberg